SUPERPREVISÕES

Philip E. Tetlock
Dan Gardner

SUPERPREVISÕES
A arte e a ciência de antecipar o futuro

Tradução
Cássio de Arantes Leite

1ª reimpressão

Copyright © 2015 by Philip Tetlock Consulting, Inc. and Connaught Street, Inc.
Todos os direitos reservados.

Grafia atualizada segundo o Acordo Ortográfico da Língua Portuguesa de 1990, que entrou em vigor no Brasil em 2009.

Título original
Superforecasting: The Art and Science of Prediction

Capa
Christopher Brand

Preparação
Diogo Henriques

Índice remissivo
Marco Mariutti

Revisão
Carmen T. S. Costa
Angela das Neves

Dados Internacionais de Catalogação na Publicação (CIP)
(Câmara Brasileira do Livro, SP, Brasil)

Tetlock, Philip E.
 Superprevisões : a arte e a ciência de antecipar o futuro / Philip E. Tetlock, Dan Gardner ; tradução Cássio de Arantes Leite. – 1ª ed. – Rio de Janeiro : Objetiva, 2016.

 Título original: *Superforecasting: The Art and Science of Prediction*
 Bibliografia.
 ISBN 978-85-470-0001-1

 1. Negócios – Previsão 2. Negócios e economia 3. Previsão do futuro 4. Previsão econômica 5. Psicologia cognitiva I. Título.

15-11468 CDD-303.49

Índice para catálogo sistemático:

 1. Previsão do futuro : Sociologia 303.49

[2022]
Todos os direitos desta edição reservados à
EDITORA SCHWARCZ S.A.
Praça Floriano, 19, sala 3001 — Cinelândia
20031-050 — Rio de Janeiro — RJ
Telefone: (21) 3993-7510
www.companhiadasletras.com.br
www.blogdacompanhia.com.br
facebook.com/editoraobjetiva
instagram.com/editora_objetiva
twitter.com/edobjetiva

Jenny, eternamente viva nos corações de sua mãe e de seu pai, como se aquele dia fosse ontem

Sumário

1. Um cético otimista — 9
2. Ilusões de conhecimento — 31
3. De olho nos números — 51
4. Superprevisores — 84
5. Superinteligentes? — 107
6. Superquants? — 128
7. Superviciados-em-notícias? — 151
8. Beta perpétuo — 170
9. Superequipes — 188
10. O dilema do líder — 206
11. Eles são mesmo tão super assim? — 223
12. E agora? — 242

Epílogo — 261
Um convite — 265
Apêndice: Os dez mandamentos dos aspirantes a superprevisor — 267
Agradecimentos — 275
Notas — 279
Índice remissivo — 309

Um cético otimista 1

TODOS NÓS FAZEMOS PREVISÕES. Quando pensamos em mudar de trabalho, casar, comprar uma casa, fazer um investimento, lançar um produto ou nos aposentar, tomamos a decisão com base no modo como esperamos que o futuro se desenrole. Essas expectativas são previsões. Muitas vezes, nós as fazemos por conta própria. Mas quando há grandes acontecimentos — quebras de mercados, guerras iminentes, líderes na corda bamba —, recorremos aos especialistas, aqueles que estão por dentro das coisas. Recorremos a pessoas como Tom Friedman.

Se você trabalha na Casa Branca, pode acontecer de encontrá-lo na Sala Oval com o presidente dos Estados Unidos, falando sobre o Oriente Médio. Se você é CEO de uma das quinhentas maiores empresas do país, pode encontrá-lo em Davos, batendo papo no saguão com bilionários dos *hedge funds* e príncipes sauditas. E se não frequenta a Casa Branca nem hotéis suíços chiques, pode ler as colunas do *New York Times* e os best-sellers que o mantêm informado sobre o que está acontecendo agora, por que e o que vai acontecer a seguir.[1] Milhões de pessoas fazem isso.

Como Tom Friedman, Bill Flack prevê eventos globais. Mas para seus insights a demanda é muito menor.

Durante anos, Bill trabalhou para o Departamento de Agricultura dos Estados Unidos, no Arizona — "em parte pegando no pesado, em parte preenchendo planilhas" —, mas hoje mora em Kearney, Nebraska. Bill é natural da região, um *cornhusker* da gema. Ele cresceu em Madison, cidade de fazendeiros onde seus pais publicavam o *Madison Star-Mail*, um jornal recheado de matérias sobre os esportes e feiras locais. Foi bom aluno no ensino médio e depois obteve seu bacharelado em ciências exatas na Universidade de Nebraska. Dali, foi estudar na Universidade do Arizona. Sua ideia era obter um doutorado em matemática, mas percebeu que o campo estava acima de sua capacidade — "minhas limitações foram esfregadas na minha cara", como ele diz — e largou os estudos. Porém, não foi um tempo perdido. Aulas de ornitologia fizeram de Bill um ávido observador de pássaros, e, como o Arizona é um ótimo lugar para isso, ele realizou algum trabalho científico de campo em meio período, depois obteve um emprego com o Departamento de Agricultura e ficou nele por um tempo.

Bill tem 55 anos e está aposentado, embora diga que, se alguém lhe oferecer um emprego, vai levar em consideração. De modo que tem tempo livre. E passa parte dele fazendo previsões.

Bill já respondeu mais ou menos trezentas perguntas como "A Rússia vai anexar oficialmente o território ucraniano nos próximos três meses?" e "No ano que vem, algum país vai deixar a zona do euro?". São perguntas importantes. E difíceis. Corporações, bancos, embaixadas, serviços de inteligência se esforçam para responder questões como essas o tempo todo. "A Coreia do Norte vai detonar algum dispositivo nuclear até o fim do ano?" "Quantos países mais vão relatar casos do vírus ebola nos próximos oito meses?" "Será que a Índia ou o Brasil vão se tornar membros permanentes do Conselho de Segurança da ONU nos próximos dois anos?" Algumas dessas perguntas são totalmente obscuras, pelo menos para a maioria de nós. "A Otan vai convidar novos países para se juntar ao seu quadro de membros nos próximos nove meses?" "O governo regional do Curdistão vai realizar um referendo sobre a independência nacional este ano?" "Se uma empresa de telecomunicações não chinesa vencer uma licitação para prover serviços de internet na Zona de Livre-Comércio de Shanghai nos próximos dois anos, os cidadãos chineses terão acesso ao Facebook e/ou Twitter?" Quando Bill vê pela primeira vez essas perguntas, pode ser que não faça a menor ideia de como respondê-las. "O que diabos é a Zona de Livre-Comércio de Shanghai?", talvez pense. Mas ele faz sua lição de casa. Reúne fatos, pesa argumentos conflitantes e se decide por uma resposta.

UM CÉTICO OTIMISTA

Ninguém baseia suas decisões nas previsões de Bill Flack, tampouco lhe pede que diga o que pensa na CNN. Bill nunca foi convidado a visitar Davos ou a participar de uma mesa-redonda com Tom Friedman. E isso é uma pena. Porque Bill Flack é um previsor incrível. Sabemos disso porque observadores científicos independentes anotaram a data, registraram por escrito e verificaram o acerto de tudo que Bill predisse. Seu histórico é excelente.

Bill não está sozinho. Há milhares de outros respondendo as mesmas perguntas. Todos são voluntários. A maioria não é tão boa como Bill, mas cerca de 2% sim. Entre essas pessoas há engenheiros e advogados, artistas e cientistas. Grandes investidores e trabalhadores comuns, professores e alunos. Vamos conhecer muitos deles, inclusive um matemático, um cineasta e alguns aposentados ansiosos por partilhar seus subaproveitados talentos. Eu os chamo de *superprevisores*, porque é isso que são. Evidências confiáveis dão prova disso. Explicar por que são tão bons, e como outros podem aprender a fazer o que eles fazem, é meu objetivo neste livro.

Como nossos modestos superprevisores se comparam a cérebros notáveis como Tom Friedman é uma pergunta intrigante, mas não pode ser respondida porque a precisão dos prognósticos de Friedman nunca foi rigorosamente testada. Claro que os admiradores e críticos de Friedman têm suas opiniões, para o bem ou para o mal — "ele acertou a Primavera Árabe em cheio" ou "ele meteu os pés pelas mãos na invasão do Iraque em 2003" ou "ele foi presciente sobre a expansão da Otan". Mas não existem informações confiáveis quanto ao histórico de Tom Friedman, somente uma infinidade de opiniões — e opiniões sobre opiniões.[2] E o mundo continua a girar. Todos os dias, a mídia divulga previsões sem informar, nem sequer se perguntar, até que ponto as pessoas que as fizeram são realmente boas. Todos os dias, as corporações e os governos pagam por previsões que podem ser prescientes ou inúteis, ou algo entre uma coisa e outra. E todos os dias, todos nós — líderes de nações, altos executivos, investidores, eleitores — tomamos decisões críticas com base em previsões cuja qualidade é ignorada. Gerentes de times de beisebol jamais sonhariam em puxar o talão de cheques para contratar um jogador sem consultar as estatísticas de desempenho. Até mesmo os torcedores esperam ver as estatísticas dos jogadores em tabelas e nas telas de tevê. E contudo, quando a coisa diz respeito aos previsores que nos ajudam a tomar decisões que importam muito mais do que um jogo de beisebol, damo-nos por satisfeitos em ficar no escuro.[3]

Visto sob esse prisma, confiar nas previsões de Bill Flack parece bastante razoável. De fato, confiar nas previsões de muitos leitores deste livro pode se provar bastante razoável, pois o fato é que fazer prognósticos não é um talento do tipo "ou você tem ou você não tem". É uma habilidade que pode ser cultivada. Este livro vai mostrar como.

AQUELA DO CHIMPANZÉ

Quero estragar a piada, então já vou logo entregando o final: o especialista médio foi mais ou menos tão preciso quanto um chimpanzé atirando dardos.

Provavelmente você já ouviu essa antes. É famosa — em alguns círculos, infame. Já apareceu no *New York Times*, no *Wall Street Journal*, no *Financial Times*, na *Economist* e em outros jornais pelo mundo afora. É o seguinte: um pesquisador juntou um grande grupo de especialistas — acadêmicos, experts e por aí vai — para emitir milhares de prognósticos sobre a economia, as bolsas, as eleições, guerras e outros assuntos prementes. O tempo passou, e, quando o pesquisador verificou a precisão desses vaticínios, descobriu que a média dos especialistas era aproximadamente tão boa quanto chutes aleatórios. Só que esse não é o encerramento da piada, porque "chutes aleatórios" não têm graça. O clímax é sobre um chimpanzé atirando dardos. Porque chimpanzés são engraçados.

Esse pesquisador sou eu e por algum tempo não me importei com a piada. Meu estudo foi a avaliação mais abrangente da literatura científica sobre o juízo de especialistas. Um trabalho longo e cansativo que me tomou cerca de vinte anos, de 1984 a 2004, e cujos resultados foram muito mais gratificantes e construtivos do que a piada sugere. Mas não me incomodei com ela porque serviu para levar minha pesquisa ao conhecimento geral de meus pares (é isso mesmo: cientistas também apreciam seus quinze minutos de fama). E eu mesmo havia usado a velha metáfora do "chimpanzé atirando dardos", então não tinha o direito de espernear.

Também não me incomodei porque a piada tem um quê de verdade. Abra qualquer jornal, assista a qualquer noticiário na tevê e você vai encontrar especialistas prevendo o que está por vir. Uns são cautelosos. A maioria é ousada e confiante. Um punhado alega serem estupendos visionários capazes de enxergar décadas no futuro. Com poucas exceções, não estão diante das câmeras por possuírem qualquer habilidade comprovada. A precisão raramente é mencionada. Previsões antigas são como notícias velhas — logo esquecidas —, e os experts quase nunca são cobrados para conciliar o que disseram com o que de fato aconteceu. O único talento inegável que essas personalidades televisivas têm é sua habilidade para falar sobre um assunto empolgante com convicção, e isso é o que basta. Muitos enriqueceram mascateando previsões de valor não comprovado para executivos, funcionários do governo e pessoas comuns que jamais pensariam em engolir um remédio de eficácia e segurança duvidosas, mas costumam pagar por previsões tão confiáveis quanto o óleo de cobra vendido nos fundos de uma carroça. Essas pessoas — e seus clientes — merecem um cutucão. Fiquei feliz por ver minha pesquisa sendo usada para proporcionar isso a elas.

Mas percebi que, à medida que meu trabalho chegava ao conhecimento geral, seu significado evidente se transformava. O que minha pesquisa havia mostrado era que o especialista médio fizera pouca coisa além de conjecturar sobre muitas das perguntas políticas e econômicas propostas por mim. "Muitas" não é o mesmo que todas. Era mais fácil levar a melhor sobre o acaso nas questões de curto alcance, que exigiam olhar apenas um ano adiante, e a precisão diminuía quanto mais longe tentavam enxergar os especialistas — aproximando-se do nível do chimpanzé jogando dardos com três a cinco anos à frente. Essa foi uma descoberta importante. Ela nos diz alguma coisa sobre os limites da opinião perita em um mundo complexo — e os limites do que mesmo os superprevisores podem alcançar. Mas como na brincadeira infantil do telefone sem fio, em que uma frase é sussurrada no ouvido de uma criança, que a repassa à seguinte, e assim por diante, e todos ficam chocados no fim ao descobrir o quanto a frase mudou, a mensagem real foi adulterada ao ser constantemente retransmitida, e as sutilezas se perderam por inteiro. A mensagem passou a ser "todos os especialistas em previsão são uns inúteis", o que não faz sentido. Algumas variantes eram ainda mais grosseiras — como "os especialistas sabem tanto quanto chimpanzés". Minha pesquisa se tornara uma referência saco de pancadas para niilistas que enxergam o futuro como imprevisível por natureza e populistas ignorantes que sempre colocam antes da palavra "especialista" a expressão "pretenso".

Então, cansei da piada. Minha pesquisa não embasava essas conclusões extremas, tampouco eu sentia qualquer afinidade por elas. Hoje, isso é ainda mais verdadeiro.

Há espaço de sobra para destacar pontos de vista razoáveis entre os detratores e os defensores de especialistas e suas previsões. Por outro lado, os detratores têm certa dose de razão. No mercado de previsões existem mascates suspeitos fornecendo insights questionáveis. Além disso, existem limites para a antevisão que talvez sejam intransponíveis. Nosso desejo de ver o futuro sempre excederá nosso alcance. Mas os detratores vão longe demais quando menosprezam qualquer previsão como uma empreitada vã. Acredito ser possível enxergar o futuro, ao menos em algumas situações e até certo ponto, e que qualquer pessoa inteligente, de mente aberta e adepta do trabalho árduo pode cultivar as habilidades necessárias.

Podem me chamar de "cético otimista".

O CÉTICO

Para compreender a metade "cética" desse rótulo, pense em um jovem tunisiano empurrando seu carrinho cheio de frutas e legumes por uma estradinha de terra para um mercado qualquer na cidade de Sidi Bouzid. Quando ele tinha três anos de idade, seu pai morreu. Ele sustenta a família tomando dinheiro emprestado para encher o carrinho, na esperança de ganhar o suficiente vendendo seus produtos de modo a pagar a dívida e conseguir alguma sobra. É a mesma labuta todos os dias. Mas nessa manhã, a polícia cerca o homem e diz que vai confiscar sua balança porque ele violou alguma lei. Ele sabe que é mentira. Está sendo achacado. Mas não tem dinheiro algum. Uma policial o esbofeteia e insulta seu falecido pai. Eles levam sua balança e seu carrinho. O homem vai a um escritório municipal para prestar queixa. É informado de que o funcionário responsável está numa reunião. Humilhado, furioso, impotente, o homem sai.

Ele volta com gasolina. Diante do escritório municipal, ele se encharca com o combustível, acende um fósforo e ateia fogo a si mesmo.

Apenas a conclusão dessa história é incomum. Há inúmeros ambulantes pobres na Tunísia e por todo o mundo árabe. A corrupção policial grassa, e humilhações como as que foram infligidas sobre esse homem são uma ocorrência cotidiana. Não têm importância para ninguém, exceto a polícia e suas vítimas.

Mas essa humilhação particular, em 17 de dezembro de 2010, levou Mohamed Bouazizi, de 26 anos, a pôr fogo em si próprio, e a autoimolação deflagrou protestos. A polícia reagiu com a brutalidade de costume. Os protestos se espalharam. Tentando apaziguar a opinião pública, o ditador da Tunísia, presidente Zine el-Abidine Ben Ali, visitou Bouazizi no hospital.

Bouazizi morreu em 4 de janeiro de 2011. A inquietação aumentou. Em 14 de janeiro, Ben Ali fugiu para um confortável exílio na Arábia Saudita, pondo fim a sua cleptocracia de 23 anos.

O mundo árabe assistiu a tudo perplexo. Então, protestos eclodiram em Egito, Líbia, Síria, Jordânia, Kuwait e Bahrain. Após três décadas no poder, o ditador egípcio Hosni Mubarak foi derrubado. Por toda parte, os protestos passaram a revoltas, e as revoltas a guerras civis. Essa foi a Primavera Árabe — e começou com um homem pobre, em nada diferente de tantos outros, sendo extorquido pela polícia, como inúmeros outros também o foram, antes e depois, sem maiores consequências.

Uma coisa é olhar para trás e esboçar um arco narrativo, como fiz aqui, ligando Mohamed Bouazizi a todos os eventos que foram desencadeados após seu protesto solitário. Tom Friedman, como muitos bambambãs de primeira, é habilidoso nesse tipo de reconstrução, particularmente no Oriente Médio, que ele conhece tão bem, tendo feito seu nome no jornalismo como correspondente do *New York Times* no Líbano. Mas será que mesmo Tom Friedman, se estivesse presente naquela manhã fatal, teria sido capaz de perscrutar o futuro e antever a autoimolação, os tumultos, a derrubada do ditador tunisiano e tudo que se seguiu? Claro que não. Ninguém poderia. Talvez, dado o grande conhecimento que Friedman tem da região, ele tivesse refletido que a pobreza e o desemprego eram elevados, o número de jovens desesperados estava crescendo, a corrupção era desenfreada, a repressão era impiedosa e, portanto, a Tunísia e outros países árabes eram barris de pólvora prestes a explodir. Mas um observador poderia ter extraído essa mesmíssima conclusão no ano anterior. E no ano anterior a esse. Na verdade, poderia ter dito isso sobre a Tunísia, o Egito e vários outros países por décadas. Eles podiam ser barris de pólvora, mas nunca explodiram — até 17 de dezembro de 2010, quando a polícia foi longe demais com aquele pobre homem.

SUPERPREVISÕES

Em 1972, o meteorologista americano Edward Lorenz escreveu um artigo com um título interessante: "Previsibilidade: pode o bater de asas de uma borboleta no Brasil provocar um tornado no Texas?". Uma década antes, Lorenz descobrira por acaso que minúsculas variações na entrada de dados em simulações de padrões climáticos no computador — como substituir 0,506127 por 0,506 — eram capazes de produzir previsões de longo prazo dramaticamente diferentes. Seu insight serviria de inspiração para a "teoria do caos": em sistemas não lineares como a atmosfera, mesmo pequenas mudanças em condições iniciais podem se avolumar em enormes proporções. Assim, em princípio, uma borboleta solitária no Brasil poderia bater asas e provocar um tornado no Texas — ainda que uma infinidade de outras borboletas brasileiras pudesse bater asas freneticamente a vida toda sem jamais causar uma ventania digna de nota a quilômetros dali. Claro que Lorenz não quis dizer que a borboleta "causa" o tornado no mesmo sentido que eu faço uma taça de vinho se quebrar se bato nela com um martelo. Ele quis dizer que se essa borboleta em particular não tivesse batido suas asas naquele momento, a rede incalculavelmente complexa de ações e reações teria se comportado de forma diferente e o tornado jamais teria se formado — assim como a Primavera Árabe talvez nunca tivesse acontecido, pelo menos não quando e como aconteceu, se a polícia tivesse deixado Mohamed Bouazizi simplesmente vender suas frutas e legumes naquela manhã em 2010.

Edward Lorenz mudou a opinião científica em relação ao ponto de vista de que há limites rígidos para a previsibilidade, uma questão profundamente filosófica.[4] Por séculos, os cientistas presumiram que o aumento do conhecimento deve levar a uma maior previsibilidade, pois a realidade é sistemática como um relógio — um relógio incrivelmente grande e complicado, mas ainda assim um relógio —, e quanto mais os cientistas aprendessem sobre seu mecanismo, como as engrenagens se ajustam, como funcionam os pesos e molas, maior seria a precisão com que poderiam captar suas operações com equações deterministas e predizer o que ele vai fazer. Em 1814, o matemático e astrônomo francês Pierre-Simon Laplace levou esse sonho a seu extremo lógico:

> Devemos portanto encarar o presente estado do universo como
> o efeito de seu estado anterior e como a causa desse que lhe so-

brevirá. Um intelecto que a dado momento conhecesse todas as forças que animam a natureza e a situação respectiva dos seres que a compõem, e que fosse suficientemente vasto para submeter esses dados à análise, abarcaria na mesma fórmula os movimentos dos maiores corpos do universo e os dos átomos mais tênues: nada seria incerto para ele, e o porvir, como o passado, apresentar-se-ia perante seus olhos.

Laplace chamou sua entidade imaginária de "demônio". Se ele soubesse tudo sobre o presente, considerou Laplace, poderia prever tudo sobre o futuro. Ele seria onisciente.[5]

Lorenz jogou água de chuva gelada nesse sonho. Se o relógio simboliza a previsibilidade laplaciana perfeita, seu oposto é a nuvem lorenziana. A ciência do ensino médio nos ensina que nuvens se formam quando o vapor d'água se junta em torno das partículas de poeira. Isso parece simples, mas a maneira exata como uma nuvem particular se desenvolve — a forma que ela assume — depende das complexas interações de realimentação entre as gotículas. Para capturar essas interações, os criadores de modelos de computador necessitam de equações altamente sensíveis a minúsculos erros de efeito borboleta na coleta de dados. Desse modo, mesmo que saibamos tudo que há para saber sobre como as nuvens se formam, não seremos capazes de prever o formato que uma nuvem em particular vai assumir. Podemos apenas esperar e ver. Em uma das grandes ironias da história, os cientistas hoje sabem vastamente mais do que seus colegas de um século atrás, e possuem capacidade de análise de dados vastamente maior, mas são muito menos confiantes nas perspectivas da perfeita previsibilidade.

Esse é um grande motivo para a metade "cética" de minha posição de "cético otimista". Vivemos em um mundo em que as ações de um ser humano praticamente impotente podem provocar uma reação em cadeia pelo mundo afora — ondulações na água que nos afetam a todos em graus variáveis. Uma mulher morando em um subúrbio em Kansas City pode achar que a Tunísia é outro planeta, e que sua vida não tem ligação com esse país, mas se ela fosse casada com um navegador da força aérea que partisse da Whiteman Air Force Base, nas proximidades de sua casa, talvez ficasse surpresa em descobrir que as ações de um tunisiano obscuro levaram a protestos, que levaram a tumultos, que levaram à queda de um ditador, que levou a protestos na Líbia, que levaram a uma guerra civil, que levou à intervenção da Otan em 2012, que levou às manobras evasivas de seu marido para desviar do fogo antiaéreo sobre Trípoli. Essa é uma conexão fácil de rastrear. Muitas vezes, as conexões são mais difíceis de enxergar, mas estão a toda nossa volta, em coisas como o preço da gasolina que pagamos no posto ou os trabalhadores desempregados no fim da rua. Em um mundo onde uma borboleta no Brasil pode fazer a diferença entre apenas mais um dia de sol no Texas e um tornado devastando uma cidade, é equivocado pensar que alguém possa enxergar muito adiante no futuro.[6]

O OTIMISTA

Mas uma coisa é reconhecer os limites da previsibilidade, e outra completamente diferente é menosprezar *qualquer previsão* como um exercício fútil.

Aponte o microscópio para um dia na vida daquela mulher que mora em um subúrbio de Kansas City: às 6h30 da manhã, ela guarda documentos numa pasta, entra no carro, toma o caminho de sempre para o trabalho e estaciona no centro. Como faz todo dia útil de manhã, passa pelas estátuas de leões e entra no edifício de inspiração grega da Kansas City Life Insurance Company. Em sua mesa, trabalha em planilhas por algum tempo, participa de uma teleconferência às 10h30, passa alguns minutos no site da Amazon e responde e-mails até as 11h50. Depois vai a um pequeno restaurante italiano para almoçar com sua irmã.

A vida da mulher é influenciada por muitos fatores imprevisíveis — do bilhete de loteria em sua bolsa à Primavera Árabe que resulta nas missões de voo de seu marido sobre a Líbia até o fato de que o preço da gasolina acaba de subir cinco centavos por galão porque houve um golpe de Estado em algum país sobre o qual ela nunca ouviu falar — mas existe um igual número de fatores, ou mais, inteiramente previsíveis. Por que ela saiu de casa às 6h30? Ela não queria ficar presa no engarrafamento. Ou, dizendo de outra forma, ela previu que o trânsito estaria muito mais pesado mais tarde — e com toda probabilidade tinha razão, porque a hora do rush é bastante previsível. Quando estava no carro, antecipava o comportamento dos demais motoristas constantemente: eles param no cruzamento quando o sinal fica vermelho; permanecem em suas faixas e dão seta antes de entrar. Ela esperava que as pessoas que haviam ficado de participar da teleconferência às 10h30 de fato o fizessem, e tinha razão. Combinou de encontrar a irmã ao meio-dia no restaurante porque um cartaz com o horário do estabelecimento dizia que estaria aberto nesse momento, e avisos de horário são um guia confiável.

Fazemos prognósticos mundanos como esses rotineiramente, enquanto outros, com o mesmo caráter rotineiro, fazem prognósticos que moldam nossas vidas. Quando a mulher ligou seu computador, aumentou um pouco o consumo de eletricidade em Kansas City, assim como todos os demais trabalhadores naquela manhã, e coletivamente eles provocaram um aumento na demanda de energia, como fazem todo dia útil de manhã a essa hora. Mas isso não criou problemas porque as companhias produtoras de eletricidade antecipam esses picos e modificam a saída de energia de acordo com eles. Quando a mulher entrou no site da Amazon, o site destacou certos produtos que achou que ela poderia apreciar, uma previsão derivada de suas compras e visitas passadas, bem como as de milhões de outras pessoas. Constantemente nos deparamos com operações preditivas como essa na internet — o Google personaliza resultados de busca pondo as coisas que imagina que você vai achar mais interessantes no topo —, mas elas operam com tanta sutileza que raramente notamos. E depois há o lugar onde a mulher trabalha. Sua companhia de seguro de vida está no ramo de prever incapacitação e morte, e realiza um bom trabalho. Isso não significa que eles sabem precisamente quando vou morrer, mas fazem uma boa ideia de quanto tempo alguém com minha idade e perfil — sexo, renda, estilo de vida — deve viver. A Kansas City Life Insurance Company foi fundada em 1895. Se seus atuários não fossem bons previsores, teria ido à falência há muito tempo.

Todas essas coisas em nossa realidade são previsíveis, e outras tantas mais. Acabo de pesquisar no Google a hora do nascer e do pôr do sol em Kansas City, Missouri, e as obtive em menos de um minuto. Essas previsões são confiáveis, seja para amanhã, depois de amanhã ou daqui a cinquenta anos. O mesmo pode ser dito de marés, eclipses e fases da lua. Tudo pode ser predito a partir de leis científicas sistemáticas como um relógio, com precisão suficiente para satisfazer o demônio previsor de Laplace.

Claro que cada um desses bolsões de previsibilidade pode ser abruptamente furado. É muito provável que um bom restaurante mantenha as portas abertas se estiver dentro do horário de funcionamento informado, mas pode ser que isso não aconteça, por uma série de motivos: o gerente perdeu a hora, um incêndio, o lugar foi à falência, uma pandemia, uma guerra nuclear, um experimento científico acidentalmente criou um buraco negro que sugou o sistema solar. O mesmo é verdade para qualquer outra coisa. Mesmo aquelas previsões de cinquenta anos do amanhecer e do poente podem estar erradas de algum modo, se, em algum momento nos próximos cinquenta anos, uma rocha espacial muito grande colidir com o planeta e modificar sua órbita em torno do sol. Não existem certezas na vida se atribuímos uma probabilidade não zero à invenção de tecnologias que nos permitam descarregar o conteúdo de nossos cérebros na nuvem de uma rede de computadores e ao surgimento de uma sociedade futura tão próspera e voltada ao espírito público que o estado possa ser custeado por doações voluntárias.

Assim, a realidade é sistemática como um relógio ou nebulosa como uma nuvem? O futuro é previsível ou não? Essas são falsas dicotomias, as primeiras de muitas que iremos encontrar. Vivemos em um mundo de relógios e nuvens e de uma vasta mixórdia de outras metáforas. A imprevisibilidade e a previsibilidade coexistem de forma conflituosa nos sistemas inextricavelmente entrelaçados que compõem nosso corpo, nossa sociedade e o cosmos. Até que ponto algo é previsível depende do que estamos tentando prever, quão adiante no futuro e sob que circunstâncias.

Veja a área de Edward Lorenz. Previsões do tempo são em geral bastante confiáveis, sob a maioria das condições, para alguns dias à frente, mas se tornam cada vez menos precisas para três, quatro, cinco dias adiante. Muito além de uma semana, poderíamos perfeitamente consultar nosso chimpanzé que atira dardos. De modo que não podemos dizer se o clima é previsível ou não, apenas que o clima é previsível até certo ponto sob determinadas circunstâncias — e devemos ter muito cuidado quando tentamos ser mais precisos do que isso. Pegue algo aparentemente tão simples quanto a relação entre o tempo e a previsibilidade: em geral é verdade que quanto mais tentamos olhar adiante no futuro, mais difícil é enxergar. Mas pode haver exceções prolongadas à regra. Prever a continuação de um prolongado mercado em alta na bolsa pode se provar lucrativo por muitos anos — até subitamente se provar ser sua ruína. E predizer que os dinossauros continuariam a ocupar o topo da cadeia alimentar foi uma aposta segura por dezenas de milhões de anos — até que um asteroide ocasionou um cataclismo que abriu nichos ecológicos para um minúsculo mamífero que acabaria evoluindo para uma espécie que tenta prever o futuro. Leis da física à parte, não existem constantes universais, de modo que separar o previsível do imprevisível é um trabalho difícil. Não existe atalho.

Os meteorologistas sabem disso mais do que ninguém. Eles fazem um grande número de previsões e costumam verificar sua precisão — e é por isso que sabemos que previsões de um e dois dias costumam ser bastante acertadas, ao contrário das de oito dias. Com essas análises, os meteorologistas são capazes de aprofundar sua compreensão de como o clima funciona e ajustar seus modelos. Depois, tentam novamente. Prever, medir, revisar. Repetir. É um processo infindável de melhoria gradativa que explica por que previsões climáticas são boas e melhoram lentamente. Porém, deve haver limites para tais melhorias, pois o clima é o exemplo clássico da não linearidade. Quanto mais à frente o previsor tenta enxergar, maior é a oportunidade para o caos bater suas asas de borboleta e soprar as expectativas para longe. Grandes saltos na capacidade computacional e o contínuo aperfeiçoamento dos modelos de previsão talvez empurrem os limites um pouco mais para o futuro, mas esses avanços pouco a pouco se tornam mais difíceis e as compensações encolhem em direção ao zero. Até que ponto pode melhorar? Ninguém sabe. Mas conhecer os limites presentes é em si mesmo um êxito.

Em tantos outros empreendimentos em que há muita coisa em jogo, os previsores estão tateando no escuro. Eles não fazem ideia da qualidade de suas previsões no curto, médio e longo prazos — e nenhuma ideia de quão boas suas previsões podem vir a ser. Na melhor das hipóteses, têm palpites vagos. Isso porque o procedimento de prever-medir-revisar opera apenas dentro dos limites rarefeitos da previsão high-tech, como o trabalho de macroeconomistas em bancos centrais, de profissionais de marketing e das finanças em grandes empresas ou de analistas das pesquisas de opinião, como Nate Silver.[7] Com mais frequência, as previsões são feitas e depois... nada. O grau de acerto raramente é determinado após o fato e quase nunca é feito com suficiente regularidade e rigor para que se possam extrair conclusões. O motivo? Em geral, um problema de demanda: os consumidores de previsão — governos, empresas e público em geral — não demandam evidência de acerto. Assim, não há medição. O que significa nada de revisão. E, sem revisão, não pode haver melhoria. Imagine um mundo em que as pessoas gostam de correr, mas não fazem ideia da velocidade de um ser humano médio, ou da velocidade máxima que uma pessoa pode atingir, porque os corredores nunca concordaram com regras básicas — permanecer na pista, começar a prova quando a arma for disparada, terminar após uma distância especificada — e não há juízes independentes e cronômetros medindo os resultados. Qual a probabilidade de que os tempos dos corredores melhorem nesse contexto? Não muita. Os melhores atletas estão correndo tão rápido quanto o ser humano é fisicamente capaz? Mais uma vez, provavelmente, não.

"Eu me dei conta de como a medição é importante para melhorar a condição humana", escreveu Bill Gates. "Você pode obter um incrível progresso se estabelecer um objetivo claro e encontrar uma medida que impulsione o progresso em direção a esse objetivo [...]. Isso pode parecer básico, mas é espantoso com que frequência não é feito e como é difícil fazer direito."[8] Ele tem razão sobre o que é preciso para motivar o progresso, e é surpreendente como isso raramente é feito em previsões. Mesmo esse simples primeiro passo — estabelecer um objetivo claro — não costuma ser dado.

Você pode pensar que o objetivo da previsão é antever o futuro de modo acurado, mas esse nem sempre é o objetivo, ou ao menos não o único. Às vezes, as previsões são feitas para entreter. Pense em Jim Cramer, da CNBC, com seu bordão, "*buuyah!*", ou em John McLaughlin, apresentador do *The McLaughlin Group*, berrando para os participantes de sua mesa-redonda preverem a probabilidade de um evento "numa escala de zero a dez, com zero representando possibilidade zero e dez representando a completa certeza metafísica!". Às vezes as previsões são usadas para promover ideologias e estimular a ação — como os ativistas esperam fazer quando advertem sobre os horrores que nos espreitam a menos que mudemos de comportamento. Há também a previsão "vestida para impressionar" — como a que os bancos fazem quando pagam um famoso especialista para falar aos clientes ricos sobre a economia global em 2050. E algumas previsões são feitas para confortar — assegurando ao público que suas crenças estão corretas e o futuro vai transcorrer como esperado. Militantes adoram essas previsões. Elas são o equivalente cognitivo de entrar num banho quente.

Essa mixórdia de objetivos raramente é admitida, o que torna difícil até mesmo começar a trabalhar no sentido da medição e do progresso. É uma situação confusa, que não parece em vias de melhorar.

E contudo essa estagnação é um grande motivo para eu ser um cético *otimista*. Sabemos que em grande parte do que as pessoas querem prever — política, economia, finanças, negócios, tecnologia, vida diária — a previsibilidade existe, em algum grau, sob certas circunstâncias. Mas existe muito mais que não sabemos. Para os cientistas, não saber é empolgante. É uma oportunidade de descobrir; quanto maior o desconhecido, maior a oportunidade. Graças à — francamente espantosa — falta de rigor em tantos domínios da previsão, essa oportunidade é imensa. E, para aproveitá-la, tudo que temos a fazer é estabelecer um objetivo claro — precisão? — e levar a sério sua medição.

Tenho feito isso durante a maior parte de minha carreira. A pesquisa que produziu o resultado do chimpanzé atirando dardos foi a fase um. A fase dois começou no verão de 2011, quando eu e minha parceira de pesquisa (e na vida), Barbara Mellers, lançamos o Good Judgment Project (GJP) e convidamos voluntários para participar da previsão do futuro. Bill Flack foi um dos que respondeu. Assim como milhares de outros naquele primeiro ano, e mais tantos outros milhares nos quatro anos que se seguiram. No total, mais de 20 mil leigos intelectualmente curiosos tentaram imaginar se os protestos na Rússia iriam se espalhar, se o preço do ouro iria despencar, se a Nikkei fecharia acima dos 9500, se a guerra estouraria na península coreana e muitas outras questões sobre assuntos globais desafiadores e complexos. Variando as condições de experimentação, poderíamos medir quais fatores melhoraram a antevisão, por qual margem, em que prazos e até que ponto poderiam ser boas as previsões se práticas melhores fossem se acumulando umas sobre as outras. Posto dessa forma, parece simples. Não foi. Tratou-se de um programa exigente que precisou de talentos e trabalho duro de uma equipe multidisciplinar baseada na Universidade da Califórnia, em Berkeley, e na Universidade da Pensilvânia.

Por maior que fosse, o GJP foi apenas parte de um esforço de pesquisa muito mais amplo patrocinado pela Intelligence Advanced Research Projects Activity [Atividade de Projetos de Pesquisa Avançada em Inteligência, IARPA]. Não se deixe levar pelo nome insípido. A IARPA é um órgão dentro da comunidade de inteligência que presta contas ao diretor da National

Intelligence [Inteligência Nacional], e seu trabalho é dar apoio à pesquisa ousada que promete tornar o serviço de inteligência americano melhor do que já é. E grande parte do que faz o serviço de inteligência americano é prever tendências políticas e econômicas globais. Por uma estimativa grosseira, os Estados Unidos têm 20 mil analistas de inteligência aferindo tudo, de quebra-cabeças minúsculos a grandes eventos, como a probabilidade de um ataque surpresa de Israel às instalações nucleares iranianas ou a saída da Grécia da zona do euro.[9] Até que ponto todas essas previsões são boas? Essa não é uma resposta fácil, pois a comunidade de inteligência, como tantos grandes produtores de previsões, nunca se mostrou disposta a gastar dinheiro para descobrir. Há vários motivos para essa relutância, alguns mais respeitáveis do que outros, mas falaremos disso depois. O que importa é que esses procedimentos de previsão são críticos para a segurança nacional e contudo pouco pode ser dito com alguma confiança sobre quão bons eles são ou até mesmo se são tão bons quanto uma operação multibilionária envolvendo 20 mil pessoas deve ser. Para mudar isso, a IARPA criou um torneio de previsão em que cinco equipes científicas lideradas por pesquisadores de ponta na área competiriam para produzir previsões precisas sobre o tipo de questões difíceis com as quais os analistas de inteligência lidam todos os dias. O Good Judgment Project foi uma dessas cinco equipes. Cada uma se manteria efetivamente em seu próprio projeto de pesquisa, livre para improvisar quaisquer métodos que julgasse adequados, mas obrigada a submeter previsões às nove da manhã, zona de tempo oriental, todos os dias, de setembro de 2011 a junho de 2015. Exigindo que as equipes transmitissem as mesmas perguntas ao mesmo tempo, o torneio criou um campo de jogo equilibrado — e um rico estoque de dados sobre o que funciona, com que efetividade e quando. Ao longo de quatro anos, a IARPA apresentou cerca de quinhentas perguntas sobre assuntos mundiais. Os prazos foram mais curtos do que em minha primeira pesquisa, com a vasta maioria das previsões se estendendo por mais de um mês e menos de um ano. Ao todo, reunimos mais de 1 milhão de juízos sobre o futuro.

No ano 1, o GJP suplantou o grupo de controle oficial em 60%. No ano 2, vencemos o grupo de controle em 78%. O GJP também superou seus competidores afiliados a universidades, incluindo a Universidade de Michigan e o MIT, por ampla margem, de 30% a 70%, e suplantou até analistas de inteligência profissionais com acesso a dados confidenciais.

Depois de dois anos, o GJP estava de tal forma levando a melhor sobre seus competidores acadêmicos que a IARPA largou as demais equipes.[10]

Entrarei em detalhes depois, mas quero destacar duas conclusões-chave que emergem dessa pesquisa. Uma, a antevisão é real. Algumas pessoas — como Bill Flack — a têm de sobra. Não são gurus ou oráculos com o poder de perscrutar décadas no futuro, mas possuem efetivamente uma capacidade real, mensurável, de avaliar até que ponto eventos com muita coisa em jogo têm probabilidade de ocorrer com três meses, seis meses, um ano ou um ano e meio de antecedência. A outra conclusão é o que torna os superprevisores tão bons. Não se trata realmente de quem sejam. É o que fazem. A antevisão não é um dom misterioso concedido ao nascer. É o produto de modos particulares de pensar, colher informação, atualizar convicções. Esses hábitos de pensamento podem ser aprendidos e cultivados por qualquer pessoa inteligente, ponderada, determinada. Pode até nem ser tão difícil assim de começar. Um resultado que me surpreendeu particularmente foi o efeito de um tutorial cobrindo alguns conceitos básicos que exploraremos neste livro e estão resumidos no apêndice dos dez mandamentos. Levou apenas cerca de sessenta minutos para ler e mesmo assim melhorou a precisão em mais ou menos 10% ao longo de todo o ano do torneio. Certo, 10% podem soar modestos, mas foram conseguidos a um custo muito baixo. E não se esqueça de que mesmo incrementos modestos na antevisão mantidos no decorrer do tempo representam uma somatória. Falei sobre isso com Aaron Brown, um escritor, veterano de Wall Street e principal gerente de risco na AQR Capital Management, um *hedge fund* com mais de 100 bilhões de dólares em ativos. "É muito difícil de enxergar porque não é dramático", afirmou ele, mas, se for mantido, "é a diferença entre um vencedor constante que ganha bem e o cara que vive quebrado".[11] Uma jogadora de pôquer de nível internacional que em breve iremos conhecer não poderia estar mais de acordo. A diferença entre os bichos-papões e os amadores, disse ela, é que os bichos-papões sabem a diferença entre uma aposta 60/40 e uma aposta 40/60.

Mas se é possível melhorar a antevisão simplesmente mensurando-a, e se as recompensas da antevisão melhorada forem substanciais, por que a mensuração não é uma prática-padrão? Grande parte da resposta a essa pergunta reside na psicologia que nos convence de sabermos coisas que na realidade não sabemos — por exemplo, se Tom Friedman é um previsor preciso ou não. Vou explorar essa psicologia no capítulo 2. Por séculos, ela estorvou o progresso na medicina. Quando os médicos finalmente aceitaram que sua experiência e percepções não eram meios confiáveis de determinar se um tratamento funcionava, eles se voltaram para testes científicos — e a medicina finalmente começou a fazer rápidos avanços. A mesma revolução precisa começar na previsão.

Não vai ser fácil. O capítulo 3 examina o que é necessário para testar previsões tão rigorosamente quanto a moderna medicina testa tratamentos. É um desafio maior do que pode parecer. No fim da década de 1980, elaborei uma metodologia e conduzi o que foi, na época, o maior teste de acerto das previsões dos especialistas políticos jamais realizado. Um resultado obtido muitos anos depois foi a piada que hoje me faz estremecer. Mas outra descoberta dessa pesquisa não recebeu nem de perto tanta atenção, ainda que fosse muito mais importante: um grupo de especialistas apresentou uma antevisão modesta, mas real. O que provocou a diferença entre os especialistas com antevisão e os que ficaram tão abaixo das expectativas que derrubaram a média para o nível de um chimpanzé atirando dardos? Não era nenhum dom místico nem acesso a informação que os outros não tinham. Tampouco qualquer conjunto de crenças particular. Na verdade, dentro de uma gama de opiniões bastante ampla, *o que* eles pensavam não tinha importância. Era *como* pensavam.

Inspirada em parte por esse insight, a IARPA criou seu inédito torneio de previsões. O capítulo 4 é a história de como isso aconteceu — e a descoberta dos superprevisores. Por que eles são tão bons? Essa pergunta permeia o livro do capítulo 5 ao 9. Quando você os conhece, é difícil não ficar admirado com sua sagacidade, de modo que talvez suspeite que é a inteligência que faz toda a diferença. Não é. Eles também são notavelmente proficientes com números. Como Bill Flack, muitos possuem formação avançada em matemática e ciência. Então é a arcana e secreta matemática? Não. Mesmo superprevisores entusiasmados pela matemática raramente se valem de seu instrumental. Eles tendem também a ser viciados em notícia que permanecem por dentro dos últimos acontecimentos e regularmente atualizam suas previsões, de modo que você pode ficar tentado a atribuir seu sucesso às infindáveis horas passadas na empreitada. Porém, isso também seria um erro.

A superprevisão de fato exige níveis mínimos de inteligência, proficiência com números e conhecimento do mundo, mas qualquer um que leia livros sérios sobre pesquisa psicológica provavelmente possui esses pré-requisitos. Então, o que eleva a previsão a uma superprevisão? Como no caso dos especialistas dotados de antevisão real em minha pesquisa inicial, o que mais faz diferença é *como* o previsor pensa. Vou descrever isso em detalhe, mas, falando de modo geral, a superprevisão exige um modo de pensar que envolva mente aberta, cuidado, curiosidade e — acima de tudo — autocrítica. Também exige foco. O tipo de pensamento que gera juízos superiores não vem sem esforço. Somente uma pessoa determinada pode fornecê-lo de forma razoavelmente constante, e é por isso que nossas análises têm muitas vezes encontrado no compromisso com o autoaprimoramento o indicativo mais poderoso de desempenho.

Nos últimos capítulos, vou resolver uma aparente contradição entre as exigências de um juízo qualificado e a liderança efetiva, responder ao que acredito serem os dois mais fortes desafios de minha pesquisa e concluir — apropriadamente, para um livro sobre previsões — com uma consideração sobre o que virá a seguir.

UMA PREVISÃO SOBRE A PRÁTICA DE PREVISÕES

Mas talvez você ache que isso tudo está irremediavelmente ultrapassado. Afinal, vivemos numa era vertiginosa de computadores cada vez mais potentes, de algoritmos incompreensíveis e megadados. Em essência, a capacidade de fazer previsões que eu estudo envolve o juízo subjetivo: são pessoas pensando e decidindo, nada mais. Não chegou a hora de pôr um fim a esse cenário descuidado de palpites e conjecturas?

Em 1954, Paul Meehl, um psicólogo brilhante, escreveu um livrinho que causou comoção.[12] O livro revisava vinte estudos, mostrando que especialistas bem informados predizendo resultados — se um aluno se sairia bem na faculdade ou se uma pessoa em liberdade condicional voltaria para a prisão — não eram tão precisos quanto simples algoritmos somando indicadores objetivos, como testes de aptidão e históricos de conduta anterior. A alegação de Meehl incomodou muitos especialistas, mas pesquisas subsequentes — hoje mais de duzentos estudos — mostraram que na maioria dos casos os algoritmos estatísticos superam o juízo subjetivo, e, no punhado de estudos em que isso não ocorre, geralmente ficam pau a pau. Uma vez que algoritmos são rápidos e baratos, ao contrário do juízo subjetivo, um empate justifica seu uso. A questão hoje é indiscutível: quando você tem um algoritmo estatístico de validade comprovada, use-o.

A descoberta nunca representou uma ameaça ao reinado do juízo subjetivo, pois é muito raro termos algoritmos de validade comprovada para o problema do momento. Era apenas pouco prático para a matemática desbancar o bom e velho juízo humano — em 1954 e mesmo hoje.

Mas avanços espetaculares na tecnologia da informação sugerem que estamos nos aproximando de uma descontinuidade histórica na relação da humanidade com as máquinas. Em 1997, o Deep Blue, da IBM, derrotou o campeão mundial de xadrez Garry Kasparov. Atualmente, programas de xadrez comercialmente disponíveis derrotam qualquer ser humano. Em 2011, o supercomputador Watson derrotou os campeões do gameshow televisivo *Jeopardy!*, Ken Jennings e Brad Rutter. Esse foi um desafio computacional vastamente mais difícil, mas os engenheiros do Watson se saíram bem. Agora não é mais impossível imaginar uma competição de previsão em que um supercomputador dá uma surra não só em superprevisores, como também nos supersabichões. Depois que isso acontecer, continuará a haver previsores humanos, mas, como competidores humanos do *Jeopardy!*, só os assistiremos por diversão.

Assim, fui conversar com o engenheiro-chefe do Watson, David Ferrucci. Eu tinha certeza de que o Watson poderia facilmente dar conta de uma pergunta sobre o presente ou o passado, como "Quais foram os dois líderes russos que trocaram de função nos últimos dez anos?". Mas estava curioso sobre suas opiniões a respeito de quanto tempo levará para o Watson ou um de seus descendentes digitais acertar questões como "Dois importantes líderes russos vão trocar de função nos próximos dez anos?".

Em 1965, o polímata Herbert Simon achou que estávamos a apenas vinte anos de um mundo em que as máquinas poderiam fazer "qualquer trabalho de que o homem é capaz", o tipo de coisa ingenuamente otimista que as pessoas diziam na época, e um motivo para Ferrucci — que trabalha com inteligência artificial há trinta anos — ser mais cauteloso hoje.[13] A computação caminha a passos largos, observou Ferrucci. A capacidade de enxergar padrões está crescendo de maneira espetacular. E o aprendizado da máquina, combinado às prósperas interações entre o ser humano e a máquina que alimentam o processo de aprendizado, promete muito mais avanços fundamentais no futuro. "Vai ser uma dessas curvas exponenciais em que estamos meio que no fundo, hoje", disse Ferrucci.

Mas há uma vasta diferença entre "Que dois líderes russos trocaram de função?" e "Dois líderes russos trocarão de função outra vez?". A primeira é um fato histórico. O computador pode ir lá checar. A segunda exige que o computador forneça uma conjectura embasada sobre as intenções de Vladimir Putin, o caráter de Dmitri Medvedev e a dinâmica causal da política russa, e depois integre essa informação em um parecer. As pessoas fazem esse tipo de coisa o tempo todo, mas isso não a torna fácil. Significa que o cérebro humano é prodigioso — porque a tarefa é absurdamente difícil. Mesmo com o galopante avanço dos computadores, o tipo de previsão que superprevisores fazem ainda está muito fora de seu alcance. E Ferrucci não tem certeza se algum dia veremos um ser humano atrás do vidro no Smithsonian com uma placa dizendo "juízo subjetivo".

As máquinas talvez se saiam melhor em "imitar o significado humano" e portanto melhor em predizer o comportamento humano, mas "há uma diferença entre imitar e refletir significado e originar significado", disse Ferrucci. Esse é um espaço que o juízo humano sempre vai ocupar.

Na previsão, assim como em outros campos, continuaremos a ver o juízo humano sendo substituído — para consternação dos colarinhos brancos —, mas também veremos cada vez mais sínteses, como "xadrez estilo livre", em que humanos com computadores competem em equipes, recorrendo à indiscutível potência da máquina, mas também ocasionalmente controlando-a. O resultado é uma combinação que pode (às vezes) derrotar tanto humanos como máquinas. Para enxergar a dicotomia homem versus máquina sob nova luz, combinações de Garry Kasparov e Deep Blue talvez se provem mais robustas do que abordagens puramente humana ou puramente máquina.

O que Ferrucci de fato vê ficar obsoleto é o modelo do guru, que torna pueris tantas discussões: "Vou rebater sua polêmica Paul Krugman com minha contrapolêmica Niall Ferguson, e refutar seu editorial Tom Friedman com meu blog Bret Stephens". Ferrucci vê uma luz no fim desse longo túnel escuro: "Acho que vai ficar cada vez mais estranho" para as pessoas escutar o conselho de especialistas cujas opiniões são embasadas apenas por seu juízo subjetivo. O pensamento humano é prejudicado por armadilhas psicológicas, fato que se tornou amplamente reconhecido apenas na última década ou perto disso. "Então o que espero é que o especialista humano se alie a um computador para superar as limitações e vieses cognitivos humanos."[14]

Se Ferrucci estiver com a razão — e suspeito que está —, no futuro teremos de combinar a previsão baseada em computadores com o juízo subjetivo. Assim, é hora de levar ambos a sério.

Ilusões de conhecimento 2

Quando o dermatologista viu manchas no dorso da mão do paciente, ficou desconfiado e extraiu um pedaço de pele. Um patologista confirmou que era carcinoma basocelular. O paciente não entrou em pânico. Ele também era médico. Sabia que essa forma de câncer raramente se espalha. O carcinoma foi removido e, por precaução, mandaram o paciente visitar um oncologista famoso.

O médico especialista descobriu um caroço na axila direita do paciente. Havia quanto tempo aquilo estava ali? O paciente não sabia. O médico disse que deveria ser retirado. O paciente concordou. Afinal de contas, o homem era uma figura de renome. Se ele dizia "tire", quem iria discordar? A cirurgia foi marcada.

Quando passou o efeito da anestesia e o paciente acordou, ficou surpreso ao ver seu peito todo enfaixado com bandagens. O médico chegou. Sua expressão era sombria. "Preciso contar a verdade", começou. "Sua axila está cheia de tecido canceroso. Fiz o melhor que pude para extirpar e removi seu músculo peitoral menor, mas talvez não tenha salvado sua vida."[1] Essa última afirmação foi uma tentativa modesta de suavizar o golpe. Como o doutor deixou bem claro, o paciente não tinha muito tempo de vida.

"Por um momento, o mundo pareceu acabar", escreveu o paciente mais tarde. "Após um breve período de surpresa e choque, virei o máximo que pude de lado e chorei sem pudores. Não me lembro muito mais sobre o resto do dia." Na manhã seguinte, com a mente lúcida, "formulei um plano simples de como passaria o resto de minha vida [...]. Uma curiosa sensação de paz se abateu sobre mim após ter completado o plano, e peguei no sono". Nos dias que se seguiram, visitas apareceram para oferecer conforto ao paciente da melhor forma que podiam. Ele achou tudo bastante embaraçoso. "Logo ficou claro que estavam mais constrangidas do que eu", escreveu.[2] Ele estava morrendo. Isso era um fato. A pessoa tinha de manter a calma e fazer o que fosse necessário. Choradeira não servia para nada.

Esse episódio melancólico aconteceu em 1956, mas o paciente, Archie Cochrane, não morreu, o que é uma sorte, porque depois se tornou uma reverenciada figura na medicina. O médico especialista estava errado. Cochrane não tinha câncer terminal. Não tinha câncer nenhum, como um patologista descobriu quando examinou o tecido removido durante a cirurgia. Cochrane ficou tão chocado com a suspensão de sua sentença de morte quanto ficara ao recebê-la. "Eu havia sido informado de que o patologista ainda não dera seu parecer", escreveu ele, muitos anos depois, "mas em nenhum momento duvidei das palavras do cirurgião."[3]

Esse é o problema. Cochrane não duvidou do médico especialista e o médico não duvidou de seu próprio julgamento e, assim, nenhum dos dois considerou a possibilidade de que o diagnóstico estivesse errado, tampouco considerou aconselhável esperar pelo relatório do patologista antes de bater o martelo quanto à vida de Archie Cochrane. Mas não devemos julgá-los com dureza demasiada. É a natureza humana. Todos nós já fomos apressados demais em chegar a uma conclusão sobre algo e lentos demais em mudar de opinião. E se não examinarmos como cometemos esses equívocos, continuaremos a cometê-los. Essa estagnação pode se prolongar por anos. Ou uma vida inteira. Pode até durar séculos, como ilustra a longa e miserável história da medicina.

CEGOS DISCUTINDO

A parte "longa" é bastante óbvia. Pessoas tentam curar os doentes desde que as pessoas ficam doentes. Mas "miserável"? Isso é menos óbvio, mesmo para leitores familiarizados com a história da medicina, porque "a maioria das histórias da medicina são incrivelmente estranhas", como observou o médico e autor britânico Druin Burch. "Elas fornecem um claro relato sobre o que as pessoas acreditavam que estavam fazendo, mas quase nenhum sobre se estavam com a razão."[4] O cataplasma de ovo de avestruz aplicado pelos médicos egípcios de fato curava fraturas na cabeça? Na antiga Mesopotâmia, os tratamentos do Zelador do Reto Real de fato conservavam os retos reais saudáveis? E quanto às sangrias? Todo mundo, dos antigos gregos aos médicos de George Washington, jurava que a prática era um tonificante maravilhoso, mas funcionava? As histórias típicas em geral não falam a respeito disso, mas quando usamos a ciência moderna para julgar a eficácia dos tratamentos históricos, fica claro, de maneira deprimente, que a maioria das intervenções era inútil ou coisa pior. Até bem pouco tempo em termos históricos, não era incomum que um doente melhorasse na ausência de um médico, porque deixar a doença seguir seu curso natural era menos perigoso do que o mal que o médico podia infligir. E era raro que os tratamentos melhorassem, independentemente de quanto tempo passasse. Quando George Washington caiu doente em 1799, seus estimados médicos lhe fizeram incontáveis sangrias, ministraram mercúrio para causar diarreia, induziram o vômito e provocaram bolhas cheias de sangue aplicando ventosas quentes à pele. Um médico na Atenas de Aristóteles, na Roma de Nero, na Paris medieval ou na Londres elisabetana teria balançado a cabeça, aprovando grande parte dessas práticas pavorosas.

Washington morreu. Poderíamos presumir que tais resultados fariam os médicos questionar seus métodos, mas, para ser justo, o fato de Washington morrer não prova nada sobre os tratamentos, senão que fracassaram em impedir sua morte. Pode ser que os tratamentos tenham ajudado, mas não o suficiente para vencer a doença que levou a vida do primeiro presidente norte-americano, ou que não tenham feito a menor diferença, ou, ainda, que tenham acelerado sua morte. É impossível saber qual dessas conclusões é acertada apenas observando o desfecho da história. Mesmo com muitas observações como essas, pode ser difícil ou impossível que a verdade venha à tona. Simplesmente, há fatores demais envolvidos, prováveis explicações demais, incógnitas demais. E se os médicos já estão inclinados a achar que os tratamentos funcionam — o que de fato acontece, pois do contrário não os prescreveriam —, toda essa ambiguidade provavelmente será interpretada em favor da ditosa conclusão de que os tratamentos são de fato eficazes. É preciso fortes evidências e experimentação mais rigorosa do que fazer sangrias no paciente e ver se ele melhora para superar as ideias preconcebidas. E isso nunca foi feito.

Pense em Galeno, o médico de imperadores romanos do século II d.C. Ninguém influenciou mais gerações de médicos. Os escritos de Galeno foram a fonte indiscutível de autoridade médica por mais de mil anos. "Fui eu, e mais ninguém, quem revelou o verdadeiro caminho da medicina", escreveu Galeno com sua modéstia de costume. E contudo Galeno nunca conduziu nada parecido com um experimento moderno. E por que deveria? Experimentos são o que as pessoas fazem quando não têm certeza de qual é a verdade. E Galeno não se abalava com dúvidas. Todo resultado confirmava que tinha razão, independentemente de quão equívoca a evidência pudesse parecer para alguém menos sábio do que o mestre. "Todo aquele que bebe deste tratamento se recupera em breve tempo, a não ser aqueles para os quais ele não é de nenhuma ajuda, que morrem todos", escreveu ele. "É óbvio, portanto, que ele fracassa apenas nos casos incuráveis."[5]

Galeno é um exemplo extremo, mas é o tipo de personagem que aparece repetidamente na história da medicina. São homens (sempre homens) de forte convicção e profunda confiança em seu próprio bom senso. Eles adotam tratamentos, desenvolvem teorias ousadas para explicar seu trabalho, denunciam os rivais como charlatães e medicastros e divulgam suas descobertas com paixão evangélica. Assim sempre foi desde os antigos gregos, e depois com Galeno, Paracelso, o alemão Samuel Hahnemann, o americano Benjamin Rush. No século XIX, a medicina americana presenciou batalhas acirradas entre médicos ortodoxos e uma multidão de figuras carismáticas com curiosas novas teorias, como o thomsonianismo, que sugeria que a maioria das doenças se devia a um excesso de frio no corpo, ou a cirurgia orificial de Edwin Pratt, cuja percepção fundamental foi de que, nas palavras de um detrator, com exagero apenas moderado, "o reto é o foco da existência, contém a essência da vida e realiza as funções em geral atribuídas ao coração e ao cérebro".[6] Na periferia ou na corrente dominante, quase tudo isso estava errado, os tratamentos oferecidos indo dos inúteis aos perigosos. Alguns médicos temiam exatamente isso, mas a maioria continuava como se nada estivesse acontecendo. A ignorância e a certeza permaneciam os traços decisivos da medicina. Como observou o cirurgião e historiador Ira Rutkow, médicos que furiosamente debatiam os méritos dos vários tratamentos e teorias eram "como cegos discutindo as cores do arco-íris".[7]

A cura para essa epidemia de certezas ficou tentadoramente próxima de ser encontrada em 1747, quando um médico naval, o britânico James Lind, pegou doze marinheiros sofrendo de escorbuto, dividiu-os em pares e deu a cada par um tratamento diferente: vinagre, cidra, ácido sulfúrico, água do mar, pasta de cortiça e fruta cítrica. Foi um experimento nascido do desespero. O escorbuto era uma ameaça fatal para os marujos em viagens de longa distância e nem mesmo a segurança dos médicos era capaz de esconder a futilidade de seus tratamentos. Assim, Lind resolveu dar seis tiros no escuro — e, num deles, acertou o alvo. Os dois marinheiros que receberam frutas cítricas se recuperaram rápido. Mas, contrariamente à crença popular, esse não foi um momento eureca que anunciou a moderna era da experimentação. "Lind se comportava de um jeito que parece moderno, mas não compreendia totalmente o que estava fazendo", observou Druin Burch. "Sua incapacidade de extrair uma conclusão do próprio experimento foi tamanha que nem mesmo ele ficou convencido dos excepcionais benefícios de limas e limões."[8] Por anos depois disso, os marinheiros continuaram a sofrer de escorbuto e os médicos, a prescrever remédios inúteis.

Foi somente no século XX que a ideia de estudos randômicos controlados, medições cuidadosas e poder estatístico passou a vigorar. "Será a aplicação do método numérico ao objeto da medicina uma engenhosidade trivial e vã, como sustentam alguns, ou um importante estágio do desenvolvimento de nossa arte, como outros proclamam?", perguntou o *Lancet* em 1921. O estatístico britânico Austin Bradford Hill respondeu enfaticamente que a segunda afirmação era a verdadeira, e lançou o modelo para a investigação médica moderna. Se pacientes idênticos em todos os aspectos fossem colocados em dois grupos, e os grupos tratados de forma diferente, escreveu ele, saberíamos que o tratamento causou alguma diferença no resultado. Parece simples, mas é impossível na prática, porque não existem duas pessoas exatamente iguais, nem mesmo gêmeos idênticos, de modo que o experimento será arruinado pelas diferenças entre os sujeitos testados. A solução reside na estatística: se designássemos aleatoriamente pessoas a um grupo ou outro, quaisquer diferenças existentes entre elas seriam contrabalançadas se uma quantidade suficiente de sujeitos participasse do experimento. Desse modo podemos concluir com confiança que o tratamento provocou algumas diferenças nos resultados observados. Não é perfeito. Não existe perfeição em nosso mundo caótico. Mas é melhor do que sabichões coçando o queixo.

Hoje, isso parece chocantemente óbvio. Estudos randômicos controlados agora são rotineiros. E, contudo, foi algo revolucionário, porque a medicina antes nunca fora científica. Sem dúvida, ela ocasionalmente colhera os frutos da ciência, como a teoria microbiana das doenças e o raio X. E assumia ares de ciência. Havia homens instruídos com títulos impressionantes que conduziam estudos de caso e informavam os resultados em palestras recheadas de termos latinos em universidades augustas. Mas, científica, não era.

Era ciência de culto à carga, expressão depreciativa cunhada bem mais tarde pelo físico Richard Feynman para descrever o que aconteceu depois que as bases aéreas americanas da Segunda Guerra Mundial foram removidas das ilhas do Pacífico Sul, encerrando o único contato dos ilhéus com o mundo exterior. Os aviões haviam trazido produtos maravilhosos. Os ilhéus queriam mais. Assim, "puseram-se a construir coisas como se fossem pistas de aterrissagem, montando fogueiras nas laterais das pistas, fazendo uma cabana de madeira para um homem ficar sentado ali dentro com dois pedaços de pau na cabeça, como fones de ouvido, e varas de bambu se projetando como antenas — ele é o controlador —, e esperam que os aviões pousem".[9] Mas os aviões nunca voltaram. Assim, a ciência de culto à carga possui a forma exterior de ciência, mas carece daquilo que a torna verdadeiramente científica.

A medicina carecia de dúvida. "A dúvida não é uma coisa a ser temida", observou Feynman, "mas uma coisa de enorme valor."[10] É o que impulsiona a ciência adiante.

> Quando um cientista lhe diz que não sabe a resposta, ele é um homem ignorante. Quando lhe diz que tem um palpite sobre como a coisa vai funcionar, está inseguro a respeito. Quando tem certeza absoluta sobre como vai funcionar e lhe diz: "É assim que vai funcionar, aposto", ainda está com alguma dúvida. E é de suprema importância, de modo a fazer progresso, que reconheçamos essa ignorância e essa dúvida. Como temos a dú-

vida, propomo-nos a olhar em novas direções para buscar novas ideias. O ritmo de desenvolvimento da ciência não é o ritmo em que você faz observações sozinho, mas, muito mais importante, o ritmo em que você cria novas coisas para testar.[11]

Foi a ausência de dúvida — e de rigor científico — que tornou a medicina não científica e a levou a ficar estagnada por tanto tempo.

PONDO A MEDICINA À PROVA

Infelizmente, essa história não termina com todos os médicos de repente dando um tapa na testa e submetendo suas crenças a experimentações. A ideia de estudos randômicos controlados levou um tempo dolorosamente lento para pegar e foi somente depois da Segunda Guerra Mundial que se tentaram os primeiros testes sérios. Os resultados foram excelentes. Mas, ainda assim, os médicos e cientistas que promoveram a modernização da medicina muitas vezes perceberam que o *establishment* médico não estava interessado, ou até mesmo era hostil a seus esforços. "Muita coisa que estava sendo feita em nome da saúde carecia de validação científica", queixou-se Archie Cochrane acerca da medicina nas décadas de 1950 e 1960, e o National Health Service — o sistema de saúde britânico — tinha "pouquíssimo interesse em fornecer e promover algo eficaz". Os médicos e as instituições controladas por eles não queriam abrir mão da ideia de que só seu juízo revelava a verdade, e assim continuavam a fazer o que faziam porque sempre haviam feito daquele jeito — e contavam com o aval da autoridade respeitada. Não precisavam de validação científica. Eles sabiam e ponto final. Cochrane desprezava essa atitude. Chamou isso de "complexo de Deus".

Quando os hospitais criaram unidades de atendimento cardíaco para tratar de pacientes se recuperando de infartos, Cochrane propôs um experimento randômico para determinar se as novas unidades obtinham resultados melhores do que o antigo tratamento, que era mandar os pacientes para acompanhamento e repouso em casa. Os médicos se recusaram. Era óbvio que as unidades de atendimento cardíaco eram superiores, disseram eles, e negar o melhor tratamento aos pacientes seria antiético. Mas Cochrane não era do tipo que recuava. Como médico de um campo de prisioneiros encarregado dos colegas durante a Segunda Guerra Mundial, ele muitas vezes confrontara autoridades. Certa vez, passara uma descompostura nos sempre perigosos guardas alemães. Desse modo, Cochrane conseguiu seu teste: alguns pacientes, selecionados ao acaso, foram enviados para as unidades de atendimento cardíaco enquanto outros foram mandados para acompanhamento e repouso domiciliar. No decorrer do procedimento, Cochrane se encontrou com um grupo de cardiologistas que tentara impedir seu experimento. Ele lhes disse que tinha conclusões preliminares. A diferença de resultados dos dois tratamentos não era estatisticamente significativa, enfatizou, mas parecia que os pacientes haviam tido uma ligeira melhora nas unidades de atendimento cardíaco. "Eles vociferaram com palavras ofensivas: 'Archie', disseram, 'sempre soubemos que você era antiético. É melhor parar com o teste agora mesmo'." Mas então Cochrane revelou que os tapeara. Havia invertido o resultado: o tratamento doméstico fora ligeiramente superior às unidades cardíacas. "Houve um silêncio mortal e me senti um tanto mal, porque, afinal de contas, eles eram meus colegas."

Taxas de doenças cardíacas surpreendentemente elevadas entre prisioneiros chamaram a atenção de Cochrane para o sistema judiciário, onde ele se deparou com as mesmas atitudes entre diretores de prisão, juízes e funcionários do Ministério do Interior britânico. O que as pessoas não percebiam é que a única alternativa a um experimento controlado que fornece uma percepção real é um experimento não controlado que produz meramente a ilusão de percepção. Cochrane mencionou a abordagem "tacanha, bruta, chocante" do governo Thatcher ao problema da delinquência juvenil, que defendia o breve encarceramento em cadeias espartanas controladas por regras estritas. Funcionou? O governo simplesmente as implementara por todo o sistema de justiça, tornando uma resposta impossível. Se a política fosse introduzida e a criminalidade diminuísse, isso significava que a política funcionou, ou talvez a criminalidade caísse devido a uma centena de outros motivos possíveis. Se a criminalidade aumentasse, isso talvez revelasse que a política era inútil ou até mesmo perniciosa, ou podia significar que a criminalidade teria subido ainda mais, não fossem os efeitos benéficos da política. Naturalmente, os políticos alegariam outra coisa. Os que estão no poder diriam que funcionou; seus adversários diriam que fracassou. Mas ninguém saberia de fato. Os políticos seriam como cegos discutindo as cores do arco-íris. Se o governo houvesse submetido sua política "a um estudo randômico controlado talvez soubéssemos, a essa altura, seu verdadeiro valor, e estaríamos um pouco mais adiantados em nossa reflexão", observou Cochrane. Mas isso não aconteceu. O governo simplesmente presumiu que sua política funcionaria conforme o esperado. Foi essa mesma mistura tóxica de ignorância e certeza que manteve a medicina na idade das trevas por milênios.

A frustração de Cochrane é palpável em sua autobiografia. Por que as pessoas não conseguiam enxergar que apenas a intuição não servia de base para conclusões firmes? Era "desconcertante".

Porém, quando esse cético cientista foi informado por um médico eminente de que seu corpo estava dominado pelo câncer e que ele devia se preparar para morrer, Archie Cochrane humildemente aquiesceu. Ele não pensou: "Esse é apenas o parecer subjetivo de um homem, pode estar errado, então vou esperar o relatório do patologista. E, aliás, por que o cirurgião extirpou meu músculo antes de falar com o patologista?".[12] Cochrane encarou a conclusão do médico como um fato e se preparou para morrer.

Assim, há dois mistérios. Primeiro, há o moderado argumento de Cochrane de que é necessário muito mais do que a intuição antes de tirarmos conclusões firmes. Essa é uma verdade muito óbvia. Por que as pessoas resistem a ela? Por que, mais especificamente, não passou pela cabeça do médico esperar o relatório do patologista antes de remover um naco de carne de Cochrane? Depois, há o mistério do próprio Cochrane. Por que um homem que enfatizava a importância de não tirar conclusões precipitadas se precipitou em chegar à conclusão de que estava com câncer terminal?

PENSANDO SOBRE O PENSAMENTO

Nada mais natural do que identificar nosso pensamento com as ideias, imagens, planos e sentimentos que fluem pela consciência. O que mais poderia ser? Se eu pergunto: "Por que você comprou aquele carro?", você pode alegar uma porção de motivos: "Baixa quilometragem. Modelo bonito. Ótimo preço". Mas pode partilhar pensamentos apenas por meio da introspecção; ou seja, voltando sua atenção para dentro e examinando o que se passa em sua cabeça. E a introspecção pode captar apenas uma minúscula fração dos processos complexos que se desenrolam em sua mente — e que estão por trás de suas decisões.

Ao descrever como pensamos e decidimos, os psicólogos modernos muitas vezes se valem de um modelo de sistema dual que divide nosso universo mental em dois domínios. O Sistema 2 é o reino familiar do pensamento consciente. Consiste de tudo em que decidimos nos focar. Por outro lado, o Sistema 1 é em grande parte um estranho para nós. É o reino da percepção automática e das operações cognitivas — como o que você põe em funcionamento neste exato momento para transformar a impressão desta página em uma sentença dotada de significado ou para segurar o livro enquanto estica o braço para pegar um copo d'água e tomar um gole. Não temos consciência desses processos de gatilho rápido, mas não poderíamos funcionar sem eles. Seríamos desligados.

A numeração dos dois sistemas não é arbitrária. O Sistema 1 vem primeiro. Ele é rápido e está constantemente operando em segundo plano. Se uma pergunta é feita e você sabe a resposta instantaneamente, ela é disparada pelo Sistema 1. O Sistema 2 fica encarregado de interrogar essa pergunta. Ela se presta ao escrutínio? É apoiada pela evidência? O processo exige tempo e esforço, e é por isso que a rotina-padrão na tomada de decisões é a seguinte: primeiro, o Sistema 1 fornece uma resposta, e só então o Sistema 2 pode se envolver, começando por um exame do que o Sistema 1 decidiu.

Se o Sistema 2 *vai mesmo* se envolver são outros quinhentos. Tente responder isto: "Um bastão e uma bola de beisebol custam juntos 1,10 dólar. O bastão custa um dólar a mais do que a bola. Quanto custa a bola?". Se você é como praticamente todo mundo que um dia já respondeu essa famosa pergunta, instantaneamente lhe veio uma resposta: "Dez centavos". Não pensou com cuidado para chegar a ela. Não fez cálculo algum. A resposta simplesmente apareceu. Isso é atribuído ao Sistema 1. Rápido e fácil, nenhum esforço exigido.

Mas "dez centavos" está correto? Pense na pergunta com cuidado.

Você provavelmente percebeu duas coisas. Primeiro, o pensamento consciente é exigente. Refletir sobre o problema exige foco contínuo e leva uma eternidade, em comparação com o julgamento num estalo que lhe vem após uma rápida olhada. Segundo, "dez centavos" está errado. Parece certo. Mas não é. Na verdade, é um erro óbvio — se você reconsidera o problema com sobriedade.

A pergunta do bastão e da bola é um dos itens de uma engenhosa medição psicológica, o Teste de Reflexão Cognitiva, que demonstrou que a maioria das pessoas — inclusive gente muito inteligente — não se entrega a grandes reflexões. Elas leem a pergunta, pensam "dez centavos" e escrevem "dez centavos" como sua resposta final sem considerar com cuidado. Assim, nunca descobrem seu erro, muito menos chegam à resposta correta (cinco centavos). Esse é um comportamento humano normal. Tendemos a nos guiar por fortes palpites. O Sistema 1 segue uma psico-lógica primitiva: se parece verdade, é.

No mundo paleolítico em que nossos cérebros evoluíram, esse não é um modo ruim de tomar decisões. Recolher toda a evidência e ruminar a respeito talvez seja a melhor maneira de obter respostas precisas, mas um caçador-coletor que consulta estatísticas sobre leões antes de decidir se deve ou não se preocupar com a sombra movendo-se na savana tem pouca probabilidade de viver por tempo suficiente para legar seus genes maximizadores de precisão à geração seguinte. Julgamentos num estalo às vezes são essenciais. Como afirma Daniel Kahneman: "O Sistema 1 é projetado para tirar conclusões precipitadas com base em uma evidência mínima".[13]

Então, e quanto àquela sombra atrás do capim alto? Será que devemos nos preocupar? Bem, você consegue se lembrar de um leão emergindo do capim e dando o bote em alguém? Se essa memória lhe vem facilmente — não é o tipo de coisa que as pessoas tendem a esquecer —, você vai concluir que ataques de leões são comuns. E depois ficar preocupado. A descrição desse processo faz com que pareça desajeitado, lento e calculista, mas ele pode ocorrer inteiramente dentro do Sistema 1 — sendo realizado de forma automática, rápida e completa em alguns décimos de segundo. Você vê a sombra. Pimba! Leva um susto — e sai correndo. Essa é a "heurística de disponibilidade", uma das muitas operações — ou heurísticas — do Sistema 1 descobertas por Daniel Kahneman, seu colaborador Amos Tversky e outros pesquisadores na florescente ciência do juízo e da escolha.

Uma característica definidora do juízo intuitivo é sua insensibilidade quanto à qualidade da evidência sobre a qual o juízo se baseia. Precisa ser dessa forma. O Sistema 1 só pode realizar seu trabalho de fornecer conclusões robustas à velocidade da luz se nunca parar para se perguntar se a evidência disponível tem falhas ou é inadequada, ou se há uma evidência melhor em algum outro lugar. Ele deve tratar a evidência disponível como confiável e suficiente. Esses pressupostos tácitos são tão vitais para o Sistema 1 que Kahneman os batizou com um rótulo deselegante mas estranhamente memorável: WYSIATI (What You See Is All There Is, ou "O que você vê é tudo que há").[14]

Claro, o Sistema 1 não pode concluir o que bem entender. O cérebro humano exige ordem. O mundo deve fazer sentido, o que significa que devemos ser capazes de explicar o que estamos vendo e pensando. E em geral conseguimos fazer isso — porque somos confabuladores criativos projetados para inventar histórias que imponham coerência ao mundo.

Imagine que você está sentado a uma mesa em um laboratório de pesquisa, olhando uma série de fotos. Você escolhe uma, a foto de uma pá. Por que está apontando para ela? Claro que você não pode responder sem dispor de mais informação. Mas se estivesse de fato nessa mesa, com o dedo apontando para a foto de uma pá, simplesmente dizer "Não sei" seria bem mais difícil do que à primeira vista pode parecer. É de se esperar que pessoas sãs tenham motivos aparentemente sensatos para suas ações. É embaraçoso dizer aos outros, sobretudo neurocientistas vestindo um jaleco branco: "Não faço a menor ideia — estou apontando, só isso".

Numa pesquisa célebre, Michael Gazzaniga projetou uma situação bizarra em que pessoas sãs de fato não fizessem a menor ideia do motivo por que estavam fazendo o que estavam fazendo. Os participantes de seu experimento eram pacientes com "cérebro dividido", ou seja, os hemisférios cerebrais esquerdo e direito não podiam se comunicar um com o outro porque a ligação entre eles, o corpo caloso, fora cirurgicamente seccionada (um tratamento tradicional para epilepsia grave). Essas pessoas são notavelmente normais, mas sua condição permite aos pesquisadores acessar diretamente apenas um de seus hemisférios cerebrais — mostrando uma imagem apenas ao campo de visão esquerdo ou direito — sem que a informação seja comunicada ao outro hemisfério. É como conversar com duas pessoas diferentes. Nesse caso, era exibido ao campo de visão esquerdo (que envia a informação ao hemisfério direito) a foto de uma nevasca, e pediam à pessoa que apontasse a foto relacionada a ela. Assim, bastante razoavelmente, a pá era apontada. Ao campo de visão direito (que manda a informação para o hemisfério esquerdo) era exibida a imagem de um pé de galinha — e então perguntavam à pessoa por que sua mão estava apontando para uma pá. O hemisfério esquerdo não fazia a menor ideia. Mas a pessoa não dizia "Não sei". Em vez disso, elaborava uma história: "Ah, muito simples", disse um paciente. "O pé da galinha pertence à galinha e a gente precisa de uma pá para limpar o galinheiro."[15]

Essa compulsão por explicar aparece com a regularidade de um relógio toda vez que a bolsa é encerrada e um jornalista diz algo como "O índice Dow Jones subiu 95 pontos hoje com a notícia de que...". Uma rápida conferida muitas vezes vai revelar que a notícia que supostamente impulsionou o mercado de ações surgiu bem depois de o mercado ter subido. Mas esse nível mínimo de escrutínio dificilmente é exercido. É um dia raro quando o jornalista diz: "O mercado subiu hoje por alguma dentre uma centena de razões diferentes, ou por uma combinação delas, então ninguém sabe". Em vez disso, como um paciente com o cérebro dividido explicando por que apontou para a foto de uma pá quando não faz a menor ideia do motivo, o jornalista elabora uma história plausível com o que tem à mão.

O impulso para fornecer explicações costuma ser algo bom. De fato, é a força propulsora por trás de todos os esforços humanos para compreender a realidade. O problema é que passamos rápido demais da confusão e incerteza ("Não faço a menor ideia de por que minha mão está apontando a foto de uma pá") para uma conclusão clara e confiante ("Ah, é simples") sem gastar tempo algum entre uma coisa e outra ("Essa é uma explicação possível, mas há outras").

Em 2011, quando um enorme carro-bomba matou oito pessoas e feriu mais de duzentas em Oslo, capital da Noruega, a primeira reação foi de choque. Ali era Oslo, uma das cidades mais prósperas e pacíficas do planeta. A especulação tomou conta da internet e dos noticiários. Tinha de ser coisa do islamismo radical. Era um carro-bomba planejado para matar o maior número possível. E fora estacionado diante do prédio de escritórios onde trabalhava o primeiro-ministro. *Só podia ser* coisa de terroristas islâmicos. Como nos atentados de Londres, Madri e Bali. Como no Onze de Setembro. As pessoas correram ao Google para ver se conseguiam encontrar alguma informação que apoiasse isso. E conseguiram: a Noruega tinha soldados no Afeganistão como parte de uma missão da Otan; a Noruega tinha uma comunidade muçulmana pobremente integrada; um pregador muçulmano radical fora acusado de incitamento uma semana antes. Então surgiu a notícia de que um crime ainda mais bárbaro fora cometido não muito depois do atentado. Um tiroteio em massa — dezenas de mortos — em um acampamento de verão para jovens administrado pelo Partido Trabalhista. Tudo se encaixava. Esses eram ataques coordenados por terroristas islâmicos. Não havia dúvida disso. Se os terroristas eram locais ou ligados à Al-Qaeda, ainda estava por verificar, mas era óbvio que os criminosos tinham de ser extremistas muçulmanos.

Como se descobriria, houve um único perpetrador. Seu nome é Anders Breivik. Ele não é muçulmano. Ele odeia muçulmanos. Os ataques de Breivik foram dirigidos a um governo que no seu entender traiu a Noruega com suas políticas multiculturais. Após a prisão de Breivik, muita gente acusou os juízes apressados de islamofobia, e não sem razão, uma vez que alguns pareceram bastante ansiosos em pôr a culpa nos muçulmanos como um todo. Mas dados os poucos fatos conhecidos na época, e o histórico de atrocidades terroristas em massa na década precedente, era razoável suspeitar de terroristas islâmicos. Um cientista descreveria isso como uma "hipótese plausível". Mas um cientista teria lidado com essa hipótese plausível de forma bem diferente.

Como todo mundo, cientistas têm intuições. Na verdade, palpites e lampejos de insights — a sensação de que alguma coisa é verdadeira mesmo que você não possa prová-la — estão por trás de incontáveis descobertas. A interação entre o Sistema 1 e o Sistema 2 pode ser sutil e criativa. Mas os cientistas são treinados para ser cautelosos. Eles sabem que, por mais tentador que seja apontar uma hipótese favorita como a expressão da Verdade Absoluta, explicações alternativas devem ser ouvidas. E precisam considerar seriamente a possibilidade de que seu palpite inicial esteja errado. Na verdade, para a ciência, a melhor evidência de que uma hipótese é verdadeira muitas vezes é um experimento destinado a provar que ela é falsa, mas que não consegue fazê-lo. Os cientistas devem ser capazes de responder a pergunta: "O que me convenceria de que estou errado?". Se não conseguem fazer isso, é sinal de que se afeiçoaram demais a suas crenças.

A chave é duvidar. Um cientista pode ficar tão convicto quanto qualquer um de estar de posse da verdade com V maiúsculo. Mas sabe que deve deixar essa sensação de lado e substituí-la por graus de dúvida precisamente mensurados — dúvida que pode ser reduzida (embora nunca a zero) por melhores evidências derivadas de melhores estudos.

Essa cautela científica vai contra o caráter da natureza humana. Como a especulação pós-Oslo revela, nossa inclinação natural é agarrar a primeira explicação plausível e de bom grado reunir a evidência de embasamento sem verificar sua confiabilidade. Isso é o que os psicólogos chamam de viés de confirmação. Raramente procuramos uma evidência que contradiga nossa explicação inicial, e quando essa evidência é esfregada em nossa cara, nos tornamos céticos motivados — encontrar motivos, por mais débeis que sejam, para menosprezá-la ou descartá-la inteiramente.[16] Lembre-se da sublime confiança de Galeno de que seu maravilhoso tratamento curava tudo, menos os "casos incuráveis" que morriam. Isso era puro viés de confirmação: "Se o paciente está curado, é evidência de que meu tratamento funciona; se o paciente morre, não significa nada".

Essa é uma maneira pobre de construir um modelo mental preciso de um mundo complicado, mas um modo soberbo de satisfazer o desejo por ordem do cérebro, porque fornece explicações ordenadas sem pontas soltas. Tudo é claro, consistente e estabelecido. E o fato de que "tudo se encaixa" nos dá a confiança de estar de posse da verdade. "É sábio levar a sério as admissões de incerteza", observa Daniel Kahneman, "mas as declarações de confiança elevada informam acima de tudo que um indivíduo construiu uma história coerente em sua mente, não necessariamente que essa história seja verdadeira."[17]

PROPAGANDA ENGANOSA

Quando o eminente cirurgião abriu a axila de Archie Cochrane, viu tecido que parecia tomado por câncer. Seria mesmo? Fazia sentido que fosse. Havia um nódulo na axila do paciente. O carcinoma em sua mão. E anos antes Cochrane se envolvera em uma pesquisa que o expusera a raios X, motivo pelo qual o primeiro médico insistiu que procurasse um oncologista. Tudo se encaixava. Era câncer. Não restava dúvida. E não havia necessidade de esperar o relatório do patologista antes de remover o músculo de Cochrane e lhe avisar que não tinha muito tempo de vida.

As defesas céticas de Archie Cochrane cederam porque ele achou a história do médico especialista tão intuitivamente convincente quanto o próprio. Mas é provável que houvesse também outro processo em funcionamento. Em termos formais, ele é chamado de substituição de atributo, mas eu o chamo de *propaganda enganosa*:* quando expostos a uma questão difícil, muitas vezes a substituímos de forma sub-reptícia por uma mais fácil. "Devo me preocupar com a sombra no capim alto?" é uma questão difícil. Sem mais dados, pode ser impossível de responder. Então a substituímos por uma mais fácil: "Consigo me lembrar facilmente de um leão no capim alto atacando alguém?". Essa pergunta entra no lugar da pergunta original, e, se a resposta for sim à segunda pergunta, a resposta à primeira também passa a ser afirmativa.

De modo que a heurística de disponibilidade — como as outras heurísticas de Kahneman — é essencialmente uma manobra do tipo propaganda enganosa. E assim como a heurística de disponibilidade é em geral uma atividade do Sistema 1 inconsciente, a propaganda enganosa também é.[18]

Claro que nem sempre estamos alheios às maquinações de nossa mente. Se alguém nos pergunta sobre a mudança climática, podemos dizer: "Não tenho conhecimentos de climatologia e não li nada a respeito dessa ciência. Se tentasse responder com base no que sei, meteria os pés pelas mãos. Quem está por dentro disso são os climatologistas. Então vou substituir 'A maioria dos climatologistas acha que a mudança climática é real?' por 'A mudança climática é real?'". Uma pessoa comum sendo informada por um oncologista eminente de que ela tem câncer terminal pode proceder à mesma propaganda enganosa consciente e simplesmente acatar a verdade do que o médico disse.

Mas Archie Cochrane não era um sujeito qualquer. Era um médico proeminente. Ele sabia que o patologista não enviara seu relatório. Sabia mais do que ninguém que médicos muitas vezes têm excesso de confiança em si mesmos e que esse "complexo de Deus" pode levá-los a cometer erros terríveis. E, contudo, na mesma hora ele tomou as palavras do médico especialista como a expressão suprema da verdade — porque, desconfio, Cochrane inconscientemente substituiu a pergunta "Será que esse é o tipo de pessoa que saberia se eu tenho câncer?" por "Eu tenho câncer?". A resposta foi: "É claro! Ele é um oncologista eminente. Viu o tecido canceríge-

---

* No original, *bait and switch*: tática de vendas fraudulenta que consiste em fisgar (*bait*) o comprador com a promessa de determinado item e pressioná-lo depois a trocar (*switch*) por outro, em geral mais caro e/ou de qualidade inferior. (N. T.)

no com os próprios olhos. É exatamente o tipo de pessoa que saberia se estou com câncer". Assim, Cochrane não discutiu.

Sei perfeitamente que não estou sacudindo o universo mental de ninguém ao afirmar que as pessoas muitas vezes pulam direto à emissão do juízo. Qualquer um que já esteve na presença de seres humanos sabe disso. Mas esse é o fato revelador. *Sabemos* que deveríamos ir mais devagar e pensar um pouco antes de extrair conclusões decididas. E, no entanto, quando confrontados com um problema, em que uma solução aparentemente sensata brota na nossa frente, contornamos o Sistema 2 e declaramos: "A resposta é dez centavos". Ninguém está imune a isso, nem mesmo céticos como Archie Cochrane.

Poderíamos chamar esse modo automático e quase confortável de pensar sobre o mundo de ajuste *default*, mas a ideia não funciona. "*Default*" sugere que acionamos a chave para passar a alguma outra coisa. Não temos como fazer isso. Gostemos ou não, as operações do Sistema 1 continuam rodando em segundo plano, incessantemente, sob o córrego murmurante da consciência.

Uma metáfora melhor envolve a visão. No instante em que acordamos e olhamos para além da ponta de nosso nariz, as visões e sons fluem para o cérebro e o Sistema 1 é acionado. Essa perspectiva é subjetiva, única para cada um de nós. Só você pode ver o mundo desde a ponta de seu nariz. Assim, vamos chamá-la de *perspectiva ponta-do-seu-nariz*.

PISCANDO E PENSANDO

Por mais imperfeita que possa ser a visão da ponta de seu nariz, você não deve descartá-la inteiramente.

Livros de divulgação muitas vezes traçam uma dicotomia entre intuição e análise — "piscar" versus "pensar" — e escolhem uma ou outra como o modo a se proceder. Estou mais para alguém que pensa do que para alguém que pisca, mas piscar-pensar é mais uma falsa dicotomia. A escolha não é um-ou-outro, mas como combiná-los em situações em plena evolução. Essa conclusão não é tão inspiradora quanto uma simples exortação a escolher um caminho em detrimento de outro, mas tem a vantagem de ser verdadeira, como os pesquisadores pioneiros por trás de ambas as perspectivas vieram a compreender.

Enquanto Daniel Kahneman e Amos Tversky documentavam as falhas do Sistema 1, outro psicólogo, Gary Klein, examinava a tomada de decisão entre profissionais como comandantes de corpos de bombeiros e descobria que conclusões rápidas podem funcionar surpreendentemente bem. Um comandante contou a Klein sobre ter ido a um incêndio de cozinha rotineiro e ordenado a seus homens para ficar na sala e debelar as chamas com a mangueira. O incêndio cedeu inicialmente, mas depois voltou a arder com força. O comandante ficou perplexo. Também percebeu que a sala estava surpreendentemente quente, considerando a proporção do incêndio na cozinha. E por que fazia tanto silêncio? Um incêndio capaz de gerar tamanho calor devia produzir mais ruído. Uma vaga sensação de incômodo dominou o comandante e ele ordenou a todos que deixassem a casa. Assim que os bombeiros chegaram à rua, o piso da sala desabou — porque a verdadeira origem do incêndio era o porão, não a cozinha. Como foi possível o comandante saber do terrível perigo que corriam? Ele disse a Klein que tinha percepção extrassensorial, mas isso era apenas uma historinha que contava a si mesmo para encobrir o fato de que não tinha explicação para o fato de saber. Ele simplesmente soube — a marca registrada de um juízo intuitivo.

Extraindo conclusões aparentemente tão diferentes de julgamentos num estalo, Kahneman e Klein poderiam ter se entrincheirado em suas posições e travado uma batalha de argumentos. Mas, como bons cientistas, uniram-se para resolver o quebra-cabeça. "Concordamos com a maior parte das questões mais importantes", concluíram, em um artigo de 2009.[19]

Não há nada místico sobre uma intuição precisa como a do chefe dos bombeiros. É um reconhecimento-padrão. Com treinamento ou experiência, as pessoas podem codificar padrões nas profundezas de suas memórias em uma vasta quantidade e com detalhes intricados — como as cerca de 50 a 100 mil jogadas que os mestres enxadristas têm em seu repertório.[20] Se algo não se encaixa em um padrão — como um incêndio de cozinha emitindo mais calor do que um incêndio desse tipo deveria emitir —, um especialista competente percebe de imediato. Mas como vemos toda vez que alguém enxerga a Virgem Maria numa torrada queimada ou no bolor da parede da igreja, nossa capacidade de reconhecer padrões vem ao custo da suscetibilidade a falsos positivos. Isso, além dos muitos outros modos pelos quais a perspectiva ponta-do-seu-nariz pode gerar percepções claras, convincentes e erradas, significa que a intuição pode fracassar tão espetacularmente quanto funcionar.

O fato de a intuição gerar ilusão ou insight depende de você trabalhar em um mundo cheio de indícios válidos que pode inconscientemente registrar para futuro uso. "Por exemplo, é bem provável que haja indicativos iniciais de que um prédio está prestes a desabar em um incêndio ou que uma criança em breve vai apresentar sintomas óbvios de infecção", escreveram Kahneman e Klein. "Por outro lado, é improvável que haja informação disponível ao público em geral que possa ser útil para prever até que ponto determinada ação pode ir bem na bolsa — se uma informação válida como essa existisse, o preço da ação já refletiria esse fato. Assim, temos mais motivos para confiar na intuição de um calejado comandante do combate ao fogo sobre a estabilidade de um edifício ou na intuição da enfermeira sobre uma criança do que temos para confiar na de um corretor da bolsa."[21] Mas outros padrões são muito mais difíceis de dominar, como as cerca de 10 mil horas de prática exigidas para aprender aquelas 50 a 100 mil jogadas de xadrez. "Sem essas oportunidades de aprendizado, uma intuição válida só pode ser atribuída a um acidente fortuito ou à magia", concluíram Kahneman e Klein, "e não acreditamos em magia."[22]

Mas há um porém. Como Kahneman e Klein observaram, em geral é difícil saber quando há suficientes indícios válidos para fazer a intuição funcionar. E mesmo quando ela claramente é capaz de fazê-lo, é aconselhável cautela. "Muitas vezes, não posso explicar determinado lance, só sei que deve estar certo, e parece que minha intuição produz mais acertos do que erros", observou o prodígio norueguês Magnus Carlsen, campeão mundial de xadrez e mais jovem jogador da história a ocupar o primeiro lugar no ranking. "Se estudo um movimento por uma hora, em geral começo a andar em círculos, e provavelmente nada útil vai me ocorrer. O normal é eu saber o que vou fazer depois de dez segundos; de resto, é a revisão cuidadosa."[23] Carlsen respeita sua intuição, no que faz bem, mas também executa um bocado de "revisão cuidadosa", pois sabe que às vezes a intuição pode tapeá-lo e que o pensamento consciente pode aprimorar seu juízo.

É um hábito excelente. A perspectiva ponta-do-seu-nariz pode operar maravilhas, mas também pode dar terrivelmente errado, de modo que se você tem tempo de pensar antes de tomar uma decisão importante, faça isso — e esteja preparado para aceitar que o que parece obviamente verdadeiro no momento pode se revelar falso mais tarde.

É difícil discordar de um conselho que parece quase tão controverso quanto as banalidades dos biscoitos da sorte. Mas ilusões ponta-do-seu-nariz são com frequência tão convincentes que ignoramos o conselho e seguimos nosso instinto. Considere uma previsão feita por Peggy Noonan — colunista do *Wall Street Journal* e ex-redatora de discursos de Ronald Reagan — um dia antes da eleição presidencial de 2012. Romney sairá vitorioso, escreveu Noonan. Sua conclusão estava baseada no grande número de gente comparecendo aos comícios de Romney. O candidato "parece feliz e agradecido", observou ela. E alguém que compareceu a um local de campanha contara a Noonan sobre "a intensidade e alegria da multidão". Acrescente-se isso, concluiu Noonan, e "as vibrações estão certas". É fácil fazer pouco das vibrações de Noonan. Mas quem entre nós nunca sentiu a certeza equivocada de que uma eleição, ou algum outro evento, caminharia numa ou noutra direção só porque parecia que seria assim? Talvez você não tenha dito algo como "as vibrações estão certas", mas o pensamento é o mesmo.[24]

Esse é o poder da perspectiva ponta-do-seu-nariz. É tão persuasiva que por milhares de anos os médicos não duvidaram de suas convicções, causando sofrimento desnecessário numa escala monumental. O progresso começou apenas quando eles admitiram que a visão que tinham da ponta de seus narizes não era suficiente para determinar o que funcionava.

Com muita frequência, a previsão no século XXI parece bastante com a medicina do século XIX. Há teorias, asserções e discussões. Há figuras famosas, tão confiantes quanto bem remuneradas. Mas pouca experimentação, ou qualquer coisa que possa ser chamada de ciência, então sabemos muito menos do que as pessoas imaginam. E pagamos o preço. Embora previsões ruins raramente levem a consequências tão obviamente danosas quanto a medicina ruim, elas nos conduzem sutilmente na direção de decisões ruins e tudo que deriva disso — incluindo prejuízos financeiros, oportunidades perdidas, sofrimento desnecessário e até guerra e morte.

Felizmente, os médicos hoje conhecem a cura para tudo isso. É uma boa colherada de dúvida.

De olho nos números 3

Quando os médicos finalmente aprenderam a duvidar de si mesmos, voltaram-se para estudos randômicos controlados a fim de testar cientificamente quais tratamentos funcionavam. Levar o rigor da medição à prática da previsão pode parecer mais fácil de fazer: juntar previsões, avaliar seu acerto, somar os números. E pronto. Em dois tempos, saberemos até que ponto Tom Friedman é bom de verdade.

Mas nem de longe é tão simples assim. Considere uma previsão que Steve Ballmer fez em 2007, quando era CEO da Microsoft: "Não existe a menor chance de que o iPhone obtenha uma fatia significativa do mercado. Nenhuma chance".

O prognóstico de Ballmer é famosamente infame. Dê uma busca no Google — ou no Bing, como ele teria preferido — e digite "Ballmer" + "piores previsões tecnológicas" e você o verá ocupando o panteão da vergonha junto com outros clássicos, como o presidente da Digital Equipment Corporation declarando em 1977 que "não há motivo para alguém um dia querer um computador em sua casa". E isso parece apropriado porque a previsão de Ballmer soa espetacularmente furada. Como o autor das "Dez piores previsões tecnológicas de todos os tempos" notou em 2013, "o iPhone domina 42% do mercado de smartphones nos Estados Unidos e 13,1% no mundo todo".[1] Isso é bastante "significativo". Como escreveu outro jornalista, quando Ballmer anunciou sua saída da Microsoft, em 2013, "Só o iPhone hoje gera mais receita que toda a Microsoft".[2]

Mas analisemos a previsão de Ballmer com cuidado. A expressão-chave é "fatia significativa do mercado". O que pode ser qualificado como "significativo"? Ballmer não disse. E de que mercado ele estava falando? América do Norte? O mundo? E mercado do quê? Smartphones ou celulares em geral? Todas essas perguntas não respondidas contribuem para um grande problema. O primeiro passo para descobrir o que funciona e o que não funciona na prática de fazer previsões é julgar as previsões, e, para isso, não podemos fazer suposições sobre o que a previsão significa. Temos de saber. Não pode haver a menor ambiguidade quanto a se uma previsão é precisa ou não, e a de Ballmer é ambígua. Sem dúvida, parece errada. Mas estará errada inteiramente além da dúvida razoável?

Não culpo o leitor por achar que isso está soando muito como a conversa mole de um rematado rábula, lembrando um pouco outra declaração famosamente infame, essa de Bill Clinton: "Depende de qual é o significado da palavra 'é'".[3] Afinal, o que Ballmer quis dizer parece evidente, mesmo que uma interpretação literal de suas palavras não dê suporte a isso. Mas considere sua declaração completa, dentro do contexto, numa entrevista de abril de 2007 para o *USA Today*: "Não existe a menor chance de que o iPhone obtenha uma fatia significativa do mercado. Nenhuma chance. É um item subsidiado de quinhentos dólares. Eles podem ganhar muito dinheiro. Mas se você efetivamente olhar para o 1,3 bilhão de aparelhos vendidos, eu preferia ter nosso software em 60%, 70%, 80% deles do que ter 2% ou 3%, que é o que a Apple deve conseguir". Isso esclarece algumas coisas. Para começar, Ballmer estava claramente se referindo ao mercado global de celulares, então está errado medir sua previsão em função da fatia de mercado do smartphone nos Estados Unidos ou no mundo. Usando dados do Gartner Group, uma empresa de consultoria de TI, calculei que a fatia do iPhone nas vendas mundiais de celulares no terceiro trimestre de 2013 foi de aproximadamente 6%.[4] Isso é mais do que os "2% ou 3%" previstos por Ballmer, mas, ao contrário da versão truncada com tanta frequência citada, não é algo tão furado que justifique alguém rir às gargalhadas. Observe também que Ballmer não disse que o iPhone seria um fracasso para a Apple. Na verdade, ele disse: "Eles podem ganhar muito dinheiro". Mas, mesmo assim, paira certa ambiguidade: quanta coisa além dos 2% ou 3% do mercado global de celulares o iPhone teria de morder para obter o que se pode considerar como "significativo"? Ballmer não disse. E de quanto ele estava falando quando disse que a Apple podia ganhar "muito dinheiro"? Mais uma vez, não disse.

Assim, até que ponto a previsão de Steve Ballmer estava errada? Seu tom foi insolente e depreciativo. Na entrevista do *USA Today*, ele parece escarnecer da Apple. Mas suas *palavras* foram mais nuançadas do que seu tom e ambíguas demais para que declaremos com certeza que sua previsão estava errada — muito menos tão espetacularmente errada que mereça ocupar um lugar no panteão da vergonha das previsões.

Está longe de ser incomum que uma previsão que no início parece tão clara quanto uma janela recém-lavada se revele opaca demais para ser conclusivamente avaliada como certa ou errada. Considere a carta aberta enviada a Ben Bernanke, na época diretor do Federal Reserve, em novembro de 2010. Assinada por uma longa lista de economistas e comentaristas econômicos, incluindo Niall Ferguson, historiador de economia de Harvard, e Amity Shlaes, do Council of Foreign Relations [Conselho de Relações Exteriores], a carta exorta o Federal Reserve a cessar sua política de compra de ativos em larga escala, conhecida como "flexibilização quantitativa", porque "cria risco de aviltamento da moeda e inflação". O conselho foi ignorado e a flexibilização quantitativa continuou. Mas nos anos que se seguiram, o dólar não foi aviltado e a inflação não subiu. O investidor e comentarista Barry Ritholtz escreveu em 2013 que os signatários da carta se mostraram "terrivelmente equivocados".[5] Muitos outros concordaram. Mas havia uma resposta óbvia: "Esperem. Ainda não aconteceu. Mas vai". Ritholtz e os críticos talvez argumentem que, no contexto do debate de 2010, os autores da carta esperavam aviltamento da moeda e inflação nos dois ou três anos seguintes caso a flexibilização quantitativa seguisse em frente. Talvez — mas não foi isso que escreveram. A carta não diz coisa alguma sobre o prazo. Não faria diferença se Ritholtz esperasse até 2014, 2015 ou 2016. Independentemente de quanto tempo passasse, alguém sempre poderia dizer: "Esperem só. Está quase".[6]

Também não fica claro quanto o dólar teria de cair, e a inflação subir, para se considerar um "aviltamento da moeda e inflação". Pior ainda, a carta diz que dólar em queda e inflação em alta são um "risco". Essa insinuação não é uma consequência lógica. Assim, se interpretarmos a previsão literalmente, ela está dizendo que o aviltamento e a inflação podem sobrevir ou não, o que significa que, caso não sobrevenham, a previsão não está necessariamente errada. Sem dúvida não foi isso que os autores pretenderam comunicar e não foi como as pessoas interpretaram o documento na época. Mas é o que está dito lá.

Assim, eis aqui duas previsões do tipo que normalmente encontramos. Elas são as tentativas sérias, de pessoas inteligentes, de lidar com questões graves. O significado delas parece claro. Quando o tempo passa, sua precisão parece óbvia. Mas não é. Por vários motivos, é impossível dizer se essas previsões estão certas ou erradas além de toda discussão. A verdade é: a verdade é elusiva.

Julgar previsões é muito mais difícil do que em geral se presume, uma lição que aprendi do jeito mais duro — com a extensa e exasperante experiência.

"UM HOLOCAUSTO... VAI OCORRER"

No início da década de 1980, muita gente ponderada via nuvens de cogumelo no futuro da humanidade. "Se formos honestos com nós mesmos, temos de admitir que, a menos que nos livremos de nossos arsenais nucleares, um holocausto não apenas pode como vai ocorrer", escreveu Jonathan Schell em seu influente livro *The Fate of the Earth* [O destino da Terra], "se não hoje, então amanhã; se não este ano, então no próximo."[7] A oposição à corrida armamentista levou milhões às ruas de cidades por todo o mundo ocidental. Em junho de 1982, estima-se que 700 mil pessoas tenham marchado em Nova York numa das maiores manifestações da história americana.

Em 1984, com bolsas das fundações Carnegie e MacArthur, o Conselho Nacional de Pesquisa — braço de pesquisa da Academia Nacional de Ciências dos Estados Unidos — reuniu um painel de figuras eminentes encarregado de nada mais, nada menos que "impedir a guerra nuclear". Entre os participantes estavam três premiados com o Nobel — o físico Charles Townes, o economista Kenneth Arrow e o inclassificável Herbert Simon —, bem como uma série de outros luminares, incluindo o psicólogo matemático Amos Tversky. Eu era de longe o membro menos impressionante do painel, um psicólogo político de trinta anos recém-promovido a professor associado da Universidade da Califórnia em Berkeley. Devia meu lugar à mesa não a uma gloriosa carreira de realizações, mas antes a um peculiar programa de pesquisa, que aconteceu de ser pertinente à missão da mesa-redonda.

O grupo procedeu aos trabalhos. Uma série de especialistas — analistas de serviços de inteligência, oficiais militares, funcionários do governo, especialistas em controle de armas e grandes conhecedores do regime soviético — foram convidados para debater as questões. Também estes eram uma turma impressionante. Profundamente informados, inteligentes, articulados. E muito confiantes de saberem o que estava acontecendo e para onde estávamos indo.

Sobre os fatos básicos, ao menos, eles estavam de acordo. Leonid Brejnev, o antigo líder soviético, morrera em 1982 e fora substituído por um velho frágil que logo faleceu, para ser substituído por outro, Konstantin Chernenko, que também não deveria viver por muito tempo. Muito se discutia sobre quem viria em seguida. Tanto liberais como conservadores imaginavam com certa dose de certeza que o próximo líder soviético seria outra vez um austero membro do Partido Comunista. Mas havia uma discordância quanto ao motivo para as coisas funcionarem dessa forma. Os analistas de tendência liberal tinham certeza de que a linha dura do presidente Ronald Reagan estava fortalecendo os adeptos da linha dura no Kremlin, o que provocaria um retrocesso neoestalinista e deterioraria as relações entre as superpotências. Os analistas de inclinação conservadora achavam que o sistema soviético aperfeiçoara a arte da autorreplicação totalitária; logo, o novo chefe poderia ser a mesma coisa que o anterior e a União Soviética continuaria a ameaçar a paz mundial, apoiando revoltas e invadindo os países vizinhos. Ambos os lados estavam igualmente confiantes em seu ponto de vista.

Os analistas tinham razão sobre Chernenko. Ele morreu em março de 1985. Mas então o trem da história fez uma curva e, como Karl Marx gracejou certa vez, quando isso acontece, os intelectuais caem pela janela.

Horas depois da morte de Chernenko, o Politburo nomeou Mikhail Gorbatchóv, um homem enérgico e carismático de 54 anos, o próximo secretário-geral do Partido Comunista da União Soviética. A guinada promovida por Gorbatchóv foi rápida e abrupta. Suas políticas da glasnost (abertura) e perestroika (reforma) trouxeram uma liberalização à União

Soviética. Gorbatchóv também procurou normalizar as relações com os Estados Unidos e reverter a corrida armamentista. Ronald Reagan reagiu com cautela no início, depois com entusiasmo, e em poucos anos o mundo passou da perspectiva de guerra nuclear para uma nova era em que muitas pessoas — incluindo os líderes soviéticos e americanos — enxergaram uma chance de ouro para erradicar as armas nucleares por completo.

Poucos especialistas perceberam o que estava por vir. E contudo não demorou muito para que a maior parte dos que deixaram de perceber ficasse cada vez mais convencida de saber exatamente o que acontecera e o que viria em seguida. Para os liberais, tudo fazia perfeito sentido. A economia soviética estava desmoronando e um novo grupo de líderes soviéticos mostrava apreensão quanto ao embate dispendioso com os Estados Unidos. "Não podemos continuar a viver desse jeito", disse Gorbatchóv a sua esposa, Raíssa, um dia antes de subir ao poder.[8] Estava fadado a acontecer. Assim, não foi tão surpreendente, se olhamos sob a luz retrospectiva correta. E não, Reagan não mereceu crédito. Quando muito, sua retórica de "império do mal" servira apenas para reforçar a velha guarda do Kremlin e adiar o inevitável. Também para os conservadores a explicação era óbvia: Reagan pagara para ver o blefe soviético aumentando a pilha de fichas na aposta da corrida armamentista, e então Gorbatchóv fugira da raia. Era tudo previsível, olhando sob a luz retrospectiva correta.

Meu cínico interior começou a desconfiar que, independentemente do que acontecera, os especialistas teriam se mostrado igualmente hábeis em minimizar o fracasso de seus prognósticos e esboçar um arco da história que fizesse parecer com que tivessem percebido o tempo todo o que estava por vir. Afinal, o mundo acabara de testemunhar uma imensa surpresa envolvendo uma das questões mais importantes imagináveis. Se isso não provocasse um calafrio de dúvida, o que iria? Eu não estava questionando a inteligência ou integridade desses especialistas, muitos dos quais haviam recebido grandes prêmios científicos ou ocupado altos cargos no governo quando eu ainda estava na escola. Mas inteligência e integridade não bastam. As elites responsáveis pela segurança nacional se parecem um bocado com os renomados médicos da era pré-científica. Também eles tinham inteligência e integridade de sobra. Mas ilusões ponta-do-seu-nariz podem tapear qualquer um, até mesmo a nata intelectual da sociedade — talvez, *sobretudo* a nata intelectual da sociedade.

JULGANDO JUÍZOS

Isso me levou a pensar sobre previsões de especialistas. No almoço, certo dia, em 1988, Daniel Kahneman, na época meu colega em Berkeley, aventou uma ideia testável que se revelou presciente. Ele especulou que inteligência e conhecimento melhorariam a capacidade de fazer previsões, mas os benefícios diminuiriam rápido. Pessoas munidas de doutorados e décadas de experiência talvez se mostrassem apenas um pouquinho mais precisas do que leitores atentos do *New York Times*. Claro que Kahneman estava apenas conjecturando e mesmo as conjecturas de Kahneman não passam disso. Ninguém testara seriamente a precisão prognosticadora de analistas políticos, e, quanto mais eu refletia sobre o desafio, mais me dava conta do porquê.

Vejamos o problema da linha do tempo. Obviamente, uma previsão sem um prazo determinado é absurda. E mesmo assim, os previsores as fazem, como fizeram naquela carta a Ben Bernanke. Eles não estão sendo desonestos, pelo menos não normalmente. Antes, estão confiando em um entendimento implícito compartilhado, por mais inexato que seja, da linha do tempo que têm em mente. É por isso que previsões sem linhas do tempo não parecem absurdas quando são feitas. Mas à medida que o tempo passa, a memória esmorece, e prazos tácitos que antes pareceram óbvios para todos se tornam menos óbvios. O resultado em geral é uma tediosa disputa sobre o "verdadeiro" significado da previsão. O evento era esperado para este ano ou o ano que vem? Esta década ou a outra? Sem um prazo determinado, não há como resolver essas discussões de modo a deixar todo mundo satisfeito — principalmente quando reputações estão em jogo.

Só esse problema torna muitas previsões do dia a dia impossíveis de testar. De modo similar, as previsões em geral se apoiam mais na compreensão implícita de expressões-chave do que nas definições explícitas — como a "fatia significativa do mercado" da previsão de Steve Ballmer. Esse tipo de palavreado vago é antes uma regra do que a exceção. E também torna as previsões impossíveis de testar.

Esses estão entre os menores obstáculos para julgarmos previsões. A probabilidade é outro, bem maior.

Algumas previsões são fáceis de avaliar porque alegam inequivocamente que alguma coisa vai ou não vai acontecer, como no prognóstico de guerra nuclear feito por Jonathan Schell. Devemos nos livrar das armas nucleares ou "um holocausto... vai ocorrer", escreveu Schell. Como sabemos, nenhuma superpotência se livrou de seu arsenal nuclear e não houve guerra nuclear alguma, nem no ano em que o livro de Schell foi publicado, nem no seguinte. Assim, Schell, tomado ao pé da letra, estava claramente errado. Mas e se as palavras de Schell tivessem sido que era "muito provável" haver uma guerra nuclear? Nesse caso, ficaria menos claro. Schell talvez tenha exagerado grosseiramente o risco ou pode ser que estivesse coberto de razão e a humanidade foi sortuda de sobreviver à mais inconsequente roleta-russa jamais disputada. A única forma de resolver isso definitivamente seria repassar a história centenas de vezes, e, se a civilização terminasse numa pilha de destroços radioativos na maioria dessas reprises, saberíamos que Schell estava certo. Mas não podemos fazer isso, então não temos como saber.

Mas vamos imaginar que somos seres onipotentes e *podemos* conduzir esse experimento. Repassamos a história centenas de vezes e descobrimos que 63% dessas reprises terminam em guerra nuclear. Schell tinha razão? Talvez. Mas ainda não podemos dizer com confiança — porque não sabemos exatamente o que ele quis dizer com "muito provável".

Pode parecer mera implicância semântica. Mas é muito mais que isso, como Sherman Kent descobriu, para seu alarme.

Em círculos ligados aos serviços de inteligência, Sherman Kent é uma lenda. Com um doutorado em história, ele largou um cargo em Yale para se juntar ao Research and Analysis Branch [ramo de pesquisa e análise] do recém-criado Office of Coordinator of Information [Gabinete de Coordenação da Informação, COI] em 1941. O COI passou a se chamar Office of Strategic Services [Gabinete de Serviços Estratégicos, OSS]. O OSS se tornou a Central Intelligence Agency [Agência Central de Inteligência, CIA]. Quando Kent se aposentou da CIA, em 1967, havia moldado profundamente o modo como a comunidade do serviço de inteligência americana realiza o que é chamado de análise de inteligência — o exame metódico da informação recolhida por espiões e pela vigilância para descobrir o que o material significa e o que ocorrerá em seguida.

A palavra-chave no trabalho de Kent é *estimar*. Como ele escreveu, "estimar é o que você faz quando não sabe".[9] E como Kent enfatizou repetidas vezes, nunca sabemos de verdade o que acontecerá a seguir. É por isso que a previsão trata antes de mais nada de estimar a probabilidade de algo acontecer, coisa que Kent e seus colegas fizeram por muitos anos no Office of National Estimates [Gabinete de Estimativas Nacionais] — um escritório obscuro mas extraordinariamente influente cuja função era aproveitar toda a informação disponibilizada para a CIA, sintetizá-la e prever tudo que pudesse ajudar os principais membros do governo norte-americano a decidir o que fazer em seguida. Kent e seus colegas estavam longe de serem perfeitos. Mais notoriamente, publicaram uma estimativa em 1962 argumentando que os soviéticos não seriam estúpidos a ponto de mobilizar mísseis ofensivos em Cuba, quando, na verdade, já haviam feito isso. Mas, na maior parte, suas estimativas eram bem vistas, pois Kent mantinha elevados padrões de rigor analítico. Havia muita coisa em jogo ao se redigirem estimativas de inteligência nacional. Cada palavra importava. Kent as pesava com muito cuidado. Mas nem mesmo seu profissionalismo podia impedir que alguma confusão se imiscuísse no processo.

No fim da década de 1940, o governo comunista da Iugoslávia rompeu com a União Soviética, despertando o temor de uma invasão soviética. Em março de 1951, a National Intelligence Estimate 29-51 foi publicada. "Embora seja impossível determinar qual o curso de ação mais provável do Kremlin", concluía o relatório, "acreditamos que a extensão dos preparativos militares e da propaganda [no Leste Europeu] indica que um ataque contra a Iugoslávia em 1951 deva ser considerado uma séria possibilidade." Pela maioria dos padrões, isso é uma linguagem clara, significativa. Ninguém sugeriu outra coisa quando a estimativa foi publicada e lida por altos funcionários em todo o governo. Mas, alguns dias depois, Kent conversava com um funcionário de primeiro escalão no Departamento de Estado, que perguntou: "A propósito, o que seu pessoal quis dizer com a expressão 'séria possibilidade'? Que tipo de probabilidades vocês têm em mente?". Kent disse que estava pessimista. Sentia que as chances eram de cerca de 65 para 35 a favor de um ataque. O funcionário levou um susto. Ele e seus colegas haviam tomado "séria possibilidade" como significando chances muito mais baixas.[10]

Preocupado, Kent voltou a se reunir com sua equipe. Haviam concordado todos em usar "séria possibilidade" na National Intelligence Estimate, assim Kent perguntou às pessoas, uma de cada vez, o que achavam que significava. Um analista disse que significava chances de 80 para 20, ou quatro vezes mais provável do que não haver uma invasão. Outro achou que significava chances de 20 para 80 — exatamente o oposto. Outras respostas se espalhavam entre esses dois extremos. Kent ficou desconcertado. Uma frase que parecia informativa era tão vaga que chegava quase ao ponto de ser inútil. Ou talvez fosse pior do que inútil, já que criara perigosos mal-entendidos. E quanto a todos os demais trabalhos que haviam feito? Acaso haviam "aparentemente concordado durante cinco meses de juízos estimativos absolutamente destituídos de qualquer acordo real?". Kent escreveu em um ensaio de 1964: "Será que as estimativas estavam pontilhadas de 'sérias possibilidades' e outras expressões que significavam coisas muito diferentes tanto para quem escrevia como para quem lia? O que estávamos realmente querendo dizer quando redigimos uma frase como essa?".[11]

Kent tinha razão em se preocupar. Em 1961, quando a CIA planejava derrubar o governo Castro desembarcando um pequeno exército de expatriados cubanos na baía dos Porcos, o presidente John F. Kennedy consultou os militares para uma avaliação imparcial. O estado-maior concluiu que o plano tinha uma "chance razoável" de sucesso. O homem que escreveu as palavras "chance razoável" disse mais tarde que tinha em mente probabilidades de 3 para 1 contra o sucesso. Mas ninguém nunca informou a Kennedy precisamente o que "chance razoável" queria dizer e — não é nenhum absurdo — ele tomou isso por uma avaliação muito mais positiva. Claro que não podemos ter certeza de que, se os chefes do estado-maior tivessem dito "Achamos que é de 3 para 1 a possibilidade de que a invasão vai fracassar", Kennedy teria cancelado a ação, mas isso sem dúvida o teria feito pensar duas vezes antes de autorizar o que acabou sendo um rematado desastre.[12]

Sherman Kent sugeriu uma solução. Primeiro, a palavra "possível" devia ser reservada para assuntos importantes em que os analistas tivessem de emitir um juízo, mas fossem incapazes de apontar satisfatoriamente alguma probabilidade. Assim, algo que é "possível" tem uma probabilidade que vai de quase zero a quase 100%. Claro que isso não ajuda, então os analistas devem sempre estreitar o leque de suas estimativas. E, para evitar confusão, os termos que usam devem ter significados numéricos designados, que Kent relacionou numa tabela.[13]

CERTEZA	ÁREA GERAL DE POSSIBILIDADE
100%	Certeza
93% (cerca de 6% para mais ou para menos)	Quase certeza
75% (cerca de 12% para mais ou para menos)	Provável
50% (cerca de 10% para mais ou para menos)	Chances mais ou menos equilibradas
30% (cerca de 10% para mais ou para menos)	Provavelmente não
7% (cerca de 5% para mais ou para menos)	Quase certo que não
0%	Impossível

Assim, se a National Intelligence Estimate disse que algo é "provável", a chance de que aconteça seria de 63% a 87%. O esquema de Kent era simples — e reduzia em muito a margem para confusão.

Mas nunca foi adotado. As pessoas gostavam de clareza e precisão em princípio, mas quando se tratava de fazer previsões claras e precisas, não mostravam tanta inclinação pelos números. Alguns disseram que parecia artificial ou difícil de usar, coisa que de fato parece quando você passa uma vida inteira usando linguagem vaga, mas esse é um argumento fraco contra a mudança. Outros expressaram sua repulsa estética. A língua tem sua própria poesia, achavam, e é um mau gosto falar explicitamente sobre chances numéricas. Faz você soar como um *bookie*, um agenciador de apostas. Kent não ficou impressionado. "Eu preferia ser um *bookie* do que uma droga de poeta", foi sua lendária resposta.[14]

Uma objeção mais séria — na época e hoje — é a de que expressar uma estimativa de probabilidade com um número pode sugerir ao leitor que se trata de um fato objetivo, não do juízo subjetivo que na realidade é. Isso é um perigo. Mas a resposta não está em descartar os números, e sim em informar os leitores de que os números, assim como as palavras, expressam apenas estimativas — opiniões — e nada mais. De modo similar, pode-se argumentar que a precisão de um número implicitamente diz: "o previsor sabe com exatidão que esse número está correto". Mas a intenção não é essa e não se deveria deduzir isso. Além do mais, tenha em mente que palavras como "séria possibilidade" sugerem a mesma coisa que os números, a única diferença real sendo que números a tornam explícita, reduzindo o risco de confusão. E eles têm outro benefício: pensamentos vagos são facilmente expressos com linguagem vaga, mas quando os previsores são forçados a traduzir em números termos como "séria possibilidade", têm de pensar com cuidado sobre como estão pensando, processo conhecido como metacognição. Previsores que a praticam ficam melhores em distinguir graus mais sutis de incerteza, assim como artistas ficam melhores em distinguir tons mais sutis de cinza.

Mas um empecilho mais fundamental à adoção de números está relacionado à responsabilização e ao que chamo de falácia do lado-errado-do-talvez.

Se um meteorologista diz que há 70% de chance de chover e não chove, ele está errado? Não necessariamente. De maneira implícita, sua previsão também diz que há 30% de chance de *não* chover. Assim, se não chove, sua previsão pode ter sido errada, ou ele pode ter acertado na mosca. Não é possível julgar com essa única previsão disponível. A única maneira de saber com certeza seria repassar o dia centenas de vezes. Se choveu em 70% dessas reprises, e não choveu em 30%, ele estaria absolutamente certo. Claro, não somos seres onipotentes, então não podemos reprisar o dia — e não podemos julgar. Mas as pessoas *julgam*. E sempre o fazem da mesma forma: olham de que lado do "talvez" — 50% — a probabilidade estava. Se a previsão disse que havia uma chance de 70% de chover e chove, as pessoas acham que a previsão foi acertada; se não chove, acham que estava errada. Esse equívoco simples é extremamente comum. Até mesmo pensadores sofisticados incorrem nele. Em 2012, quando a Suprema Corte estava prestes a divulgar sua tão aguardada decisão sobre a constitucionalidade do Obamacare, os mercados de predição — mercados que permitem às pessoas apostar em resultados possíveis — cravaram a probabilidade de a lei ser derrubada em 75%. Quando a corte a referendou, o sagaz repórter do *New York Times*, David Leonhardt, declarou que "o mercado — a sabedoria das multidões — estava errado".[15]

A predominância desse erro elementar tem uma terrível consequência. Considere que se uma agência de inteligência diz haver uma chance de 65% de que um evento aconteça, ela se arrisca a ser achincalhada caso este não ocorra — e como a própria previsão diz que há uma chance de 35% de ele não acontecer, esse é um grande risco. Assim, qual a coisa segura a fazer? Aferrar-se à elasticidade da linguagem. Os previsores que utilizam uma "chance razoável" e uma "séria possibilidade" são capazes até de fazer com que a falácia do lado-errado-do-talvez opere a seu favor: se o evento acontece, "uma chance razoável" pode ser esticada de maneira retroativa para significar algo consideravelmente maior do que 50% — assim, o previsor acertou. Se não acontece, ela pode ser encolhida para algo muito menor do que 50% — e mais uma vez o previsor acertou. Com incentivos perversos como esse, não admira que as pessoas prefiram palavras maleáveis a números sólidos.

Kent não foi capaz de superar tais barreiras políticas, mas com o passar dos anos sua defesa do uso de números apenas ganhou mais embasamento. Estudo após estudo revelou que as pessoas atribuem significados muito diferentes a uma linguagem probabilística como "poderia", "deveria" e "provavelmente". Mesmo assim, a comunidade dos serviços de inteligência resistia. Somente após o fiasco em relação às supostas armas de destruição em massa de Saddam Hussein, e as subsequentes reformas por atacado, passou a ser mais aceitável expressar probabilidades com números. Quando analistas da CIA disseram ao presidente Obama que tinham "70%" ou "90%" de certeza que o homem misterioso no complexo paquistanês era Osama bin Laden, foi um pequeno triunfo póstumo para Sherman Kent. Em alguns campos, os números se tornaram padrão. "Pequena chance de chuvas fortes" foi substituído por "30% de chance de chuvas fortes" nas previsões do tempo. Mas, para nossa infelicidade, a linguagem vaga ainda é tão comum, sobretudo na mídia, que raramente notamos como é oca. Ela simplesmente entra por um ouvido e sai pelo outro.

"Acho que a crise da dívida na Europa ainda não foi resolvida e pode estar muito perto de se tornar crítica", afirmou Niall Ferguson, historiador de economia de Harvard e popular comentarista, a um entrevistador em janeiro de 2012. "O calote grego pode ser questão de dias." Ferguson tinha razão? No entendimento popular, "calote" envolve um repúdio completo da dívida, e a Grécia não fez isso nem dias, nem meses, nem anos depois, mas existe também uma definição técnica de "calote", que a Grécia fez pouco após a previsão de Ferguson. Que definição Ferguson estava usando? Isso não fica claro. Assim, embora haja motivo para pensar que Ferguson tinha razão, não podemos ter certeza. Mas vamos imaginar que não houvesse calote de nenhum tipo. Poderíamos dizer então que Ferguson estava errado? Não. Ele apenas disse que a Grécia "podia" dar calote, e essa é uma palavra vaga. Significa que algo é possível, mas nada diz sobre a probabilidade dessa possibilidade. Quase qualquer coisa "pode" acontecer. Vou prever com confiança que a Terra pode ser atacada por alienígenas amanhã. E se não for? Não estou errado. Todo "pode" é acompanhado por um asterisco, e as palavras "ou pode não ser" vêm subentendidas em letras miúdas. Mas o entrevistador não notou as letras miúdas na previsão de Ferguson, de modo que não pediu um esclarecimento.[16]

Se pretendemos levar a sério a medição e o aprimoramento, isso não serve. Previsões devem possuir termos e linhas do tempo muito bem definidos. Devem usar números. E mais uma coisa é essencial: precisamos muito de previsões.

Não podemos reprisar a história, de modo que não podemos julgar uma única previsão probabilística — mas tudo muda de figura quando dispomos de *muitas* previsões probabilísticas. Se um meteorologista diz que há 70% de chance de chover amanhã, essa previsão não pode ser avaliada, mas se a pessoa prevê o tempo no dia seguinte, e no dia depois disso, e no dia depois desse, por meses, suas previsões podem ser tabuladas e seu histórico, determinado. Se sua capacidade de previsão for perfeita, a chuva ocorre em 70% das vezes quando ela diz que há 70% de chances de chover, 30% do tempo quando diz que há 30% de chance de chover e assim por diante. Isso é chamado de calibração. Pode ser representado em um gráfico simples. A calibração perfeita é capturada pela linha diagonal neste gráfico:

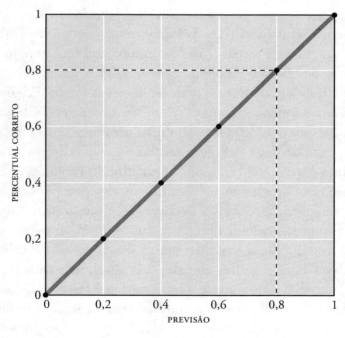

Calibração perfeita

DE OLHO NOS NÚMEROS

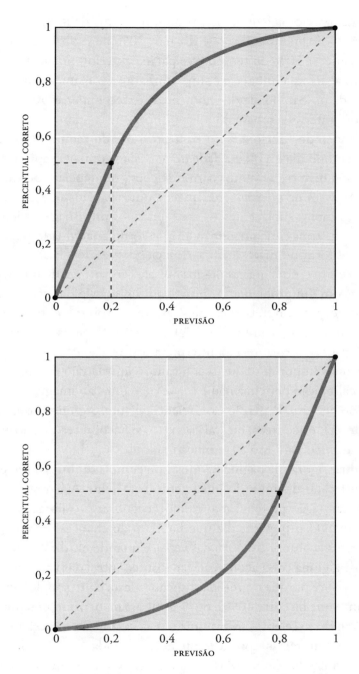

Dois modos de descalibração: falta de confiança (acima da linha) e excesso de confiança (sob a linha)

Se a curva do meteorologista fica muito acima da linha, ele carece de confiança — assim, as coisas que diz têm 20% de probabilidade de realmente acontecer 50% do tempo (ver página anterior, no alto). Se a curva fica muito abaixo da linha, ele é superconfiante — assim, as coisas que diz têm 80% de probabilidade de realmente acontecer apenas 50% do tempo (ver página anterior, embaixo).

Esse método funciona bem para previsões do tempo porque há um novo clima todo dia e a quantidade de previsões aumenta rápido. Mas não funciona tão bem para eventos como eleições presidenciais, porque levaria séculos — livres de guerras, epidemias e outros abalos que perturbam as verdadeiras causas subjacentes — até reunirmos previsões suficientes para fazer as estatísticas funcionarem. Um pouco de criatividade pode ajudar. Poderíamos focar no nível estadual de eleições presidenciais, por exemplo, que nos dariam cinquenta resultados por eleição, em vez de um. Mas continuamos com um problema. As muitas previsões exigidas para cálculos de calibração tornam impraticável julgar previsões sobre eventos raros, e até mesmo com eventos comuns isso significa que devemos ter paciência ao colher os dados — e cautela ao interpretá-los.

Por mais importante que seja a calibração, ela não é a história toda, porque "calibração perfeita" não é o que pensamos ao imaginar um acerto de previsão perfeito. Perfeição é onisciência divina. Significa dizer "tal coisa vai acontecer", e acontece, ou "tal coisa não vai acontecer", e não acontece. O termo técnico para isso é "resolução".

As duas figuras na página 67 mostram como a calibração e a resolução capturam facetas distintas do julgamento bem-feito. A figura de cima representa calibração perfeita, mas resolução pobre. A calibração é perfeita porque, quando o previsor diz que há 40% de chances de alguma coisa acontecer, ela acontece em 40% das vezes, e quando ele diz que há 60% de chances de alguma coisa acontecer, ela acontece 60% das vezes. Mas é uma resolução pobre porque o previsor nunca se afasta da região de tons-menores-de-cinza que há entre 40% e 60%. A figura de baixo representa calibração *e* resolução excelentes. Mais uma vez, a calibração é excelente porque as previsões acontecem com a frequência esperada — 40% dos palpites acontecem 40% do tempo. Mas dessa vez o previsor é muito mais decidido e faz um grande trabalho em designar altas probabilidades a coisas que acontecem e baixas probabilidades a coisas que não acontecem.

DE OLHO NOS NÚMEROS

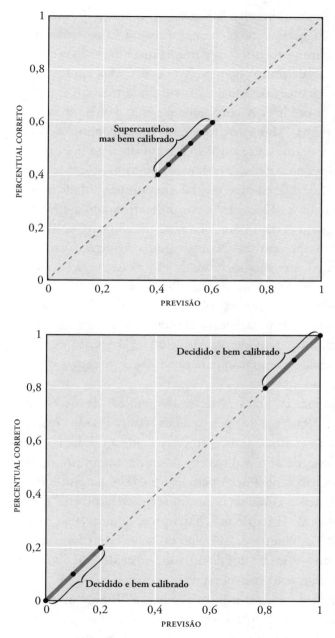

*Bem calibrado mas acovardado (no alto);
bem calibrado e corajoso (embaixo)*

Quando combinamos calibração e resolução, obtemos um sistema de pontuação que capta plenamente nossa expectativa quanto ao que deve ser um bom previsor. Uma pessoa que afirma haver 70% de chances de X deve se sair muito bem se X ocorrer. Mas alguém que afirma haver 90% de chances de X deve se sair ainda melhor. E alguém ousado o bastante para predizer X corretamente com 100% de confiança alcança a marca máxima. Mas a soberba não fica sem punição. O previsor que afirma que X é uma certeza vai sofrer um duro golpe se X não ocorrer. A dureza de um golpe é discutível, mas pensar nisso em termos de aposta é o racional a fazer. Se eu digo que há uma probabilidade de 80% de que os Yankees vençam os Dodgers, e estou determinado a apostar nisso, estou lhe dando chances de 4 para 1 de lambuja. Se você aceita minha aposta, e entra nela com cem dólares, vai me pagar cem dólares se os Yankees vencerem e receber quatrocentos se eles perderem. Mas se eu digo que a probabilidade de vitória dos Yankees é de 90%, elevei as chances em 9 para 1. Se eu digo que a probabilidade é de 95%, aumentei a lambuja em 19 para 1. É uma aposta extrema. Se você concordar em apostar cem dólares, minha dívida será de 1900 dólares caso os Yankees percam. Nosso sistema de pontuação para previsões deve captar o caráter doloroso dessa punição.

A matemática por trás desse sistema foi desenvolvida por Glenn W. Brier em 1950, motivo pelo qual os resultados são chamados de índice de Brier. Com efeito, o índice de Brier mede a distância entre o que você previu e o que de fato aconteceu. Assim, é como a pontuação do golfe: quanto mais baixa, melhor. A perfeição é 0. Um palpite com risco minimizado de cinquenta-cinquenta, ou conjectura aleatória no agregado, resultará num índice de Brier de 0,5. Uma previsão errada ao máximo — dizer que há 100% de chance de que algo vai acontecer e isso não se concretizar, o tempo todo — recebe um desastroso índice de 2,0, o mais longe da Verdade Absoluta que é possível estar.[17]

Então já fizemos um bom progresso. Temos questões de previsão com termos e linhas do tempo claramente definidos. Temos um monte de previsões com números e a matemática para calcular os índices. Eliminamos o máximo de ambiguidade que parece ser humanamente possível. Estamos prontos para marchar rumo a um Novo Iluminismo, certo?

O SIGNIFICADO DA MATEMÁTICA

Não é bem assim. Lembre-se de que a única razão desse exercício é avaliar a precisão dos prognósticos, de modo a poder calcular em seguida o que funciona e o que não funciona na prática de previsões. Para isso, temos de interpretar o significado do índice de Brier, o que exige mais duas coisas: parâmetros e comparabilidade.

Vamos supor que descobrimos que seu índice de Brier equivale a 0,2. Isso está longe de constituir uma onisciência divina (0), mas é bem melhor do que chutar como um chimpanzé (0,5), então entra no leque do que poderíamos esperar, digamos, de um ser humano. Mas podemos afirmar muito mais do que isso. O significado de uma pontuação de Brier depende do que está sendo previsto. Por exemplo, é bem fácil imaginar circunstâncias em que um índice de Brier de 0,2 seria decepcionante. Considere o tempo em Phoenix, Arizona. Todo mês de junho, fica muito quente e ensolarado. Uma previsão que seguisse uma regra estúpida como "sempre atribua 100% a quente e ensolarado" poderia obter um índice de Brier próximo de 0, deixando 0,2 a ver navios. Nesse caso, o teste de habilidade correto seria verificar se um previsor pode fazer melhor do que estupidamente predizer mudança nenhuma. Essa é uma questão à qual não se dá o devido valor. Por exemplo, após a eleição presidencial de 2012, Nate Silver, Sam Wang, de Princeton, e outros *poll aggregators** foram louvados por predizer corretamente todos os cinquenta resultados estaduais, mas quase ninguém notou que uma previsão crua, global, de "segue igual" — se um estado foi democrata ou republicano em 2008, continuará assim em 2012 —, teria contabilizado 48 de cinquenta, o que sugere que as inúmeras exclamações empolgadas de "Ele acertou todos os cinquenta estados!" que ouvimos na época foram um pouco excessivas. Felizmente, *poll aggregators* são profissionais: eles sabem que a melhoria das previsões precisa ser conquistada palmo a palmo.

Outro parâmetro crucial são os demais previsores. Quem é capaz de derrotar quem? Quem é capaz de derrotar a previsão de consenso?

---

* Literalmente, "agregadores de pesquisas eleitorais": analistas que se valem de métodos probabilísticos. (N. T.)

Como conseguem fazer isso? Responder essas perguntas exige comparar os índices de Brier, o que, por sua vez, exige um campo de jogo nivelado. Prever o tempo em Phoenix é simplesmente muito mais fácil do que prever o tempo em Springfield, Missouri, onde o clima é notoriamente variável, de modo que comparar o índice de Brier de um meteorologista de Phoenix com as do meteorologista de Springfield seria injusto. Um índice de Brier de 0,2 em Springfield poderia ser um sinal de que você é um meteorologista de primeira. É uma afirmação simples, com uma grande implicação: citar antigas previsões de jornais dificilmente renderá comparações entre duas coisas iguais, porque, exceto em torneios, é difícil que previsores no mundo real predigam exatamente os mesmos acontecimentos ao longo exatamente do mesmo período de tempo.

Some tudo isso e estamos prontos para avançar. Como Archie Cochrane e outros pioneiros da medicina baseada em evidências, devemos conduzir experimentos cuidadosamente elaborados. Reunir previsores. Fazer a eles um grande número de perguntas com prazos precisos e linguagem inequívoca. Exigir que as previsões sejam expressas usando escalas de probabilidade numérica. E dar tempo ao tempo. Se os pesquisadores tiverem feito seu trabalho, os resultados serão claros. Os dados podem ser analisados e as perguntas-chave — Até que ponto os previsores eram bons? Quem são os melhores? O que os diferencia? — podem ser respondidas.

JUÍZO POLÍTICO ESPECIALIZADO

Foi isso que resolvi fazer em meados da década de 1980, mas desde o começo me deparei com empecilhos. Apesar de quase suplicar aos experts mais destacados para tomar parte, ninguém se dispunha a participar. Ainda assim, consegui recrutar 284 profissionais sérios, especialistas genuínos cujo meio de vida envolvia a análise de tendências e eventos políticos e econômicos. Alguns eram acadêmicos trabalhando em universidades ou *think tanks*. Outros trabalhavam para agências do governo, organizações internacionais como o Banco Mundial e o Fundo Monetário Internacional ou a mídia. Um pequeno número era muito famoso, outros eram bem conhecidos em seu meio profissional, alguns estavam em início de carreira e naquele momento eram bem obscuros. Mas eu tinha de garantir o anonimato, pois mesmo especialistas que não eram da categoria de elite de um Tom Friedman mostravam-se relutantes em arriscar suas reputações em troca de remuneração profissional zero. O anonimato também era uma garantia de que os participantes ofereceriam suas melhores conjecturas, sem se deixar influenciar pelo medo de constrangimento. Os efeitos da competição pública teriam de esperar por um futuro estudo.

As primeiras perguntas apresentadas aos especialistas eram sobre eles mesmos. Idade? (A média era de 43 anos.) Experiência profissional relevante? (A média foi de 12,2 anos.) Grau de instrução? (Quase todos tinham pós-graduação; metade tinha doutorado.) Também perguntamos sobre suas inclinações ideológicas e abordagens preferidas para resolver problemas políticos.

As questões de previsão compreendiam prazos que iam de um a cinco e a dez anos para mais, e passavam por diversos tópicos tirados dos noticiários do momento: políticos e econômicos, domésticos e internacionais. Eles foram questionados sobre quaisquer tópicos que os comentaristas pudessem ser vistos expondo na mídia e nos corredores do poder, o que significava que nossos especialistas às vezes fariam previsões em sua área de conhecimento, embora, com mais frequência, não — o que nos permitiu comparar a precisão de genuínos especialistas no assunto com a de leigos inteligentes e bem informados. No total, nossos especialistas fizeram cerca de 28 mil prognósticos.

Fazer as perguntas levou anos. Depois veio a espera, um teste de paciência até para um professor titular. Iniciei o experimento quando Mikhail Gorbatchóv e o Politburo eram atores centrais dando forma ao destino do mundo; na altura em que comecei a redigir as conclusões, a URSS existia apenas nos mapas históricos e Gorbatchóv fazia comerciais para a Pizza Hut. Os resultados finais saíram em 2005 — 21 anos, seis eleições presidenciais e três guerras após eu ter participado daquele painel do Conselho Nacional de Pesquisa que me levou a refletir sobre a prática de previsões. Publiquei-os no tratado acadêmico *Expert Political Judgment: How Good Is It? How Can We Know?* [Juízo político especializado: Até que ponto funciona? Como podemos saber?]. Para simplificar, vou chamar todo esse programa de pesquisa de "EPJ".

E OS RESULTADOS...

Se você não conhecia a piada do EPJ antes de ler este livro, agora já conhece: o especialista médio foi mais ou menos tão preciso quanto um chimpanzé atirando dardos. Mas como os alunos são advertidos em aulas introdutórias de estatística, médias podem ser obscuras. Daí a velha piada sobre estatísticos dormirem com os pés no forno e a cabeça no freezer, porque a temperatura média é confortável.

Nos resultados do EPJ, havia dois grupos de especialistas estatisticamente distinguíveis. O primeiro não conseguiu oferecer mais do que chutes aleatórios e suas previsões de longo prazo chegaram até a perder para os chimpanzés. O segundo grupo bateu os chimpanzés, embora não por ampla margem, e ainda tinha motivo de sobra para manter a humildade. De fato, ele superou por pouco algoritmos simples como "sempre prever nenhuma mudança" ou "prever a mais recente taxa de mudança". Mesmo assim, por mais modesta que tenha sido sua antevisão, ele ainda apresentou alguma.

Então por que um grupo se saiu melhor do que o outro? Não foi porque seus integrantes tivessem doutorado ou acesso a informação confidencial. Tampouco foi devido *ao que pensavam* — se eram liberais ou conservadores, otimistas ou pessimistas. O fator crítico foi *como pensavam*.

Um grupo tendeu a organizar seu pensamento em torno de Grandes Ideias, embora não estivessem de acordo quanto a quais Grandes Ideias eram verdadeiras ou falsas. Uns eram profetas do apocalipse ambiental ("Está tudo se esgotando"); outros, áugures da cornucópia natural ("Podemos encontrar substitutos de melhor custo-benefício para tudo"). Uns eram socialistas (adeptos do controle estatal na cadeia de comando superior da economia); outros, fundamentalistas do livre mercado (favoráveis à minimização das regulamentações). Por mais ideologicamente diversos que fossem, estavam unidos no fato de seu pensamento ser tão ideológico. Procuravam enfiar problemas complexos em seus modelos preferidos de causa-efeito e tratavam o que não se encaixava como distrações irrelevantes. Alérgicos a respostas insípidas, insistiam em forçar suas análises ao limite (e mais além), usando termos como "ademais" e "além disso" ao mesmo tempo que alinhavavam as razões pelas quais os outros estavam errados e eles, certos. Como resultado, eram extraordinariamente confiantes e tendiam a declarar as coisas como "impossíveis" ou "certas". Comprometidos com suas conclusões, mostravam-se relutantes em mudar de ideia até mesmo quando seus prognósticos claramente fracassavam. Eles nos diziam: "Esperem só".

O outro grupo consistia de especialistas mais pragmáticos que se valiam de diversas ferramentas analíticas, com a escolha da ferramenta dependendo do problema particular a ser enfrentado. Esses especialistas colhiam o máximo de informação possível de quantas fontes estivessem disponíveis. Na hora de refletir, em geral alteravam o ritmo mental, recheando seu discurso com marcadores transicionais como "entretanto", "mas", "embora" e "por outro lado". Eles falavam sobre possibilidades e probabilidades, não certezas. E ainda que ninguém tenha dito "Eu me enganei", esses especialistas admitiam o erro e mudavam de ideia mais prontamente.

Décadas atrás, o filósofo Isaiah Berlin escreveu um ensaio muito aclamado mas pouco lido, comparando os estilos de pensar de grandes autores ao longo das eras. Para organizar suas observações, ele se valeu de um fragmento de poesia grega de 2500 anos atribuído ao poeta-guerreiro Arquíloco: "A raposa sabe muitas coisas, o porco-espinho, apenas uma, mas muito importante". Ninguém nunca vai saber se Arquíloco estava do lado da raposa ou do porco-espinho, mas Berlin preferia as raposas. Eu não senti necessidade de escolher um lado. Simplesmente gostei da metáfora, porque capturava algo profundo contido nos dados. Apelidei os especialistas com uma Grande Ideia de "porcos-espinhos" e os especialistas mais ecléticos de "raposas".

As raposas levaram a melhor sobre os porcos-espinhos. E as raposas não venceram simplesmente bancando as galinhas, evitando correr riscos com previsões de 60% a 70% quando os porcos-espinhos iam de 90% e 100%. As raposas venceram os porcos-espinhos *tanto* na calibração *como* na resolução. As raposas mostraram verdadeira antevisão. Os porcos-espinhos, não.

Como os porcos-espinhos foram capazes de se sair ligeiramente pior do que chutes aleatórios? Para responder essa pergunta, vamos conhecer um porco-espinho típico.[18]

Larry Kudlow foi apresentador de um *talk show* de negócios na CNBC e é um expert amplamente conhecido, mas começou como economista no governo Reagan e mais tarde trabalhou com Art Laffer, economista cujas teorias foram a pedra angular das políticas econômicas de Ronald Reagan. A Grande Ideia de Kudlow é a economia pelo lado da oferta. Quando o presidente George W. Bush seguiu a prescrição do lado da oferta, decretando substanciais cortes de impostos, Kudlow tinha certeza de que um boom econômico de igual magnitude se seguiria. Ele o apelidou de "Bush boom". A realidade foi um balde de água fria: o crescimento e a criação de empregos foram positivos, mas de certo modo decepcionantes em relação à média a longo prazo, e particularmente em comparação com a era Clinton, que começou com um substancial aumento de impostos. Mas Kudlow aferrou-se a suas armas e insistiu, ano após ano, que o "Bush boom" estava acontecendo tal como previsto, mesmo que os analistas não tivessem percebido. Ele chamou isso de "a maior história jamais contada". Em dezembro de 2007, meses depois que as primeiras reverberações da crise financeira se fizeram sentir, a economia parecia abalada e muitos observadores se preocupavam com a possibilidade de uma recessão iminente, ou até que já tivesse chegado, mas Kudlow estava otimista. "Não existe recessão", escreveu. "Na verdade, estamos prestes a entrar no sétimo ano consecutivo do 'Bush boom'."[19]

O Escritório Nacional de Pesquisa Econômica mais tarde apontou dezembro de 2007 como o início oficial da Grande Recessão de 2007-9. Com o passar dos meses, a economia se enfraqueceu e as preocupações aumentaram, mas Kudlow não deu o braço a torcer. Não existe recessão, nem existirá, insistia ele. Quando a Casa Branca disse o mesmo em abril de 2008, Kudlow escreveu: "O presidente George W. Bush deve ser o principal autor de previsões econômicas do país".[20] Durante a primavera e depois no verão, a economia piorou, mas Kudlow não admitiu. "Estamos em uma recessão mental, não numa recessão de fato",[21] escreveu, tecla em que continuou a bater até 15 de setembro, quando o Lehman Brothers entrou com o pedido de falência. Wall Street mergulhou no caos, o sistema financeiro global ficou paralisado e pessoas do mundo todo se sentiram como passageiros de um avião em queda, os olhos arregalados, as unhas cravadas nos braços da poltrona.

Como Kudlow pôde errar com tamanha consistência? Como todos nós, previsores porcos-espinhos primeiro veem as coisas da perspectiva ponta-do-seu-nariz. Isso é bastante natural. Mas o porco-espinho também "sabe uma coisa muito importante", a Grande Ideia que ele usa repetidas vezes quando está tentando imaginar o que vai acontecer a seguir. Pense nessa Grande Ideia como uns óculos que o porco-espinho nunca tira. O porco-espinho vê tudo por essas lentes. E não se trata de óculos comuns. São óculos de lentes verdes — como os óculos que os visitantes da Cidade Esmeralda precisavam usar em *O maravilhoso mágico de Oz*, de L. Frank Baum. Ora, usar óculos de lentes verdes pode às vezes ser útil, na medida em que acentua algo real que de outro modo poderia passar despercebido. Talvez haja apenas um indício de verde numa toalha de mesa que o olho nu pode deixar escapar, ou um sutil tom de verde na água corrente. Mas com muito mais frequência óculos de lentes verdes distorcem a realidade. Onde quer que olhemos, veremos tudo verde, esteja o verde ali ou não. E com muita frequência não está. A Cidade Esmeralda não era sequer esmeralda, na fábula. As pessoas só achavam isso porque eram forçadas a usar os óculos de lentes verdes! Assim, a Grande Ideia do porco-espinho não melhora sua antevisão. Ela a distorce. E mais informação não ajuda, porque tudo é visto pelos mesmos óculos coloridos. Eles podem aumentar a confiança do porco-espinho, mas não sua precisão. Essa é uma má combinação. O resultado previsível? Quando porcos-espinhos na pesquisa EPJ fizeram previsões sobre os assuntos que mais conheciam — suas próprias especializações —, sua precisão caiu. Economia americana é a área de Larry Kudlow, mas, em 2008, quando ficou cada vez mais óbvio que ela estava em apuros, ele não viu o que os outros viram. Não conseguiu. Para ele, tudo parecia verde.

Não que estar errado tenha prejudicado a carreira de Kudlow. Em janeiro de 2009, com a economia americana numa crise pior do que qualquer outra desde a Grande Depressão, o novo programa de Kudlow, *The Kudlow Report*, estreou na CNBC. Isso também é consistente com os dados do EPJ, que revelaram uma correlação inversa entre fama e precisão: quanto maior a fama de um especialista, menor a precisão. Isso não é porque editores, produtores e o público estão à procura de previsores ruins; eles estão à procura de porcos-espinhos, que por acaso são também maus previsores. Animados por uma Grande Ideia, porcos-espinhos contam histórias enxutas, simples, claras, que cativam e prendem o público. Como qualquer um que passou por treinamento de mídia sabe, a primeira regra é "mantenha a simplicidade, estúpido". Melhor ainda, porcos-espinhos são confiantes. Com sua análise de perspectiva única, podem enfileirar razões para explicar como estão certos — "ademais", "além disso" — sem considerar outras perspectivas e as incômodas dúvidas e advertências levantadas por elas. E assim, como o EPJ mostrou, porcos-espinhos são mais propensos a dizer que algo definitivamente vai ou não vai acontecer. Para muitos públicos, isso é satisfatório. As pessoas tendem a achar a incerteza perturbadora e um "talvez" sublinha a incerteza com caneta vermelho vivo. A simplicidade e confiança do porco-espinho prejudicam a antevisão, mas acalmam os nervos — o que é bom para a carreira de um porco-espinho.

Raposas não se saem tão bem na mídia. São menos confiantes, menos propensas a dizer que algo é "certo" ou "impossível" e mais inclinadas a se decidir por matizes de "talvez". E suas histórias são complexas, cheias de "entretanto" e "por outro lado", porque elas olham para os problemas de um jeito, depois de outro e então de outro. Essa agregação de inúmeras perspectivas é ruim para a tevê. Mas boa para as previsões. Na verdade, é essencial.

OLHO DE LIBÉLULA

Em 1906, o legendário cientista britânico Sir Francis Galton foi a uma feira rural e presenciou centenas de pessoas dando seus palpites particulares sobre o peso que um boi vivo teria depois de "abatido e preparado". A conjectura média — seu parecer coletivo — foi 1197 libras [542,95 quilos], uma libra [0,4535023 quilo] a menos do que a resposta correta, 1198 libras. Foi a primeira demonstração de um fenômeno popularizado — e hoje batizado — pelo best-seller de James Surowiecki, *A sabedoria das multidões*. Agregar o parecer de muitos supera de forma persistente a precisão do participante médio do grupo, e é com frequência tão surpreendentemente preciso quanto os adivinhadores de peso de Galton. O parecer coletivo, porém, nem sempre é mais preciso do que um dado palpite individual. Na verdade, em qualquer grupo é provável haver indivíduos que superam o grupo. Mas esses palpites na mosca normalmente dizem mais sobre o poder do acaso — chimpanzés que atiram um monte de dardos ocasionalmente vão acertar o alvo — do que sobre a habilidade do adivinhador. Isso fica claro quando o exercício é repetido muitas vezes. Haverá indivíduos que superam o grupo a cada repetição, mas a tendência é que sejam indivíduos *diferentes*. Superar a média constantemente exige rara habilidade.

Alguns chamam isso reverentemente de o milagre da agregação, mas ele é fácil de desmistificar. A chave é reconhecer que a informação útil com frequência está amplamente dispersa, com uma pessoa de posse de um fragmento, outra detendo um pedaço mais importante, uma terceira com alguns bocados e assim por diante. Quando Galton presenciou as pessoas tentando adivinhar o peso do pobre boi condenado, ele as viu traduzir qualquer informação que tivessem em um número. Quando um açougueiro olhava para o boi, contribuía com a informação que possuía graças a anos de treinamento e experiência. Quando um homem que regularmente comprava carne no açougueiro dava seu palpite, acrescentava um pouco mais. Uma terceira pessoa, que se lembrasse de quanto o boi pesava na feira do ano anterior, fazia o mesmo. E assim por diante. Centenas de pessoas acrescentaram informação válida, criando uma reserva coletiva muito maior do que qualquer um deles possuía individualmente. Claro que eles também contribuíram com ideias falsas e equívocos, produzindo uma reserva de dicas enganosas tão grande quanto a reserva de pistas úteis. Toda a informação válida apontava numa direção — para as 1198 libras —, mas os erros tinham origens diferentes e apontavam para direções diferentes. Alguns sugeriram que a resposta correta era mais elevada, outros, menos. De modo que se cancelaram. Com a informação válida se amontoando e os erros se anulando, o resultado líquido foi uma estimativa surpreendentemente precisa.

Até que ponto a agregação funciona bem depende do que está sendo agregado. Agregar os pareceres de muitas pessoas que não sabem nada produz um monte de nada. Agregar os pareceres de pessoas que sabem um pouco é melhor, e se houver um número suficiente delas, isso pode produzir resultados impressionantes, mas agregar os pareceres de um número igual de pessoas que sabem um bocado sobre coisas diferentes é mais eficaz, porque a reserva coletiva de informação se torna muito maior. Agregações de agregações podem também gerar resultados impressionantes. Uma pesquisa de opinião bem conduzida agrega um bocado de informação sobre as intenções do eleitor, mas a combinação de pesquisas — uma sondagem das sondagens — transforma muitas reservas de informação em uma grande reserva. Isso é a essência do que Nate Silver, Sam Wang e outros estatísticos fizeram na eleição presidencial de 2012. E uma sondagem das sondagens pode ser ainda mais agregada com outras fontes de dados. O PollyVote é o projeto de um consórcio acadêmico que fornece prognóstico de eleições presidenciais agregando fontes diversas, que incluem pesquisas eleitorais, pareceres de um painel de especialistas políticos e modelos quantitativos desenvolvidos por cientistas políticos. Em operação desde a década de 1990, o projeto tem um histórico impressionante, muitas vezes permanecendo com o futuro vencedor quando as apurações dão uma guinada e os especialistas mudam de ideia.

Agora vejamos como as raposas abordam o exercício da previsão. Elas se valem não de uma única ideia analítica, mas de várias, e buscam informação não de uma só fonte, mas de muitas. Depois sintetizam tudo numa conclusão única. Resumindo, agregam. Talvez sejam indivíduos trabalhando sozinhos, mas o que fazem, em princípio, não é diferente do que a multidão de Galton fez. Eles integram perspectivas e a informação contida nelas. A única diferença real é que o processo ocorre dentro do crânio de alguém.

Mas fazer esse tipo de agregação dentro-da-cabeça pode ser desafiador. Considere um jogo do tipo "adivinhe o número" em que os participantes devem escolher um número entre 0 e 100. Aquele cujo palpite ficar mais próximo de dois terços da média dos palpites de todos os participantes vence. Simples assim. E imagine que há um prêmio: a pessoa que chegar mais perto da resposta correta ganhará duas passagens na classe executiva para um voo de Londres a Nova York.

O *Financial Times* de fato realizou esse concurso em 1997, por insistência de Richard Thaler, um pioneiro na economia comportamental. Se eu estivesse lendo o *Financial Times* em 1997, como faria para ganhar aquelas passagens? Talvez eu começasse raciocinando que, como qualquer um pode conjecturar qualquer coisa entre 0 e 100, os palpites ficarão espalhados aleatoriamente. Isso faria o palpite médio ser 50. E dois terços de 50 é 33. De modo que devo sugerir 33. Nesse ponto, estou me sentindo muito satisfeito comigo mesmo. Tenho certeza de que matei a charada. Mas antes de dizer "resposta definitiva", eu paro, penso nos outros leitores e me ocorre que passaram pelos mesmos processos mentais que eu. O que significa que todos arriscaram 33, também. O que por sua vez significa que a conjectura média não é 50. É 33. E dois terços de 33 é 22. Assim, minha primeira conclusão na verdade estava errada. Eu deveria ir de 22.

Agora estou me sentindo realmente bem esperto. Mas esperem aí! Os outros competidores também pensaram nos demais competidores, exatamente como eu fiz. O que significa que teriam todos sugerido 22. O que significa que a conjectura média é na verdade 22. E dois terços de 22 é 15, aproximadamente. Então eu deveria... Já viram aonde isso vai dar? Como os competidores estão cientes uns dos outros, e cientes de que estão cientes, o número continuará a encolher até chegar num ponto em que não poderá mais fazê-lo. Esse ponto é 0. Então essa é minha resposta final. E sem dúvida vou vencer. Minha lógica é à prova de falhas. E por acaso sou uma dessas pessoas com elevado grau de instrução que estão familiarizadas com a teoria dos jogos, de modo que sei que 0 é chamado de equilíbrio de Nash. QED. A única pergunta é: quem vai comigo para Londres?

Adivinhem só! Estou enganado.

No concurso real, muitas pessoas de fato trabalharam até chegar a 0, mas 0 não era a resposta correta. Não estava nem perto disso. A conjectura média de todos os participantes foi 18,91, então o palpite vencedor foi 13. Como me equivoquei tanto? Não foi minha lógica, que era sólida. Eu fracassei porque olhei para o problema de uma única perspectiva — a perspectiva da lógica.

Quem são os demais participantes? Serão *todos* eles o tipo de pessoa que pensaria sobre o problema cuidadosamente, visualizaria a lógica e a perseguiria incessantemente até a resposta final de 0? Se fossem vulcanos, sem dúvida. Mas são humanos. Talvez possamos presumir que os leitores do *Financial Times* sejam um pouco mais inteligentes do que o público em geral, e melhores em solucionar enigmas, mas não podem ser todos perfeitamente racionais. Decerto alguns serão cognitivamente preguiçosos e deixarão de perceber que os outros competidores estão trabalhando no problema assim como eles. Vão se decidir por 33 como resposta final. Quem sabe alguns outros perceberão a lógica e chegarão a 22, mas pode ser que não continuem a raciocinar, de modo que vão parar por aí. E foi justamente isso que aconteceu — 33 e 22 foram respostas populares. E como não pensei no problema por essa diferente perspectiva, nem a computei em meu parecer, me enganei.

O que eu deveria ter feito era olhar para o problema de ambas as perspectivas — tanto a perspectiva lógica como a psico-lógica — e combinar o que vi. E essa fusão de perspectivas não precisa se limitar a duas. No jogo de adivinhação do número de Thaler, podemos imaginar facilmente uma terceira perspectiva e usá-la para melhorar ainda mais nosso juízo. A primeira perspectiva é a do vulcano racional. A segunda é a do humano às vezes racional, mas um pouco preguiçoso. Uma terceira perspectiva seria a dos competidores que identificaram os dois primeiros processos mentais e os agregaram para dar seu palpite. Na série de tevê original de *Jornada nas Estrelas*, Spock era o vulcano de lógica imperturbável. O dr. McCoy era o humano cabeça quente e o capitão Kirk, a síntese dos dois. No jogo de adivinhação do número, a resposta de Spock teria sido 0, a do dr. McCoy teria sido 33 — ou talvez 22 — e a do capitão Kirk teria levado ambas em consideração. Então poderíamos chamar isso de perspectiva do Capitão Kirk. Se houver poucos Capitães Kirk entre os competidores, suas respostas talvez não mudem muito a matemática. Mas se houver mais, seu modo de pensar sofisticado pode fazer uma diferença significativa e melhorar nossa resposta, ao menos um pouco, se pudermos computar essa terceira perspectiva em nosso próprio parecer. Não seria fácil. Isso está ficando complicado e as gradações de juízo exigidas — o palpite final deve ser 10, 11 ou 12? — têm uma distinção muito sutil. Mas às vezes esse ajuste fino é a diferença entre bom e ótimo, como veremos depois com os superprevisores.

E não há motivo para nos atermos a três ou quatro perspectivas, embora no jogo de adivinhação do número não seja prático ir muito além disso. Em outros contextos, uma quarta, quinta e sexta perspectiva podem afiar um pouco mais um parecer. Na teoria, não há limite. Assim, a melhor metáfora para esse processo é a visão de libélula.

Como nós, as libélulas têm dois olhos, mas os delas são construídos de forma muito diferente. Cada um é uma enorme esfera protuberante, cuja superfície é coberta de minúsculas lentes. Dependendo da espécie, há até 30 mil dessas lentes num único olho, cada uma ocupando um espaço físico ligeiramente diferente das lentes adjacentes, proporcionando-lhe uma perspectiva única. A informação desses milhares de perspectivas únicas flui para o cérebro da libélula, onde é sintetizada numa visão tão soberba que o animal pode ver em quase todas as direções simultaneamente, com a clareza e a precisão de que precisa para pegar insetos voando em alta velocidade.

Uma raposa com os olhos protuberantes de uma libélula é uma metáfora mista pavorosa, mas capta um motivo crucial para a antevisão das raposas ser superior à dos porcos-espinhos, com seus óculos de lentes verdes. Raposas agregam perspectivas.

Infelizmente, a agregação não nos vem naturalmente. A perspectiva ponta-do-seu-nariz insiste que vê a realidade objetiva e corretamente, de modo que não há necessidade de consultar outras perspectivas. Com bastante frequência concordamos. Não consideramos pontos de vista alternativos — mesmo quando está claro que deveríamos.

Isso fica dolorosamente óbvio em uma mesa de pôquer. Mesmo jogadores fracos sabem, em princípio, que ver através dos olhos dos adversários é decisivo. Ele aumentou a aposta em vinte dólares? O que isso me diz sobre o que está pensando — e as cartas que tem? Cada aposta é uma nova pista do que seu adversário tem na mão, ou quer que você pense que tem, e o único modo de juntar as peças é se imaginar na cadeira da pessoa. Bons tomadores de perspectiva podem ganhar muito dinheiro. Então você talvez suponha que qualquer um que leve pôquer a sério ficaria bom nisso rapidamente ou mudaria de passatempo. E no entanto, com frequência, não é o que acontece.

"Aqui está um exemplo bem simples", diz Annie Duke, uma jogadora de pôquer profissional, vencedora da World Series of Poker e ex-doutoranda de psicologia. "Todo mundo que joga pôquer sabe que você pode desistir, pagar para ver ou aumentar (a aposta). Então o que vai acontecer é que, quando um jogador que não é perito vê outro jogador aumentar a aposta, ele automaticamente presume que aquele jogador tem a mão forte, como se o tamanho da aposta de algum modo estivesse correlacionado com a força de suas cartas." Isso é um erro. Duke ensina pôquer e, para fazer seus alunos enxergarem como libélulas, os conduz por uma situação de jogo. As cartas são dadas. Você gosta do que recebeu. Na primeira dentre várias rodadas de jogo, aposta uma certa quantia. O outro jogador na mesma hora aumenta substancialmente sua aposta. Agora, o que você acha que o outro jogador tem? Por Duke já passaram milhares de alunos, "e todos, sem exceção, dizem: 'Acho que ele tem a mão bem forte'". Então ela lhes pede para imaginar a mesma situação, exceto que estão jogando contra ela. As cartas são dadas. A mão que eles têm é mais do que forte — é imbatível. Duke faz sua aposta. Agora, o que você vai fazer? Vai aumentar a aposta dela? "E eles me dizem: 'Bom, não'." Se aumentarem, Duke pode concluir que a mão deles é forte, e desistir. Eles não querem assustá-la. Querem que Duke permaneça em todas as rodadas de aposta, de modo que possam engordar a mesa ao máximo antes de recolher seus ganhos. De maneira que não sobem a aposta. Apenas pagam para ver. Duke então simula o mesmo jogo hipotético com uma mão que pode ser vencida, mas ainda assim é muito forte. Você vai subir? Não. Que tal uma mão um pouco mais fraca que ainda tem probabilidade de ganhar? Também não. "Eles não subiriam com nenhuma dessas outras mãos muito boas, porque não querem me assustar." Então Duke pergunta: por que você presume que um adversário que sobe a aposta tem mão forte se você mesmo não subiria com a mesma mão forte? "E só quando as conduzo por esse exercício", diz Duke, que as pessoas se dão conta de que falharam em realmente olhar para a mesa da perspectiva de seu adversário.

Se os alunos de Duke fossem todos aposentados em férias tentando jogar pôquer pela primeira vez, isso nos informaria apenas que diletantes tendem a ser ingênuos. Mas "essas são pessoas que jogaram bastante pôquer e são apaixonadas pelo jogo, e que se consideram suficientemente boas para pagar mil dólares por um seminário comigo", diz Duke. "E elas não entendem esse conceito básico."[22]

Afastar-se de si mesmo e realmente obter uma perspectiva diferente da realidade exige esforço. Mas raposas têm maior probabilidade de fazerem isso. Seja em virtude de temperamento, hábito ou esforço consciente, elas tendem a se empenhar no trabalho duro de sondar outros pontos de vista.

Mas lembre-se da velha piada da reflexividade-paradoxo. Há dois tipos de pessoas no mundo: as que pensam haver dois tipos e as que pensam que não. Incluo-me nesse segundo grupo. Meu modelo da raposa/porco-espinho não é uma dicotomia. É um espectro. No EPJ, minha análise se estendeu ao que chamei de "híbridos" — "raposas porcos-espinhos", que são porcos-espinhos com uma pequena dose de raposidade. Mas nem mesmo expandir as categorias para quatro é capaz de capturar os estilos de pensar do ser humano. As pessoas podem pensar e de fato pensam de forma diferente em diferentes circunstâncias — frias e calculistas no trabalho, talvez, mas intuitivas e impulsivas quando estão fazendo compras. E nossos hábitos de pensamento não são imutáveis. Às vezes, evoluem sem que tenhamos consciência da mudança. Mas também podemos, com esforço, decidir mudar o ritmo mental, passando de um modo para outro.[23]

Nenhum modelo captura a riqueza da natureza humana. Espera-se que modelos simplifiquem as coisas, motivo pelo qual até os melhores dentre eles têm falhas. Mas são necessários. Nossas mentes estão cheias de modelos. Não poderíamos funcionar sem eles. E com frequência funcionamos muito bem, pois alguns de nossos modelos são aproximações decentes da realidade. "Todos os modelos estão errados", observou o estatístico George Box, "mas alguns são úteis." O modelo da raposa/porco-espinho é um ponto de partida, não o fim.

Esqueça a piada do chimpanzé atirando dardos. O que importa é que o EPJ encontrou uma antevisão modesta mas real, e o ingrediente crítico foi o estilo de pensar. O próximo passo era imaginar como levar adiante essa descoberta.

Superprevisores 4

"**J**ULGAMOS QUE O IRAQUE tem dado continuidade aos seus programas de armas de destruição em massa (ADM), desafiando as resoluções e restrições da ONU. Bagdá possui armas químicas e biológicas, bem como mísseis com alcances superiores aos das restrições da ONU; se o país não for controlado, provavelmente terá uma arma nuclear ainda nesta década."[1]

O linguajar é enfadonho, mas esse parágrafo de abertura foi um catalisador quando divulgado para o público em outubro de 2002. Os terroristas haviam cometido as atrocidades do Onze de Setembro treze meses antes. Os Estados Unidos haviam invadido o Afeganistão para desalojar o Talibã, que abrigara Osama bin Laden. Então o governo de George W. Bush voltou sua atenção para o Iraque de Saddam Hussein: sugerindo que o Iraque tinha laços com a Al-Qaeda, que o Iraque estava por trás do Onze de Setembro, que o Iraque era uma ameaça aos outros países no Oriente Médio e ao petróleo que fluía da região, que o Iraque não destruíra suas ADM como exigido pelas Nações Unidas, que estava aumentando seus estoques e se tornando mais perigoso a cada dia. Saddam Hussein tinha, ou teria em breve, a capacidade de atacar a Europa, alegava a Casa Branca, e até os Estados Unidos. Os críticos responderam que o governo já se decidira havia muito tempo a invadir o Iraque e agora exagerava a ameaça com o uso de um linguajar vívido — "Não queremos que o cano fumegante se transforme numa nuvem de cogumelo", nas palavras de Condoleezza Rice —, de modo a granjear apoio para sua guerra.[2] Foi então que a National Intelligence Estimate 2002-16HC foi liberada.

As National Intelligence Estimates são a visão consensual da Central Intelligence Agency, da National Security Agency [Agência de Segurança Nacional], da Defense Intelligence Agency [Agência de Inteligência da Defesa] e mais treze outras agências. Coletivamente, são conhecidas como Intelligence Community [comunidade de inteligência, ou IC].

Os números exatos são confidenciais, mas, numa estimativa grosseira, a IC conta com um orçamento de mais de 50 bilhões de dólares anuais e emprega 100 mil pessoas. Destas, 20 mil são analistas de inteligência, cujo trabalho é não só colher informação, como também interpretar o que foi obtido e avaliar suas implicações para a segurança nacional.[3] E esse aparato de inteligência fantasticamente elaborado, caro e gabaritado concluiu em outubro de 2002 que as alegações do governo Bush a respeito das ADM do Iraque estavam corretas. Muitas pessoas acharam isso convincente. O trabalho da inteligência é falar a verdade para o governo, não dizer aos políticos temporariamente no poder o que eles querem escutar, assim, para eles, a National Intelligence Estimate pôs uma pedra no assunto. Era agora um fato que Saddam Hussein tinha programas de ADM ativos desovando armamento letal — e a ameaça crescia. O que fazer sobre esses fatos eram outros quinhentos, mas só aqueles ofuscados pela política negariam sua existência. Mesmo críticos acerbos do governo Bush — pessoas como Tom Friedman, que usava a expressão irônica "Bushies" para se referir ao círculo íntimo do presidente — ficaram convencidos de que Saddam Hussein estava escondendo alguma coisa em algum lugar.

Hoje sabemos que esses "fatos" não são verdadeiros. Depois de invadir o país em 2003, os Estados Unidos reviraram o Iraque de cabeça para baixo à procura de ADM, mas não encontraram nada. Foi um dos piores — *o pior*, defendem alguns — fiascos de inteligência na história moderna. A IC ficou humilhada. Houve condenações na mídia, investigações oficiais e o ritual familiar de funcionários de inteligência com o rosto suado e a fisionomia carregada comparecendo a audiências do Congresso e sendo interrogados pelos parlamentares.

O que deu errado? Uma explicação foi que a IC cedera à truculência da Casa Branca. O serviço de inteligência se deixara afetar pela política. Mas investigadores oficiais rejeitaram essa alegação. Assim como Robert Jervis, fato que acho mais convincente, pois Jervis tem um histórico de quatro décadas de conhecimento profundo, apartidário, do serviço de inteligência. Jervis é autor de *Why Intelligence Fails* [Por que o serviço de inteligência falha?], que disseca meticulosamente tanto o fracasso da IC em prever a revolução iraniana de 1979 — Jervis realizou uma autópsia para a CIA que permaneceu confidencial por décadas — como o falso alarme sobre as ADM de Saddam Hussein. Neste último caso, afirmou Jervis, a conclusão da IC foi sincera. E razoável.

"Mas a conclusão não foi razoável", você pode pensar. "Foi errada!" Essa reação é totalmente compreensível — mas também está errada. Lembremos que a questão não é "O parecer da IC estava correto?", mas "O parecer da IC foi razoável?". Responder essa pergunta exige que nos ponhamos na posição de pessoas dando seu parecer na época, o que significa olhar apenas para a informação então disponível, e essa evidência foi suficiente para levar praticamente toda grande agência de inteligência do mundo a suspeitar, com graus variáveis de confiança, que Saddam estava escondendo alguma coisa — não por terem vislumbrado o que era, mas porque Saddam agia como alguém que estivesse ocultando algo. Que outra explicação poderia haver para ele brincar de esconde-esconde com os inspetores de armas das Nações Unidas e se arriscar a sofrer uma invasão e ser derrubado do poder?

Mas poucas coisas são mais difíceis do que viagem no tempo mental. Mesmo para historiadores, pôr-se na posição de alguém na época — e não se deixar levar por seu conhecimento do que aconteceu mais tarde — é uma luta. Então a pergunta "O parecer da IC foi razoável?" é desafiadora. Mas responder "O parecer da IC foi correto?" é algo que se dá num piscar de olhos. Como observei no capítulo 2, uma situação dessas nos tenta com uma propaganda enganosa: substituir a questão difícil por uma mais fácil, respondê-la e depois acreditar sinceramente que respondemos a questão difícil.

Essa propaganda enganosa particular — substituir "Foi uma boa decisão?" por "Obteve um bom resultado?" — é não só popular como perniciosa. Jogadores de pôquer calejados veem isso como um erro de principiante. Um novato pode superestimar a probabilidade de que a carta seguinte vai levá-lo a vencer, apostar alto, ter sorte e vencer, mas o triunfo não torna sua aposta tola retroativamente sensata. Por outro lado, um profissional talvez perceba acertadamente que há uma elevada probabilidade de vencer, aposte alto, dê azar e perca, mas isso não significa que foi insensato. Bons jogadores de pôquer, investidores e executivos compreendem isso. Caso contrário, não podem continuar sendo bons no que fazem — porque irão extrair lições falsas da experiência, piorando sua capacidade de avaliação com o tempo.

Portanto, não é nenhum paradoxo afirmar, como fez Robert Jervis, que a conclusão da comunidade de inteligência foi ao mesmo tempo razoável e equivocada. Mas — e eis a chave — Jervis *não* livrou a cara da IC. "Não houve apenas erros, mas erros corrigíveis", escreveu sobre a análise da IC. "A análise poderia e deveria ter sido melhor." Isso teria feito alguma diferença? Em certo sentido, não. "O resultado teria sido fazer uma avaliação de inteligência menos peremptória, e não chegar a uma conclusão fundamentalmente diferente." Assim a IC teria concluído de todo modo que Saddam tinha ADM, apenas teria se mostrado bem menos confiante nessa conclusão. Isso pode soar como uma crítica leve. Na verdade, é devastadora, porque uma conclusão menos confiante da IC talvez tivesse feito uma imensa diferença: se alguém no Congresso tivesse estabelecido o referencial em "além da dúvida razoável" para apoiar a invasão, então uma estimativa de 60% a 70% de que Saddam estava produzindo armas de destruição em massa não teria sido satisfatória. A resolução do Congresso autorizando o uso de força talvez não tivesse passado e os Estados Unidos talvez não tivessem invadido o Iraque. Apostas dificilmente são muito mais altas do que milhares de vidas e trilhões de dólares.[4]

Mas a National Intelligence Estimate 2002-16HC não disse 60% ou 70%. Disse: "o Iraque tem...", "Bagdá tem...". Declarações como essas não deixam margem para a surpresa. São o equivalente de "O sol nasce no leste e se põe no oeste". Em um relatório da Casa Branca de 12 de dezembro de 2002, o diretor da CIA, George Tenet, usou a expressão *"slam dunk"* — uma certeza. Ele mais tarde protestou que a citação fora tirada do contexto, mas isso não tem importância, porque "uma certeza" de fato sintetiza a atitude da IC. E isso foi incomum. Uma análise de inteligência sempre envolve incerteza, muitas vezes em altas doses. Os analistas sabem disso. Contudo, na questão das ADM no Iraque, a IC foi vítima da soberba. Como resultado, não se limitou meramente a errar. Errou quando afirmou que não poderia estar errada. As autópsias revelaram que a IC em nenhum momento explorara a sério a *ideia* de que pudesse estar errada. "Não houve equipes independentes para atacar os pontos de vista prevalecentes, nenhuma análise feita por advogados do diabo, nenhum jornal que oferecesse possibilidades alternativas", escreveu Jervis. "Mais surpreendente, ninguém propôs um ponto de vista perto do que hoje acreditamos ser verdade." Como a investigação presidencial do fiasco observou duramente, "deixar de concluir que Saddam encerrara seu programa de armas proibido é uma coisa — nem sequer considerar isso como uma possibilidade, outra".[5]

A IC é uma imensa burocracia que reage lentamente até mesmo ao choque de enormes fiascos. Jervis me contou que, após terminar sua autópsia do fracasso de 1979 em antever a revolução iraniana — o maior desastre geopolítico da época —, "encontrei a chefe dos analistas políticos [da CIA] e ela me disse: 'Sei que você não teve notícias nossas e isso deve confirmar todas as suas preocupações, mas vamos fazer uma grande reunião para analisar e discutir com você'. E a história morreu aí. A reunião nunca aconteceu". O choque do insucesso com as ADM foi diferente. A estrutura burocrática ficou abalada em suas fundações. "Eles acusaram o golpe", disse Jervis.[6]

Em 2006, foi criada a Intelligence Advanced Research Projects Activity (IARPA). Sua missão é subsidiar pesquisa de ponta com o potencial de tornar a comunidade de inteligência mais afiada e efetiva. Como seu nome sugere, a IARPA foi criada nos moldes da DARPA, a famosa agência de defesa cuja pesquisa relativa a assuntos militares exerceu enorme influência no mundo moderno. O trabalho da DARPA chegou até a contribuir para a invenção da internet.

Em 2008, o Gabinete do Diretor da Inteligência Nacional — que fica no topo de toda a rede de dezesseis agências de inteligência — pediu ao Conselho Nacional de Pesquisa para formar um comitê. A tarefa era sintetizar a pesquisa sobre juízo qualificado e ajudar a IC a fazer bom uso dessa pesquisa. Pelos padrões de Washington, foi uma coisa ousada (ou temerária) de se fazer. Não é todo dia que uma burocracia paga uma das instituições científicas mais respeitadas do mundo para produzir um relatório objetivo que pode vir a concluir que essa burocracia é incompetente.

Cientistas eminentes de uma série de disciplinas participaram da comissão, que foi chefiada pelo psicólogo Baruch Fischhoff. Eu também estava presente, provavelmente devido à controvérsia que causei com o desafio "Você consegue derrotar o chimpanzé jogando dardos?" em meu livro de 2005, *Expert Political Judgment*. Dois anos depois, entreguei um relatório que era 100% Archie Cochrane: só acredite depois de testar. "A IC não deve confiar em métodos analíticos que violam princípios comportamentais bem documentados ou que não têm qualquer evidência ou eficácia além de seu apelo intuitivo", frisou o relatório. A IC deve "testar rigorosamente métodos atuais e propostos sob condições tão realistas quanto possível. Uma abordagem de análise como essa, com base na evidência, promoverá o contínuo aprendizado necessário para manter a IC mais afiada e ágil do que os adversários da nação".[7]

É uma ideia simples, mas, como aconteceu com a medicina por tanto tempo, rotineiramente negligenciada. Por exemplo, a CIA dá aos seus analistas um manual escrito por Richards Heuer, um antigo analista, que expõe conhecimentos relevantes da psicologia, incluindo vieses que podem sabotar o raciocínio de um analista. É um belo trabalho. E faz sentido que proporcionar aos analistas uma compreensão básica da psicologia os ajudará a evitar armadilhas cognitivas e desse modo produzir pareceres melhores. Mas funciona? Ninguém sabe. Nunca foi testado. Alguns analistas acham que o treinamento é tão convincente de maneira intuitiva que não precisa ser testado. Soa familiar?

Nem mesmo a pergunta que não quer calar — Quão precisas são as previsões de analistas de inteligência? — pode ser respondida. Claro que alguns acreditam saber. Funcionários de alto escalão talvez aleguem que a IC está correta em 80% ou 90% do tempo. Mas isso não passa de palpite. Como os médicos do século XIX que tinham certeza de que seus tratamentos curavam pacientes 80% ou 90% das vezes, eles podem ter razão, ou estar perto disso, ou mesmo estar errados. Na ausência de um sistema de medição preciso, não existe maneira significativa de responsabilizar os analistas de inteligência por falta de precisão.

Observe a palavra *significativa* na última frase. Quando o diretor da Inteligência Nacional é chamado diante do Congresso por uma previsão furada, isso é prestar contas pela precisão. Pode até ser um gesto desinformado ou caprichoso, e não servir a outro propósito além do teatro político, mas não deixa de ser prestação de contas. Por outro lado, uma prestação de contas *significativa* exige mais do que ficar aborrecido quando alguma coisa sai dos trilhos. Exige monitoramento sistemático da precisão — por todos os motivos expostos. Mas as previsões da comunidade de inteligência nunca foram sistematicamente aferidas.

O que existe em vez disso é uma prestação de contas pelo processo: os analistas de inteligência são informados do que se espera que façam quando estão pesquisando, refletindo e avaliando, e depois têm de prestar contas por esses padrões. Você considerou hipóteses alternativas? Procurou evidência em contrário? É sensato, mas o objetivo de fazer previsões não é ticar um a um todos os itens da lista de "como fazer previsões". É antever o que está por vir. Ter uma prestação de contas pelo processo, mas não pela precisão, é como assegurar que os médicos lavem as mãos, examinem o paciente e considerem todos os sintomas sem nunca checar se o tratamento funciona.

A comunidade de inteligência não está sozinha em operar dessa forma. A lista de organizações que produzem ou compram previsões sem se dar o trabalho de verificar seu acerto é surpreendente. Mas graças ao choque do fiasco com as ADM no Iraque, ao puxão de orelha do relatório do Conselho Nacional de Pesquisa e aos esforços de alguns servidores públicos dedicados, a IC decidiu fazer alguma coisa a respeito. Ou, mais precisamente, a IARPA decidiu.

A Intelligence Advanced Research Projects Activity é uma agência de que poucas pessoas fora da comunidade de inteligência já ouviram falar, e por um bom motivo. A IARPA não tem espiões envolvidos em operações secretas, ou analistas que interpretam a informação. Sua função é identificar e apoiar pesquisa de alto risco e elevada compensação com potencial para melhorar a capacidade da IC. Isso torna a IARPA semelhante à DARPA, mas a DARPA é muito mais famosa, porque é maior, existe há mais tempo e muitas vezes subsidia tecnologia de ponta. A maior parte da pesquisa de inteligência não é tão intrigante e no entanto pode ser tão importante quanto a segurança nacional.

No verão de 2010, dois funcionários da IARPA, Jason Matheny e Steve Rieber, visitaram Berkeley. Barbara Mellers e eu os encontramos em um hotel com uma vista turística de San Francisco, onde fomos brindados com notícias tão agradáveis quanto a vista. Eles planejavam agir segundo a recomendação central no relatório do Conselho Nacional de Pesquisa — recomendação que eu tinha absoluta certeza de que ficaria esquecida, juntando pó. A IARPA iria patrocinar um torneio gigantesco para ver quem seria capaz de criar os melhores métodos para fazer o tipo de previsão que analistas de inteligência fazem todos os dias. O presidente da Tunísia vai fugir para um confortável exílio no mês que vem? Um surto de H5N1 na China vai matar mais do que dez pessoas nos próximos seis meses? O euro vai cair para menos do que 1,20 dólar nos próximos doze meses?

A IARPA procurava perguntas na zona habitável de dificuldade, não tão fáceis que qualquer leitor atento do *New York Times* pudesse respondê-las de pronto, nem tão difíceis que ninguém no mundo conseguisse. A IARPA via essa zona habitável como o melhor lugar tanto para encontrar novos talentos no campo da previsão quanto para testar novos métodos de cultivar talento. O torneio proposto seria, deliberadamente, bem diferente de meu torneio de EPJ anterior: suas perguntas mais longas seriam normalmente mais curtas do que minhas perguntas mais curtas. A IARPA não queria perder dinheiro forçando as pessoas a fazer o que sabíamos ser praticamente impossível. Os sistemas visuais humanos nunca serão capazes de ler a linha de baixo da tabela optométrica de Snellen a cem metros de distância — e exercitar seus músculos oculares daqui até a eternidade não vai mudar isso. E como o EPJ e outros estudos mostraram, os sistemas cognitivos humanos nunca serão capazes de prever pontos de virada na vida de indivíduos ou nações vários anos no futuro — e buscas heroicas por superprevisores não vão mudar isso.

O plano da IARPA era criar incentivos ao estilo de um torneio para pesquisadores de ponta produzirem estimativas de probabilidade precisas para questões da zona habitável.[8] As equipes de pesquisa iriam competir entre si e contra um grupo de controle independente. Elas tinham de superar a previsão combinada — a "sabedoria das multidões" — do grupo de controle, e por margens que todos nós víamos como intimidantes. No primeiro ano, a IARPA queria que as equipes superassem o padrão em 20% — e queria que a margem de vitória crescesse em 50% no quarto ano.

Mas isso era apenas parte do plano da IARPA. Dentro de cada equipe, os pesquisadores poderiam proceder a experimentos ao estilo Archie Cochrane para avaliar o que realmente funciona contra grupos de controle interno. Os pesquisadores poderiam pensar, por exemplo, que dar aos previsores um exercício de treinamento básico iria melhorar sua precisão. Mas se eles simplesmente treinassem todos os previsores, o que isso iria provar? Se a precisão dos previsores aumentasse, talvez fosse porque o treinamento funcionara. Ou talvez as perguntas tivessem ficado mais fáceis. Ou quem sabe os previsores apenas estivessem com sorte. Se o nível de precisão caísse, talvez fosse porque o treinamento fora contraprodutivo ou quem sabe a precisão teria declinado ainda mais, não fosse pelo treino. Não haveria como saber. Reconhece o problema? É o que os médicos enfrentaram durante toda a história da medicina. Archie Cochrane viu a solução: pare de fingir que sabe coisas que não sabe e comece a fazer experimentos. Dê treinamento a um grupo de previsores escolhidos ao acaso, mas não a outro. Mantenha tudo mais inalterável. Compare resultados. Se os indivíduos sob treinamento se tornarem mais precisos, ao passo que os sem treino não, o treinamento funcionou.

As possibilidades de pesquisa eram limitadas apenas pela imaginação, mas para explorá-las precisávamos de uma porção de previsores. Meus colegas e eu espalhamos a notícia por blogs e redes profissionais: quer prever o futuro do mundo? Aqui está sua chance, e você não vai precisar nem sair de casa, apenas passar algum tempo todo dia pensando em quebra-cabeças político-econômicos e aventar suas melhores hipóteses. Nossos esforços de recrutamento foram recompensados. No primeiro ano, milhares de voluntários se inscreveram e cerca de 3200 passaram por nossa triagem inicial de testes psicométricos e começaram a fazer previsões. Chamamos nossa equipe e programa de pesquisa de Good Judgment Project.

Um projeto dessa escala custa milhões de dólares por ano. Mas não foi isso que exigiu coragem burocrática por parte da IARPA. Afinal, o orçamento anual da comunidade de inteligência é de cerca de 50 bilhões de dólares, número superior ao PIB anual da maioria dos países. Perto dessa montanha de dinheiro, o custo do torneio da IARPA era um mero formigueiro. Não, o que exigiu coragem foi o que ele poderia revelar.

Eis uma revelação possível: imagine que você tem algumas centenas de pessoas comuns para prever eventos geopolíticos. Você vê com que frequência elas revisam suas previsões e quão acertadas essas previsões se mostram e usa essa informação para identificar os cerca de quarenta melhores. Em seguida, pede a todos que façam mais um punhado de previsões. Dessa vez, calcula a previsão média do grupo todo — "a sabedoria da multidão" —, mas dando peso extra aos quarenta melhores. Então aplica à previsão um ajuste final: você a "extrema", isto é, força-a para mais perto de 100% ou de zero. Se a previsão é de 70%, pode jogá-la para, digamos, 85%. Se é de 30%, pode reduzi-la para 15%.[9]

Agora imagine que as previsões que você obtém dessa forma superam as de todos os outros grupos e métodos disponíveis, em geral por amplas margens. Suas previsões superam até as dos analistas de inteligência profissionais dentro do governo que têm acesso a informação confidencial — por margens que permanecem confidenciais.

Pense em quão chocante isso seria para os profissionais de inteligência que passaram suas vidas prevendo eventos geopolíticos — serem superados por algumas centenas de pessoas comuns e alguns simples algoritmos.

Isso de fato aconteceu. O que descrevi é o método que usamos para vencer o torneio da IARPA. Não há nada de esplendidamente inovador acerca disso. Mesmo o ajuste extremante está baseado em uma percepção muito simples: quando você combina os juízos de um grande grupo de pessoas para calcular "a sabedoria da multidão", coleta toda a informação relevante que está dispersa entre todas essas pessoas. Mas nenhuma delas tem acesso a toda essa informação. Uma pessoa sabe apenas parte dela, outra sabe um pouco mais e assim por diante. O que aconteceria se cada uma dessas pessoas recebesse *toda* a informação? Elas se tornariam mais confiantes — elevando suas previsões para mais perto de 100% ou zero. Se você *então* calculasse a "sabedoria da multidão", seria muito mais extrema. Claro que é impossível dar a todas as pessoas toda informação relevante — assim, extremamos para simular o que aconteceria se pudéssemos fazê-lo.

Graças à IARPA, hoje conhecemos algumas centenas de pessoas comuns, e uma simples matemática pode não só competir com profissionais apoiados por um aparato multibilionário como também superá-los.[10]

E essa é apenas uma das inquietantes revelações que a decisão da IARPA tornou possível. E se o torneio descobrisse pessoas comuns que podiam — sem a assistência de qualquer algoritmo mágico — derrotar a IC? Imagine a ameaça que seria.

Com sua barba grisalha, cabelo ralo e óculos, Doug Lorch não parece uma ameaça para ninguém. Ele tem jeito de programador de computador, atividade que já exerceu, na IBM. Hoje está aposentado. Mora num bairro sossegado em Santa Barbara com a esposa, uma artista que pinta adoráveis aquarelas. Seu avatar no Facebook é um pato. Doug gosta de passear em seu Miata conversível vermelho pelas ruas ensolaradas, apreciando a brisa californiana, mas isso ocupa apenas algumas horas do seu dia. Doug não tem nenhum conhecimento especial de assuntos internacionais, mas possui uma curiosidade saudável sobre o que está acontecendo. Ele lê o *New York Times*. Consegue encontrar o Cazaquistão em um mapa. Assim, se ofereceu como voluntário para o Good Judgment Project. Uma vez por dia, durante cerca de uma hora, sua mesa na sala de jantar passou a ser seu centro de previsões, onde abria o laptop, lia as notícias e tentava antecipar o destino do mundo.

No primeiro ano, Doug respondeu 104 perguntas como "A Sérvia vai receber candidatura oficial à União Europeia até 31 de dezembro de 2011?" e "O preço do ouro (dólares por onça) no London Gold Market Fixing excederá $1850 em 30 de setembro de 2011?". Isso é um bocado de previsão, mas não faz jus ao que Doug conseguiu.

Em minha pesquisa do EPJ, eu pedira aos especialistas para fazer uma única previsão por pergunta e computá-la depois. Por outro lado, o torneio da IARPA encorajava os previsores a atualizar suas previsões em tempo real. Assim, se uma pergunta com prazo final dali a seis meses fosse apresentada, um previsor podia dar seu parecer inicial — digamos, 60% de chance de que o evento acontecerá nesse deadline de seis meses —, depois ler alguma coisa nos jornais no dia seguinte que o convencesse a mudar sua previsão para 75%. Para fins de pontuação, elas serão contadas mais tarde como previsões separadas. Se uma semana se passa sem que ele mude a previsão, ela permanece em 75% durante esses sete dias. O previsor pode então ver alguma informação nova que o convence a baixar seu palpite para 70%, que é onde a previsão vai ficar até a pessoa mudá-la outra vez. O processo continua desse jeito até transcorrerem seis meses e a pergunta ser encerrada. Nesse ponto, todas as suas previsões são incorporadas ao cálculo que resulta no índice de Brier final para essa pergunta. E essa é apenas uma delas. Ao longo de quatro anos, quase quinhentas perguntas sobre assuntos internacionais foram feitas a milhares de previsores do GJP, produzindo muito mais de 1 milhão de pareceres sobre o futuro. Mas mesmo no nível individual, os números rapidamente cresceram. Só em um ano, Doug Lorch fez aproximadamente mil previsões separadas.

A precisão de Doug foi impressionante por seu volume. No fim do primeiro ano, o índice de Brier geral de Doug foi de 0,22, deixando-o no quinto lugar entre os 2800 competidores do Good Judgment Project. Lembre que o índice de Brier mede a diferença entre previsões e realidade, em que 2,0 é o resultado se suas previsões forem o perfeito oposto da realidade, 0,5 é o que seria obtido com chutes aleatórios e 0 é acertar na mosca. Assim, 0,22 é, à primeira vista, impressionante, dada a dificuldade das perguntas. Considere esta, que foi feita pela primeira vez em 9 de janeiro de 2011: "A Itália vai reestruturar sua dívida ou dar o calote até 31 de dezembro de 2011?". Hoje sabemos que a resposta correta é não. Para obter 0,22, o parecer médio de Doug ao longo dos onze meses de duração da pergunta tinha de ser não com aproximadamente 68% de confiança — nada mal, dada a onda de pânicos financeiros abalando a zona do euro durante esse período. E Doug teve de exibir esse grau de precisão, em média, em todas as perguntas.

No ano 2, Doug se juntou a uma equipe de superprevisores e se saiu ainda melhor, com um índice de Brier final de 0,14, tornando-o o melhor previsor dentre os 2800 voluntários do GJP. Ele também superou em 40% um mercado de previsão em que os negociantes compravam e vendiam contratos futuros sobre os resultados das mesmas questões. Ele foi a única pessoa a vencer o algoritmo extremante. E Doug não só superou o grupo de controle "sabedoria da multidão", como também o suplantou em mais de 60%, ou seja, sozinho excedeu a meta de desempenho de quatro anos que a IARPA estabeleceu para programas de pesquisa multibilionários que eram livres para usar todos os truques disponíveis no manual da previsão a fim de melhorar seu acerto.

Por quaisquer padrões mortais, Doug Lorch se saiu espantosamente bem. O único modo de tirar seus méritos seria compará-lo à onisciência divina — um índice de Brier de 0 —, o que seria como depreciar Tiger Woods no auge da carreira por não fazer apenas *holes in one*, acertando todos os buracos em uma só tacada.

Isso torna Doug Lorch uma ameaça. Ali está um homem sem experiência ou instrução aplicável e sem acesso a informação confidencial. A única remuneração que ele recebeu foi o vale-presente da Amazon de 250 dólares que todos os voluntários ganharam ao final de cada sessão. Doug Lorch era simplesmente um aposentado que, em vez de colecionar selos, jogar golfe ou se dedicar ao aeromodelismo, fazia previsões, e era tão bom nisso que não deu chance para um tarimbado analista de inteligência — com um salário, acesso a informação confidencial e uma mesa no quartel-general da CIA — se sair melhor. Alguém poderia se perguntar por que os Estados Unidos gastam bilhões de dólares todo ano em previsões geopolíticas quando poderiam dar a Doug um certificado e deixar que ele fizesse isso.

Claro que, se Doug Lorch fosse um oráculo exclusivamente dotado, significaria pouca ameaça ao status quo. Há um limite para o número de previsões que um homem pode fazer. Mas Doug não é único. Já fomos apresentados a Bill Flack, o funcionário aposentado do Departamento de Agricultura no Nebraska. Houve outros 58 entre os 2800 voluntários que pontuaram no topo da tabela no ano 1. Foram nossa primeira turma de superprevisores. Ao final do ano 1, seu índice de Brier coletivo foi de 0,25, comparado a 0,37 para todos os demais previsores — e essa diferença aumentou em anos posteriores, de modo que ao fim do torneio de quatro anos os superprevisores haviam superado os previsores regulares em mais de 60%. Outra aferição de como os superprevisores podem ser bons foi dada por quão adiante podiam enxergar no futuro. Ao longo de todos os quatro anos do torneio, os superprevisores olhando trezentos dias adiante foram mais precisos do que previsores regulares olhando dali a cem dias. Em outras palavras, previsores regulares precisavam do triplo de sua antevisão para enxergar tão longe quanto superprevisores.

Até que ponto importam diferenciais de desempenho dessas magnitudes? Vamos dizer arbitrariamente que o índice de Brier do previsor regular médio é equivalente a uma visão 20/100. Um optometrista dá para esse previsor óculos que melhoram sua vista para 20/40. Isso é uma melhoria de 60%. Faz muita diferença? Uma visão 20/40 está longe de ser considerada como olhos de águia. Mas vejamos as tabelas de Snellen na página 97. A mudança de 20/100 para 20/40 resulta numa percepção decente das letras nas fileiras dois a cinco e uma capacidade muito melhorada de pegar bolas de beisebol, reconhecer amigos na rua, ler a letra miúda de contratos e evitar bater a cabeça. Em termos cumulativos, significa uma mudança de vida.

Agora, lembre que esses superprevisores são amadores prevendo eventos globais em seu tempo livre com a eventual informação que possam obter. E, contudo, eles de algum modo conseguiram fixar o referencial de desempenho tão alto que mesmo os profissionais têm lutado para superá-lo, para não mencionar o fato de tentarem encontrar uma explicação que acomode uma justificativa para seus escritórios, salários e aposentadorias. Claro que seria maravilhoso ter uma comparação direta entre superprevisores e analistas de inteligência, mas tal coisa ficaria guardada a sete chaves. Entretanto, em novembro de 2013, o editor do *Washington Post*, David Ignatius, informou que "um participante do projeto" lhe contara que os superprevisores "se saíram cerca de 30% melhores do que a média dos analistas da comunidade de inteligência, com acesso a mensagens interceptadas e outros dados secretos".[11]

A IARPA sabia que isso podia acontecer quando financiou o torneio, motivo pelo qual uma decisão como essa é tão incomum. Fazer testes pode obviamente ser do interesse de uma organização, mas organizações consistem de pessoas que têm seus próprios interesses, mais notavelmente preservar e acentuar um status quo confortável. Assim como experts famosos e bem pagos odeiam pôr sua reputação em jogo testando sua precisão em público, atores poderosos dentro das organizações dificilmente participam de torneios de previsão se isso significa testar seus próprios pareceres. Bob, da diretoria, não quer nem ouvir falar, muito menos deixar que chegue aos ouvidos de todos, que Dave, da expedição, é um previsor melhor para as tendências de negócio da empresa do que ele.

E contudo, a IARPA fez exatamente isto: pôs a missão da comunidade de inteligência à frente dos interesses das pessoas dentro dela — pelo menos à frente daqueles dentro da comunidade de inteligência que não queriam balançar o barco burocrático.

RESISTINDO À GRAVIDADE — MAS POR QUANTO TEMPO?

A finalidade de expor um argumento como tenho feito aqui é convencer o leitor, mas espero que você não esteja convencido sobre esses superprevisores — ainda.

Imagine que pedi a cada um de meus 2800 voluntários para prever se uma moeda que estou prestes a jogar vai dar cara ou coroa. Eles fizeram isso. Então eu jogo a moeda e assinalo quem acertou. Repito esse procedimento 104 vezes (o número de previsões feitas no primeiro ano do torneio). Os resultados se pareceriam com uma distribuição normal clássica.

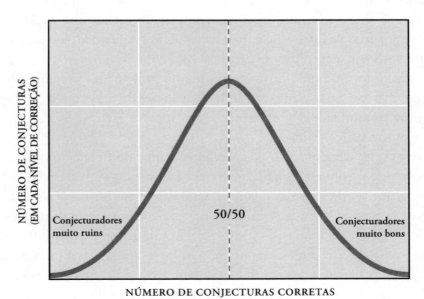

Cara ou coroa

A grande maioria dos meus previsores terá acertadamente predito a face da moeda 50% das vezes. Eles podem ser encontrados no meio da curva. Mas uns obterão resultados bem diferentes. Alguns vão errar na maior parte das vezes (extremo esquerdo da curva); outros, acertar (extremo direito da curva). O que esses resultados extremos nos informam sobre a capacidade das pessoas que os obtiveram? A menos que você acredite em percepção extrassensorial, a resposta é: nada. Não existe habilidade envolvida. Alguém que canta corretamente a face da moeda não está demonstrando nenhuma capacidade de previsão de cara ou coroa, tenha feito isso uma vez, tenha feito uma centena. É pura sorte. Claro que exige um bocado de sorte para cantar corretamente 70% dentre 104 jogadas de cara ou coroa, e se você tem apenas uma pessoa cantando as jogadas, é extremamente improvável. Mas se você tem 2800 pessoas fazendo isso, a improbabilidade se torna bem provável.

Não é uma coisa complicada. Mas a aleatoriedade é facilmente mal interpretada. Não temos uma percepção intuitiva dela. A aleatoriedade é invisível da perspectiva ponta-do-seu-nariz. Só podemos vê-la se sairmos de nós mesmos.

A psicóloga Ellen Langer demonstrou por uma série de experimentos como nossa percepção da aleatoriedade é pobre. Em um deles, pediu a alunos de Yale para observar alguém jogando uma moeda trinta vezes e prever se daria cara ou coroa. Os alunos não podiam ver a moeda de fato sendo jogada, mas eram informados de cada resultado. Os resultados, porém, eram manipulados: todos os alunos recebiam um total de quinze acertos e quinze erros, mas alguns recebiam uma série de acertos no começo, enquanto outros começavam com uma série de erros. Langer em seguida perguntava aos alunos até que ponto achavam que se sairiam bem se o experimento fosse repetido. Os alunos que começaram com uma série de acertos tiveram uma opinião mais elevada de sua habilidade e acharam que iriam se destacar outra vez. Langer chamou isso de "ilusão de controle", mas também de "ilusão de predição". E pense só no contexto. Esses eram alunos de uma universidade de elite que sabem que sua inteligência está sendo testada com uma atividade que é emblemática da aleatoriedade. Como escreveu Langer, seria de esperar que fossem "super-racionais". Porém, o primeiro padrão que encontraram os levou a acreditar sinceramente que podiam prever resultados inteiramente aleatórios.[12]

Fora dos laboratórios de Yale, ilusões desse tipo são rotineiras. Assista a noticiários de negócios na tevê, em que a sumidade é geralmente apresentada com uma referência a seus dramáticos triunfos em fazer previsões: "Pedro Ziff previu a quebra da bolsa de 2008!". A questão é lhes dar credibilidade, assim vamos todos querer ouvir sua próxima previsão. Mas mesmo se presumirmos que essas afirmações são relatos verdadeiros dos prognósticos da pessoa — muitas vezes não são —, eles não nos informam praticamente nada quanto à precisão do convidado, como os telespectadores saberiam se empregassem um pouco de pensamento do Sistema 2. Mesmo um chimpanzé atirando dardos acertará ocasionalmente o alvo se jogar dardos suficientes, e qualquer um pode "predizer" facilmente a próxima quebra da bolsa fazendo incessantes advertências de que a bolsa está prestes a quebrar. E contudo muita gente leva essas declarações inúteis a sério.

Uma variação dessa falácia é escolher uma pessoa de extraordinário sucesso, mostrar que era extremamente improvável que a pessoa pudesse fazer o que fez e concluir que a sorte não poderia ser a explicação. Isso muitas vezes acontece na cobertura de Wall Street feita pela mídia. Alguém bate o mercado seis ou sete anos seguidos, os jornalistas o proclamam um grande investidor, calculam como é improvável obter tais resultados por pura sorte e anunciam em triunfo que isso é uma demonstração de capacidade. O equívoco? Eles ignoram quantas outras pessoas estavam tentando fazer o que o grande homem fez. Se forem milhares, as chances de *alguém* ter essa sorte iriam às alturas. Pense num ganhador da loteria. É fantasticamente improvável que um bilhete particular leve o grande prêmio, a probabilidade muitas vezes é de uma em muitos milhões, mas não concluímos que ganhadores de loteria são compradores de bilhete altamente capacitados — porque sabemos que há milhões de bilhetes vendidos, o que torna altamente provável que alguém em algum lugar ganhe.

Equívoco similar pode ser visto nos livros de negócios encontrados em pontas de estoque: uma corporação ou um executivo está numa maré favorável, indo de sucesso em sucesso, ganhando montanhas de dinheiro e sendo bajulado com perfis em revistas. O que vem a seguir? Inevitavelmente, um livro contando seus triunfos e assegurando os leitores de que eles podem colher triunfos semelhantes simplesmente fazendo seja lá o que a corporação ou o executivo fez. Essas histórias podem até ser verdadeiras — ou contos de fada. É impossível saber. Tais livros raramente fornecem evidência sólida de que as qualidades ou ações destacadas tenham causado resultados felizes, muito menos que alguém que os copie obterá resultados similarmente venturosos. E eles dificilmente admitem que fatores além do controle do herói — sorte — talvez tenham desempenhado um papel nesses resultados felizes.[13]

Para não dar minha contribuição para esse desafortunado gênero, devo dizer inequivocamente que a evidência apresentada até o momento não estabelece que os superprevisores sejam super, muito menos que se os leitores se aposentarem em Santa Barbara e dirigirem um pequeno conversível vermelho serão capazes de fazer prognósticos tão acertados quanto Doug Lorch. Assim, a que conclusão chegamos quanto a Doug e os outros? Eles são superprevisores ou supersortudos?

Não responda ainda. É uma dessas irritantes dicotomias falsas que ficam zumbindo, como pernilongos, em volta de nossos esforços para julgar o juízo. A maioria das coisas na vida envolve habilidade *e* sorte, em proporções variadas. A mistura pode consistir de quase pura sorte e um pouco de habilidade ou quase pura habilidade e um pouco de sorte, ou ainda mil outras variações possíveis. Essa complexidade torna difícil imaginar o que creditar à habilidade e o que creditar à sorte — assunto investigado em profundidade por Michael Mauboussin, um estrategista de investimentos global, em seu livro *The Success Equation*. Mas como observou Mauboussin, há uma elegante regra geral que se aplica a atletas e CEOs, analistas de ações e superprevisores. Ela envolve a "regressão à média".

Alguns conceitos estatísticos são tão fáceis de entender quanto de esquecer. A regressão à média é um deles. Vamos dizer que a média de altura dos homens seja de 1,73 metro. Agora imaginemos um homem de 1,83 e também seu filho adulto. Seu palpite inicial do Sistema 1 talvez seja de que o filho também tem 1,83 metro. Isso é possível, mas improvável. Para entender por quê, temos de empreender um vigoroso raciocínio de Sistema 2. Imagine que soubéssemos a altura de todo mundo e computássemos a correlação entre as alturas dos pais e dos filhos. Encontraríamos uma relação forte mas imperfeita, uma correlação de cerca de 0,5, como captada na linha correndo entre os pontos de dados no gráfico a seguir. Isso nos informa que quando o pai tem 1,83 metro, deveríamos fazer uma previsão conciliatória baseada tanto na altura do pai como na média da população. Nossa melhor conjectura para o filho é 1,78 metro. A altura do filho regressou à média em cinco centímetros, a meio caminho entre a média da população e a altura do pai.[14]

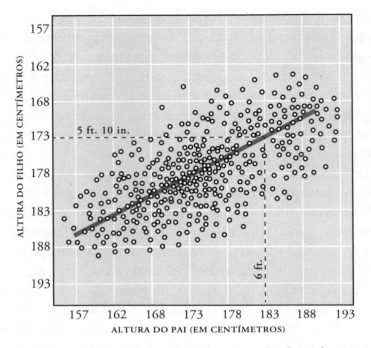

Melhor previsão da altura dos filhos a partir da altura dos pais, considerando uma correlação de 0,5 entre as duas variáveis

Mas, como eu disse, a regressão à média é tão fácil de esquecer quanto de entender. Digamos que você sofre de uma dor crônica nas costas. Nem todos os dias são iguais. Em alguns, você se sente bem; em outros, sente um pouco de dor, mas não muita; e ocasionalmente é horrível. Sem dúvida é quando você está num desses dias horríveis que tenderá a procurar a ajuda de um homeopata ou qualquer outro charlatão sem o respaldo de evidências científicas sólidas. No dia seguinte você acorda e... se sente melhor! O tratamento funciona! O efeito placebo pode ter ajudado, mas você provavelmente teria se sentido melhor no dia seguinte mesmo que não tivesse recebido nenhum tratamento — graças à regressão à média, um fato que não vai lhe ocorrer a menos que você pare e pense com cuidado, em vez de ir pela conclusão ponta-do-seu-nariz. Esse pequeno erro modesto é responsável por muitas coisas nas quais as pessoas acreditam, mas que não deveriam.

Tenha a regressão à média em mente, porém, e ela se torna uma ferramenta valiosa. Imagine que fizemos nossos 2800 voluntários preverem o resultado de 104 lançamentos de cara ou coroa uma segunda vez. A distribuição novamente se pareceria com uma curva normal, com a maioria aglomerada em torno de 50% e uma quantidade ínfima predizendo corretamente quase nada ou quase tudo. Mas *quem* consegue os resultados extraordinariamente bons dessa vez? É mais provável que sejam pessoas diferentes das da última vez. A correlação ao longo das rodadas será próxima de zero e sua melhor predição para qualquer previsor dado será a taxa de precisão média de 50% — em outras palavras, total regressão à média.

Para tornar o argumento inequívoco, imagine que pedimos *apenas* aos que obtiveram resultados extraordinariamente bons na primeira rodada para fazer o exercício outra vez. Graças à regressão à média, é provável que a maioria tenha uma piora de desempenho. E o declínio será maior para os mais sortudos. Os que obtiveram 90% de acerto devem esperar um rápido declínio para 50%. Claro que é possível que algumas pessoas acertem novamente nove ou dez vezes, mas o fato de que todos os demais estão regredindo rapidamente à média deve nos fazer hesitar antes de declará-los gurus do cara ou coroa. Que façam o exercício outra vez. A sorte acabará por abandoná-los.

De modo que a regressão à média é uma ferramenta indispensável para testar o papel da sorte no desempenho: Mauboussin observa que uma regressão lenta é vista mais vezes em atividades dominadas pela habilidade, enquanto a regressão mais rápida está mais associada ao acaso.[15]

Para ilustrar, imagine duas pessoas no torneio da IARPA, Frank e Nancy. No ano 1, Frank se sai horrivelmente, mas Nancy é espetacular. Na curva normal do gráfico a seguir, Frank aparece no 1% de baixo e Nancy nos 99% de cima. Se seus resultados fossem causados apenas por sorte — como cara ou coroa —, no ano 2 esperaríamos que tanto Frank como Nancy regredissem a 50%. Se seus resultados contivessem partes iguais de sorte e habilidade, esperaríamos metade da regressão: Frank deveria subir a cerca de 25% (entre 1% e 50%) e Nancy cairia para cerca de 75% (entre 50% e 99%). Se seus resultados fossem inteiramente decididos pela habilidade, não haveria regressão: Frank se sairia tão mal como no ano 1 e Nancy, igualmente notável.

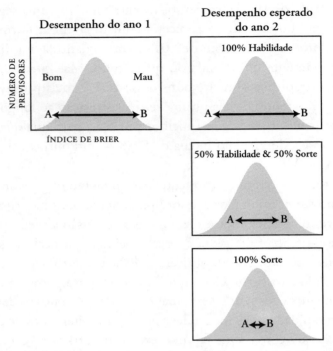

A quantidade de sorte em torneios determina a quantidade de regressão à média de um ano para outro

Então como os previsores se saíram ao longo dos anos? Essa é a pergunta crucial. E a resposta é: fenomenalmente bem. Por exemplo, nos anos 2 e 3, vimos o oposto da regressão à média: os superprevisores como um todo, incluindo Doug Lorch, ergueram a cabeça acima de todos os demais previsores.

Mas esse resultado deve deixar o leitor atento desconfiado. Ele sugere que houve pouca ou *nenhuma* sorte por trás dos resultados dos superprevisores. Dada a natureza do que estavam prenunciando — e a incerteza irredutível que espreita em algumas perguntas —, duvido profundamente dessa possibilidade. Algumas questões foram decididas por eventos peculiares no último minuto, que ninguém, exceto Deus, poderia ter previsto. Uma delas perguntava se haveria um confronto fatal entre embarcações no mar da China Oriental. A resposta se revelou positiva apenas quando, pouco antes do prazo de encerramento da questão, o furioso capitão de um pesqueiro chinês esfaqueou um oficial da guarda costeira sul-coreana que apreendera seu barco por violação de fronteira. Outras questões giravam em torno de interações complexas entre sistemas de variáveis. Pegue o preço do petróleo, tópico com longa tradição de destruir reputações de previsores.[16] A quantidade de fatores capazes de fazer o preço subir ou descer é imensa — desde os fraturadores nos Estados Unidos aos jihadistas na Líbia, passando por projetistas de bateria no Vale do Silício —, e o número de fatores capazes de influenciar esses fatores é ainda maior. Muitos desses elos causais são também absolutamente não lineares, significando, como mostrou Edward Lorenz, que mesmo algo tão ínfimo como uma borboleta batendo asas pode causar uma diferença dramática nos acontecimentos.

Assim, temos um mistério. Se o acaso está desempenhando um papel significativo, por que não observamos a regressão significativa de superprevisores como um todo na direção da média global? Um processo de compensação deve ser o impulso positivo dos números de desempenho dos superprevisores. E não é difícil adivinhar qual foi ele: depois do ano 1, quando identificamos o primeiro grupo de superprevisores, eles receberam congratulações, foram sagrados "super" e divididos em equipes com outros superprevisores. Em vez de regredir à média, seus índices ficaram ainda melhores. Isso sugere que ser reconhecido como "super" e colocado em equipes de colegas intelectualmente estimulantes melhorou seu desempenho o suficiente para cancelar a regressão à média que de outro modo teríamos identificado. Nos anos 3 e 4, colhemos safras novas de superprevisores e os pusemos para trabalhar em equipes de elite. Isso rendeu mais comparações entre elementos iguais. Os novos grupos continuaram a se sair tão bem ou melhores do que no ano anterior, mais uma vez contrariando a hipótese da regressão.

Mas, como grandes investidores bem sabem, os meros mortais só podem desafiar as leis da gravidade estatística até certo ponto. A consistência de desempenho entre os superprevisores como grupo não deve mascarar o inevitável sobe e desce dentre alguns dos melhores previsores ao longo do tempo. A correlação entre o desempenho individual de um ano para o seguinte é de cerca de 0,65, modestamente mais elevada do que entre as alturas de pais e filhos. De modo que ainda deveríamos esperar considerável regressão à média. E observamos exatamente isso. Todo ano, aproximadamente 30% dos superprevisores individuais deixam a faixa dos 2% melhores no ano seguinte. Mas isso também implica um bocado de consistência ao longo do tempo: 70% dos superprevisores continuam superprevisores. As chances de tal solidez surgir entre palpites de cara ou coroa (em que a correlação ano a ano é 0) é menos de 1 em 100 milhões, mas as chances de tal consistência surgir entre previsores (em que a correlação ano a ano é 0,65) é muito mais alta, cerca de 1 em 3.[17]

Tudo isso sugere duas conclusões fundamentais. Uma, não deveríamos tratar as estrelas de nenhum ano como infalíveis, nem mesmo Doug Lorch. A sorte desempenha seu papel e nada mais normal esperar que as estrelas ocasionalmente tenham um ano ruim e produzam resultados comuns — assim como atletas de ponta ocasionalmente têm desempenho abaixo do esperado.

Mas, mais básica e auspiciosamente, podemos concluir que os superprevisores não tiveram apenas sorte. Na maior parte, seus resultados refletiram habilidade.

O que suscita a grande questão: por que os superprevisores são tão bons?

Superinteligentes? 5

Em 2008, Sanford "Sandy" Sillman foi diagnosticado com esclerose múltipla. A doença não punha sua vida em risco, mas era debilitante. Ela o deixava fraco e cansado. Suas costas e seu quadril doíam. Andar era difícil. Até mesmo digitar se tornou uma luta. Em 2011, lembrou ele, "pude ver a catástrofe iminente". Em breve teria de largar seu trabalho como físico atmosférico.

Sandy estava com 57 anos. Ele sabia que a perda do trabalho deixaria um vazio em sua vida e que precisaria de algo para se manter ocupado em um ritmo que conseguisse administrar. Então, quando leu a respeito de um torneio de previsão recrutando voluntários, inscreveu-se e começou a fazer previsões para o Good Judgment Project. "Quando a gente para de trabalhar, se sente um pouco perdido e inútil", contou-me em um e-mail que ditou usando software de reconhecimento de voz. "Achei que o GJP podia ser um bom 'projeto de transição' pra mim — não tem tanta pressão ou importância quanto um trabalho, mas ainda assim é algo que tem importância, além de manter minha cabeça ativa."

E que cabeça! Sandy tem um mestrado em ciências humanas, além de ter se formado em matemática e física pela Universidade Brown, bem como obtido um mestrado no programa de tecnologia e política do MIT, e um mestrado em matemática aplicada por Harvard — e ainda um doutorado em física aplicada, também por Harvard. Depois de terminar este último, ele se formou como pesquisador em física atmosférica na Universidade de Michigan, onde seu trabalho — publicado sob títulos intimidadores como "Efeitos de compostos orgânicos voláteis não metanados, nitratos orgânicos e emissões diretas de espécies orgânicas oxigenadas na química troposférica global" — lhe granjeou prêmios e distinções. E sua capacidade intelectual não se restringe à matemática e à ciência. Ele é um leitor voraz, não só em inglês. Seu francês é fluente, graças à escola e a um período como professor convidado na Suíça. Ele adicionou russo a seu repertório porque a esposa é russa, e consegue falar e ler italiano porque "na verdade eu decidi, quando tinha doze anos, que queria aprender italiano, e comecei a fazer isso por conta própria". Ele também fala espanhol, mas Sandy acha que é tão próximo do italiano que não deveria contar como outra língua.

Infelizmente, sua previsão sobre o próprio estado de saúde se revelou acertada. Em 2012, ele entrou em licença por incapacidade — embora, como escreveu em um bilhete tipicamente educado e gracioso para os colegas na Universidade de Michigan, "prefiro encarar como o equivalente a uma aposentadoria prematura".

Numa nota mais alegre, um número extraordinário de novas previsões de Sandy também se revelou correto. No ano 1 do torneio, depois de ter sido aleatoriamente designado a uma condição de controle que o pôs para fazer previsões sozinho, Sandy terminou com um índice de Brier de 0,19. Isso o deixou empatado com os campeões gerais — batendo aproximadamente 2800 outros, a maioria dos quais trabalhando em condições mais estimulantes. Sandy ficou em êxtase. "É um pouco antiprofissional dizer isso, mas é claro que é muito empolgante. Você se sente ótimo. Sente até um 'formigamento'. A única coisa igual a isso foi quando eu estava no colegial e fui o primeiro numa competição de matemática. Acho que no fundo ainda sou um estudante."[1] Quando preparamos nossa primeira lista de superprevisores, o nome de Sandy ocupou o topo.

É difícil não suspeitar que a extraordinária inteligência de Sandy explica seus extraordinários resultados. E o mesmo pode ser dito dos outros superprevisores.

Dois anos após o início da pesquisa, recebemos um grupo de superprevisores na sala de conferência no alto de Huntsman Hall, na Wharton

SUPERINTELIGENTES?

School, e ficou óbvio só de conversar que ali estavam pessoas muito afiadas, que acompanhavam o noticiário com atenção, em particular a mídia de elite. Eles também adoram livros. Quando perguntei a Joshua Frankel o que ele costuma ler em seu tempo livre, o jovem cineasta do Brooklyn desfiou o nome de autores difíceis como Thomas Pynchon, pensou por um momento e acrescentou que havia lido recentemente uma biografia do cientista de foguetes alemão Wernher von Braun, além de várias histórias da cidade de Nova York, embora Frankel tenha tido o cuidado de observar que os livros sobre Nova York são também para seu trabalho: ele está produzindo uma ópera sobre o lendário choque entre Robert Moses, o grande planejador urbano da cidade, e Jane Jacobs, uma antiplanejadora de espírito livre. Frankel não é alguém a ser enfrentado no *Jeopardy!*

Os superprevisores são melhores simplesmente porque sabem mais coisas e têm mais inteligência do que as outras pessoas? Isso seria lisonjeiro para eles, mas desanimador para nós. Maior conhecimento é algo que qualquer um pode obter, mas apenas por um processo lento. Pessoas que não permaneceram intelectualmente ativas têm pouca esperança de alcançar gente que estudou a vida inteira. A inteligência parece um obstáculo ainda mais desafiador. Há defensores dos comprimidos para intensificar a cognição e dos quebra-cabeças computacionais que algum dia talvez mostrem estar com a razão, mas a maioria acha que a inteligência adulta é relativamente fixa, uma função de como você se saiu bem ou mal na loteria genética ao ser concebido e na loteria de ter ou não uma família amorosa e bem de vida ao nascer. Se a superprevisão é um trabalho para uns poucos gênios fora da curva e com diploma do Mensa — o 1% de cima —, então a vasta maioria de nós nunca vai estar à altura. Nesse caso, por que se dar o trabalho de tentar?

A ideia de que conhecimento e inteligência impulsionam a antevisão é plausível, mas como Archie Cochrane mostrou tão bem, plausibilidade não basta. Devemos pôr a hipótese à prova. Graças à colíder do projeto, Barbara Mellers, e aos voluntários que suportaram uma bateria exaustiva de testes psicológicos antes de começarem a fazer previsões, temos os dados para isso.[2]

Para aferir inteligência fluida, ou a pura capacidade de analisar dados, os voluntários tiveram de resolver enigmas como o da página 110, em que o objetivo é encher o espaço vago no canto inferior direito. Para resolvê-lo é preciso identificar as leis que geram padrões na fileira (cada fileira deve ter um símbolo distinto no centro de suas figuras) e cada coluna (cada coluna deve conter todas as três formas). A resposta correta é a segunda figura na segunda fileira.[3]

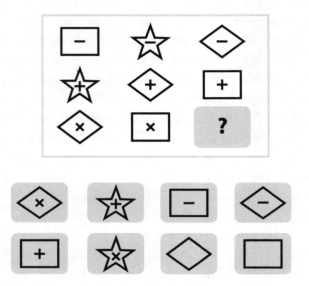

Inteligência fluida como raciocínio espacial indutivo

Habilidades de reconhecimento de padrão muito desenvolvidas não o levarão longe, porém, se você não souber onde procurá-lo no mundo real. Assim, medimos inteligência cristalizada — conhecimento — usando questões centradas nos Estados Unidos, como "Quantos juízes compõem a Suprema Corte?", e questões mais globais, como "Que nações são membros permanentes do Conselho de Segurança da onu?".

Antes de passarmos aos resultados, tenha em mente que vários milhares de pessoas se voluntariaram para o GJP no primeiro ano e os 2800 que ficaram suficientemente motivados para se dedicar à bateria de testes e fazer as previsões estavam longe de ser uma amostra aleatoriamente selecionada. Isso faz diferença. A seleção aleatória garante que uma amostra seja representativa da população da qual foi extraída. Ausente essa condição, não podemos presumir que nossos voluntários refletissem a população como um todo, nos Estados Unidos ou em qualquer lugar. Afinal, nossos 2800 voluntários eram pessoas que leram sobre o torneio de previsão em

SUPERINTELIGENTES?

um blog ou num artigo e pensaram consigo mesmas: "É, eu gostaria de passar uma boa parte do meu precioso tempo livre analisando a política da Nigéria, títulos gregos, gastos militares chineses, a produção de petróleo e gás da Rússia e outros assuntos geopolíticos complexos. Gostaria de fazer isso durante a maior parte de um ano. E gostaria de fazer isso em troca apenas de um vale-presente de 250 dólares". Podemos dizer com bastante confiança que esse não é o ser humano médio. Assim, para compreender o papel da inteligência e do conhecimento no sucesso do superprevisor, temos de dar um passo adiante. Devemos comparar a inteligência e o conhecimento dos superprevisores não só com a de outros previsores, mas também com os da população norte-americana em geral.

O que descobrimos? Previsores regulares pontuaram mais alto em testes de inteligência e conhecimento do que cerca de 70% da população. Superprevisores se saíram melhor, ficando acima de cerca de 80% da população.

Observe três coisas. Primeiro, os grandes saltos em inteligência e conhecimento são do público para os previsores, não dos previsores para os superprevisores. Segundo, embora os superprevisores estejam bem acima da média, sua pontuação foi alta mas não extraordinária e a maioria nem pisou no por assim dizer território dos gênios, um conceito problemático muitas vezes arbitrariamente definido como o 1% superior, ou um QI de 135 ou mais.

Assim, parece que inteligência e conhecimento ajudam, mas acrescentam pouco quando ultrapassamos certo limiar — de modo que a superprevisão não exige um doutorado em Harvard nem a capacidade de falar cinco línguas. Essa conclusão me parece satisfatória porque se enquadra perfeitamente no palpite que Daniel Kahneman partilhou comigo há tantos anos, quando comecei essa pesquisa — especialistas de grande capacidade testados não fariam previsões muito melhores do que as de leitores atentos do *New York Times*. Ela deve ser satisfatória também para o leitor. Se você chegou até aqui, provavelmente tem o estofo necessário para isso.

Mas dispor da inteligência e do conhecimento requeridos não basta. Muitos previsores sagazes e bem informados no torneio ficaram bem aquém da precisão dos superprevisores. E a história é repleta de pessoas brilhantes que fizeram previsões que se revelaram consideravelmente longe de prescientes. Robert McNamara — secretário de defesa dos presidentes Kennedy e Johnson — era notoriamente chamado de "o melhor e mais inteligente", mas ele e seus colegas levaram à escalada da Guerra do Vietnã na firme crença de que se o Vietnã do Sul fosse perdido para os comunistas, todo o Sudeste Asiático iria junto e a segurança americana estaria em perigo. Sua certeza não se baseava em nenhuma análise séria. Na verdade, nenhuma análise séria dessa previsão crítica foi conduzida senão em 1967 — anos *depois* que as decisões que levaram à escalada foram tomadas.[4]

"As bases para nossa decisão tinham graves falhas", escreveu McNamara em sua autobiografia. "Deixamos de analisar criticamente nossos pressupostos, na época e mais tarde."[5]

No fim das contas, não é a capacidade de analisar dados que faz a diferença. É como você os utiliza.

FERMIZAR

Eis uma questão que definitivamente não foi feita no torneio de previsão: quantos afinadores de piano existem em Chicago?

Nem pense em deixar que o Google responda a pergunta para você. O físico ítalo-americano Enrico Fermi — personagem central na invenção da bomba atômica — elaborou esse pequeno quebra-cabeça mental décadas antes da invenção da internet. E os alunos de Fermi não tinham as páginas amarelas de Chicago à mão. Não tinham nada. E contudo Fermi esperava deles que fornecessem uma estimativa razoavelmente precisa.

Alguém que não estivesse ali na sala de aula com Fermi franziria as sobrancelhas, reviraria os olhos, coçaria a orelha e soltaria um suspiro, "Bom, talvez" — longa pausa —, e sugeriria um número. Como a pessoa chegou a esse número? Pergunte-lhe e, dando de ombros, ela não lhe diria nada mais informativo do que "Acho que é mais ou menos isso". O número foi tirado da cartola. Ela não faz ideia de onde saiu.

Fermi sabia que as pessoas poderiam fazer muito melhor do que isso e a chave era decompor a questão em outras questões, como "O que teria de ser verdade para isso acontecer?". Nesse caso, podemos decompor a questão perguntando: "Que informação me permitiria responder a essa pergunta?".

SUPERINTELIGENTES?

Assim, o que precisaríamos saber para calcular o número de afinadores de piano em Chicago? Bem, o número de afinadores de piano depende da demanda por esse tipo de trabalho e de quanto trabalho dá empregar um afinador de piano. De modo que eu poderia resolver a questão se soubesse quatro fatos:

1. O número de pianos em Chicago
2. Quantas vezes os pianos são afinados por ano
3. Quanto tempo leva para afinar um piano
4. Quantas horas por ano em média trabalha o afinador de piano

Com os primeiros três fatos, posso calcular a quantidade total de trabalho com afinação de pianos em Chicago. Então posso dividir isso pelo último e, em dois tempos, farei uma ideia bem razoável de quantos afinadores de piano existem em Chicago.

Mas não tenho *nenhuma* dessas informações! Então você talvez ache que perdi meu tempo trocando uma pergunta que não posso responder por quatro.

Não é bem assim. O que Fermi compreendeu é que decompondo a questão, podemos separar melhor o que sabemos do que não sabemos. Portanto chutar — tirar um número da cartola — não está descartado. Mas trouxemos nosso processo de chute à luz do dia, onde podemos inspecioná-lo. E o resultado líquido tende a ser uma estimativa mais precisa do que qualquer número que por acaso tiremos da cartola quando lemos a pergunta da primeira vez.

Claro, tudo isso significa que temos de superar nosso medo profundamente arraigado de parecer estúpidos. A fermização nos desafia a estar errados. Nesse espírito, vou fazer minha melhor tentativa em cada um dos quatro itens:

1. Quantos pianos existem em Chicago? Não faço ideia. Mas assim como decompus a primeira questão, posso decompor esta perguntando o que eu precisaria saber a fim de respondê-la.
    a. Quantas *pessoas* há em Chicago? Não tenho certeza, mas sei que Chicago é a terceira maior cidade americana, depois de Nova York e Los Angeles. E acho que L.A. tem mais ou menos 4 mi-

lhões de pessoas. Isso ajuda. Para afunilar ainda mais, Fermi aconselharia determinar um intervalo de confiança — uma variação que você tem 90% de certeza de conter a resposta certa. Então tenho razoável certeza de que Chicago tem mais do que, digamos, 1,5 milhão de pessoas. E tenho razoável certeza de que tem menos de 3,5 milhões de pessoas. Mas onde está a resposta correta dentro dessa variação? Não tenho certeza. Então vou pegar o ponto intermediário e conjecturar que Chicago tem 2,5 milhões de pessoas.
   b. Qual a porcentagem de pessoas que têm um piano? Pianos são caros demais para a maioria das famílias — e a maioria que não pode pagar por um na verdade não quer ter um. Então, vou calcular uma em cem. Isso está mais para um chute no escuro, mas é o melhor que posso fazer.
   c. Quantas instituições — escolas, salas de concerto, bares — têm pianos? Mais uma vez, não sei. Mas muitas devem ter, e algumas, como escolas de música, terão vários pianos. Mais uma vez vou tirar o palpite da cartola e afirmar que é suficiente para dobrar o número de pianos por pessoa, com algo próximo de duas em cem.
   d. Com esses palpites, posso fazer uma matemática simples e concluir que há 50 mil pianos em Chicago.
2. Com que frequência pianos são afinados? Talvez uma vez por ano. Isso me parece razoável. Por quê? Não sei. É mais um chute no escuro.
3. Quanto tempo leva para afinar um piano? Vou dizer duas horas. Outra vez, um chute no escuro.
4. Quantas horas por ano em média trabalha um afinador de piano? Essa dá para decompor.
   a. A semana de trabalho padrão do americano é de quarenta horas, menos duas semanas de férias. Não vejo motivo para ser diferente com afinadores de piano. Então vou multiplicar quarenta horas por cinquenta semanas e chegar a 2 mil horas por ano.
   b. Mas afinadores de piano têm de passar parte desse tempo no trajeto entre um serviço e outro, então devo reduzir meu total em função disso. Quanto tempo eles passam entre um serviço e

outro? Vou chutar 20% das horas de trabalho. Então concluo que o afinador de piano médio trabalha 1600 horas por ano.

Agora vou reunir minhas conjecturas para fazer um cálculo final: se 50 mil pianos necessitam de afinação uma vez por ano, e leva duas horas para afinar um piano, isso dá um total de 100 mil horas de pianos sendo afinados. Divida isso pelo número anual de horas trabalhadas por um afinador de piano e você obtém 62,5 afinadores de piano em Chicago.

Então vou estimar que há 63 afinadores de piano em Chicago.

Cheguei perto? Muitas pessoas tentaram resolver os enigmas clássicos de Fermi ao longo dos anos, inclusive o psicólogo Daniel Levitin, cuja apresentação adaptei aqui.[6] Levitin encontrou 83 afinadores de piano listados nas páginas amarelas de Chicago, mas muitos estavam duplicados, como serviços com mais de um número telefônico. Então o número preciso não é uma certeza. Mas minha estimativa, que se baseia em um bocado de meros palpites, parece surpreendentemente próxima da realidade.

Fermi era famoso por suas estimativas. Com pouca ou nenhuma informação a sua disposição, ele muitas vezes fazia cálculos no escuro como esse para chegar a um número que medições subsequentes revelavam ser de uma precisão impressionante. Em muitas faculdades de física e engenharia, as estimativas de Fermi ou problemas de Fermi — testes estranhos como "estime o número de polegadas quadradas de pizza consumidas por todos os alunos da Universidade de Maryland durante um semestre" — são parte do currículo.

Partilhei as discussões de Levitin sobre a estimativa de Fermi com um grupo de superprevisores e elas suscitaram um coro de aprovação. Sandy Sillman me contou que a estimativa de Fermi era tão crucial para seu trabalho como cientista lidando com modelos atmosféricos que ela se tornou "parte do meu modo natural de pensar".

Essa é uma imensa vantagem para um previsor, como veremos.[7]

UM ASSASSINATO MISTERIOSO

Em 12 de outubro de 2004, Yasser Arafat, aos 75 anos o líder da Organização para a Libertação da Palestina, ficou gravemente enfermo, com vômitos e dores abdominais. Ao longo das três semanas seguintes, sua condição piorou. Em 29 de outubro, foi transferido para um hospital na França. Ele entrou em coma. Décadas antes, quando ainda não adotara o papel de estadista, Arafat ordenara ataques com bombas e armas e sobrevivera a inúmeros atentados israelenses contra sua vida, mas, em 11 de novembro de 2004, foi anunciada a morte do homem que um dia fora o inimigo aparentemente indestrutível de Israel. A causa da morte era ignorada. Mas, mesmo antes de morrer, especulou-se que ele havia sido envenenado.

Em julho de 2012, pesquisadores do Instituto de Física de Radiação da Universidade de Lausanne, na Suíça, anunciaram que os testes com alguns pertences de Arafat resultaram em níveis atipicamente altos de polônio-210. Isso era inquietante. O polônio-210 é um elemento radiativo que pode ser letal, se ingerido. Em 2006, Alexander Litvinenko — ex-espião russo residente em Londres e crítico proeminente de Vladimir Putin — foi assassinado com polônio-210.

Em agosto daquele ano, a viúva de Arafat deu permissão para seu corpo ser exumado e examinado por duas agências separadas, na Suíça e na França. Então a IARPA fez aos previsores do torneio a seguinte pergunta: "As investigações francesa ou suíça encontrarão níveis elevados de polônio no corpo de Yasser Arafat?".

À primeira vista, essa era uma pergunta difícil, um assassinato misterioso ao estilo *CSI: Jerusalém*, com todas as complexidades bizantinas do conflito entre Israel e Palestina como pano de fundo. Como um sujeito mediano lidaria com isso? Provavelmente, começaria pelo palpite que lhe ocorreu no momento em que leu a questão.

A força desse palpite vai depender da pessoa. Alguém que não soubesse muita coisa sobre Arafat e o prolongado conflito Israel-Palestina talvez escutasse apenas um sussurro. Mas para uma pessoa bem informada e apaixonada por política nessa região volátil, estaria mais para um grito. "Israel nunca faria isso!", poderia achar. Ou "Claro que foi Israel!". Essas são conjecturas da perspectiva ponta-do-seu-nariz. Palpites tirados da cartola. Até que ponto são gerados pela pessoa que os deu, não posso dizer. Mas transformá-los em previsão é fácil. Quão forte é o pressentimento? Se sua conjectura for "Israel nunca faria isso!", apresente uma previsão de 5% ou 0. Se for "Claro que foi Israel!", preveja 95% ou 100% e ponto final. Se estiver meio que em cima do muro, escolha algo mais próximo de 50%.

SUPERINTELIGENTES?

Quando os especialistas da tevê desfiam uma saraivada de previsões, é basicamente isso que estão fazendo.

Essa não é a maneira de fazer previsões precisas. Se a perspectiva ponta-do-seu-nariz contiver um erro, você não vai vê-lo — assim como não vai notá-lo se for logo dizendo "Dez centavos!" no Teste de Reflexão Cognitiva.

E há um equívoco aqui. Você percebeu?

Leia a pergunta outra vez: "As investigações francesa ou suíça encontrarão níveis elevados de polônio no corpo de Yasser Arafat?". Nem "Israel nunca faria isso!" nem "Claro que foi Israel!" constituem uma resposta genuína para a questão. Elas respondem a uma pergunta diferente: "Israel envenenou Yasser Arafat?". O Sistema 1 recorreu à clássica propaganda enganosa: a questão difícil de fato perguntada foi substituída pela questão fácil que ninguém fez.

Essa armadilha poderia ter sido evitada. A chave é se *fermizar*.

Bill Flack mora em Kearney, Nebraska, no coração do Meio-Oeste e a um planeta de distância do Oriente Médio. Ele não é nenhum perito no conflito Israel-Palestina, para dizer o mínimo. Mas não precisou ser um para começar a responder a questão com o pé direito.

Pensando como Fermi, Bill desencaixotou a questão perguntando a si mesmo: "O que seria preciso para a resposta ser sim? O que precisaria para ser não?". Ele se deu conta de que o primeiro passo de sua análise nada tinha a ver com política. O polônio decai rapidamente. Para a resposta ser sim, os cientistas teriam de ser capazes de detectar polônio nos restos de um homem morto anos antes. Será que conseguiriam? Um colega de equipe postara um link para o relatório da equipe suíça sobre o teste nos pertences de Arafat, então Bill leu, familiarizou-se com a ciência do teste de polônio e ficou convencido de que podiam realizá-lo. Só *então* passou ao estágio seguinte de análise.

Mais uma vez, Bill se perguntou como os restos de Arafat podiam ter sido contaminados com polônio suficiente para provocar um resultado positivo. Obviamente, "Israel envenenou Arafat" era uma forma. Mas como Bill decompôs cuidadosamente a questão, ele percebeu que havia outras. Arafat tinha muitos inimigos palestinos. Eles poderiam tê-lo envenenado. Também era possível que tivesse havido "contaminação intencional após a morte executada por alguma facção palestina tentando fazer parecer que Israel reproduziria o caso de Litvinenko com Arafat",[8] Bill me disse posteriormente. Essas alternativas eram importantes, porque cada maneira adicional para o corpo de Arafat ter sido contaminado com polônio aumentava a probabilidade de que tivesse sido de fato. Bill observou também que apenas uma das duas equipes europeias precisou obter um resultado positivo para que a resposta correta à pergunta fosse sim, outro fator que empurrou a agulha nessa direção.

Isso foi só o começo, mas, graças à análise ao estilo Fermi de Bill, ele já evitara a armadilha e esboçara um roteiro para análises subsequentes. Foi um início fantástico.

A DE FORA PRIMEIRO

Assim, qual era o passo seguinte? A maioria das pessoas que não cometeria o erro de extrair uma conclusão baseada em seus pressentimentos sobre a culpabilidade de Israel pensaria que agora era hora de arregaçar as mangas e mergulhar na complexa política envolvendo Arafat por ocasião de sua morte.

Mas é cedo demais para isso. Para ilustrar por quê, vou fazer uma pergunta sobre a família Renzetti.

Os Renzetti moram em uma casinha modesta no número 84 da avenida Chestnut. Frank Renzetti tem 44 anos e trabalha de guarda-livros para uma empresa de mudança. Mary Renzetti está com 35 e trabalha em meio período numa creche. Eles têm um filho, Tommy, que está com cinco anos. A mãe viúva de Frank, Camila, também mora com a família.

Minha pergunta: Qual a probabilidade de que os Renzetti tenham um bicho de estimação?

Para responder, a maioria das pessoas se concentraria nos detalhes da família. "Renzetti é um nome italiano", alguém poderia pensar. "Assim como 'Frank' e 'Camila'. Isso pode significar que Frank cresceu com bandos de irmãos e irmãs, mas ele tem um filho único. Provavelmente, quer ter uma família grande, mas lhe faltam condições de sustentar uma. Então faria sentido que compensasse isso em parte arrumando um bicho de estimação." Algum outro talvez dissesse: "As pessoas dão bichos de estimação para as crianças e os Renzetti têm só um filho, e Tommy não tem idade suficiente para cuidar de um animal de estimação. Então parece improvável". Esse tipo de narrativa pode ser bem convincente, em particular quando os detalhes disponíveis são muito mais ricos do que os fornecidos aqui.

Mas superprevisores não perderiam tempo com nada disso, ao menos não inicialmente. A primeira coisa que fariam é descobrir qual porcentagem de famílias americanas têm um bicho de estimação.

Os estatísticos chamam isso de taxa-base — até que ponto é comum algo estar dentro de uma classe mais ampla. Daniel Kahneman tem um termo muito mais evocativo. Ele chama isso de "visão de fora" — ao contrário da "visão de dentro", que é a especificidade do caso particular. Alguns minutos no Google me informam que cerca de 62% dos lares americanos têm bichos de estimação. Essa é a visão de fora. Começar pela visão de fora significa que vou começar estimando haver uma chance de 62% de os Renzetti terem um animal de estimação. Em seguida, vou apelar à visão de dentro — todos aqueles detalhes sobre os Renzetti — e usá-la para ajustar esses 62% iniciais para mais ou para menos.

É natural recorrer à visão de dentro. Ela em geral é concreta e cheia de detalhes envolventes que podemos usar para elaborar uma história sobre o que está acontecendo. A visão de fora é tipicamente abstrata, básica e não se presta tão facilmente à construção de uma narrativa. Assim, mesmo pessoas inteligentes e talentosas rotineiramente deixam de considerar a visão de fora. Peggy Noonan, colunista do *Wall Street Journal* e ex-redatora de discursos do presidente Reagan, certa vez predisse problemas para os democratas porque as pesquisas haviam mostrado que a taxa de aprovação de George W. Bush, que batera no fundo do poço ao final de seu mandato, voltara a subir para 47% quatro anos após sua saída do poder, igualando a do presidente Obama. Noonan achou isso espantoso — e muito significativo.[9] Mas se tivesse considerado a visão de fora, teria descoberto que a aprovação presidencial *sempre* sobe depois que um presidente deixa o cargo. Até mesmo os números de Richard Nixon subiram. De modo que a posição melhorada de Bush nada tinha de surpreendente — o que sugere fortemente que o significado por ela extraído do fato foi ilusório.

Superprevisores não cometem esse equívoco. Caso perguntassem a Bill Flack se, nos doze meses seguintes, haveria um confronto armado entre a China e o Vietnã devido a alguma disputa de fronteira, ele não investigaria imediatamente as particularidades dessa disputa de fronteira e o atual estado das relações China-Vietnã. Em vez disso, atentaria para a frequência de conflitos armados no passado. "Digamos que haja uma conduta hostil entre a China e o Vietná a cada cinco anos", diz Bill Flack. "Vou usar um modelo de recorrência de cinco anos para prever o futuro." Em qualquer ano dado, então, a visão de fora sugeriria para Bill que há 20% de chance de um conflito. Tendo estabelecido isso, Bill olharia para a situação hoje e ajustaria esse número para mais ou para menos.

Com frequência é possível encontrar diferentes visões de fora. No problema dos Renzetti, a taxa de famílias americanas com animais de estimação é uma visão de fora. Mas ela pode ser refinada. Casas de classe média como o número 84 da avenida Chestnut são um ambiente mais propício a animais de estimação do que apartamentos de modo geral. Assim, poderíamos estreitar o foco e usar a taxa de bichos de estimação nas casas de classe média americanas — digamos que seja de 73% — como nossa visão de fora. Essa segunda visão de fora fica mais próxima do caso particular em que estamos interessados, assim, 73% provavelmente seria uma aposta melhor para nosso ponto de partida.

Claro que facilitei minha vida oferecendo exemplos onde a visão de fora é óbvia. Mas qual é a visão de fora na questão de Arafat e o polônio? Essa é difícil. Não acontece de líderes do Oriente Médio mortos serem rotineiramente exumados para investigação de suspeitas de envenenamento — assim, de modo algum seremos capazes de fazer uma rápida busca no Google e descobrir que o veneno é detectado em 73% dos casos como esse. Mas isso não significa que devemos pular a visão de fora e ir direto para a de dentro.

Vamos pensar no problema ao estilo de Fermi. Temos uma pessoa famosa que está morta. Importantes grupos de investigação acham que há motivo suficiente para suspeita e por isso o corpo está sendo exumado. Sob tais circunstâncias, com que frequência a investigação revelaria evidência de envenenamento? Não sei e não há maneira de descobrir. Mas sei que ao menos há um caso de *prima facie* capaz de convencer tribunais e investigações médicas de que vale a pena dar uma olhada aqui. A probabilidade deve ser consideravelmente acima de zero. Então vamos dizer que seja de pelo menos 20%. Mas a probabilidade não pode ser 100%, porque se fosse tão clara e certa a evidência teria vindo a público antes do enterro. Então vamos dizer que a probabilidade não pode ser mais elevada do que 80%. Essa é uma grande variação. O ponto médio é 50%. Assim, essa visão de fora pode servir como nosso ponto de partida.

SUPERINTELIGENTES?

Você pode estar se perguntando por que a visão de fora deve vir primeiro. Afinal de contas, poderia mergulhar na visão de dentro e extrair conclusões, depois se voltar à visão de fora. Isso também funcionaria? Infelizmente, não, provavelmente não funcionaria. O motivo é um conceito psicológico básico chamado ancoragem.

Quando fazemos estimativas, tendemos a começar por algum número e fazer ajustes. O número com o qual começamos é chamado de âncora. Ele é importante porque normalmente subajustamos, ou seja, uma âncora ruim pode facilmente produzir uma estimativa ruim. E é espantosamente fácil se decidir por uma âncora ruim. Em experimentos clássicos, Daniel Kahneman e Amos Tversky mostraram que é possível influenciar o juízo das pessoas meramente expondo-as a um número — qualquer número, mesmo que seja obviamente sem sentido, como um número selecionado ao acaso pelo giro de uma roleta.[10] Assim um previsor que começa entrando de cabeça na visão de dentro corre o risco de ser influenciado por um número que pode ter pouco ou nenhum significado. Mas se ele parte da visão de fora, sua análise começará por uma âncora significativa. E uma âncora melhor é uma nítida vantagem.

A VISÃO DE DENTRO

Você fermizou a questão, consultou a visão de fora e agora, finalmente, pode examinar a visão de dentro. No caso da questão Arafat-polônio, isso significa se debruçar sobre a política e a história do Oriente Médio. E isso não é pouca coisa. Assim, você monta uma pequena biblioteca e se enfurna com os livros durante seis meses. Certo?

Errado. Sua dedicação seria admirável, mas também mal orientada. Se você examinar uma árvore após outra ao acaso, rapidamente vai se perder na floresta. Uma boa exploração da visão de dentro não envolve andar ao léu, absorvendo toda e qualquer informação na esperança de que um insight surja de repente de algum modo. É uma ação com meta e propósito: uma investigação, não um passeio.[11]

Mais uma vez, a fermização é crucial. Quando Bill Flack fermizou a questão Arafat-polônio, percebeu que havia diversos caminhos para uma resposta "sim": Israel poderia ter envenenado Arafat; os inimigos palestinos de Arafat poderiam tê-lo envenenado; ou os restos de Arafat poderiam ter sido contaminados após sua morte para dar a impressão de envenenamento. Hipóteses como essas são a abordagem ideal para investigar a visão de dentro.

Comece pela primeira hipótese: Israel envenenou Yasser Arafat com polônio. O que seria preciso para isso ser verdade?

1. Israel tinha, ou poderia obter, polônio.
2. Israel queria tanto a morte de Arafat que decidiu assumir o risco.
3. Israel tinha os recursos para envenenar Arafat com polônio.

Cada um desses elementos poderia então ser pesquisado — à procura de evidências pró e contra — para se ter uma ideia da probabilidade de que fossem verdade. Depois passamos à hipótese seguinte, e à próxima. E à próxima.

Se parece trabalho de detetive, é porque é — ou, para ser preciso, é trabalho de detetive quando investigadores de verdade o fazem, não detetives da tevê. É metódico, lento e exigente. Mas funciona muito melhor do que andar a esmo por uma floresta de informação.

TESE, ANTÍTESE, SÍNTESE

Então você tem uma visão de fora e uma visão de dentro. Agora elas devem ser fundidas, assim como seu cérebro funde as diferentes perspectivas de seus dois globos oculares numa visão única.

David Rogg, um superprevisor e engenheiro de software semiaposentado residente na Virgínia, fez isso quando lidou com uma pergunta sobre terrorismo na Europa. Era o início de 2015, pouco depois do atentado ao jornal *Charlie Hebdo*, em Paris, que matou onze pessoas. A IARPA perguntou: "Haverá um ataque perpetrado por militantes islâmicos na França, no Reino Unido, na Alemanha, na Holanda, na Dinamarca, na Espanha, em Portugal ou na Itália entre 21 de janeiro e 31 de março de 2015?".

Em um momento em que a mídia estava repleta de informações sobre o terrorismo islâmico e as comunidades muçulmanas na Europa, era tentador abraçar imediatamente a visão de dentro. David não caiu nessa. Primeiro, localizou uma lista de atentados terroristas islâmicos na Wikipédia. Depois, contou o número de ataques nos países especificados ao longo dos cinco anos precedentes. Havia seis. "Então calculei a taxa-base como sendo de 1,2/ano", escreveu ele no fórum do GJP.

Tendo estabelecido a visão de fora, David passou à visão de dentro. Nos vários anos precedentes, o Estado Islâmico ganhara proeminência. Centenas de muçulmanos europeus haviam sido recrutados. E o EI repetidamente ameaçara a Europa com ataques terroristas. David decidiu que isso mudava a situação de maneira tão significativa que os dados de 2010 e de anos anteriores não eram mais relevantes. Então, eliminou-os de seu cálculo. Isso elevou a taxa-base para 1,5, "que eu suspeito continuar baixa", dado o nível de recrutamento e ameaças do EI. Mas David notou também que as medidas de segurança haviam aumentado abruptamente após o ataque ao *Charlie Hebdo*, o que diminuiria a probabilidade de um ataque. Pesando esses dois fatores, David decidiu: "Vou aumentar só de, digamos, 1/5 para 1,8 [ataques por ano]".

Restavam 69 dias no período de previsão. Assim David dividiu 69 por 365. Depois multiplicou por 1,8. Resultado: 0,34. Então ele concluiu que há uma chance de 34% de a resposta à pergunta da IARPA ser sim.[12]

Foi uma fusão clássica das visões de fora e de dentro. Mas David não estava dizendo "34%, resposta final", como um concorrente no *Who Wants to Be a Millionaire?*. Lembre-se de que ele compartilhou sua análise em um fórum do GJP. Por quê? Porque queria saber o que seus colegas de equipe estavam pensando. Em outras palavras, estava à procura de mais perspectivas.

Chegar a uma visão de fora, uma visão de dentro e uma síntese de ambas não é o final. É um bom começo. Os superprevisores estão constantemente em busca de outros pontos de vista que possam incluir em sua síntese.

Há inúmeras maneiras diferentes de obter novas perspectivas. O que outros previsores acham? A que visões de fora e de dentro eles chegaram? O que os especialistas estão dizendo? Você pode até mesmo *se treinar* para produzir diferentes perspectivas.

Quando Bill Flack emite um parecer, em geral explica o que está pensando para seus colegas de equipe, como fez David Rogg, e lhes pede que façam suas críticas. Em parte, ele faz isso porque espera que os demais observem falhas e ofereçam seus próprios pontos de vista. Mas escrever o parecer também é uma forma de se distanciar, de maneira a recuar para examiná-lo: "Tem a ver com autofeedback", afirma ele. "Eu concordo com isso? Tem algum furo nesse negócio? Será que eu devia procurar mais alguma coisa para completar isso aqui? Isso seria suficiente para me convencer se eu fosse outro?"

Essa é uma atitude muito inteligente. Pesquisadores descobriram que só de pedir à pessoa para imaginar que seu juízo inicial esteja errado, considerar seriamente por que isso pode ter acontecido e depois emitir outro juízo produz uma segunda estimativa que, combinada à primeira, melhora a precisão quase tanto quanto obter uma segunda estimativa de outra pessoa.[13] O mesmo efeito foi conseguido simplesmente deixando passar várias semanas antes de pedir à pessoa para fazer uma segunda estimativa. Essa abordagem, construída sobre o conceito da "sabedoria da multidão", tem sido chamada de "a multidão interna". O financista bilionário George Soros exemplifica isso. Uma parte crucial de seu sucesso, disse ele com frequência, é seu hábito mental de se afastar de si mesmo de modo a julgar o próprio raciocínio e oferecer uma perspectiva diferente — para si mesmo.[14]

Há um modo ainda mais simples de obter outra perspectiva sobre uma questão: ajustar sutilmente a formulação dela. Imagine uma pergunta como "O governo da África do Sul vai conceder um visto ao dalai-lama em seis meses?". O previsor ingênuo sairá procurando evidência de que o dalai-lama receberá seu visto, ao mesmo tempo negligenciando procurar por evidência que sugira o contrário. O previsor mais sofisticado está ciente do viés de confirmação e irá à procura de evidência tanto de sim como de não. Mas se você insistir em pensar que a questão é "Ele vai receber seu visto?", seu campo de jogo mental ficará inclinado numa direção e você involuntariamente enveredará pelo viés de confirmação: "Aqui é a África do Sul! Funcionários públicos negros sofreram sob o apartheid. Claro que vão dar um visto para o Nelson Mandela do Tibete". A fim de checar essa tendenciosidade, examine a questão por outro lado em sua cabeça e pergunte: "O governo da África do Sul vai *dizer não* ao dalai-lama por seis meses?". Essa minúscula mudança o encoraja a se inclinar na direção oposta e procurar motivos para o país negar o visto — o desejo de não enfurecer seu principal parceiro comercial sendo um deles, e dos grandes.

PREVISÃO DE LIBÉLULA

Visões de fora, visão de dentro, novas visões de fora e de dentro, segunda opinião vinda de si mesmo... isso é um bocado de perspectivas — e, inevitavelmente, um bocado de informação dissonante. A síntese hábil feita por David Rogg das visões contrárias de fora e de dentro fizeram com que parecesse fácil, mas não é. E a dificuldade apenas aumenta à medida que cresce o número de perspectivas sendo sintetizadas.

Os comentários postados pelos superprevisores em fóruns do GJP são cheios de bate-papos dialéticos iniciados com "por um lado/por outro lado". "Por um lado, a Arábia Saudita corre poucos riscos em permitir que os preços do petróleo permaneçam baixos, porque conta com grandes reservas financeiras", escreveu um superprevisor tentando decidir se os sauditas concordariam com os cortes de produção da OPEP em novembro de 2014. "Por outro, a Arábia Saudita precisa subir os preços para sustentar o gasto social mais elevado necessário para comprar obediência à monarquia. No entanto, por um terceiro lado, os sauditas talvez acreditem que não podem controlar as causas da derrubada dos preços, como o frenesi de perfurações na América do Norte e a queda da demanda global. Assim, talvez eles vejam os cortes de produção como fúteis. Resposta líquida: mais para não, 80%." (Como se veria, os sauditas de fato não apoiaram cortes de produção — para grande choque de muitos especialistas.)[15]

Isso é o "olho de libélula" em operação. E sim, ele exige de você, em termos mentais. Superprevisores sempre buscam trocas de ideias do tipo argumento/contra-argumento e continuam nelas muito além do ponto em que a maioria das pessoas sucumbiria a uma dor de cabeça. Eles são o exato oposto de alguém que exclama "Dez centavos!" no Teste de Reflexão Cognitiva — e é por isso, para a surpresa de ninguém, que se saíram magnificamente no TRC. Esqueça o velho conselho de pensar duas vezes. Superprevisores em geral pensam três — e às vezes estão apenas se aquecendo para mergulhar em águas analíticas ainda mais profundas.

E, contudo, são pessoas comuns. Fazer previsões é seu hobby. Sua única recompensa é um vale-presente e o direito de se gabar no Facebook. Por que põem tanto empenho na coisa? Uma resposta é diversão. "Necessidade de cognição" é o termo psicológico para a tendência a se envolver em árduos trabalhos mentais e desfrutar disso. É esse tipo de gente fissurada por cognição que aprecia palavras cruzadas e jogar Sudoku, quanto mais difíceis, melhor — e os superprevisores pontuam alto em testes de necessidade de cognição.

Um elemento da personalidade também está envolvido, provavelmente. Em psicologia da personalidade, um dos cinco traços mais importantes, os "Big Five", é "abertura à experiência", que possui várias dimensões, incluindo o apreço por diversidade e a curiosidade intelectual. É inconfundível em muitos superprevisores. A maioria das pessoas que não mora em Gana acharia uma pergunta como "Quem vai vencer a próxima eleição presidencial em Gana?" sem sentido. Não saberiam por onde começar, ou por que se dar o trabalho. Mas quando apresentei essa questão hipotética para Doug Lorch e perguntei qual seria sua reação, ele simplesmente disse: "Bom, aí está uma oportunidade de aprender alguma coisa sobre Gana".[16]

Mas no fim das contas, como com a inteligência, isso tem menos a ver com traços que alguém possui e mais com comportamento. Um brilhante solucionador de quebra-cabeças talvez tenha a matéria-prima para fazer previsões, mas se não tiver também um apetite por questionar crenças básicas, com carga emocional, vai com frequência se ver em desvantagem diante de uma pessoa menos inteligente que tenha uma capacidade maior para o pensamento autocrítico. A pura capacidade analítica não é o mais importante. É o uso que você faz dela.

Veja Doug Lorch. Sua inclinação natural é óbvia. Mas ele não presume que isso baste. Ele a cultiva. Doug sabe que quando as pessoas leem por prazer elas naturalmente gravitam em torno de outros com pensamento semelhante. Assim, ele criou um banco de dados contendo centenas de fontes de informação — do *New York Times* a blogs obscuros — que são classificadas segundo sua orientação ideológica, tema e origem geográfica, depois escreveu um programa que seleciona o que devemos ler em seguida usando critérios que enfatizam a diversidade. Graças à invenção simples de Doug, ele tem certeza de sempre encontrar diferentes perspectivas. Doug não é meramente uma pessoa de mente aberta. Ele conserva a mente aberta *ativamente*.

A receptividade ativa [*active open-mindedness*, ou AOM] é um conceito cunhado pelo psicólogo Jonathan Baron, que tem uma sala ao lado da minha na Universidade da Pensilvânia. O teste de AOM de Baron examina se você concorda ou discorda de afirmações como:

As pessoas deveriam levar em consideração evidências que vão contra suas crenças.

É mais útil prestar atenção em quem discorda de você do que prestar atenção em quem concorda.

Mudar de ideia é um sinal de fraqueza.

A intuição é o melhor guia para tomar decisões.

É importante perseverarem suas crenças mesmo quando as evidências vão contra elas.

Como é fácil imaginar, superprevisores têm pontuação elevada no teste de Baron. Mas, mais importante, eles ilustram o conceito. Eles vivem por esse credo.

Para superprevisores, crenças são hipóteses a serem testadas, não tesouros a serem guardados. Seria fácil reduzir a superprevisão a um adesivo de para-choque, e se eu tivesse de fazer isso, esse seria o slogan.

Superquants? 6

Vivemos na era dos megadados. A proliferação de redes de tecnologia da informação produz uma quantidade vertiginosa de informação que pode ser analisada por cientistas de dados armados de computadores poderosos e matemática arcana. Ordem e significado são extraídos. A realidade é vista e prevista como nunca antes. E a maioria de nós — sejamos honestos — não faz a menor ideia de como os cientistas de dados trabalham. Achamos o assunto um pouco intimidador, quando não fascinante. Nas famosas palavras do cientista e escritor de ficção científica Arthur C. Clarke, "Qualquer tecnologia suficientemente avançada é indistinguível da magia".

Levine também é um superprevisor. E embora seja um caso extremo, dá ênfase a uma característica central dos superprevisores: eles levam jeito com números. A maioria se saiu com excelência em um breve teste de habilidade aritmética básica que fazia perguntas do tipo: "A chance de sofrer uma infecção viral é de 0,05%. Num universo de 10 mil pessoas, quantas delas serão possivelmente infectadas?". (A resposta é 5.) E a proficiência com números fica igualmente evidente em seus currículos. Muitos já tiveram contato com matemática, ciências ou programação de computador. Mesmo Joshua Frankel, o cineasta do Brooklyn que hoje habita o mundo das artes, cursou o ensino médio em uma escola de Nova York especializada em matemática e ciências e seu primeiro emprego depois de terminá-la envolveu a criação de efeitos visuais com o uso de animação de computador. Ainda estou por descobrir um superprevisor que não fique à vontade com números, e a maioria é mais do que capaz de fazer algum uso prático deles. E ocasionalmente o faz. Quando Bill Flack tem de prever algo como taxas de câmbio monetário, pesquisa as mudanças históricas na taxa e constrói um método de Monte Carlo baseado nisso. Uma coisa básica para um conhecedor. Tão obscura quanto aramaico antigo para qualquer outro.

Em Wall Street, magos da matemática são chamados de *quants*,* e a matemática que usam pode ser bem mais esotérica que os modelos de Monte Carlo. Dada a afinidade que os superprevisores têm com dados, seria razoável suspeitar que isso explica seus magníficos resultados. Uma prestidigitação algorítmica, um encanto estatístico sussurrado e presto! Uma previsão surpreendentemente precisa. Pessoas de números talvez gostem dessa conclusão, mas para quem nunca mais fez um único cálculo desde o ensino médio, e está neste momento suando frio só por ter lido a palavra "cálculo", isso poria um fosso e uma muralha de castelo entre ela e a superprevisão.

Não existe fosso nem muralha. Embora superprevisores ocasionalmente empreguem de fato seus próprios modelos matemáticos explícitos, ou consultem os de outras pessoas, isso é raro. A grande maioria de suas previsões nada mais é que o produto do pensamento criterioso e da atenção para as nuances de juízo. "Posso pensar em uma ou duas questões em que a matemática foi um pouco útil", recordou Lionel Levine sobre suas próprias previsões, mas no mais ele se baseia no juízo subjetivo. "Você sabe, é tudo uma questão de pesar, encontrar a informação relevante e decidir até que ponto é relevante de fato. Até que ponto deve realmente afetar minha previsão." Não usar matemática é até mesmo uma questão de orgulho para o professor de matemática. As pessoas simplesmente presumiriam que o sucesso da previsão se deveu à matemática, disse, "então, meio que só para contrariar, me dispus a provar que posso ser um bom previsor sem usar matemática nenhuma".[1]

Mas o fato de que os superprevisores são de maneira quase uniforme pessoas dotadas de grande proficiência com números não é mera coincidência. A capacidade aritmética superior *ajuda* os superprevisores, mas não por-

---

* Forma reduzida para "analista quantitativo". (N. T.)

que lhes permite recorrer a modelos matemáticos arcanos que pressagiam o futuro. A verdade é mais simples, mais sutil e muito mais interessante.

ONDE ESTÁ OSAMA?

No início de 2011, a atenção da comunidade de inteligência americana recaía sobre uma construção peculiar. Suas paredes altas cercavam um aglomerado de edifícios, coisa normal naquele bairro rico da cidade paquistanesa de Abbottabad. Mas ignorava-se quem fossem os ocupantes do complexo, que claramente queriam permanecer anônimos. Isso era incomum. E havia uma série de pequenas evidências cujo peso coletivo sugeria que ali era o esconderijo de Osama bin Laden. Isso seria inestimável.

Será que finalmente haviam localizado o líder terrorista quase uma década após os ataques do Onze de Setembro? Hoje todo mundo sabe a resposta para essa pergunta. Mas, na época, os analistas não sabiam. Todos tinham de emitir um difícil parecer que poderia levar ao início de um ataque militar em uma nação volátil munida de armas nucleares. Esses pareceres, e suas consequências, seriam mais tarde dramatizados no filme *A hora mais escura*.

"Daqui a pouco vou estar diante do presidente e o que eu quero saber, sem mais enrolação, é qual a posição de cada um nesse negócio", diz o ator James Gandolfini, que no filme interpreta o diretor da CIA Leon Panetta. Ele senta à cabeceira de uma mesa de reuniões e encara todo mundo. "Agora, muito simples. Ele está ou não está lá?"

O vice-diretor é o primeiro a responder. "Não lidamos com certezas", diz. "Lidamos com probabilidade. Eu diria que há uma probabilidade de sessenta por cento de estar."

O Panetta da ficção aponta para a próxima pessoa.

"Concordo", diz o sujeito. "Sessenta por cento."

"Pra mim é oitenta por cento", diz o seguinte. "A segurança operacional deles me convence disso."

"Vocês alguma vez concordam em alguma coisa?", pergunta Panetta.

E assim vai em torno da mesa, de pessoa em pessoa. Sessenta por cento, diz um. Oitenta por cento. Sessenta por cento. Panetta recosta na cadeira e suspira. "Mas que imbróglio de merda, hein?"

SUPERQUANTS?

Vamos pausar o filme aí. O que o Leon Panetta ficcional quer mais do que tudo? Um acordo. Ele quer que todas as pessoas cheguem à mesma conclusão, assim pode ter certeza de que a conclusão está correta, ou que pelo menos é a melhor disponível. A maioria das pessoas nessa posição se sentiria da mesma forma. A concordância é tranquilizadora. A discordância é... bem, talvez não usássemos a expressão pitoresca do Leon Panetta ficcional, mas muitos partilhariam do sentimento.

Só que o Leon Panetta ficcional está errado. Pediram àquelas pessoas na reunião que julgassem de maneira independente um problema difícil e dissessem ao diretor da CIA no que sinceramente acreditavam. Mesmo se olhassem todos para a mesma evidência — e é provável que haja alguma variação —, é improvável que chegassem precisamente à mesma conclusão. São pessoas diferentes. Sua instrução, treinamento, experiências e personalidades são diferentes. Um executivo inteligente não espera concordância universal e trata seu aparecimento como um alerta vermelho de que o pensamento de grupo tomou conta. Um conjunto de pareceres é uma prova bem-vinda de que as pessoas em torno da mesa estão na verdade pensando por si e oferecendo suas perspectivas únicas. O Leon Panetta ficcional deveria ter ficado muito satisfeito de ouvir pareceres diferentes de pessoas diferentes. Era a "sabedoria da multidão" embrulhada para presente. Tudo que ele tinha a fazer era sintetizar esses pareceres. Uma simples média seria um bom começo. Ou ele poderia ter tirado a média ponderada — de modo que os pareceres de quem mais respeitasse tivessem um peso maior na conclusão coletiva. De um modo ou de outro, é o olho de libélula em ação.

Perguntei ao Leon Panetta da vida real sobre essa conhecida cena e ele confirmou que algo nessa linha de fato ocorrera. "Uma porção daquelas pessoas eram analistas inteligentes, gente que estivera por um bom tempo envolvida em operações. Havia um bocado de experiência ali naquela sala", recordou ele. Mas não um bocado de concordância. Os juízos iam "de pessoas considerando que as chances eram de 30% a 40% a pessoas achando que era de 90% ou mais, e com toda variação entre uma coisa e outra". Mas o Leon Panetta da vida real — um ex-congressista, chefe de estado-maior do presidente Clinton e secretário de defesa do presidente Obama — teve uma reação completamente diferente a essa diversidade. Ele a recebeu de braços abertos. "Eu encorajo as pessoas em torno de mim a não me dizer o que acham que eu quero escutar, mas no que

acreditam, e a serem francas", disse Panetta.² Quando era chefe de estado-
-maior do presidente, considerava obter e apresentar opiniões diversas
como uma parte crítica de seu trabalho. O Leon Panetta real e ficcional é
um estudo de contrastes.

Agora vamos apertar o play outra vez.

Depois que o Leon Panetta ficcional expressa seu repúdio à falta de
consenso, Maya, a heroína de *A hora mais escura*, tem sua chance. Ela havia
ficado sentada no fundo da sala, soltando fumaça. "Cem por cento que ele
está lá", declara, "O.k., certo, noventa e cinco por cento, porque sei que a
certeza deixa vocês apavorados. Mas é cem por cento!" O Panetta do filme
fica impressionado. Enquanto os outros balbuciam com insegurança, Maya
tem a força cega de um aríete. Depois que o complexo foi descoberto, ela
teve tanta certeza de que Bin Laden estava ali dentro que quis bombardear
o lugar imediatamente. Quando semanas se passaram sem nenhum ataque
ser realizado, escreveu o número de dias no vidro da sala de seu supervisor.
Ele a observou marchar em direção a sua sala e rabiscar "21" em grandes
algarismos vermelhos, circulando para enfatizar. Mais tarde, escreveu 98,
99, 100 — sublinhando com a grossa caneta hidrográfica. O público sente
sua frustração. Maya tem razão. Bin Laden está lá. Ignore os outros.

O Panetta ficcional está do lado de Maya, assim como o público. Os
outros não queriam se comprometer a dizer sim ou não, ele comenta com
um assessor mais tarde, porque estão "intimidados". Probabilidades são
para os bundas-moles.

Aperte o pause novamente. Pense no modo como o Leon Panetta
ficcional pensa. Ele enxerga apenas duas opções: sim, Bin Laden está lá;
não, não está. Há apenas dois ajustes em seu seletor mental. Não há nenhum talvez, muito menos ajustes para graus de talvez. A julgar pelo modo
como essa cena se desenrola em *A hora mais escura*, as pessoas que fizeram
o filme respeitam isso. Estão apostando que se dá o mesmo com o público.
Osama bin Laden está lá? Sim ou não? Esse é o pensamento "sem enrolação". É como Maya pensa. E ela tem razão.

Ou pelo menos é assim até você requisitar o Sistema 2 e pensar duas
vezes. Na realidade, Maya está sendo irracional. Dada a evidência disponível, era provável que o homem no complexo fosse Bin Laden. Alguém
poderia até argumentar que era altamente provável. Mas 100%? Certeza
absoluta? Sem a menor chance de que não seja ele? Não. O homem no

complexo poderia ter sido um terrorista diferente. Ou um traficante de drogas, um líder militar afegão, um traficante de armas ou quem sabe um empresário paquistanês rico sofrendo de esquizofrenia paranoica. Mesmo que a probabilidade de cada alternativa ser verdadeira fosse minúscula, facilmente chegaria a 1%, 2%, 5% ou mais — assim, não podemos ter 100% de certeza de que seja Osama bin Laden. Uma distinção tão sutil assim faz diferença? Bem, a comunidade de inteligência certa vez teve tanta certeza de que Saddam Hussein tinha armas de destruição em massa que nem explorou a possibilidade de que não tivesse. Sim, o ajuste fino faz diferença.

É claro que, como Maya estava insistindo, havia uma verdade objetiva. Bin Laden estava lá. Então a alegação de Maya foi correta, mas foi mais extrema do que a evidência podia sustentar, ou seja, ela estava "com a razão, mas sendo irracional" — a imagem espelhada da posição "sem razão, mas racional" em que a comunidade de inteligência teria estado se tivesse retrocedido da "certeza" para uma chance de 60% ou 70% de que Saddam Hussein tivesse ADM. O resultado final — feliz para Maya, infeliz para a IC — não muda isso.

O Leon Panetta da vida real compreende paradoxos de processo-resultado como esse. E está muito menos propenso à certeza do que o Leon Panetta da ficção. "Nada é cem por cento", disse várias vezes durante nossa entrevista.

O Leon Panetta da vida real pensa como um superprevisor.[3]

O TERCEIRO AJUSTE

Uma cena semelhante se desenrola em um livro escrito pelo jornalista Mark Bowden. Só que dessa vez o homem à cabeceira da mesa não é o Leon Panetta ficcional. É o Barack Obama real.

Dentro da lendária Sala de Situação da Casa Branca, Obama ouvia um grupo de agentes da CIA expressar suas opiniões sobre a identidade do homem no misterioso complexo paquistanês. O líder de equipe da CIA afirmou para o presidente que tinha certeza quase absoluta de que era Bin Laden. "Ele determinou seu nível de confiança em 95%", escreveu Mark Bowden em *A caçada*, o relato sobre as decisões por trás de uma das mais famosas incursões de comandos na história. Um segundo agente da CIA concordou com o primeiro. Mas outros estavam menos confiantes. "Quatro agentes de alto escalão no diretório da Inteligência Nacional haviam revisado o caso e registrado suas próprias conclusões", contou Bowden. "A maioria parecia manter o nível de confiança em cerca de 80%. Uns baixaram para 40% ou até 30%." Outro agente disse que estava 60% confiante da presença de Bin Laden no complexo.

"Tudo bem, é uma probabilidade", foi a reação do presidente, segundo o relato de Bowden.

Bowden comenta: "Desde que a agência cometera o erro de afirmar, uma década antes, que Saddam Hussein escondia armas de destruição em massa, veredicto que desencadeara uma guerra longa e muito custosa, a CIA instituíra um processo quase comicamente elaborado para ponderar a certeza [...]. Foi como se tentassem inventar uma fórmula matemática para emitir bons pareceres". Bowden claramente não ficou impressionado com o uso de números e probabilidades feito pela CIA. Tampouco Barack Obama, de acordo com Bowden. "No fim, como o presidente estava achando, e como ele mais tarde explicaria para mim, o que restava não era maior grau de certeza, mas de confusão."

Bowden relatou que Obama lhe disse, numa entrevista posterior: "Nessa situação, o que você começava a ter eram probabilidades que disfarçavam a incerteza, em vez de informações efetivamente úteis". Bowden então escreveu que "Obama não teve problema em admiti-lo para si mesmo. Se agisse com base naquilo, seria uma aposta arriscada, pura e simplesmente. Uma aposta muito arriscada".

Depois de ouvir a vasta gama de opiniões, Obama se dirigiu aos presentes. "'Então é cinquenta-cinquenta', afirmou. Isso calou todo mundo. 'Olha, pessoal, isso é decidir na moeda. Não posso basear essa decisão na ideia de que temos uma certeza maior do que essa.'"[4]

Bowden claramente admira a conclusão de Obama. Deveria?

A informação fornecida por Bowden é incompleta, mas parece que a estimativa média dos agentes da CIA — a "sabedoria da multidão" — ficou em torno de 70%. E contudo Obama declara a realidade como sendo de "cinquenta-cinquenta". O que ele quis dizer com isso? Temos de tomar cuidado aqui, porque na verdade existem várias possibilidades.

Uma é de que Obama diz isso literalmente. Ele escutou uma série de opiniões e se decidiu por 50% como a probabilidade mais próxima da marca. Nesse caso, está equivocado. O parecer coletivo é mais alto do que isso, e, segundo o relato de Bowden, ele não tem nenhuma base razoável para achar que 50% é mais preciso. É um número tirado da cartola.

Mas como pesquisadores já mostraram, pessoas que usam "50%" ou "cinquenta-cinquenta" muitas vezes *não* querem dizer isso literalmente. Elas querem dizer "Não tenho certeza" ou "É duvidoso" — ou, mais simplesmente, "talvez".[5] Dado o contexto, suspeito que era isso que Obama tinha em mente.

Nesse caso, isso deve ter sido razoável. Obama era um executivo tomando uma decisão crítica. É bem possível que ele tenha sentido que ordenaria o ataque se houvesse *alguma* possibilidade significativa de que Bin Laden estivesse no complexo. Não importava se a probabilidade era de 90%, 70% ou talvez até 30%. Assim, em vez de perder tempo tentando achar um número exato, ele cortou a discussão e foi em frente.[6]

Claro que não sei se foi assim que Obama pensou. E há outra explicação possível — uma bem menos defensável.

Como o Leon Panetta ficcional, Obama talvez tenha ficado incomodado com a ampla variedade de estimativas. O desacordo o teria levado a achar que não eram confiáveis. Assim, ele recuou para o que os teóricos da probabilidade chamam de ignorância a priori, o estado de conhecimento em que você está antes de saber se a moeda vai dar cara ou coroa ou, nesse caso, se Osama vai estar no quarto principal quando os Seal chegarem batendo na porta. E isso foi um erro, porque significou que Obama não se valeu de toda a informação disponível à mesa.[7] Mas ao contrário do Leon Panetta ficcional, o ajuste mental de Obama não se resumia a duas posições. Havia uma terceira: talvez. E foi nessa que o ponteiro parou.

O relato de Bowden lembrou-me de um comentário casual que Amos Tversky fez cerca de trinta anos atrás, quando participamos daquele comitê do Conselho Nacional de Pesquisa encarregado de impedir a guerra nuclear. Ao lidar com probabilidades, disse ele, a maioria das pessoas tem apenas três ajustes: "vai acontecer", "não vai acontecer" e "talvez". Amos tinha um senso de humor afiado. Também estava ciente do absurdo de um comitê acadêmico numa missão para salvar o mundo. Então tenho 98% de certeza de que estava brincando. E 99% de certeza de que sua piada capta uma verdade básica do juízo humano.

A PROBABILIDADE PARA A IDADE DA PEDRA

Os seres humanos têm lidado com a incerteza desde que nos tornamos reconhecidamente humanos. E durante a maior parte desse tempo não tivemos acesso a modelos estatísticos de incerteza, porque eles não existiam. Só depois de a história já estar consideravelmente avançada — segundo alguns apenas após a publicação em 1713 da *Ars Conjectandi*, de Jakob Bernouilli — foi que as melhores mentes começaram a pensar a sério nas probabilidades.

Antes disso, as pessoas não tinham outra escolha a não ser confiar na perspectiva ponta-do-seu-nariz. Você vê uma sombra se movendo no capim alto. Deve se preocupar com leões? Você tenta pensar no exemplo de um leão atacando do capim alto. Se o exemplo lhe vier facilmente à cabeça, corra! Como vimos no capítulo 2, esse é o seu Sistema 1 em operação. Se a reação é forte o bastante, pode produzir uma conclusão binária: "Sim, é um leão" ou "Não, não é um leão". Mas se for mais fraca, pode produzir uma inquietante possibilidade intermediária: "Talvez seja um leão". O que a perspectiva ponta-do-seu-nariz não vai fornecer é um parecer tão refinado que possa distinguir entre, digamos, uma chance de 60% de que seja um leão e uma chance de 80%. Isso exige pensamento lento, consciente, cuidadoso. Claro, quando você estava lidando com os prementes problemas existenciais enfrentados por nossos ancestrais, raramente era necessário fazer tais distinções sutis. Talvez nem fosse desejável. Um seletor com três ajustes fornece orientações rápidas, claras. Aquilo é um leão? SIM = corra! TALVEZ = fique alerta! NÃO = relaxe. A capacidade de distinguir entre uma probabilidade de 60% e uma de 80% acrescentaria pouco. Na verdade, uma análise mais refinada poderia retardar sua reação — e representar o seu fim.

Sob essa luz, a preferência por seletores mentais de dois e três ajustes faz sentido. E há muita pesquisa a enfatizar esse argumento. Um pai disposto a pagar algo para reduzir o risco de 10% a 5% de seu filho contrair uma doença grave pode se mostrar disposto a pagar duas a três vezes mais para reduzir o risco de 5% a 0%. Por que um declínio de 5% a 0% é tão mais valioso do que um declínio de 10% a 5%? Porque oferece mais do que uma redução de 5% no risco. Oferece certeza. Tanto 0% como 100% têm um peso muito maior em nossa mente do que os modelos matemáti-

SUPERQUANTS?

cos dos economistas dizem que deveria.[8] Mais uma vez, isso não é de surpreender, se pensarmos no mundo onde nosso cérebro evoluiu. Sempre houve ao menos uma chance ínfima de que um leão estivesse espreitando nas redondezas. Ou uma cobra. Ou alguém que cobiça sua cabana e está carregando um porrete. Ou qualquer uma das incontáveis outras ameaças enfrentadas pelas pessoas. Mas nossos ancestrais não podiam manter um estado de alerta constante. O custo cognitivo teria sido grande demais. Eles precisavam de zonas livres de preocupação. A solução? Ignore pequenas chances e use o seletor de dois ajustes o máximo possível. É um leão ou não é. Somente quando algo inegavelmente se posiciona entre esses dois ajustes — apenas quando somos compelidos — é que giramos o seletor mental para talvez.[9]

Queremos respostas. Um "sim" ou "não" confiante é satisfatório de uma maneira que "talvez" nunca seja, fato que ajuda a explicar por que a mídia com tanta frequência recorre a porcos-espinhos cheios de certeza sobre o que está por vir, por pior que possa ser seu histórico de previsões. Claro que nem sempre é errado preferir um juízo confiante. Tudo mais permanecendo constante, nossas respostas para perguntas como "A população da França é maior do que a da Itália?" têm maior probabilidade de estar corretas quando estamos confiantes de que estão corretas do que quando não estamos. Confiança e precisão guardam correlação positiva. Mas a pesquisa mostra que exageramos o tamanho da correlação. Por exemplo, as pessoas dão mais ouvidos a consultores financeiros muito confiantes, mesmo quando seu histórico de prognósticos é idêntico ao de consultores menos confiantes. E as pessoas equiparam confiança a competência, o que torna menos digno de respeito o previsor que afirma que algo tem uma probabilidade mediana de ocorrer. Como um estudo observou, as pessoas "tomavam tais juízos como um indicativo de que os previsores eram incompetentes de forma geral, ignorantes dos fatos no caso em questão ou preguiçosos, sem vontade de despender o esforço necessário para reunir informação que justificasse maior confiança".[10]

Esse tipo de pensamento primitivo explica em grande parte por que tantas pessoas têm dificuldade com probabilidades. Parte disso pode ser atribuído a simples ignorância e incompreensão — como pessoas que acham que "uma chance de 70% de chuva em Los Angeles" significa que "vai chover 70% do dia e nos demais 30%, não" ou "vai chover em 70%

de Los Angeles, mas não nos demais 30%" ou ainda "70% dos previsores acham que vai chover, mas 30%, não". Mas existe algo muito mais básico subjacente a equívocos como esses. Para captar o significado de "uma chance de 70% de chuva amanhã" temos de entender que a chuva pode ou não acontecer, e que de cem dias em que prevemos chances de chuva, se nossas previsões forem boas, deve chover em 70% deles e não chover no resto. Nada poderia estar mais distante de nossa inclinação natural por pensar "Vai chover" ou "Não vai chover" — ou, se você insiste, "Talvez chova".[11]

A natureza profundamente contraintuitiva da probabilidade explica por que até mesmo pessoas muito sofisticadas com frequência cometem erros elementares. Quando David Leonhardt alegou que o prognóstico de um mercado preditivo estava errado porque fora afirmado que havia 75% de chance de que uma lei fosse anulada, e ela não foi, tive certeza absoluta de que se alguém tivesse lhe apontado seu erro, ele teria dado um tapa na testa e dito: "Claro!". Minha suspeita se confirmou mais tarde, quando Leonhardt escreveu uma excelente coluna exatamente sobre essa armadilha: se um previsor diz que há 74% de chance de que os republicanos obtenham controle do Senado numa eleição próxima, Leonhardt advertiu os leitores, não concluam que a previsão estava errada se o partido não tomar o Senado, pois "uma chance de 74% de acontecer" também quer dizer "uma chance de 26% de não acontecer".[12]

A confusão causada pelo seletor mental de três ajustes é disseminada. Robert Rubin, o ex-secretário do Tesouro, contou-me como ele e seu vice na época, Larry Summers, costumavam ficar frustrados quando instruíam figuras importantes na Casa Branca e no Congresso, pois as pessoas tratavam uma probabilidade de 80% de que algo acontecesse como uma certeza de que não aconteceria. "Você quase tinha que bater na mesa, dizer 'olha, tem uma alta probabilidade de que isso também não aconteça'", disse Rubin. "Mas do jeito que as pessoas pensam, elas parecem traduzir uma alta probabilidade para 'isso *vai* acontecer'." E no entanto, se tirássemos essas pessoas presumivelmente instruídas e talentosas desse contexto, se as sentássemos numa sala de aula e lhes disséssemos que a afirmação "Há uma chance de 80% de que tal coisa vá acontecer" significa que há uma chance de 20% de que não aconteça, elas certamente revirariam os olhos e diriam: "Isso é óbvio". Mas fora da sala de aula, longe de abstrações, ao lidar com questões reais, essas pessoas instruídas e talentosas revertiam ao seu eu intuitivo. Somente quando as probabilidades eram mais próximas de meio a meio elas captavam rapidamente que o resultado podia ou não acontecer, disse Rubin. "Se você diz que algo é 60/40, as pessoas pegam mais ou menos a ideia."[13]

Amos Tversky morreu, cedo demais, em 1996. Mas isso o teria deixado com um sorriso no rosto.

A PROBABILIDADE PARA A ERA DA INFORMAÇÃO

Os cientistas abordam a probabilidade de uma maneira radicalmente diferente.

Eles apreciam a incerteza, ou pelo menos a aceitam, porque nos modelos científicos da realidade a certeza é ilusória. Leon Panetta pode não ser cientista, mas captou essa percepção perfeitamente quando disse: "Nada é cem por cento".

Isso pode ser um pouco surpreendente. "A maioria das pessoas identificaria a ciência com a certeza", escreveu o matemático e estatístico William Byers. "Certeza, elas acham, é um estado de coisas sem aspecto adverso, então a situação mais desejável seria a certeza absoluta. Resultados e teorias científicos parecem prometer tal certeza."[14] Na concepção popular, os cientistas produzem fatos e os gravam em tabuletas de granito. Essa coleção de fatos é o que chamamos "ciência". À medida que prossegue o trabalho de acumular fatos, a incerteza é rechaçada. O objetivo último da ciência é a total erradicação da incerteza.

Mas essa é uma visão muito oitocentista da ciência. Uma das grandes realizações científicas do século XX foi mostrar que a incerteza é um elemento inerradicável da realidade. "A incerteza é real", escreve Byers. "É o sonho de certeza total que é uma ilusão."[15] Isso é verdade tanto à margem do conhecimento científico como do que atualmente parece ser seu âmago. Fatos científicos que parecem sólidos como rocha para uma geração de cientistas podem ser reduzidos a pó sob os avanços da seguinte.[16] Todo conhecimento científico é hesitante. Nada está entalhado no granito.

Na prática, é claro, os cientistas usam a linguagem da certeza, mas só porque é embaraçoso, sempre que você afirma um fato, dizer "embora tenhamos substancial corpus de evidência para apoiar essa conclusão, e a mantenhamos com alto grau de confiança, permanece possível, ainda que extremamente improvável, que novas evidências ou argumentos possam nos obrigar a revisar nosso ponto de vista sobre a questão". Mas supostamente há sempre um asterisco invisível quando os cientistas dizem "isso é verdade" — porque nada é certo. (E, sim, isso é verdade para meu trabalho também, incluindo tudo que há neste livro. Lamento por isso.)

Se nada é certo, segue-se que os seletores mentais de dois e três ajustes são fatalmente defeituosos. Sim e não expressam certeza. Eles precisam ser descartados. O único ajuste que resta é talvez o único que as pessoas intuitivamente querem evitar.

Claro que um seletor mental de um único ajuste seria inútil. Aquilo é um leão? Talvez. Vão encontrar polônio nos restos mortais de Yasser Arafat? Talvez. O homem no complexo misterioso é Osama bin Laden? Talvez. Então "talvez" tem de ser subdivido em graus de probabilidade. Uma maneira de fazer isso é com termos vagos como "possivelmente" e "improvável", mas, como vimos, isso introduz uma perigosa ambiguidade, e é por isso que os cientistas preferem os números. E as subdivisões desses números devem ser tão refinadas quanto possível para os previsores manuseá-las. Isso pode significar 10%, 20%, 30%... ou 10%, 15%, 20%... ou 10%, 11%, 12%. Quanto maior o ajuste fino, melhor, contanto que a granularidade capture distinções reais — ou seja, se os resultados que você afirma terem uma chance de 11% de acontecer realmente ocorrem com frequência 1% menor do que resultados de 12% e com frequência 1% maior do que resultados de 10%. Esse complexo seletor mental é a base do pensamento probabilístico.

Robert Rubin é um pensador probabilístico. Quando estudava em Harvard, assistiu a uma aula em que um professor de filosofia argumentou que a certeza demonstrável não existe, e "na hora aquilo meio que bateu com tudo que eu estava pensando", contou-me. Isso se tornou o axioma que guiou seu pensamento por 26 anos na Goldman Sachs, como consultor do presidente Bill Clinton e como secretário do Tesouro. Está no título de sua autobiografia: *In An Uncertain World* [Em um mundo incerto]. Ao rejeitar a certeza, tudo para Rubin se tornou uma questão de probabilidade, e ele almejou o máximo de precisão possível. "Uma das primeiras vezes que nos encontramos, [Rubin] me perguntou se uma lei passaria no Congresso, e eu disse 'pode apostar que sim'", contou um jovem assistente do Tesouro ao jornalista Jacob Weisberg. "Ele não gostou nem um pouco disso. Agora eu digo que a probabilidade é de 60% — e podemos discutir se é 59% ou 60%."[17]

Durante seu período no governo Clinton — uma era dourada de reservas nas alturas e da Rubinomics —, Rubin recebeu elogios efusivos. Após a crise de 2008, foi criticado com igual veemência, mas se Rubin é herói ou vilão, ou algo entre uma coisa e outra, não me cabe avaliar. O que me parece interessante é o modo como tanta gente reagiu quando o pensamento probabilístico de Rubin foi apresentado em uma matéria de 1998 no *New York Times*. As pessoas o acharam espantosamente contraintuitivo, desafiador. Profissionais pregavam as reflexões de Rubin sobre o pensamento nas paredes de seus cubículos, junto com mensagens inspiradoras e fotos de seus filhos. "Pessoas de todas as classes me disseram como aquilo as afetou", contou ele em 2003. Essa reação divertiu Rubin. Ele achava que não havia dito nada surpreendente. Mas quando desenvolveu o tema em sua autobiografia, a reação foi a mesma. Mais de uma década depois, "as pessoas ainda me procuram quando falo em painéis ou coisas assim e dizem: 'Estou com um exemplar do seu livro, pode autografar para mim?', ou 'O livro foi realmente importante e interessante para mim, por causa dessa discussão das probabilidades'", diz Rubin. "Não sei dizer por que o que me parece óbvio para um monte de pessoas parece profundo."[18]

O pensamento probabilístico e os seletores mentais de dois e três ajustes que nos vêm mais naturalmente são como peixes e aves — criaturas fundamentalmente diferentes. Ambos repousam em pressupostos diferentes sobre a realidade e como lidar com ela. E ambos podem parecer inexcedivelmente estranhos para alguém acostumado a pensar de outra forma.

OS SUPER DA INCERTEZA

Robert Rubin não teria de "bater na mesa" para fazer os superprevisores entenderem que uma chance de 80% de alguma coisa acontecer implica uma chance de 20% de não acontecer. Graças em parte a sua proficiência superior com números, os superprevisores, como cientistas e matemáticos, tendem a ser pensadores probabilísticos.

A consciência de uma incerteza irredutível é o cerne do pensamento probabilístico, mas é algo complicado de mensurar. Para fazer isso, tiramos vantagem de uma distinção proposta pelos filósofos entre incerteza "epistêmica" e "aleatória". A incerteza epistêmica é algo que você não conhece, mas, ao menos teoricamente, é cognoscível. Se você quisesse predizer o funcionamento de uma máquina misteriosa, engenheiros hábeis poderiam, ao menos em tese, abri-la e descobrir. Dominar mecanismos é um desafio prototípico da previsão sistemática e precisa. A incerteza aleatória não é apenas algo que você não conhece; é incognoscível. Por mais que você queira saber se vai chover na Filadélfia daqui a um ano, por mais que consulte os maiores meteorologistas, será impossível superar as médias sazonais. Você está lidando com um problema irremediavelmente nebuloso, com uma incerteza que é impossível, mesmo em teoria, de eliminar. A incerteza aleatória determina que a vida sempre terá surpresas, independentemente do cuidado com que façamos planos. Os superprevisores captam essa verdade profunda melhor do que a maioria. Quando percebem que uma questão está carregada de incerteza irredutível — digamos, uma pergunta sobre o mercado monetário —, eles aprenderam a ser cautelosos, mantendo suas estimativas iniciais dentro da zona dos matizes-de-talvez entre 35% e 65% e se afastando disso de forma hesitante. Eles sabem que quanto mais "nebuloso" o panorama, mais difícil é bater aquele chimpanzé jogando dardos.[19]

Outro bocado de evidência vem da expressão "cinquenta-cinquenta". Para pensadores probabilísticos cuidadosos, 50% não passa de um em um imenso leque de ajustes, de modo que não estão mais inclinados a usá-lo do que a usar 49% ou 51%. Previsores que usam um seletor mental de três ajustes têm muito maior chance de usar 50% ao fornecer juízos probabilísticos porque usam um substituto para talvez. Eis por que deveríamos esperar que usuários frequentes do 50% sejam menos precisos. E isso é exatamente o que mostram os dados do torneio.[20]

Certa vez perguntei a Brian Labatte, um superprevisor de Montreal, o que ele gostava de ler. Ficção e não ficção, ele respondeu. Quanto de cada coisa? "Eu diria que 70%..." — longa pausa — "não, 65/35 de não ficção para ficção."[21] Isso é notavelmente preciso para uma conversa casual. Mesmo ao fazer previsões formais no torneio da IARPA, previsores comuns em geral não eram tão precisos assim. Em vez disso, tendiam a se ater às dezenas, ou seja, diziam que algo tinha 30% ou 40% de probabilidade, mas não 35%, muito menos 37%. Superprevisores eram bem mais refinados.

SUPERQUANTS?

Um terço de suas previsões usou a escala de pontos percentuais únicos, ou seja, eles pensavam cuidadosamente e decidiam que a chance de algo acontecer era, digamos, 3% e não 4%. Como o assistente do Tesouro que aprendeu com seu chefe, Robert Rubin, a pensar em probabilidades refinadas, superprevisores tentam ser tão precisos que às vezes debatem diferenças que a maioria de nós vemos como inconsequentes — se a probabilidade correta é de 5% ou 1%, ou se é uma fração de 1% suficientemente próxima de zero para justificar o arredondamento para menos. Esses não são debates sobre quantos anjos podem dançar na cabeça de um alfinete, porque às vezes a precisão nessa escala faz diferença. Significa passar de um mundo em que uma ameaça ou uma oportunidade é extremamente improvável mas possível a um em que seja categoricamente impossível — o que faz diferença se as consequências de acontecer o improvável forem suficientemente grandes. Imagine uma epidemia de ebola. Ou fundar o próximo Google.

Certo, insisti com o leitor para se manter cético, e um cético pode ter dúvidas sobre isso. É fácil impressionar as pessoas coçando o queixo e declarando: "Há uma probabilidade de 73% de que as ações da Apple terminem o ano 24% acima de onde começaram". Adicione à mistura alguns termos técnicos que a maioria não compreende — "estocástico" isso, "regressão" aquilo — e você pode usar o justificado respeito do público pela matemática e a ciência para fazer suas cabeças balançarem de aprovação. Isso é granularidade como ofuscamento. É comum, desgraçadamente. Assim, como podemos saber que a granularidade que vemos entre os superprevisores é significativa? Como podemos ter certeza de que quando Brian Labatte faz uma estimativa inicial de 70%, mas depois pensa melhor e a ajusta para 65%, a mudança tende a produzir uma estimativa mais precisa? A resposta está nos dados do torneio. Barbara Mellers demonstrou que a granularidade é um prenúncio da precisão: o previsor médio que se atém às dezenas — 20%, 30%, 40% — é menos preciso do que o previsor mais refinado que usa cincos — 20%, 25%, 30% — e ainda menos preciso do que o previsor ainda mais refinado que usa uns — 20%, 21%, 22%. Como teste adicional, ela arredondou as previsões para deixá-las menos granulares, assim uma previsão com a maior granularidade possível no torneio, pontos percentuais únicos, seria arredondada para o cinco mais próximo, e depois a dezena mais próxima. Desse modo, todas as previsões foram tornadas um nível menos granulares. Ela então recalculou os índices de Brier e descobriu que os superprevisores perderam precisão em resposta até ?????? ao arredondamento de menor escala, para o 0,05 mais próximo, ao passo que previsores regulares perderam pouco até mesmo com arredondamento quatro vezes maior, para o 0,2 mais próximo.[22]

A granularidade de Brian Labatte não é ofuscamento. É precisão — e um motivo-chave para ele ser um superprevisor.

A maioria das pessoas nunca tenta ser tão precisa quanto Brian, preferindo se ater ao que sabe, que é o modelo de seletor mental com dois ou três ajustes. Isso é um grave equívoco. Como o lendário investidor Charlie Munger sabiamente observou: "Se você não tem em seu repertório essa matemática elementar, mas levemente antinatural, da probabilidade elementar, passa uma longa vida mais perdido que cego em tiroteio".[23]

Nem mesmo pessoas e organizações sofisticadas alcançam o nível de Brian. Para usar apenas um exemplo, o Conselho de Inteligência Nacional — que produz as National Intelligence Estimates que informam decisões ultradelicadas como invadir o Iraque ou negociar com o Irã — pede a seus analistas para emitir pareceres numa escala de cinco ou sete graus.

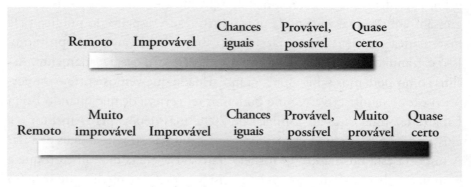

Grau de granularidade dentro da comunidade de inteligência

Isso é um tremendo avanço em relação ao seletor de dois ou três ajustes — mas ainda está aquém do que os superprevisores mais comprometidos podem conseguir em muitas questões. Conheci pessoas que serviram no Conselho e suspeito que elas não estão explorando todo o seu potencial. O NIC — ou qualquer outra organização com pessoas da mais alta qualidade — poderia obter resultados similares se valorizasse e encorajasse isso. E deveria.[24]

A recompensa, lembrem-se, é uma percepção mais clara do futuro. E isso é inestimável para quem não quer passar a vida como um cego.

MAS O QUE SIGNIFICA TUDO ISSO?

Em *Matadouro 5*, clássico de Kurt Vonnegut, um prisioneiro de guerra americano murmurou algo que um guarda não gostou. "O guarda sabia inglês, tirou o americano da formação e lhe deu um soco", escreveu Vonnegut.

> O americano ficou atônito. Ele se levantou tremendo, cuspindo sangue. Perdera dois dentes. Não falara aquilo por mal, evidentemente, não fazia ideia de que o guarda o escutaria e compreenderia. "Por que eu?", perguntou ao guarda.
> O guarda o empurrou de volta à formação. "Porr que focê? Porr que qualquerr um?", disse.

Vonnegut martela esse tema incansavelmente. "Por que eu?", geme Billy Pilgrim quando é abduzido por alienígenas. "Essa é uma pergunta bem terráquea de se fazer, sr. Pilgrim", respondem os alienígenas. "Por que você? Por que nós, aliás? Por que qualquer coisa?"[25] Só os ingênuos perguntam "Por quê?". Aqueles que enxergam a realidade com mais clareza não se dão o trabalho.

É uma percepção penetrante. Quando algo improvável e importante acontece, é profundamente humano perguntar: "Por quê?".

A mensagem religiosa de que qualquer acontecimento, mesmo uma tragédia, constitui parte significativa de um plano divino é antiga, e seja lá como a pessoa se sente em relação a religião, não se discute que esse tipo de pensamento pode ser consolador e ajudar a tolerar o que de outro modo seria intolerável. Oprah Winfrey, uma mulher que superou a adversidade para alcançar estupendo sucesso, personifica e promove essa ideia. Valendo-se de linguagem secular, ela disse em uma cerimônia de formatura na Universidade Harvard que "o fracasso não existe. O fracasso é apenas a vida tentando nos mover em outra direção [...]. Aprender com cada erro porque cada experiência, encontro e particularmente seus próprios erros estão aí para ensiná-lo e forçá-lo a ser quem você é". Tudo acontece por um motivo. Tudo tem um propósito. No episódio final de seu famoso programa de tevê, Oprah defendeu essencialmente esse mesmo ponto de vista numa linguagem religiosamente explícita: "Compreendo a manifestação da graça e de Deus, então sei que coincidências não existem. Nenhuma. Apenas a ordem divina".[26]

A religião não é o único modo de satisfazer o anseio por significado. Os psicólogos descobriram que muitos ateus também veem significado nos eventos importantes de sua vida e uma maioria de ateus disse que acredita no destino, definido como a concepção de que "os eventos acontecem por um motivo e existe uma ordem subjacente à vida que determina como os eventos se desenrolarão".[27] Significado é uma necessidade humana básica. Como mostram muitas pesquisas, a capacidade de encontrá-lo é sinal de uma mente saudável, resiliente. Entre sobreviventes dos ataques do Onze de Setembro, por exemplo, os que viam significado na atrocidade tiveram menor tendência a sofrer reações de estresse pós-traumático.[28]

Mas por mais psicologicamente benéfico que esse pensamento possa ser, ele não se coaduna com uma visão de mundo científica. A ciência não lida com questões de "por quê?" sobre o propósito da vida. Ela se atém a questões de "como" que focam na causação e nas probabilidades. A neve que se acumula na encosta de uma montanha pode deslizar e começar uma avalanche, ou não. Até que isso aconteça, ou não aconteça, pode ser uma coisa ou outra. Não está predeterminado por Deus, pelo destino nem pelo que quer que seja. Não "era para ser". Não tem significado. "Talvez" sugere que, a despeito de Einstein, Deus *joga* dados com o cosmos. Assim, o pensamento probabilístico e o pensamento de ordenação divina estão em conflito. Como óleo e água, acaso e destino não se misturam. E na medida em que permitimos que nossos pensamentos se movam na direção do destino, solapamos nossa capacidade de pensar em termos probabilísticos.

A maioria das pessoas tende a preferir o destino. Com a psicóloga Laura Kray e outros colegas, testei o efeito do pensamento contrafactual, que é pensar sobre como alguma coisa poderia ter ocorrido de modo diferente do que de fato ocorreu.[29] Em um experimento, alunos da Universidade Northwestern escreveram um breve ensaio explicando como decidiram ir para a Northwestern. Pedimos a metade deles para listar maneiras pelas quais "as coisas poderiam ter ocorrido de outro modo". Finalmente, todos avaliaram até que ponto concordavam com três afirmações: "Minha decisão de vir para a Northwestern define quem eu sou", "Entrar para a Northwestern trouxe significado para minha vida" e "Minha decisão de entrar para a Northwestern foi uma das escolhas mais significativas da minha vida". Como esperado, alunos entregues ao pensamento contrafactual — imaginar as diferentes escolhas que podiam ter feito — imbuíram sua decisão de entrar para a Northwestern de maior significado. Um segundo experimento pedia às pessoas para pensar em um amigo íntimo. Mais uma vez, imaginar como as coisas poderiam ter ocorrido de forma diferente levou-as a imbuir o relacionamento de um significado mais profundo. Um terceiro experimento pedia para identificarem um ponto de virada em suas vidas. Para metade das pessoas pedimos que descrevessem apenas os fatos: o que aconteceu, quando aconteceu, quem estava envolvido, o que estavam pensando e sentindo. À outra metade pedimos para descrever como suas vidas seriam agora se o ponto de virada não tivesse ocorrido. Todos os participantes então avaliaram o grau em que o ponto de virada era "um produto do destino". Como esperado, os que haviam contemplado caminhos alternativos na vida viram o caminho tomado como algo que era para ser.

Pense no amor da sua vida e nos incontáveis eventos que tiveram de acontecer do modo como aconteceram para unir vocês dois. Se você tivesse ficado estudando naquela noite, em vez de ir à festa. Ou se sua cara-metade tivesse andado um pouco mais depressa e nunca perdido aquele trem. Ou se você tivesse aceitado o convite para viajar em um fim de semana. O "e se" pode se estender ao infinito. Em algum momento, houve uma probabilidade de quase zero de vocês dois se conhecerem. E contudo, aconteceu. A que conclusão você chega? A maioria não pensa "Uau, que sorte!". Em vez disso, pega a mera improbabilidade de ter acontecido, e o fato de que aconteceu, como prova de que *era para ser*.

Algo surpreendentemente parecido acontece numa escala cósmica. Pense no big bang, a explicação científica predominante para a origem do universo. A teoria do big bang nos diz como as leis da natureza tinham de estar em sintonia fina para que as estrelas, os planetas e a vida existissem. Mesmo minúsculos desvios teriam sido suficientes para que não existíssemos. A maioria das pessoas não reage a essa observação dizendo "Uau, que sorte a gente teve!" — ou se perguntando se bilhões de big bangs geraram bilhões de universos paralelos, alguns dos quais por acaso aconteceram de serem propícios à vida. Alguns físicos pensam dessa forma. Mas a maioria de nós desconfia que havia alguma coisa — talvez Deus — por trás disso. *Era para ser.*

Por mais natural que seja esse modo de pensar, ele é problemático. Disponha a emaranhada cadeia de raciocínio numa linha reta e você verá o seguinte: "A probabilidade de que eu encontrasse o amor da minha vida era minúscula. Mas aconteceu. Então, era para ser. Logo, a probabilidade de que iria acontecer era de 100%". Isso é mais do que duvidoso. É incoerente. A lógica e a psico-lógica estão em conflito.

Um pensador probabilístico vai se distrair menos com questões de "por quê" e focar no "como". Isso não é nenhuma picuinha semântica. "Por quê?" nos remete à metafísica; "Como?" permanece no terreno da física. O pensador probabilístico diria: "Sim, era extremamente improvável que eu conhecesse minha cara-metade naquela noite, mas eu tinha de estar em algum lugar e ela tinha de estar em algum lugar, e, felizmente para nós, esses dois 'algum lugar' coincidiram". Robert Shiller, economista laureado com o prêmio Nobel, conta a história de como Henry Ford decidiu contratar trabalhadores a um salário — na época espantosamente alto — de cinco dólares por dia, o que convenceu ambos os seus avôs a se mudarem para Detroit e trabalharem para Ford. Se alguém tivesse lhes feito uma oferta melhor, se um de seus avôs tivesse levado um coice na cabeça, se alguém tivesse convencido Ford de que ele era louco por pagar cinco dólares por dia... se um número quase infinito de eventos tivesse ocorrido de forma diferente, Robert Shiller não teria nascido. Mas em vez de ver a mão do destino em sua improvável existência, Shiller faz esse relato para ilustrar como o futuro é radicalmente indeterminado. "A pessoa tende a acreditar que a história se desenrolou em uma espécie de sentido lógico, que as pessoas deviam ter antevisto, mas não é assim", explicou-me ele. "É uma ilusão de retrospecto."[30]

Mesmo em face da tragédia, o pensador probabilístico dirá: "De fato, havia um número quase infinito de caminhos que os eventos poderiam ter tomado, e era incrivelmente improvável que os eventos tomassem o caminho que terminou na morte do meu filho. Mas eles tinham de ter tomado um caminho e foi esse que tomaram. Não há mais nada a concluir disso".

SUPERQUANTS?

Nos termos de Kahneman, pensadores probabilísticos assumem a visão de fora até em relação a eventos profundamente definidores da identidade, vendo-os como escolhas quase aleatórias a partir de distribuições de mundos outrora possíveis.

Ou, nos termos de Kurt Vonnegut: "Por que eu? Por que *não* eu?".

Se é verdade que o pensamento probabilístico é essencial para fazer previsões precisas, e que o pensamento era-pra-ser solapa o pensamento probabilístico, deveríamos esperar que os superprevisores fossem muito menos inclinados a ver as coisas como predestinadas. Para testar isso, sondamos suas reações a afirmações pró-destino como estas:

Os acontecimentos têm lugar segundo um plano divino.

Tudo acontece por um motivo.

Acidentes ou coincidências não existem.

Também lhes perguntamos sobre afirmações pró-probabilidade como estas:

Nada é inevitável.

Mesmo eventos maiúsculos como a Segunda Guerra Mundial ou o Onze de Setembro poderiam ter ocorrido de forma bem diferente.

A aleatoriedade em geral é um fator em nossas vidas pessoais.

Fizemos essas mesmas perguntas para previsores voluntários regulares, alunos da Universidade da Pensilvânia e uma ampla seção transversal de americanos adultos. Em uma "pontuação de destino" de 9 pontos, onde 1 é a total rejeição do pensamento era-para-ser e 9 é a completa aceitação, a pontuação média dos americanos adultos ficou no meio da escala. Os alunos da Universidade da Pensilvânia ficaram num patamar um pouco mais baixo. Os previsores regulares, ainda um pouco mais baixo. E os superprevisores marcaram a pontuação mais baixa de todos, firmemente no lado de rejeição-do-destino.

Tanto para os superprevisores como para os previsores regulares, também comparamos pontuações de destino individuais com índices de Brier e descobrimos uma correlação significativa — ou seja, quanto mais um previsor estava inclinado pelo modo de pensar era-para-ser, menos acertadas eram suas previsões. Ou, dizendo de maneira mais positiva, quanto mais um previsor abraçava o pensamento probabilístico, mais preciso ele era.

Assim, encontrar significado em eventos está positivamente correlacionado com o bem-estar, mas negativamente correlacionado com a antevisão. Isso estabelece uma possibilidade deprimente: sofrimento é o preço da precisão?

Não sei. Mas este livro não trata da busca da felicidade. Trata da busca da precisão, e os superprevisores mostram que o pensamento probabilístico é essencial para isso. Deixo as questões existenciais para os outros.

Superviciados-em-notícias? 7

A SUPERPREVISÃO NÃO É UM método do tipo pinte-conforme-a-numeração, mas os superprevisores muitas vezes abordam as questões de um modo mais ou menos similar — que qualquer um de nós consegue acompanhar: decomponha a questão em partes menores. Delineie o mais nitidamente que for capaz o que você conhece e o que não conhece, e não deixe nenhuma suposição sem ser examinada. Adote a visão de fora e ponha o problema numa perspectiva comparativa que minimize seu caráter único; trate-o como um caso especial de uma classe mais ampla de fenômenos. Em seguida, adote a visão de dentro que enfatiza o caráter único do problema. Explore também as similaridades e diferenças entre seus pontos de vista e os alheios — e preste atenção especial a mercados preditivos e outros métodos de extrair a sabedoria das multidões. Sintetize todos esses diferentes pontos de vista numa visão única, tão afiada quanto a de uma libélula. Finalmente, expresse seu juízo da forma mais precisa que puder, usando uma escala de probabilidades de ajuste fino.

Feito corretamente, esse processo é tão árduo quanto parece, exigindo um bocado de tempo e energia mental. E contudo, é literalmente apenas o começo.

Previsões não são como bilhetes de loteria que você compra e guarda até a hora do sorteio. São juízos que estão baseados em informação disponível e que devem ser atualizados à luz da informação cambiante. Se novas pesquisas mostram que um candidato de repente avançou para a liderança confortável, você deve aumentar a probabilidade de que o candidato vença. Se um competidor inesperadamente declara falência, revise a expectativa de vendas de acordo com isso. O torneio da IARPA não era diferente. Depois que Bill Flack executou todo seu difícil trabalho inicial e concluiu que havia 60% de chance de que o polônio fosse detectado nos restos mortais de Yasser Arafat, ele podia elevar ou diminuir sua previsão quantas vezes quisesse, por qualquer motivo. Assim, ele acompanhou os noticiários de perto e atualizou sua previsão sempre que via um bom motivo para fazê-lo. Isso obviamente é importante. Uma previsão atualizada para refletir a mais recente informação disponível tende a ficar mais próxima da verdade do que uma previsão não tão informada.

Devyn Duffy é um atualizador fantástico. É também um superprevisor com a incomum distinção de ter se voluntariado para o Good Judgment Project porque ficou desempregado, com a idade de 36 anos, quando a fábrica onde trabalhava fechou. Natural de Pittsburgh, ele é hoje um assistente social no setor de seguro-desemprego. "Meu talento mais útil é a capacidade de me sair bem em testes, principalmente de múltipla escolha", Devyn contou-me em um e-mail. "Isso costuma me fazer parecer mais inteligente do que sou de verdade, muitas vezes até para mim mesmo." Desnecessário dizer, Devyn tem um senso de humor afiado.

Como muitos superprevisores, Devyn segue os acontecimentos de perto usando alertas do Google. Se faz uma previsão sobre refugiados sírios, por exemplo, sua primeira providência é ajustar um alerta para "refugiados sírios" e "UNHCR" [Alto Comissariado das Nações Unidas para os Refugiados], que pegará na rede qualquer notícia mencionando tanto refugiados sírios como a agência das Nações Unidas, que monitora sua quantidade. Devyn ajustará o alerta para informá-lo diariamente se achar que os eventos podem mudar rápido — digamos, o risco de um golpe militar na Tailândia —, ou então semanalmente. Devyn lê os alertas assim que chegam, reflete sobre o que significam para o futuro e atualiza suas previsões de modo a refletir a nova informação. Só na terceira temporada, Devyn fez 2271 previsões sobre 140 questões. Isso é mais do que dezesseis previsões, em média, para cada questão. "Eu atribuiria meu sucesso no GJP até aqui, da forma como tem sido", escreveu Devyn, "à sorte e às atualizações frequentes."

Devyn não é incomum. Os superprevisores se atualizam com muito mais frequência, em média, do que os previsores regulares. Isso obviamente faz diferença. Uma previsão atualizada tende a ser uma previsão mais bem informada e, desse modo, uma previsão mais precisa. "Quando os fatos mudam, eu mudo de opinião", declarou o lendário economista britânico John Maynard Keynes. "E o senhor, o que faz?" Os superprevisores agem dessa forma, e esse é mais um importante motivo para serem super.

Mas isso levanta uma suspeita. Talvez todo o trabalho cognitivo e o juízo granular que entram na previsão inicial não expliquem o sucesso dos superprevisores. Talvez suas previsões sejam melhores simplesmente porque eles passam muito mais tempo assistindo aos noticiários e se atualizando. Certa vez perguntei a um famoso cientista político, diretor de uma lucrativa consultoria que fornece previsões políticas para grandes corporações, se ele gostaria de fazer uma tentativa no torneio da IARPA. Ele ficou interessado até descobrir que o torneio exigia atualização. Ele não tinha interesse em "competir com viciados-em-notícias desempregados", disse.

Não gostei de sua atitude, mas entendi o argumento. Os superprevisores de fato monitoram os noticiários cuidadosamente e incorporam isso a suas previsões, o que sem dúvida lhes proporciona uma grande vantagem em relação aos menos informados. Se isso é um fator decisivo, então o sucesso dos superprevisores não nos diria nada além de "prestar atenção e manter suas previsões atualizadas ajudam" — algo tão esclarecedor quanto ficar sabendo que quando as pesquisas mostram um candidato conquistando uma vantagem confortável, a tendência é ele vencer.

Mas a história não para por aí. Para começar, as previsões *iniciais* dos superprevisores foram pelo menos 50% mais acertadas do que as dos previsores regulares. Mesmo que o torneio exigisse uma única previsão, e não permitisse atualizações, os superprevisores teriam vencido disparado.

Mais importante, é um equívoco imenso depreciar a atualização da opinião. Não se trata de ficar irrefletidamente ajustando previsões em reação a tudo que aparece na CNN. Uma boa atualização exige as mesmas habilidades usadas para fazer a previsão inicial e é com frequência tão exigente quanto. Pode ser até *mais* desafiadora.

O ALÉM-AQUÉM

"Prezado povo americano, esta noite quero falar a vocês sobre o que os Estados Unidos vão fazer junto a nossos amigos e aliados para degradar e enfim destruir o grupo terrorista conhecido como Estado Islâmico", disse o presidente Obama no início de um pronunciamento transmitido ao vivo pela tevê na noite de 10 de setembro de 2014. "Já deixei claro que vou caçar os terroristas que ameaçam nosso país onde quer que estejam. Isso significa que não vou hesitar em agir contra o Estado Islâmico na Síria, bem como no Iraque."

Os superprevisores tomaram nota. Se um exército estrangeiro iria realizar operações dentro da Síria antes de 1º de dezembro de 2014 era uma questão quente do torneio. Esse pronunciamento tornava um sim quase certo. Uma enxurrada de atualizações sobreveio.

Como novas pesquisas revelando o crescimento súbito de apoio a um determinado candidato, o anúncio do presidente Obama obviamente pedia uma atualização. E qual devia ser essa atualização — uma promoção à quase certeza — também ficou óbvio. Mas um acontecimento desses, e a reação que ele pede, está claro para todo mundo, e ninguém pode produzir previsões de qualidade superior apenas ficando à frente do que todo mundo sabe. O que faz diferença é identificar e reagir corretamente à informação mais sutil, de modo a focar no eventual resultado mais rapidamente do que os demais.[1]

Bem depois de Bill Flack ter feito sua previsão inicial sobre a questão Arafat-polônio, a equipe de pesquisa suíça anunciou que atrasaria a entrega dos resultados porque precisava realizar mais testes — não especificados. O que isso queria dizer? Podia ser irrelevante. Talvez um técnico tivesse comemorado o aniversário com entusiasmo demais e faltado ao trabalho no dia seguinte. Não havia como descobrir. Mas na época Bill sabia bastante sobre polônio, inclusive que ele pode ser encontrado em um corpo como resultado de ter sido introduzido nessa condição ou que pode ser produzido no corpo quando o chumbo naturalmente presente no organismo decai. Para identificar a verdadeira fonte, os analistas removeram todo o polônio, aguardaram tempo suficiente para que mais chumbo — se houvesse — decaísse em polônio, depois fizeram o teste outra vez. O atraso da equipe suíça sugeria que ela detectara polônio e estava agora fazendo testes para descartar chumbo como uma possível fonte. Mas essa era apenas uma explicação possível, assim Bill cautelosamente elevou sua previsão para 65% sim. Essa é uma atualização inteligente. Bill percebeu a informação sutilmente diagnóstica e moveu a previsão na direção correta antes de qualquer outro — já que a equipe suíça de fato encontrou polônio nos restos de Arafat. O índice de Brier final de Bill nessa questão foi 0,36. Talvez não pareça nada de cair o queixo, mas lembre que índices de Brier só têm significado em relação à dificuldade do problema apresentado, e a maioria dos especialistas ficou chocada com os resultados. No encerramento das operações, um mercado preditivo operando dentro do torneio da IARPA calculou a probabilidade de sim em meros 4,27%, que se traduzem num índice de Brier cinco vezes pior do que a de Bill. Dada a dificuldade do problema, o fato de que Bill visse um resultado de teste positivo como sendo mais provável do que o contrário é de uma precisão realmente impressionante.

Mas como Bill também demonstrou, mesmo os melhores atualizadores cometem erros. Em 2013, quando a IARPA perguntou se o primeiro-ministro japonês, Shinzo Abe, visitaria o santuário Yasukuni, Bill acreditou piamente que a resposta era não. O Yasukuni foi fundado em 1869 para honrar os mortos de guerra japoneses, e sua lista fúnebre hoje relaciona quase 2,5 milhões de soldados. Conservadores como Abe reverenciam o local. Mas incluídos entre os nomes dos mortos honrados há cerca de mil criminosos de guerra, catorze deles criminosos "classe A". As visitas de líderes japoneses ao Yasukuni são um ultraje para os governos chinês e coreano, e o governo dos Estados Unidos, principal aliado do Japão, sempre insiste com os primeiros-ministros japoneses para não prejudicar as relações dessa forma. Observando esses fatos, Bill achou que Abe não iria. Era uma previsão razoável. Mas então alguém próximo a Abe disse, extraoficialmente, que ele iria. Hora de uma atualização? Bill achou que fazia tão pouco sentido Abe realizar a visita que descartou a informação e não atualizou sua previsão. Em 26 de dezembro, Abe visitou o Yasukuni — e o índice de Brier de Bill sofreu um golpe.

Essas histórias sugerem que, se você percebe uma nova evidência potencialmente elucidativa, não deve hesitar em dar uma guinada brusca no leme do navio. Mas considere o que aconteceu quando Doug Lorch navegou no oceano Ártico.

"Em 15 de setembro de 2014, a extensão de gelo do oceano Ártico estará menor do que em 15 de setembro de 2013?" A IARPA fez essa pergunta em 20 de agosto de 2014. Mesmo sendo uma previsão para dali a apenas 26 dias, era uma bola difícil de cantar. Os cientistas monitoram o gelo do oceano Ártico com precisão espantosa, publicando resultados diariamente, e em meados de agosto de 2014 a extensão do gelo era quase exatamente a mesma de um ano antes. Então haveria mais ou menos gelo em 15 de setembro do que um ano antes? Todo mundo, de cientistas a superprevisores, concordou que seria algo próximo. Doug foi conservador em sua previsão de abertura. Optou por uma prudente posição de 55% sim, que haveria menos gelo do que um ano antes.

Dois dias mais tarde, um membro da equipe de Doug descobriu um relatório da Sea Ice Prediction Network. Foi um achado. Os cientistas tinham feito 28 projeções separadas usando quatro métodos diferentes e apenas três não previam menos gelo em setembro de 2014 do que no ano anterior. O único porém? O relatório era de um mês antes. Quando você está lidando com uma realidade que muda diariamente, e a previsão cobre apenas 28 dias, um mês é muito tempo. Mesmo assim, disse Doug, "Era convincente pra burro". Doug deu uma guinada na roda do leme para 95% sim.

Ao longo das semanas seguintes, a perda de gelo diminuiu. Em 15 de setembro, havia mais gelo do que um ano antes. A pontuação de Doug sofreu com isso.[2]

Assim, há dois perigos que um previsor enfrenta ao cantar seu número inicial. Um é não dar o peso necessário para a nova informação. Isso é ter uma reação insuficiente, ou aquém. O outro perigo é ter uma reação excessiva, ou além, diante da nova informação, vendo-a como mais significativa do que é, e ajustando a previsão com demasiado radicalismo.

Tanto a reação aquém como a reação além podem diminuir a precisão. Ambas podem também, em casos extremos, arruinar uma previsão perfeitamente boa.

AQUÉM

A reação aquém pode acontecer por vários motivos, alguns deles prosaicos. "Droga, minha atualização da previsão aqui foi uma porcaria", escreveu

SUPERVICIADOS-EM-NOTÍCIAS?

Joshua Frankel depois que a força aérea americana atacou alvos na Síria em 22 de setembro de 2014 — encerrando a questão que perguntava se forças estrangeiras interviriam na Síria antes de 1º de dezembro de 2014. O erro de Frankel? Como todo mundo, ele viu Obama anunciar sua intenção de caçar o Estado Islâmico na Síria. Mas não aumentou sua previsão de 82% para 99%, como disse mais tarde que deveria ter feito, porque os eventos se desenrolaram rapidamente e ele estava "atolado demais no trabalho para ficar por dentro". Parte da atualização de fato se resume a uma boa faxina — varrer para o lixo as velhas previsões.

Mas existe uma explicação mais sutil para a reação aquém de Bill Flack a um funcionário japonês dizendo que Shinzo Abe visitaria o santuário Yasukuni. Os custos políticos de visitar o Yasukuni eram muito grandes. E Abe não tinha nenhuma necessidade premente de aplacar seus eleitores conservadores com sua ida, de modo que o benefício era desprezível. Conclusão? Não ir parecia a decisão racional. Mas Bill ignorou os sentimentos de Abe. Abe é um nacionalista conservador. Ele já visitara o Yasukuni antes, embora não como primeiro-ministro. Ele queria ir outra vez. Refletindo sobre seu equívoco, Bill me contou: "Acho que a questão que eu realmente estava respondendo não era 'Será que Abe vai visitar o Yasukuni?', mas, 'Se eu fosse o primeiro-ministro japonês, visitaria o Yasukuni?'".[3] Isso é perspicaz. E deve soar familiar. Bill admitiu que inconscientemente criara a própria armadilha, substituindo uma pergunta difícil por uma fácil. Tendo se desviado da verdadeira questão, Bill descartou a nova informação porque era irrelevante para sua pergunta substituta.

Esse é um exemplo de erro de atualização enraizado no viés psicológico. É sempre um desafio percebê-lo. Mas uma fonte psicológica de erro é particularmente tenaz — e tende a produzir uma reação aquém ruinosa para a previsão.

Em 7 de dezembro de 1941, quando a Marinha Imperial japonesa atacou os Estados Unidos em Pearl Harbor, os americanos ficaram em choque não só porque haviam subitamente sido arrastados para a Segunda Guerra Mundial, mas também porque o ataque revelou um perigo imaginado por poucos: se o Havaí estava vulnerável, a Califórnia também estava. As defesas foram melhoradas às pressas, mas muitos oficiais de alta patente ficaram preocupados de que todos os seus preparativos pudessem ser malogrados por espiões e sabotadores. Os americanos japoneses "podem muito bem ser o calcanhar de Aquiles de todo o esforço de defesa civil", advertiu Earl Warren. Na época, Warren era procurador-geral da Califórnia. Mais tarde, tornou-se governador, depois presidente da Suprema Corte dos Estados Unidos — e é lembrado hoje como o campeão liberal dos direitos civis e da dessegregação nas escolas.[4]

Mas os direitos civis não estavam na ponta do nariz de Warren na Segunda Guerra Mundial. A segurança, sim. Sua solução para a ameaça detectada foi caçar e aprisionar todo homem, mulher e criança de ascendência japonesa, plano executado entre meados de fevereiro e agosto de 1942, quando 112 mil pessoas — dois terços das quais nascidas nos Estados Unidos — foram despachadas para remotos campos de concentração cercados com arame farpado e guardas armados.

Não houve sabotagem nas dez semanas anteriores à detenção em massa, ou no restante de 1942. Nem em 1943. Alguns defensores dos campos acharam que essa evidência e os grandes reveses sofridos pelo exército japonês significavam que a política podia ser atenuada. Warren e outros linhas-duras, não. O perigo era real e não diminuíra, insistiram eles.[5]

Esse é um caso extremo do que os psicólogos chamam de "perseverança na crença". As pessoas podem ser espantosamente intransigentes — e capazes de racionalizar loucamente para evitar admitir nova informação que perturbe suas convicções arraigadas. Considere o argumento em 1942 do general John DeWitt, um forte defensor dos campos de concentração para japoneses: "O mero fato de que nenhuma sabotagem teve lugar até o momento é um indicativo inquietante e ratificador de que a medida será tomada"[6] — ou, com franqueza mais contundente: "O fato de que o que eu esperava que acontecesse não aconteceu prova que vai acontecer". Felizmente, esse tipo de obstinação extrema é rara. Em geral, quando somos confrontados por fatos impossíveis de ignorar, mudamos de opinião a contragosto, mas o *grau* de mudança tende a ser menor do que deveria. Como vimos no capítulo 2, o cérebro gosta das coisas claras e ordenadas, e uma vez que as coisas estão desse jeito, tenta manter as perturbações em um mínimo.

Mas nem todas as perturbações são iguais. Lembra da citação de Keynes sobre mudar de opinião à luz da mudança dos fatos? Ela é mencionada em incontáveis livros, um deles escrito por mim e outro por meu coautor. Procure no Google e você vai descobrir que está por toda a internet. Das muitas coisas famosas que Keynes disse essa é provavelmente a mais famosa. Mas quando pesquisava para este livro, tentei descobrir a fonte e não consegui. Em vez disso, encontrei o post de um blogueiro do *Wall Street Journal* afirmando que ninguém jamais descobrira sua proveniência e que os dois principais especialistas em Keynes acham que ela é apócrifa.[7] À luz desses fatos, e no espírito do que Keynes aparentemente nunca disse, concluí que estava errado. E agora confesso ao mundo. Foi tão difícil assim? Na verdade, não. Muita gente inteligente cometeu o mesmo equívoco, então não é nenhum constrangimento dar o braço a torcer. A citação não era central para meu trabalho e estar certo sobre ela não era parte de minha identidade.

Mas se eu tivesse apostado minha carreira nessa citação, minha reação teria sido menos casual. Os psicólogos sociais há muito tempo perceberam que fazer a pessoa se comprometer publicamente com uma convicção é um ótimo modo de fixá-la no lugar, tornando-a resistente à mudança. Quanto mais forte o comprometimento, maior a resistência.[8]

Jean-Pierre Beugoms é um superprevisor que se orgulha de sua predisposição "em mudar de opinião bem mais rápido do que meus colegas de equipe", mas ele também notou que "é um desafio, tenho de admitir, principalmente se for uma questão na qual tenho certo investimento". Para Beugoms, isso significa questões militares. Ele é formado em West Point e está escrevendo sua tese de doutorado sobre história militar americana. "Sinto que deveria me sair melhor do que a maioria [em questões militares]. Então, se percebo que estou errado, posso passar alguns dias em negação sobre isso, antes de fazer minha autocrítica."[9]

O comprometimento pode vir de muitas formas, mas um jeito útil de pensar a respeito é visualizar o Jenga, um jogo infantil que começa com o empilhamento de blocos de madeira para formar uma pequena torre. Os jogadores se revezam retirando blocos até alguém remover o bloco que leva a torre a ruir. Nossas crenças sobre nós mesmos e o mundo são construídas umas sobre as outras como acontece no Jenga. Minha crença de que Keynes disse "Quando os fatos mudam, eu mudo de opinião" era um bloco no topo. Ele não sustentava nenhuma outra coisa, então pude facilmente pegá-lo e descartá-lo sem perturbar os demais blocos. Mas quando Jean-Pierre faz uma previsão em sua área de especialidade, esse bloco está mais embaixo na estrutura, junto a um bloco de percepção de si mesmo, junto ao núcleo da torre. Então é bem mais difícil puxar esse bloco sem perturbar os demais — o que deixa Jean-Pierre relutante de mexer com ele.

Dan Kahan, professor de Yale, fez muitas pesquisas mostrando que nossos juízos sobre riscos — O controle de armas nos deixa mais seguros ou em perigo? — são motivados menos por uma cuidadosa ponderação da evidência do que por nossas identidades, sendo essa a razão para que as opiniões das pessoas sobre controle de armas muitas vezes estejam correlacionadas com suas opiniões sobre mudança climática, ainda que os dois assuntos não tenham a menor conexão lógica entre si. A psico-lógica ganha da lógica. E quando Kahan pede às pessoas que acreditam piamente que o controle de armas aumenta — ou diminui — o risco para imaginar uma evidência conclusiva de que estão erradas, e depois pergunta se mudariam de opinião caso essa evidência lhes fosse apresentada, a resposta típica é não. Esse bloco de crença está sustentando uma porção de outros. Tire-o e o risco será o caos, assim muitas pessoas se recusam a até mesmo imaginá-lo.

Quando um bloco está bem na base da torre, não há como removê-lo sem fazer tudo desabar. Esse comprometimento extremo conduz a uma relutância extrema em admitir o erro, o que explica por que os homens responsáveis por aprisionar 112 mil inocentes puderam ser tão obstinados em sua crença de que a ameaça de sabotagem era grave. O comprometimento deles era imenso. Warren, lá no fundo, era um libertário civil. Admitir para si mesmo que aprisionara injustamente 112 mil pessoas teria sido uma marretada em sua torre mental.

Isso sugere que superprevisores podem ter uma vantagem surpreendente: eles não são especialistas ou profissionais, de modo que têm pouco ego investido em cada previsão. A não ser em raras circunstâncias — quando Jean-Pierre Beugoms responde questões militares, por exemplo —, estão profundamente comprometidos com seus pareceres, o que torna mais fácil admitir quando uma previsão está fora dos trilhos e fazer o ajuste. Isso não significa dizer que os superprevisores têm zero ego investido. Eles se importam com sua reputação entre os colegas de equipe. E se "superprevisores" se torna parte do conceito que fazem de si mesmos, seu comprometimento cresce rápido. Mas, mesmo assim, há muito menos autoestima em jogo do que para analistas de carreira da CIA ou especialistas aclamados com reputações na berlinda. E isso os ajuda a evitar a reação aquém quando novas evidências pedem atualização de convicções.

ALÉM

Imagine que você é um universitário participando de um estranho experimento de psicologia. O pesquisador lhe pede para ler uma informação sobre alguém. "Robert é um estudante", diz ali. "Ele estuda cerca de 31 horas por semana." Em seguida, você deve predizer a média das notas de Robert. Não é muita coisa como ponto de partida, mas bate com seu estereótipo de um bom aluno. Então seu chute é de que a média de notas dele é muito boa.

Agora tente esta: David é um paciente de psicoterapia que se excita sexualmente com fantasias sadomasoquistas. Pergunta: qual a probabilidade de David ser um molestador de crianças? Mais uma vez, você recebe pouca informação, mas o que tem se encaixa em seu estereótipo dos molestadores de criança. Então há uma boa chance de que ele seja um.

Agora suponha que eu lhe forneça mais fatos sobre Robert. E se eu lhe dissesse que ele joga tênis três ou quatro vezes por mês? E que o relacionamento mais longo que já teve durou apenas dois meses? Você mudaria de estimativa sobre a média de Robert?

E aqui há mais informações sobre David: ele gosta de contar piadas. Certa vez, machucou as costas quando estava esquiando. Agora a probabilidade é maior ou menor de que seja um molestador de crianças?

Você pode estar pensando: "Toda essa informação adicional é irrelevante. Melhor ignorar". E fez muito bem. Ela foi cuidadosamente selecionada por sua total irrelevância.

E, contudo, informação irrelevante desse tipo sempre nos deixa balançados. Em 1989, pesquisando o trabalho do psicólogo Richard Nisbett, encontrei um estudo em que participantes selecionados ao acaso recebiam a quantidade mínima de fatos ou essa informação mais os fatos irrelevantes e depois estimavam a média de Robert ou a inclinação de David para a pedofilia. Como esperado, os que receberam informação irrelevante perderam a confiança. Por quê? Sem nada em que se basear a não ser a evidência que se encaixa em seu estereótipo de um bom aluno ou de um molestador de crianças, o sinal parece mais forte e claro — e nosso juízo reflete isso. Mas acrescente informação irrelevante e é inevitável que vejamos Robert ou David antes como pessoas do que como estereótipos, o que enfraquece o ajuste.[10]

Os psicólogos chamam isso de efeito de diluição, e uma vez que estereótipos são uma fonte de viés, poderíamos dizer talvez que diluí-los é a melhor coisa. Sim e não. Sim, é possível combater fogo com fogo, e viés com viés, mas o efeito de diluição continua a ser um viés. Não esqueça o que está acontecendo aqui. As pessoas baseiam sua estimativa no que acreditam ser qualquer informação útil. Em seguida encontram informação claramente irrelevante — ruído sem significado —, que indiscutivelmente deveriam ignorar. Mas não o fazem. Elas vão ao sabor do vento, ficam à mercê da próxima rajada aleatória de informação irrelevante.

Esse balanço para cá e para lá é a reação além, um equívoco comum e de alto preço. Pegue um dia típico no mercado de ações. O volume e a volatilidade dos negócios são de tirar o fôlego. Os motivos para isso são complexos e tema de muita pesquisa e debate, mas parece claro que se devem ao menos em parte aos investidores reagindo excessivamente à nova informação.[11] Até John Maynard Keynes — ele pode não ter dito as famosas palavras, mas de fato insistia com as pessoas para mudarem de ideia à luz da mudança dos fatos — achava que "as flutuações do dia a dia nos lucros de investimentos existentes, que são obviamente de caráter efêmero e não significativo, tendem a ter uma influência excessiva, e até absurda, no mercado".[12]

"Muitos investidores vão de ações em ações ou de fundos em fundos como se estivessem escolhendo e descartando em um jogo de buraco", observou o economista de Princeton Burton Malkiel.[13] E pagam um preço por isso. Vários estudos revelaram que aqueles que mais trocam de opção com frequência obtêm retornos piores do que aqueles que se inclinam por estratégias mais conservadoras de comprar e segurar. Malkiel mencionou um estudo de 66 mil famílias americanas em um período de cinco anos na década de 1990 em que o mercado tinha um retorno anual de 17,9%: as famílias que trocavam de investimento com mais frequência obtinham um retorno anual de apenas 11,4%.[14] Tempo e esforço enormes foram despendidos nessas operações e, no entanto, as pessoas que as fizeram teriam se saído melhor se tivessem ido jogar golfe.

Como no caso da reação aquém, a chave é o comprometimento — nesse caso, a ausência dele. Investidores que compram e vendem constantemente não estão cognitiva ou emocionalmente conectados com suas ações. Imaginam que algumas vão cair e vendem essas perdedoras sem pestanejar. A metáfora de Malkiel funciona bem. Eles estão tão comprometidos com essas ações quanto um jogador de buraco com as cartas que tem na mão, o que os libera para reagir exageradamente à informação "obviamente de caráter efêmero e não significativo".

Haja vista o modesto comprometimento dos superprevisores com suas previsões, seria de esperar que reações além — como a de Doug Lorck e sua equipe mudando de 55% para 95% em um único relatório defasado em um mês — oferecessem risco maior do que reações aquém. E, contudo, os superprevisores muitas vezes conseguem evitar tanto um erro como o outro. Não seriam superprevisores se não o fizessem.

Então, como eles conseguem? No século XIX, quando a prosa nunca estava completa sem uma sábia alusão à mitologia grega, qualquer discussão envolvendo dois perigos opostos pedia por Cila e Caríbdis. Cila era uma elevação rochosa submersa ao largo da costa italiana. Caríbdis, um redemoinho na costa da Sicília, não muito distante. Os marinheiros sabiam que estariam condenados se vagassem numa direção ou na outra. Previsores devem sentir o mesmo quanto a reagir de forma insuficiente ou excessiva à nova informação, a Cila e a Caríbdis da previsão. Boa atualização diz respeito a encontrar a passagem no meio.

CAPITÃO MINTO

Na terceira temporada do torneio da IARPA, Tim Minto ficou em primeiro lugar com o índice de Brier final de 0,15, um feito espantoso, quase no mesmo nível de Ken Jennings ganhando o *Jeopardy!* 74 vezes seguidas. Um dos principais motivos para esse engenheiro de software de Vancouver, de 45 anos, ter se saído tão bem é sua habilidade de se atualizar.

Em suas previsões iniciais, Tim leva menos tempo do que alguns dos outros principais previsores. "Em geral eu gasto de cinco a quinze minutos, o que significa talvez cerca de uma hora no total quando um novo lote de seis ou sete questões aparece", disse. Mas no dia seguinte ele volta, dá outra olhada e forma uma segunda opinião. Também procura evidências em contrário na internet. E faz isso cinco dias por semana.

Toda essa pesquisa o faz mudar de opinião um bocado. "Eu me atualizo constantemente", disse ele. "É assim que minha cabeça funciona, só isso, embora normalmente tenha mais a ver com o trabalho de verdade, não com as questões [do torneio]."[15] No momento em que uma questão é encerrada, Tim em geral fez uma dúzia de previsões. Às vezes, o total fica mais próximo de quarenta ou cinquenta. Em uma pergunta — se os Estados Unidos e o Afeganistão chegariam a um acordo sobre a presença contínua de tropas americanas — ele fez 77 previsões.

Pode parecer que nosso Capitão Minto está navegando direto para a Caríbdis da reação além. Mas ainda não mencionei a *magnitude* de suas constantes correções de curso. Em quase todos os casos, elas são pequenas. E isso faz uma grande diferença.

Quando estourou a guerra civil na Síria, desalojando vasta quantidade de civis, o torneio da IARPA perguntou aos previsores se "o número de refugiados sírios registrados informado pela Agência de Refugiados das Nações Unidas em 1º de abril de 2014" ficaria abaixo de 2,6 milhões. Essa pergunta foi feita na primeira semana de janeiro de 2014, de modo que os previsores tinham de olhar três meses no futuro. A resposta se revelou afirmativa. Eis um gráfico de como Tim Minto atualizou suas crenças ao longo daqueles três meses.

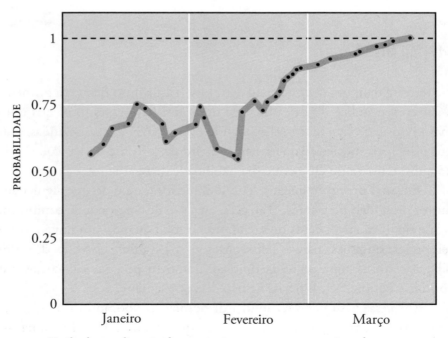

Estilo de atualização da convicção para um superprevisor de ponta

Tim começou muito ligeiramente para o lado do sim quando a questão foi aberta, o que fazia sentido na época. A quantidade objetivada era alta, mas a situação na Síria estava ruim e o número de refugiados aumentava diariamente. O gráfico fornece um relato do que se seguiu: Tim mudou sua previsão 34 vezes. Embora algumas de suas novas previsões o afastassem da resposta certa, a tendência foi na maior parte na direção correta. O índice de Brier final de Tim foi um impressionante 0,07.

E observe como as mudanças de Tim são pequenas. Não há alterações dramáticas de trinta ou quarenta pontos percentuais. A atualização média foi minúscula, de apenas 3,5%. Isso foi crítico. Algumas pequenas atualizações teriam deixado Tim na rota da reação aquém. Muitas atualizações grandes poderiam tê-lo desviado rumo à reação além. Mas com muitas atualizações pequenas, Tim singrou a salvo entre Cila e Caríbdis.

Pode parecer estranho pensar em termos de mudanças tão ínfimas — "unidades de dúvida" —, mas se você pensa de forma tão granular quanto Tim, é algo que lhe ocorre naturalmente. Suponha que, no início de setembro de 2014, você leia que o famoso estatístico Nate Silver deu aos republicanos 60% de chance de vencer a disputa para o Senado nas eleições de meio de mandato. Você acha isso convincente, de modo que deixa sua previsão inicial em 60%. No dia seguinte, descobre que uma nova pesquisa revelou que o apoio republicano na corrida para o Senado do Colorado subiu de 45% para 55%. Até que ponto a notícia deve elevar sua estimativa? Precisa ser mais do que zero. Mas depois você pensa em quantas outras corridas eleitorais têm de pender em favor dos republicanos e percebe que nem mesmo uma vitória no Colorado faz grande diferença. Então você pensa que o máximo que deve elevar sua previsão é em 10%. Ela está agora entre 1% e 19%. Quantas corridas parecem ganháveis para os republicanos? Se a resposta é "muito mais do que o necessário para obter uma maioria no Senado", isso sugere o extremo mais elevado dessa variação. Se for "apenas o suficiente para obter uma maioria", aponta para o extremo mais baixo. Quais são as tendências eleitorais nessas corridas? Os fatores em ação no Colorado são relevantes aqui? Quanto tempo falta para a eleição? Até que ponto é eficaz a previsão das pesquisas tão antes da eleição? Cada resposta o ajuda a ajustar a mira um pouco mais. Está entre 2% e 9%, depois 3% e 7%. Finalmente, você se decide por 4%, e eleva sua previsão de 60% para 64%.

Não é dramático. É até, para ser franco, um pouco tedioso. Tim nunca vai ser um guru que alardeia suas sacadas visionárias na tevê, em best-sellers e nas palestras com empresários. Mas o método dele funciona. Os dados do torneio o comprovam: superprevisores não só se atualizam com mais frequência do que outros previsores como também o fazem em incrementos menores.

O motivo para isso funcionar não é nenhum mistério. Um previsor que não ajusta seus pontos de vista à luz de nova informação não capta o valor dessa informação, enquanto um previsor que fica tão impressionado com a nova informação que baseia sua previsão inteiramente nela perde o valor da informação antiga que sustentava sua previsão anterior. Mas o previsor que equilibra cuidadosamente o velho e o novo capta o valor em ambas — e põe isso em sua nova previsão. A melhor maneira de fazê-lo é atualizando com frequência, mas de pouco em pouco.

Um antigo experimento mental ilustra a ideia. Imagine que você está sentado de costas para uma mesa de bilhar. Um amigo rola uma bola sobre o feltro e ela para num ponto ao acaso. Você quer localizar a bola sem olhar. Como? Seu amigo rola uma segunda bola, que para em outro ponto aleatório. Você pergunta: "A segunda bola está à esquerda ou à direita da primeira?". Seu amigo diz: "Esquerda". É uma pequena informação, quase trivial. Mas é melhor que nada. Informa-o que a primeira bola não está na beirada esquerda da mesa. E torna apenas um pouco mais provável que a primeira bola esteja do lado direito da mesa. Se o seu amigo rola outra bola na mesa e o procedimento se repete, você obtém mais uma pequena informação. Se ele diz: "Está à esquerda", a probabilidade de a primeira bola estar do lado direito da mesa aumenta um pouco mais. Continue repetindo o processo e você vagarosamente estreita o leque de posições possíveis, aproximando-se da verdade — embora nunca vá eliminar a incerteza por completo.[16]

Se você conhece o bê-á-bá da estatística, talvez se lembre que uma versão desse experimento mental foi sonhada por Thomas Bayes. Ministro presbiteriano, com formação em lógica, Bayes nasceu em 1701, de modo que viveu na aurora da moderna teoria da probabilidade, tema para o qual contribuiu com seu "Ensaio para a solução de um problema na doutrina do acaso". Esse ensaio, combinado ao trabalho do amigo de Bayes, Richard Price, que publicou o ensaio de Bayes postumamente em 1761, e as descobertas do grande matemático francês Pierre-Simon Laplace, acabaram por resultar no teorema de Bayes. Algo como isto:

$$P(H|D)/P(\neg H|D) = P(D|H) \bullet P(D|\neg H) \bullet P(H)/P(\neg H)$$
Probabilidades a posteriori = Razão de probabilidade • Probabilidades a priori

Equação bayesiana de atualização da convicção

Em termos simples, o teorema diz que sua nova convicção deve depender de duas coisas — sua convicção prévia (e todo o conhecimento que a informou) multiplicada pelo "valor diagnóstico" da nova informação. Isso é abstrato demais, então vamos observar Jay Ulfelder — cientista político, superprevisor e colega meu — dar-lhe um uso concreto.

Em 2013, o governo Obama nomeou Chuck Hagel como secretário de defesa, mas relatórios controversos vieram a público, uma audiência terminou mal e alguns especularam que Hagel talvez não fosse confirmado pelo Senado. "Hagel vai recuar?", escreveu Tom Ricks, analista de defesa. "Eu diria que cinquenta-cinquenta [...]. Mas diminuindo a cada dia. Em suma: a cada dia útil que o Senate Armed Services Committee [Comitê das Forças Armadas do Senado] deixa de votar para enviar a nomeação ao Senado pleno, acho que a probabilidade de Hagel se tornar secretário de Defesa cai em cerca de 2%." Foi um parecer sólido? "Previsores experientes muitas vezes começam com a taxa-base", escreveu Ulfelder. "Desde a criação da posição [de secretário de Defesa] pouco após a Segunda Guerra Mundial, parece que apenas um de 24 nomeados oficiais foi rejeitado pelo Senado, e nenhum recuou." Assim a taxa-base é de 96%. Se Ulfelder tivesse sido consultado, imediatamente após a nomeação de Chuck Hagel, sobre sua confirmação, ele diria — presumindo que não tivesse incorporado nenhuma outra informação —: "Há uma chance de 96% que sim". Como essa estimativa é feita antes da chegada de mais informação, ela é chamada de "a priori".[17]

Depois, no entanto, Hagel pôs a audiência a perder. Isso claramente reduziu suas chances. Mas até que ponto? Para responder, Ulfelder escreveu: "O teorema de Bayes exige que estimemos duas coisas: 1) qual a probabilidade de vermos um desempenho ruim no Senado quando o nomeado está fadado a fracassar e 2) qual a probabilidade de vermos um desempenho ruim quando o nomeado fatalmente será aprovado". Ulfelder não tinha esses números, assim começou por dar a Ricks o benefício da dúvida e a pender suas estimativas pesadamente em favor de Ricks, com a implicação de que se Ricks não pudesse ser defendido com esses números, ele não poderia ser defendido. "Em prol da discussão, vou presumir que apenas um de cada cinco nomeados destinados ao sucesso se saem mal em audiências de confirmação, mas, dos fadados ao fracasso, dezenove de vinte." Ulfelder inseriu os números na fórmula de Bayes, fez os cálculos e sua previsão "despenca de 96% para meros [...] 83%". Assim, Ulfelder concluiu que a estimativa de Ricks estava bem furada e Hagel continuava com grandes chances de ser confirmado. E foi o que aconteceu, duas semanas mais tarde.[18]

Isso talvez faça o leitor avesso a matemática arrancar os cabelos. Os previsores realmente têm de entender, memorizar e usar uma — *brrrr* — fórmula algébrica? Se é o seu caso, tenho boas notícias: não, não têm.

Os superprevisores são uma turma proficiente com números: muitos conhecem o teorema de Bayes e poderiam empregá-lo se achassem que vale o trabalho. Mas eles raramente analisam os números de forma tão explícita. Para os superprevisores, o que interessa, muito mais do que o teorema de Bayes, é a percepção central de Bayes de gradualmente chegar mais perto da verdade fazendo constantes atualizações proporcionais ao peso da evidência.[19] Isso é verdade no caso de Tim Minto. Ele conhece o teorema de Bayes, mas não o utilizou sequer uma vez para fazer suas centenas de previsões atualizadas. E contudo Minto aprecia o espírito bayesiano. "Acho que provavelmente tenho uma compreensão intuitiva do teorema de Bayes melhor do que a maioria das pessoas", disse ele, "ainda que, se você me pedisse para escrevê-lo de memória, eu provavelmente erraria." Minto é um bayesiano que não usa o teorema de Bayes. Essa descrição paradoxal se aplica à maioria dos superprevisores.

Assim, temos a fórmula vencedora: pequenas atualizações aos montes. Faça isso e você estará no caminho da glória preditiva, certo?

Quem dera fosse tão simples assim. De fato, a abordagem de Tim Minto muitas vezes funciona notavelmente bem, e é por isso que é comum na atualização de superprevisores. Mas não se trata de uma chave mestra que abre todas as portas. Às vezes, é exatamente a coisa errada a fazer.

Lembra da reação excessiva de Doug Lorch ao relatório sobre gelo marinho no Ártico? Vários dias depois que elevou sua previsão para 95%

sim, ele olhou para os dados mais recentes, bem como dos doze anos precedentes. Quando comparou os dados com as projeções dos cientistas, viu um abismo escancarado entre as projeções e a realidade. O que devia fazer? Doug podia seguir a diretriz das "muitas pequenas atualizações" e gradualmente baixar sua previsão à medida que o tempo passasse. Ou podia dar uma nova olhada. "O único motivo para eu estar em 95% é um relatório que está claramente errado, então devo jogar o relatório fora e fazer uma nova previsão." Ele escolheu a segunda opção. Primeiro, reduziu para 55%, que era sua previsão inicial. Depois baixou-a para 15%. Em seguida, Doug voltou às "inúmeras pequenas atualizações", seu estilo usual.

Ele cantou certo. Se Doug tivesse se prendido às "inúmeras pequenas atualizações" quando estava em 95%, sua decepcionante pontuação final teria sido muito pior.

George Orwell concluiu seu famoso ensaio "A política e a língua inglesa" com seis regras enfáticas, incluindo "nunca use uma palavra longa onde uma curta resolve" e "nunca use o passivo onde puder usar o ativo". Mas a sexta regra era a chave: "Prefira quebrar qualquer uma dessas regras a dizer a maior barbaridade".

Compreendo o desejo de regras à prova de falha que garantam bons resultados. É a fonte de nossa atração fatal por porcos-espinhos sabichões e suas falsas certezas. Mas não existe fórmula mágica, apenas princípios amplos com muitas advertências. Os superprevisores compreendem os princípios, mas sabem também que sua aplicação exige juízos com nuances. E eles prefeririam quebrar as regras do que barbarizar numa previsão.

Beta perpétuo 8

O FRACASSO INSPIROU MARY SIMPSON a se tornar uma superprevisora. "Eu passei completamente batida pelos sinais da crise financeira em 2007 e isso foi frustrante, porque com meu currículo eu tinha como entender o que deu errado", disse Simpson. Com um doutorado em economia pela Claremont Graduate University, Simpson fora gerente de regulamentação e finanças da companhia energética Southern California Edison antes de se aposentar parcialmente e trabalhar como consultora financeira independente em 2007, quando os primeiros tremores da crise se fizeram sentir. No fim do ano, a economia mergulhou na recessão. Os piores abalos vieram na primeira metade de 2008. Mas, como a maioria dos especialistas em seu campo, só quando o Lehman Brothers pediu falência, em 15 de setembro de 2008, foi que Mary percebeu a magnitude da crise. Era tarde demais. Suas economias da aposentadoria foram para o buraco.

"Eu queria muito pensar mais sobre previsões", lembrou ela. Não era apenas interesse financeiro que a levava a querer melhorar sua antevisão. Era a sensação de que devia, porque, bem, ela podia. "É uma dessas coisas que você sente, tipo, 'Eu preciso melhorar nisso'."[1]

Simpson ficou sabendo do Good Judgment Project e se voluntariou. E se tornou uma ótima previsora, como seu status de superprevisora atesta.

A psicóloga Carol Dweck diria que Simpson tem uma "atitude mental de crescimento", isto é, a crença de que suas capacidades são em grande medida produto do esforço — que você pode "crescer" contanto que esteja disposto a trabalhar duro e aprender.[2] Algumas pessoas talvez achem que isso é uma verdade tão óbvia que nem precisa ser dita. Mas, como a pesquisa de Dweck mostrou, a atitude mental de crescimento está longe de ser universal. Muitas pessoas têm o que ela chama de "atitude mental fixa" — a crença de que somos quem somos e que as capacidades apenas podem ser reveladas, não criadas e desenvolvidas. Pessoas com atitude mental fixa dizem coisas como "Sou ruim em matemática" e enxergam isso como uma característica imutável de quem elas são, como ser canhoto, do sexo feminino ou alto. Isso tem consequências graves. A pessoa que acredita ser ruim em matemática, e sempre será, não vai tentar melhorar, porque seria inútil, e se ela for obrigada a estudar matemática — como todo mundo é, na escola —, vai interpretar qualquer revés como uma prova adicional de que suas limitações foram expostas e de que deve parar quanto antes de perder seu tempo. Qualquer potencial que porventura tenha para melhorar nunca será concretizado. Assim, a crença "sou ruim em matemática" se torna uma profecia autorrealizável.[3]

Em um de muitos experimentos que divisou para revelar o potencial debilitante da atitude mental fixa, Dweck apresentou enigmas relativamente fáceis para alunos de quinto ano. As crianças gostaram de resolver. Em seguida, passou-lhes outros problemas, mais difíceis. Alguns subitamente perderam o interesse e declinaram da oferta de levar os enigmas para casa. Outros gostaram mais dos problemas difíceis do que dos fáceis. "A senhora pode escrever o nome desses enigmas", pediu uma criança, "assim minha mãe pode comprar um pouco mais quando acabarem esses?" A diferença entre os dois grupos de crianças não era "talento para solucionar enigmas". Mesmo entre crianças igualmente hábeis, algumas ficaram desmotivadas com o desafio maior, enquanto outras ficaram intrigadas. O fator-chave era a atitude mental. Crianças de atitude mental fixa desistiram. Crianças de atitude mental de crescimento foram a fundo.

Mesmo quando uma pessoa de atitude mental fixa faz uma tentativa, não extrai tanto da experiência quanto aquela que acredita poder crescer. Num experimento, Dweck escaneou o cérebro de voluntários enquanto estes respondiam perguntas difíceis, eram informados se tinham acertado ou errado e recebiam novos dados que pudessem ajudá-los a melhorar. As imagens revelaram que os voluntários com atitude mental fixa estavam plenamente envolvidos quando lhes diziam se suas respostas estavam certas ou erradas, mas aparentemente era só com isso que se preocupavam. A informação que podia ajudá-los a melhorar suas respostas não gerou seu envolvimento. "Mesmo quando erravam na resposta, não estavam interessados em aprender a resposta certa", escreveu Dweck. "Somente pessoas com atitude mental de crescimento prestaram bastante atenção à informação que podia ampliar seu conhecimento. Somente para elas o aprendizado era uma prioridade."

Para ser um previsor de primeira, uma atitude mental de crescimento é essencial. Nada a ilustra melhor do que o sujeito que supostamente teria dito — mas não disse — "Quando os fatos mudam, eu mudo de opinião".

CONSISTENTEMENTE INCONSISTENTE

Famoso hoje apenas por seu trabalho com a teoria macroeconômica, uma das muitas realizações notáveis de John Maynard Keynes foi seu sucesso como investidor.

Do fim da Primeira Guerra Mundial ao fim da Segunda Guerra Mundial, Keynes administrou o próprio dinheiro, o da família e de amigos, duas companhias de seguro britânicas, vários fundos de investimento e o King's College da Universidade de Cambridge. Quando morreu, em 1946, era um homem extremamente rico, e aqueles de cujo dinheiro cuidara haviam prosperado além de toda expectativa razoável. Seria uma realização impressionante em qualquer época, mas essa não era uma época qualquer.[4] A economia da Grã-Bretanha estagnou na década de 1920. Nos anos 1930, o mundo todo cambaleou sob a Grande Depressão. "Considerando que Keynes fez seus investimentos durante alguns dos piores anos da história, seu retorno é assombroso", comentou John F. Wasik, autor de um livro sobre os investimentos de Keynes.[5]

Keynes tinha uma inteligência e uma energia excepcionais, o que certamente contribuiu para seu sucesso, mas, mais do que isso, era um homem dotado de curiosidade insaciável, que adorava colecionar novas ideias

— hábito que às vezes o obrigava a mudar de opinião. Ele fazia isso sem queixas. Na verdade, orgulhava-se de sua inclinação por admitir os erros e adotar novas convicções e insistia com as outras pessoas que fizessem o mesmo. "Não há mal nenhum em admitir que estamos errados, sobretudo se formos prontamente pegos", escreveu ele em 1933.[6]

"Keynes está sempre disposto a contradizer não só seus colegas, como também ele mesmo, sempre que as circunstâncias fazem isso parecer apropriado", dizia um perfil em 1945 do economista "consistentemente inconsistente". "Assim, longe de se sentir culpado por essas mudanças de posição, ele as utiliza como pretexto para admoestar aqueles que vê como menos ágeis de espírito. Reza a lenda que, numa reunião com Roosevelt em Québec, Churchill enviou a Keynes um cabograma que dizia: 'Inclinando-me por seu ponto de vista'. O barão respondeu: 'Lamento saber. Comecei a mudar de ideia'."[7]

Seu histórico como investidor estava longe de ser imaculado. Em 1920, Keynes quase foi à ruína quando suas previsões sobre moeda estrangeira se provaram desastrosamente erradas. Ele voltou a se firmar das pernas e fez fortuna para si mesmo e outros ao longo da década. Mas, assim como Mary Simpson em 2008, Keynes não viu o desastre de 1929 se aproximando e mais uma vez perdeu muito dinheiro. Porém se reergueu e foi ainda mais bem-sucedido do que antes.

Para Keynes, o insucesso era uma oportunidade de aprendizado — de identificar os erros, enxergar novas alternativas e tentar outra vez. Após seus péssimos palpites sobre a moeda, Keynes não se refugiou na segurança e no conforto. Ele abraçou novas ideias no início da década de 1920, como fazer o conservador King's College investir em ações numa época em que as instituições geralmente aplicavam o dinheiro em imóveis e coisas do tipo. Quando foi pego de calças curtas pela quebra de 1929, sujeitou seu pensamento a um escrutínio desmoralizante. Keynes concluiu que havia alguma coisa errada com um de seus pressupostos teóricos principais. Os preços das ações nem sempre refletem o verdadeiro valor das empresas, assim um investidor deve estudar uma empresa à exaustão e entender realmente seu negócio, seu capital e sua administração na hora de decidir se ela tem valor subjacente suficiente para fazer valer a pena um investimento a longo prazo. Nos Estados Unidos, mais ou menos na mesma época, essa abordagem foi desenvolvida por Benjamin Graham, que a chamou de "investimento em valor". Ela se tornou a pedra angular da fortuna de Warren Buffett.

A única convicção consistente do "consistentemente inconsistente" John Maynard Keynes era de que ele podia se sair melhor. O insucesso não significava que chegara aos limites de sua capacidade. Significava que tinha de se concentrar e fazer nova tentativa. Tente, fracasse, analise, ajuste, tente outra vez: Keynes perfazia um ciclo incessante por esses passos.

Keynes operava num plano mais elevado do que a maioria de nós, mas esse processo — tentar, fracassar, analisar, ajustar, tentar outra vez — é fundamental para o modo como todos aprendemos, quase desde o momento em que nascemos. Vejamos um bebê aprendendo a sentar. Ele vacila no começo e, quando joga a cabeça para trás de modo a dar uma boa olhada no ventilador de teto... bum! de volta à almofada que sua mãe pôs ali atrás, porque bebês aprendendo a sentar sempre caem de costas. A mãe poderia ter poupado seus apuros deitando o bebê de costas, ou pondo-o numa cadeira, mas ela sabe que, quando a criança cai, aprende que não deveria ter inclinado tanto a cabeça e, da próxima vez que tentar se sentar, vai ficar um pouco mais firme. O bebê ainda terá de praticar essa nova habilidade para torná-la confiável, depois habitual, mas a queda inicial fornece o avanço conceitual. O mesmo processo ocorre milhares de vezes durante a infância, de ficar de pé a caminhar, entrar no ônibus escolar, manusear os dois direcionais analógicos e todos aqueles botões no joystick de modo que o personagem no videogame pule no momento preciso com a velocidade exata para pegar a joia e fazer mil pontos.

Adultos também fazem isso. O contador de meia-idade que escolhe um taco de golfe pela primeira vez é como um bebê aprendendo a sentar e, mesmo com instrução profissional, vai fracassar muitas vezes antes de ser visto como um jogador competente no clube.

Aprendemos novas habilidades fazendo. Melhoramos essas habilidades fazendo mais. Esses fatos elementares são verdadeiros até para as aptidões mais exigentes. Caças modernos são computadores voadores altamente complexos, mas o aprendizado numa sala não é suficiente para produzir um piloto qualificado. Nem mesmo o tempo passado em avançados simuladores de voo dará conta disso. Os pilotos precisam de horas de voo, quanto mais, melhor. O mesmo é verdade para cirurgiões, banqueiros e executivos.

TENTE

Para demonstrar os limites do aprendizado teórico, o grande filósofo e professor Michael Polanyi escreveu uma explicação detalhada da física de andar de bicicleta: "A regra observada pelo ciclista é esta. Quando começa a cair para a direita, ele vira o guidão para a direita, de modo que a trajetória da bicicleta é defletida ao longo de uma curva para a direita. Isso resulta numa força centrífuga que empurra o ciclista para a esquerda e compensa a força gravitacional que o puxa para a direita". O movimento segue nessa veia e termina: "Uma simples análise mostra que para um dado ângulo de desequilíbrio a curvatura de cada torcida de guidão é inversamente proporcional ao quadrado da velocidade em que o ciclista se desloca". É difícil imaginar uma descrição mais precisa. "Mas isso nos informa exatamente como andar de bicicleta?", pergunta Polanyi. "Não. Você obviamente não tem como ajustar a curvatura da trajetória de sua bicicleta proporcionalmente à razão de seu desequilíbrio sobre o quadrado de sua velocidade; e, se pudesse, cairia dela, pois, ao praticar, há uma série de outros fatores a serem levados em consideração que são deixados de fora na formulação dessa regra."[8]

O conhecimento exigido para andar de bicicleta não pode ser plenamente capturado em palavras e transmitido aos outros. Precisamos de "conhecimento tácito", do tipo que só obtemos sofrendo raladuras. Para aprender a andar de bicicleta, devemos tentar andar em uma. No começo, é duro. Você cai de um lado, cai do outro. Mas continue tentando e com a prática se torna fácil — e ainda assim, se você tivesse de explicar como se mantém na vertical, de maneira a poupar alguém da provação por que passou, não se sairia melhor do que Polanyi.

Isso é de uma obviedade ofuscante. Deve ser igualmente óbvio que aprender a prever exige tentar fazer previsões. Ler livros sobre previsão não é um substituto para a experiência com a coisa real.[9]

FRACASSE

Mas nem toda prática aprimora a habilidade. Precisa ser uma prática instruída. Você precisa saber que erros procurar — e quais práticas melhores realmente são as melhores. Então, não jogue os livros no fogo. Como observado antes, estudos randômicos controlados mostraram que o domínio do conteúdo de um livrinho minúsculo, nossas diretrizes de treinamento (ver apêndice), pode melhorar sua precisão em cerca de 10%. Esses experimentos também mostraram como os efeitos do conhecimento teórico interagem com os da prática. As pessoas que leram o livrinho se beneficiaram mais da prática e as pessoas que praticaram se beneficiaram mais de ler o livrinho. A sorte favorece a mente bem preparada. As diretrizes de treinamento nos ajudam a extrair as lições corretas de nossas experiências pessoais e a atingir o equilíbrio certo entre as visões de fora e de dentro. E nossas experiências pessoais nos ajudam a infundir conteúdo do mundo real às pálidas abstrações de conhecimento geral.

Uma prática efetiva também precisa se fazer acompanhar de feedback claro e oportuno. Meu colaborador de pesquisa, Don Moore, observa que os policiais gastam um bom tempo tentando descobrir quem está dizendo a verdade e quem está mentindo, mas a pesquisa revelou que não chegam nem perto de serem tão bons quanto acham que são e que não tendem a melhorar com a experiência. Isso porque a experiência só não basta. Ela precisa vir acompanhada de um feedback claro.

Quando um policial decide se o suspeito está ou não mentindo, não obtém um feedback imediato sobre o acerto de seu palpite (como o suspeito dizer: "Você tem razão! Eu estava mesmo mentindo!"). Em vez disso, os eventos continuam a ocorrer. Podem ser feitas acusações, haver um julgamento, a declaração de um veredicto, ou quem sabe haja a perspectiva de um acordo. Mas isso talvez leve meses ou anos, e, mesmo quando há uma resolução, um imenso leque de fatores a poderia ter influenciado. Assim, um policial dificilmente obtém um feedback que lhe diga, sim, sua avaliação foi correta, ou não, estava errada. Previsivelmente, psicólogos que testam a capacidade de policiais de enxergar mentiras em um cenário controlado encontram uma enorme lacuna entre seu grau de certeza e sua habilidade. E esse abismo cresce à medida que os policiais ficam mais tarimbados e presumem, compreensivelmente, que sua experiência os tornou detectores de mentiras melhores. Como resultado, o crescimento de autoconfiança dos policiais é mais acelerado do que seu crescimento de precisão, ou seja, eles se tornam cada vez mais superconfiantes.

Lacunas como essa estão longe de serem incomuns. A pesquisa sobre calibração — até que ponto sua autoconfiança bate com sua precisão —

normalmente identifica que as pessoas são confiantes em excesso.[10] Mas a superconfiança não é uma lei imutável da natureza humana. Meteorologistas não costumam sofrer desse mal. Tampouco jogadores de bridge calejados. Isso porque ambos obtêm feedback claro, imediato. O meteorologista que prevê chuva torrencial no dia seguinte vai saber que errou se acordar com o sol brilhando. Jogadores de bridge, que estimam quantas vazas ganharão, obtêm resultados ao final de cada rodada. Se suas previsões falharem, eles saberão.

Isso é essencial. Para aprender com o fracasso, devemos *saber* quando fracassamos. O bebê que cai para trás sabe. Assim como a criança que rala o joelho quando cai da bicicleta. E o contador jogando golfe que manda uma bola fácil para o bunker. E, por saberem, eles podem pensar no que deu errado, fazer o ajuste e tentar outra vez.

Infelizmente, a maioria dos previsores não obtém o feedback de alta qualidade que ajuda os meteorologistas e os jogadores de bridge a melhorar. Há dois motivos principais para isso.

A linguagem ambígua é um deles, e dos grandes. Como vimos no capítulo 3, termos vagos como "possivelmente" e "provavelmente" tornam impossível julgar previsões. Quando um previsor diz que algo pode ou deve acontecer, pode ou deve estar dizendo quase qualquer coisa. O mesmo é verdade para incontáveis outras expressões — como a referência de Steve Ballmer à "fatia significativa do mercado" — que talvez soem precisas, mas que a um exame mais detido se revelam indistintas como uma neblina. Mesmo um observador imparcial teria de fazer força para extrair um feedback significativo de previsões vagas, mas muitas vezes o juiz é o próprio previsor. Isso só piora o problema.

Considere o efeito Forer, assim chamado por causa do psicólogo Bertram Forer, que pediu a alguns alunos para preencher um teste de personalidade, depois lhes atribuiu perfis individuais baseado nos resultados e perguntou em que medida o teste capta bem suas personalidades individuais. As pessoas ficaram impressionadas com o teste, dando-lhe uma nota média de 4,2 em 5 possíveis — algo notável, pois Forer na verdade pegara afirmações vagas como "você tem grande necessidade de ser querido e admirado pelos outros" de um livro sobre astrologia, elaborara um perfil com elas e entregara o mesmo perfil para todo mundo.[11] Linguagem vaga é linguagem elástica. Os alunos a esticaram para que se encaixasse em suas autoimagens, ainda que acreditassem estar julgando o teste com objetividade. A lição para previsores que julguem as próprias previsões vagas é: não se iludam.

A segunda grande barreira para o feedback é a demora. Quando as previsões se estendem por meses ou anos, a espera por um resultado permite às falhas de memória se imiscuírem. Você sabe como se sente hoje sobre o futuro. Mas à medida que os eventos se desenrolam, será que é capaz de recordar sua previsão de forma precisa? Há uma boa chance de que a resposta seja não. Não só você vai ter de combater o esquecimento normal, como também é provável que sofra o que os psicólogos chamam de viés retrospectivo.

Se você tiver idade bastante hoje para considerar que era um ser consciente em 1991, responda à pergunta: na época, como você avaliava a probabilidade de que o presidente em exercício, George H. W. Bush, ganhasse a reeleição em 1992? Todos sabemos que Bush pai perdeu para Bill Clinton, mas talvez você se lembre que ele ficou popular após a vitória na Guerra do Golfo. Então talvez você pensasse que suas chances eram muito boas, mas, obviamente, ele também enfrentava uma chance muito boa de perder. Cinquenta-cinquenta, talvez? Ou quem sabe você achava que a guerra lhe conferia certa vantagem, digamos, uma chance de vitória de 60% ou 70%? Na verdade, a lembrança de sua avaliação muito provavelmente está errada. E numa direção previsível. Posso demonstrar isso desencavando dos arquivos um esquete do *Saturday Night Live* de 1991 que capturava a atmosfera política da época. A cena é um debate entre os principais candidatos para a indicação democrata em 1992.

> *Moderadora*: Boa noite. Sou Fay Sullivan, da Liga de Eleitoras. Bem-vindos ao primeiro de uma série de debates entre os cinco principais democratas que estão tentando evitar ser forçados por seu partido a concorrer em vão com o presidente George Bush. A maioria já anunciou que não está interessada na indicação. Mas todos eles, é claro, estão sob enorme pressão para bancarem o trouxa que vai assumir a inútil tarefa de concorrer contra esse presidente em exercício muito popular. Eles são... o senador Bill Bradley, de Nova Jersey...
>
> *Senador Bill Bradley*: Eu não sou candidato a presidente em 1992.
>
> *Moderador*: O líder da maioria na câmara, Dick Gephardt, do Missouri...

Deputado Dick Gephardt: Eu não estou interessado na indicação do meu partido.

E vai ficando cada vez mais absurdo. Nesse debate, cada candidato faz elogio em cima de elogio aos adversários, ao mesmo tempo que ataca ferozmente a si próprio — porque Bush pai certamente esmagaria quem quer que aparecesse pela frente. Todo mundo sabia disso. Foi por essa razão que os principais líderes democratas não contestaram a indicação daquele ano, abrindo caminho para um obscuro governador do Arkansas, Bill Clinton.

Uma vez que sabemos o desfecho de algo, esse conhecimento distorce nossa percepção do que pensávamos antes de saber o resultado: isso é viés retrospectivo. Baruch Fischhoff foi o primeiro a documentar o fenômeno em uma série de elegantes experimentos. Um deles fazia a pessoa estimar a probabilidade de importantes eventos mundiais na época da pesquisa de Fischhoff — Nixon vai se encontrar pessoalmente com Mao? —, depois recordar sua estimativa após o evento ter ou não ter ocorrido. Saber o resultado invariavelmente modificava a estimativa, mesmo quando as pessoas tentavam não deixar que seu juízo fosse influenciado. O efeito pode ser sutil, mas também pode ser muito grande. Em 1988, quando a União Soviética estava implementando grandes reformas que deixaram as pessoas incertas em relação ao futuro do país, pedi a especialistas para avaliar qual a probabilidade de que o Partido Comunista perdesse seu monopólio do poder na União Soviética nos cinco anos seguintes. Em 1991, o mundo assistiu em choque à desintegração da União Soviética. Assim, em 1992-3 voltei aos especialistas, lembrei-os da pergunta de 1988 e lhes pedi para recordar suas estimativas. Em média, os especialistas recordaram um número 31 pontos percentuais acima do valor correto. Assim, um especialista que achou que havia uma chance de apenas 10% podia lembrar de si mesmo como tendo pensado haver uma chance de 40% ou 50%. Houve até um caso em que um especialista que cravou a probabilidade em 20% lembrava dela como sendo de 70% — o que ilustra por que o viés retrospectivo é às vezes conhecido como efeito eu-já-sabia.

Previsores que usam linguagem ambígua e se apoiam em lembranças falhas para recuperar antigas previsões não obtêm feedback claro, o que torna impossível aprender pela experiência. Eles são como jogadores de basquete fazendo lances livres no escuro. O único feedback que recebem são os sons

— o eco da bola batendo no aro, o baque surdo da bola acertando a tabela, o zunido da bola roçando na rede. Um veterano que executou milhares de lances livres com as luzes acesas pode aprender a relacionar os sons a cestas ou erros. Mas não os novatos. Um "*chuá!*" pode significar uma cesta direta ou um péssimo arremesso que passou por baixo. Um "*clunk!*" audível significa que a bola bateu no aro, mas será que entrou ou não? Eles não têm como ter certeza. Claro que podem se convencer de que sabem o que estão fazendo, mas na realidade não sabem, e se arremessarem por semanas a fio talvez fiquem mais confiantes — pratiquei tanto que devo estar excelente! —, mas não vão melhorar nos lances livres. Só se as luzes forem acesas as pessoas poderão ter um feedback claro. Apenas então podem aprender e melhorar.

Quando Tim Minto previu as ondas de refugiados sírios em 2014, obteve um índice de Brier de 0,07. Isso é claro, preciso e significativo, um resultado excelente, o equivalente em presciência a uma cesta direta. Menos afortunadamente, a previsão de Tim quanto a se Shinzo Abe visitaria o santuário Yakusuni obteve 1,46, que foi como lançar a bola no cesto de lixo que fica nos fundos do ginásio. E Tim sabia disso. Não havia ambiguidade na linguagem atrás da qual se esconder, nenhum modo pelo qual o viés retrospectivo pudesse tapeá-lo sutilmente para levá-lo a crer que sua previsão não fora tão ruim. Tim pisou na bola e sabia disso, o que lhe deu a chance de aprender.

A propósito, não existem atalhos. Jogadores de bridge talvez desenvolvam um juízo bem calibrado quando se trata de ganhar vazas, mas a pesquisa mostra que esse juízo calibrado num contexto é transferido precariamente para outro — se é que chega a ser transferido. Assim, se você estava pensando em se tornar um previsor político ou econômico melhor jogando bridge, esqueça. Para se aperfeiçoar em um determinado tipo de previsão, eis o tipo de previsão que deve praticar — repetidas vezes, com um bom feedback para lhe dizer como seu treinamento está indo e uma animada predisposição a dizer: "Uau, errei essa. Melhor pensar por quê".

ANALISE E AJUSTE

"A equipe chegou a um consenso de que a meia-vida do polônio tornaria a detecção praticamente impossível. Não fizemos nem perto do suficiente a fim de questionar essa suposição — por exemplo, considerando se os produtos do decaimento seriam um modo de detectar o polônio ou perguntando para alguém com conhecimento na área." Esse é um recado que Devyn Duffy postou para os colegas depois que ele e sua equipe levaram uma surra na questão de saber se os restos mortais de Yasser Arafat testariam positivo para polônio. A lição que ele tirou: "Sejam cuidadosos ao fazer suposições de perícia, perguntem a um perito se puderem encontrar um, examinem novamente suas suposições de tempos em tempos".

Sempre que uma questão é encerrada, fica óbvio que os superprevisores — em nítido contraste com os participantes no experimento da atitude mental fixa de Carol Dweck — estão tão ansiosos em saber como podem melhorar quanto em saber como se saíram.

Às vezes, eles partilham longas autópsias com os colegas de equipe. Essas discussões on-line podem se estender por páginas. E há muito mais introspecção quando os superprevisores têm momentos de tranquilidade consigo mesmos. "Isso acontece quando estou no chuveiro ou indo para a faculdade ou o trabalho", conta Jean-Pierre Beugoms, "ou em momentos aleatórios ao longo do dia, quando estou entediado ou distraído". Nas duas primeiras temporadas do torneio, Jean-Pierre muitas vezes olhava para suas antigas previsões e ficava frustrado de seus comentários serem tão dispersos que "eu muitas vezes não conseguia imaginar por que fizera determinada previsão" e desse modo era incapaz de reconstruir seu processo mental.[12] Assim, ele começou a deixar mais comentários, e mais longos, sabendo que isso o ajudaria a examinar criticamente seu pensamento. Com efeito, Beugoms se prepara para a autópsia no momento em que a questão do torneio é anunciada.

Muitas vezes, as autópsias são tão cuidadosas e autocríticas quanto o pensamento que entra na previsão inicial. Ao comentar uma questão sobre eleições na Guiné — questão na qual sua equipe se sobressaiu —, Devyn frisou que não poderia ficar com todo o crédito. "Acho que, no caso da Guiné, estávamos mais inclinados a acreditar que os protestos não impediriam as eleições de ocorrer. Mas, daí, quase impediram! Então, acho que a gente também teve sorte." Isso foi muito perceptivo. As pessoas com frequência presumem que, quando uma decisão é seguida de um bom resultado, ela então foi boa, o que nem sempre é verdade, e pode ser perigoso se nos cega para nossas falhas de raciocínio.[13]

Os bem-sucedidos em geral não estão muito abertos à ideia de que não fizeram por merecer completamente seu sucesso. Em minha pesquisa para o EPJ no fim da década de 1980, tive a previsão dos especialistas quanto a se o Partido Comunista continuaria no poder na União Soviética, se haveria uma violenta derrubada do apartheid na África do Sul e se o Québec se separaria do Canadá. Após se esgotar o prazo para as três previsões, e as três respostas ficarem claras — não, não e não —, pedi aos especialistas para considerar a plausibilidade de cenários contrafactuais, em que pequenos ajustes sutis de efeito borboleta fizessem a história se desenrolar de forma diferente. Quando a qualidade de "e se" sugeria que sua previsão fracassada teria se revelado correta — por exemplo, se o golpe contra Gorbachóv em 1991 tivesse sido mais bem planejado e os conspiradores não estivessem tão bêbados e fossem mais organizados, o Partido Comunista ainda estaria no poder —, os especialistas tenderam a acolher a narrativa "e se" como se fosse um velho amigo. Mas quando os cenários sugeriam que a previsão correta deles poderia facilmente ter se revelado errada, eram descartados como especulativos. De modo que os especialistas estavam abertos a cenários "eu quase acertei", mas rejeitavam alternativas "eu quase errei".

Devyn, não. Triunfante, ele não teve problema em dizer: "Demos sorte".[14]

DETERMINAÇÃO

A analogia entre fazer previsões e andar de bicicleta é muito boa, mas, como é o caso com qualquer analogia, tem suas limitações. Com a bicicleta, o ciclo "tentar, fracassar, analisar, ajustar e tentar outra vez" costuma levar alguns segundos. Com a previsão, pode levar meses ou anos. Além disso, na previsão, há um papel maior do acaso. Ciclistas que seguem melhores práticas de ciclismo em geral podem esperar resultados excelentes, mas os previsores devem ser mais cautelosos. Seguir melhores práticas aumenta suas chances de ganhar, mas de forma menos confiável do que em jogos onde o acaso desempenha papéis menores.[15] Mesmo com uma atitude mental de crescimento, o previsor que espera melhorar precisa ter um bocado do que minha colega Angela Duckworth chamou de "determinação".

Elizabeth Sloane tem determinação de sobra. Diagnosticada com câncer cerebral, passou por quimioterapia, um transplante de células-tronco fracassado, recorrência e mais dois anos de quimioterapia. Mas nunca entregou os pontos. Elizabeth se voluntariou para o Good Judgment Project a fim de "recultivar suas sinapses". Também encontrou um artigo de um oncologista importante que descrevia sua situação perfeitamente, levando a um promissor novo transplante de células-tronco. "E aqui estou, prestes a ficar curada", escreveu ela num e-mail ao gerente do GJP, Terry Murray. "É incrível ter uma segunda chance."

Determinação é a perseverança apaixonada em objetivos de longo prazo, mesmo diante da frustração e do fracasso. Combinada a uma atitude mental de crescimento, é uma força poderosa para o progresso pessoal.

Quando Anne Kilkenny ouviu falar sobre o GJP, percebeu que daria uma voluntária incomum. "Quer uma dona de casa que nunca se envolveu ativamente em nada geopolítico? Quatro décadas afastada de um desafio intelectual de verdade?", lembrou-se ela de pensar. "Vou fazer uma tentativa."

Anne vive numa pequena cidade do Alasca. Quando se formou na Universidade da Califórnia, em Berkeley, na época hippie, queria ser professora do ensino médio, de modo que tentou entrar em um programa de ensino, mas não foi aceita. Ela trabalhou como auxiliar administrativa, guarda-livros e professora substituta, fez dança de salão, cantou em corais, casou-se com um carpinteiro do Alasca, criou um filho e entrou para a igreja. Anne encerra todos os seus e-mails com um lema pessoal: "Viva com simplicidade. Ame com generosidade. Mostre profundo interesse pelos outros. Use palavras bondosas. Deixe o resto para Deus".

Anne teve seu breve contato com a fama em 2008, quando o candidato presidencial republicano John McCain anunciou que sua vice na corrida eleitoral seria a governadora do Alasca, Sarah Palin. Foi uma escolha surpreendente. Poucos fora do estado haviam ouvido falar da ex-prefeita da cidadezinha de Wasilla. Mas Anne Kilkenny, sim. Wasilla é sua cidade natal e Anne é uma dessas raras cidadãs com espírito público que comparece às reuniões do conselho municipal. Assim, ela escreveu um e-mail resumindo o que Palin fizera como prefeita e o enviou para familiares e amigos fora do estado. Eles quiseram saber mais, então ela acrescentou mais detalhes e voltou a enviar. A coisa viralizou. Não tardou para Anne ter um repórter do *New York Times* ligando para ela, depois da *Newsweek*, Associated Press, *Boston Globe*, *St. Petersburg Times* e tantos outros. Foi uma loucura.

Anne é democrata e seu e-mail fazia duras críticas a Palin, de modo que grande parte da torrente de e-mails que ela recebeu tinha elevado teor partidário. "Eu sabia!", alguém escreveu. "Eu sabia que Palin era completamente ignorante de geopolítica assim que vi a cara dela!" E havia pencas de elogios para Anne; ela era corajosa, brilhante, fantástica em todos os sentidos.

Mas Anne manteve a cabeça no lugar. Em vez de se deleitar com toda a adulação, ergueu uma sobrancelha cética. "Como alguém poderia saber dessas coisas só de olhar para a pessoa?", ela me escreveu. "Não podiam, e não sabiam. Já tinham a cabeça feita sobre isso [Palin] desde o início, por causa da afiliação partidária, porque ela era mulher etc., e descobrir os fatos sobre ela só serviu de desculpa para seus preconceitos. Sentimentos mascarados como conhecimento, como raciocínio." Esse tipo de observação crítica, psicologicamente astuta, ajuda a tornar um previsor em superprevisor. Assim como a pesquisa criteriosa e precisa. E o famoso e-mail de Anne aguentou firme quando foi submetido ao escrutínio de organizações nacionais checando seus dados — o que é particularmente impressionante, considerando que Anne acreditava estar meramente esboçando um recado breve para amigos e familiares.[16]

A tenacidade de Anne intimida. Quando o torneio fez uma pergunta sobre o número de refugiados na República Centro-Africana, ela entrou no site das Nações Unidas e viu que os dados eram de uma semana antes. Em vez de presumir que fossem os números mais recentes disponíveis, mandou um e-mail para a agência e perguntou com que frequência os dados eram atualizados e quando deveria ocorrer a atualização seguinte. Ela notou também que os dados deles mostravam grandes flutuações. Mais uma vez, questionou a agência. Recebeu uma resposta, mas em francês: *"Merci"*, respondeu, *"mais je ne parle pas français plus bien. S'il vous plaît, en anglais?"*. De volta veio uma longa resposta, em inglês, explicando os métodos analíticos da agência, que foi muito reveladora e ajudou bastante a fazer a previsão.

Anne não é uma superprevisora, pelo menos ainda não, mas seus resultados continuam impressionantes. Ela fez previsões para todas as 150 questões no ano 3 e estava em uma equipe bastante inerte, o que significa que tinha de fazer quase todo o trabalho sozinha. Por que fez isso? Pelo mesmo motivo que um estudante universitário talvez faça todos os cursos mais difíceis com os professores mais rígidos: ela estava mais interessada em aprender do que em receber notas altas. "Estou sempre tentando crescer, aprender, mudar", escreveu-me.[17] Podíamos perceber essa atitude em seu comportamento à medida que os resultados começaram a chegar. Ela pensava cuidadosamente acerca deles e no que sugeriam sobre como tomar decisões, e muitas vezes compartilhava e-mails ponderados, introspectivos, com nosso gerente de projeto. Ela manteve a pegada enquanto seu índice de Brier melhorava e parecia que iria chegar aos escalões superiores. E continuou dando duro quando algumas de suas previsões muito confiantes deram com os burros n'água e sua média de acerto desabou. Questão após questão, mês após mês, seguiu trabalhando pesado. Isso é fibra. É também por esse motivo que eu não ficaria nem um pouco surpreso de vê-la se tornar uma superprevisora, no fim.

Claro que isso não seria o fim do crescimento de Anne, como os superprevisores mostraram, apenas o fim do começo. Sempre se pode tentar mais, fracassar mais, analisar mais, ajustar mais e tentar outra vez. Os programadores têm um termo fantástico para um programa que não se destina a ser liberado numa versão final, mas será utilizado, analisado e aperfeiçoado infinitamente. É "beta perpétuo".

Superprevisores são betas perpétuos.

JUNTANDO TUDO

Aprendemos um bocado sobre superprevisores, de suas vidas a suas pontuações nos testes e hábitos de trabalho. Para fazer um inventário, podemos agora esboçar grosso modo um retrato multifacetado do superprevisor médio.

Do ponto de vista filosófico, eles tendem a ser:

Cautelosos: Nada é certo
Humildes: A realidade é infinitamente complexa
Não deterministas: O que acontece não está destinado a acontecer e não tem de acontecer, necessariamente

Em suas capacidades e estilos de pensar, tendem a ser:

De mente ativamente aberta: Crenças são hipóteses a serem testadas, não tesouros a serem protegidos
Inteligentes e informados, com uma "necessidade de cognição": Intelectualmente curiosos, apreciam enigmas e desafios intelectuais
Reflexivos: Introspectivos e autocríticos
Matematicamente dotados: Proficientes com números

Em seus métodos de fazer previsões, tendem a ser:

Pragmáticos: Não se prendem a nenhuma ideia nem a interesses pessoais
Analíticos: Capazes de recuar da perspectiva ponta-do-seu-nariz e considerar outros pontos de vista
Com olhos de libélula: Valorizam visões diversificadas e as sintetizam numa visão própria
Probabilísticos: Emitem um juízo usando muitos graus de talvez
Atualizadores ponderados: Quando os fatos mudam, eles mudam de opinião
Bons psicólogos intuitivos: Cientes do valor de checar o raciocínio à procura de vieses cognitivos e emocionais

Em sua ética de trabalho, tendem a ter:

Uma atitude mental de crescimento: Acreditam que é possível melhorar
Determinação: Determinados a continuar dando duro independentemente do tempo que leve

Usei amplas pinceladas aqui. Nem todo atributo é igualmente importante. O fator mais forte a predizer a ascensão nas fileiras dos superprevisores é o beta perpétuo, o grau em que a pessoa está comprometida a atualizar sua convicção e buscar o autoaperfeiçoamento. É um sinal cerca de três vezes mais poderoso do que seu rival mais próximo, a inteligência. Parafraseando Thomas Edison, a superprevisão parece ser aproximadamente 75% transpiração, 25% inspiração.

E nem todo superprevisor dispõe de todos os atributos. Há muitos caminhos para o sucesso e muitas maneiras de compensar o déficit numa área mostrando força em outra. A potência prognosticadora do beta perpétuo de fato sugere, porém, que por mais alto que seja o QI da pessoa, é difícil compensar a falta de dedicação ao projeto pessoal de "cultivar as sinapses".

Isso posto, há mais um elemento completamente ausente do quadro esboçado: os outros. Em nossas vidas particulares e em nossos locais de trabalho, raramente emitimos juízos sobre o futuro em completo isolamento. Somos uma espécie social. Decidimos as coisas juntos. Isso levanta uma importante questão.

O que acontece quando superprevisores trabalham em grupo?

Superequipes 9

NA MANHÃ DE 10 de janeiro de 1961, enquanto o café da manhã era preparado nos lares americanos, os leitores do *New York Times* abriram o jornal na mesa da cozinha e leram a manchete da primeira página: "EUA ajudam a treinar força anti-Castro em base aérea secreta guatemalteca". Não muito longe do litoral pacífico da Guatemala, "forças ao estilo de comandos estão recebendo treinamento em táticas de guerra de guerrilha por pessoal estrangeiro, na maior parte dos Estados Unidos". Os homens sendo treinados eram identificados como cubanos. Aeronaves americanas usando a base eram identificadas. A companhia americana que construiu a base era mencionada. "Autoridades guatemaltecas do presidente Miguel Ydigoras Fuentes insistem que o esforço militar é destinado a fazer frente a um ataque, esperado para um dia desses qualquer, vindo de Cuba", informou o *Times*, mas "adversários do governo Ydigoras insistem que os preparativos são para uma ofensiva contra o regime do primeiro-ministro Fidel Castro e que estão sendo planejados e dirigidos, e em grande medida financiados, pelos Estados Unidos. A embaixada dos Estados Unidos vem mantendo completo silêncio sobre o assunto".

Na verdade, a CIA estava treinando exilados cubanos para desembarcar em Cuba e iniciar uma guerra de guerrilha contra o novo governo de Fidel Castro. O sigilo era crucial. Assim que os guerrilheiros desembarcassem, tinham de parecer uma força de patriotas independentes a caminho de libertar o país. Para conseguir isso, nenhum soldado americano desembarcaria com os guerrilheiros e o apoio aéreo seria fornecido por antigos bombardeiros sem marcas americanas. Ninguém saberia que os Estados Unidos haviam planejado a coisa toda. Pelo menos esse era o plano.

Seria de se esperar que em Washington, DC, entre os arquitetos da missão secreta, a revelação do esquema na primeira página do *New York Times* causasse preocupação e os levasse a reconsiderar. De fato, houve preocupação — mas ninguém reconsiderou nada. "De algum modo, circulou pelos corredores do governo a ideia de que aquilo não faria grande diferença, contanto que os soldados dos Estados Unidos não tomassem parte no combate efetivo", recordou Arthur M. Schlesinger Jr. Como conselheiro do novo presidente, John F. Kennedy, Schlesinger fez parte do círculo íntimo que autorizou a missão, e suas recordações estão cheias de admiração com as trapalhadas que fizeram no planejamento do que veio a ser conhecido como a invasão da baía dos Porcos.[1]

Quando os guerrilheiros treinados pela CIA desembarcaram, o exército cubano estava à espera e os 1400 homens na praia foram rapidamente cercados por 20 mil soldados. Em três dias, estavam todos mortos ou presos.

O problema não foi a execução. Foi o plano. Era um plano inconsequente. E isso sem nenhum viés retrospectivo. Toda a deprimente saga já foi dissecada e há um raro consenso entre os historiadores, à esquerda e à direita, de que o plano era cheio de falhas que a Casa Branca deveria ter percebido mas não percebeu. Um exemplo particularmente gritante foi o plano de contingência. A CIA assegurou aos consultores do presidente que se o desembarque fracassasse, os guerrilheiros escapariam para os montes Escambray, onde se juntariam a outras forças anticastristas. Mas essa ideia veio da primeira versão do plano, que teria desembarcado os guerrilheiros na praia ao pé dessa cadeia montanhosa. Os planejadores haviam trocado o ponto de desembarque — mas não consideraram o que essa troca significava para o plano de contingência. "Acho que a gente não se deu conta inteiramente de que os montes Escambray ficavam a 130 quilômetros da baía dos Porcos, irremediavelmente separados por uma massa de pântanos e selva", recordou Schlesinger.[2]

Após o fiasco, ninguém acreditou que os Estados Unidos não estivessem envolvidos, e as consequências foram imediatas e severas. Aliados tradicionais ficaram constrangidos. Os países latino-americanos se mostraram ultrajados. Protestos antiamericanos eclodiram por todo o mundo. Liberais que alimentavam grande esperança pelo novo governo Kennedy sentiram-se traídos, enquanto conservadores desdenharam a incompetência do novo presidente. Pior de tudo para os interesses estratégicos dos Estados Unidos, o governo cubano se bandeou ainda mais para o lado soviético. Em dezoito meses, aquela ilha na costa da Flórida passava a abrigar 5 mil soldados soviéticos e instalações de mísseis nucleares soviéticos de alcance intermediário que poderiam destruir Washington, DC, e a cidade de Nova York, e as duas potências globais ficaram presas numa crise que, pelas estimativas de Kennedy, em retrospecto, possuía entre um terço e 50% de chance de escalada em uma guerra nuclear.

A história da crise dos mísseis cubanos que se seguiu ao fiasco da baía dos Porcos é igualmente familiar, mas as semelhanças param por aqui. Durante treze dias aterrorizantes em outubro de 1962, o governo Kennedy considerou um leque de perigosas opções para contra-atacar a ameaça soviética — incluindo a invasão —, antes de se decidir por um bloqueio naval. À medida que os navios soviéticos se aproximavam da linha vermelha americana, ambos os lados tentavam descobrir as intenções do inimigo com base em suas ações e comunicações por canais extraoficiais. Finalmente, um acordo foi alcançado, a guerra foi evitada e o mundo suspirou aliviado.

Se a baía dos Porcos foi o ponto mais baixo dos anos Kennedy, a crise dos mísseis cubana foi seu auge, o momento em que Kennedy e sua equipe usaram de criatividade para obter um resultado positivo sob extrema pressão. Sabendo disso, podemos presumir que Kennedy pôs a casa em ordem após a baía dos Porcos e se cercou de conselheiros muito melhores a tempo de cuidar da crise dos mísseis. Mas não foi o caso. O elenco de personagens nos dois dramas é basicamente o mesmo: a equipe que meteu os pés pelas mãos na baía dos Porcos foi a mesma que se saiu de forma brilhante durante a crise dos mísseis em Cuba.

Em seu clássico de 1972, *Victims of Groupthink* [Vítimas do pensamento de grupo], o psicólogo Irving Janis — um dos meus orientadores de doutorado em Yale, muito tempo atrás — explorou os processos de tomada de decisão que fizeram parte tanto da invasão da baía dos Porcos como da crise dos mísseis em Cuba. Hoje em dia, todo mundo já ouviu falar do pensamento de grupo, embora poucos tenham lido o livro que cunhou o termo ou saibam que Janis quis dizer algo mais preciso do que a vaga expressão consagrada se tornou hoje. Na hipótese de Janis, "membros de qualquer grupo coeso tendem a manter inconscientemente o espírito de equipe, desenvolvendo uma série de ilusões compartilhadas e normas correlatas que interferem com o pensamento crítico e o exame da realidade".[3] Grupos que se dão muito bem não questionam pressuposições nem confrontam fatos desconfortáveis. De modo que todo mundo concorda, o que é agradável, e o fato de que todo mundo concorda é tacitamente admitido como prova de que o grupo está no caminho certo. Não podemos estar todos errados, podemos? Assim, se acontece de um plano secreto americano de invadir Cuba sem o envolvimento aparente dos Estados Unidos aparecer na primeira página do *New York Times*, o plano ainda pode ser levado adiante — apenas tome as providências para que não haja soldados americanos na praia e negue o envolvimento americano. O mundo vai acreditar. E se isso soa implausível... bem, não se preocupe, ninguém no grupo apresentou objeção, o que significa que todo mundo acha que é perfeitamente razoável, então deve ser.

Após o fiasco, Kennedy determinou uma sindicância para descobrir como sua equipe podia ter cometido tamanha lambança. Ele identificou uma reconfortante unanimidade como o problema-chave e recomendou mudanças no processo de tomada de decisão para assegurar que nunca voltasse a acontecer. Ceticismo era o novo bordão. Os participantes deviam falar não só como especialistas em suas áreas de conhecimento, mas também como generalistas, com licença para questionar qualquer coisa. O assessor especial Theodore Sorensen e o irmão do presidente, Bobby, foram nomeados "cães de guarda intelectuais", cujo trabalho era "perseguir incansavelmente cada pomo da discórdia a fim de impedir que erros surgissem de uma análise superficial demais das questões", observou Janis. "Aceitando avidamente o papel, Robert Kennedy, pagando o preço de se tornar impopular entre alguns de seus colegas, bradava perguntas ásperas e às vezes rudes. Com frequência, deliberadamente bancou o advogado do diabo." O protocolo e a hierarquia impediam o transcorrer espontâneo dessas discussões, de modo que elas eram deixadas de lado. Novos conselheiros eram ocasionalmente chamados para oferecer perspectivas renovadas. E John F. Kennedy às vezes deixava o recinto para permitir que o grupo conversasse livremente, sabendo que havia menos interlocução quando o presidente estava presente. Essa última consideração foi crucial. Kennedy começou a crise pensando que, no mínimo, tinha de autorizar ataques aéreos preventivos contra as bases de lançamento soviéticas, mas guardou esse pensamento para si, de modo a não deixar que se tornasse o foco da discussão. Como resultado, "no fim do primeiro dia de reuniões, o comitê discutira seriamente dez alternativas", e o presidente começou a mudar de ideia. Nunca era fácil. Havia discordâncias constantes. O estresse era brutal. Mas foi um processo que levou à negociação da paz, não à guerra nuclear.[4]

O modo como a Casa Branca sob Kennedy mudou sua cultura de tomada de decisões para melhor é uma leitura obrigatória para estudantes de administração e de políticas públicas, porque capta a natureza de dois gumes do trabalho em grupo. Equipes podem causar terríveis equívocos. Também podem afiar o juízo e conquistar em conjunto o que não se pode realizar solitariamente. Gerentes tendem a focar no negativo ou no positivo, mas precisam enxergar ambos. Como já foi dito, a expressão "sabedoria das multidões" vem do best-seller homônimo de James Surowiecki, de 2004, mas o título de Surowiecki em si fazia um jogo de palavras com o livro clássico de 1841, *Extraordinary Popular Delusions and the Madness of Crowds* [Ilusões extraordinariamente populares e a loucura das multidões], a crônica de uma série de casos de estupidez coletiva. Grupos podem ser sábios, ou loucos, ou ambas as coisas. O que faz diferença não é apenas quem está no grupo, como demonstrou o círculo de conselheiros de Kennedy. O grupo é um animal com vida própria.

EM EQUIPE OU NÃO, EIS A QUESTÃO

No torneio da IARPA, nossa meta era a precisão. Colocar os previsores em equipe ajudaria? Enxergamos fortes argumentos tanto pró como contra. Pelo lado negativo, a literatura de pesquisa — bem como minhas décadas de experiência em comitês de universidade — sugeria que equipes podem fomentar preguiça cognitiva. Por que suar para dominar um problema complexo quando outros vão cuidar do trabalho pesado? Se essa atitude se disseminar, pode fazer uma equipe afundar. Pior ainda, os previsores talvez fiquem amigáveis demais, deixando que o pensamento de grupo se instale.

Essas duas tendências podem reforçar uma à outra. Todos estamos de acordo, então nosso trabalho está feito, certo? E a unanimidade dentro de um grupo é uma força poderosa. Se esse acordo tem fundamento, o grupo enverada por uma complacência farisaica.

Mas grupos também permitem às pessoas partilhar informação e perspectivas. Isso é bom. Ajuda a manter o olho de libélula funcionando, e agregar é crítico para a precisão. Claro que a agregação só pode operar sua mágica quando as pessoas formam juízos independentes, como o público da feira adivinhando o peso do boi. A independência de pareceres assegura que os erros sejam mais ou menos aleatórios, de modo que se cancelem. Quando as pessoas se juntam para discutir em grupo, a independência de pensamento e expressão pode ser perdida. Talvez seja aquela pessoa que sempre fala mais alto que domina a discussão, ou alguém que fala grosso, ou uma pessoa com ideias superficiais mas que impressiona, ou alguém com credenciais, que intimida os demais e os impede de abrir a boca. De muitas maneiras, um grupo pode levar as pessoas a abandonar a independência de parecer e acatar os equívocos. Quando isso acontece, os erros se acumulam, em vez de se cancelar. Essa é a raiz da loucura coletiva, seja de investidores holandeses no século XVII ficando persuadidos de que um bulbo de tulipa valia mais do que o salário anual de um trabalhador, seja dos americanos comprando casas em 2005 e se convencendo a acreditar que os preços dos imóveis só tendiam a subir.

Mas a perda de independência não é inevitável em um grupo, como mostrou a equipe de JFK durante a crise dos mísseis cubanos. Se os previsores forem capazes de se questionar, e questionar seus colegas de equipe, e abraçar o debate vigoroso, o grupo pode se tornar mais do que a soma de suas partes.

Desse modo um grupo puxaria os superprevisores para cima ou os arrastaria para baixo? Alguns de nós suspeitávamos de um resultado, outros, do contrário, mas lá no fundo sabíamos que tudo não passava de palpites. Finalmente, decidimos montar equipes em nossa pesquisa por dois motivos. Primeiro, no mundo real, as pessoas dificilmente fazem previsões importantes sem discuti-las com os outros, de modo que obter uma melhor compreensão das previsões no mundo real exigia uma melhor compreensão de previsões em grupos. O outro motivo? Curiosidade. Não sabíamos a resposta e queríamos saber, então seguimos o conselho de Archie Cochrane e fizemos um experimento.

SUPERPREVISÕES

No ano 1 (2011-2), antes que um único superprevisor tivesse sido identificado e classificado, designamos aleatoriamente centenas de previsores para trabalhar sozinhos e mais outras tantas centenas para trabalhar juntos em equipes. Os previsores de equipe não se encontrariam frente a frente, é claro, mas criamos fóruns on-line para discussão e os membros de uma equipe podiam se comunicar por e-mail, Skype ou qualquer outro modo que desejassem. Sua pontuação continuaria a ser feita individualmente, mas as pontuações individuais seriam combinadas para criar uma pontuação de equipe. Os previsores veriam como eles e sua equipe estavam se saindo. Além disso, os previsores podiam se organizar como achassem melhor. O objetivo era a precisão. Como obtê-la dependia deles.

Também demos às equipes algumas noções básicas com base em insights colhidos de pesquisa em dinâmicas de grupo. Por outro lado, advertimos, o pensamento de grupo é um perigo. Seja cooperativo, mas não respeitoso. O consenso nem sempre é bom; discordar nem sempre é ruim. Se acontecer de você concordar, não veja a concordância — em si — como prova de que tem razão. Nunca pare de duvidar. Questões penetrantes são tão essenciais para uma equipe como vitaminas para o corpo humano.

Por outro lado, o oposto de pensamento de grupo — rancor e disfunção — também é um perigo. Os membros da equipe devem discordar sem ser desagradáveis, aconselhamos. Pratique o "confronto construtivo", para usar a expressão de Andy Grove, antigo CEO da Intel. O questionamento preciso é uma forma de fazer isso. Baseando-nos no trabalho de Dennis Matthies e Monica Worline, mostramos a eles como dissecar diplomaticamente as alegações vagas que as pessoas muitas vezes fazem. Suponha que alguém diga: "Infelizmente, a popularidade do futebol, diversão preferida no mundo todo, começou a diminuir". Você desconfia que isso está errado. Como vai questionar a afirmação? Nem pense em tentar um ataque pessoal do tipo "Não diga asneiras!". Isso apenas aumenta o calor, não a luz. "Acho que não" só expressa discordância, sem esmiuçar os motivos de você discordar. "O que você quer dizer?" abaixa a temperatura emocional com uma pergunta, mas é vago demais. Acerte a mira. Você pode dizer: "O que você quer dizer com 'diversão'?" ou "Que evidências você tem de que a popularidade do futebol está diminuindo? Qual é o período de tempo determinado?". As respostas a essas perguntas precisas não vão resolver a questão, mas revelarão o pensamento por trás da conclusão, de modo que ela pode ser investigada e testada.

Desde Sócrates, bons professores têm praticado um questionamento preciso, mas ele continua não sendo usado quando mais é necessário. Imagine como os acontecimentos poderiam ter se desenrolado se a equipe de Kennedy tivesse se empenhado em um questionamento preciso ao planejar a invasão da baía dos Porcos.

"Então, o que acontece se eles forem atacados e o plano não funcionar?"

"Eles batem em retirada para os montes Escambray, onde poderão se encontrar com outras forças anticastristas e planejar operações de guerrilha."

"Qual a distância entre o ponto de desembarque proposto, na baía dos Porcos, e os montes Escambray?"

"Cento e trinta quilômetros."

"E como é o terreno?"

"Pântanos e selva, na maior parte."

"Então os guerrilheiros foram atacados. O plano não deu certo. Eles não têm helicópteros nem tanques. Mas precisam atravessar 130 quilômetros de pântano e selva antes de conseguirem começar a procurar abrigo nas montanhas? Isso está correto?"

Suspeito que uma conversa dessas não teria sido concluída com um "parece perfeito!".

Um questionamento como esse não aconteceu, então a primeira decisão importante de Kennedy como presidente foi um fiasco. A lição foi aprendida, resultando nos debates robustos mas respeitosos da crise dos mísseis em Cuba — o que exemplificou o espírito que encorajamos entre nossos previsores.

SUPEREQUIPES

No fim do ano, os resultados eram inequívocos: em média, as equipes eram 23% mais precisas do que os indivíduos.

Quando o ano 2 chegou, todos concordamos que as equipes podiam ser uma parte essencial do planejamento de pesquisa. Mas estávamos diante de outra escolha. Tendo identificado os principais previsores em condições experimentais, o que devíamos fazer com esses recém-ungidos superprevisores? Eles deveriam ser informados de seu status? Deveriam ser reunidos em equipes — torcendo para que superprevisores trabalhando entre si produzissem superequipes?

Os riscos eram óbvios. Diga a uma pessoa que ela é excepcionalmente boa em algo e pode acontecer de ela considerar sua superioridade como favas contadas. Cerque-a de outras pessoas similarmente dotadas, diga a elas como são especiais e os egos talvez inflem ainda mais. Isso, em vez de estimular um superprevisor a levar seu jogo para o próximo nível, pode deixá-lo tão seguro de si que ele talvez fique tentado a pensar que seu parecer deve estar correto porque é seu parecer. Esse é um paradoxo familiar: o sucesso pode levar à aclamação, que pode minar os hábitos da mente que produziram o sucesso. Esse tipo de arrogância muitas vezes aflige indivíduos altamente dotados. Em círculos empresariais, é chamado de doença do CEO.

Mais uma vez, os dados da teoria foram lançados. Criamos equipes de superprevisores, com uma dúzia de membros em cada. Demos a eles mais alguma orientação sobre como funcionam equipes de alto desempenho e criamos fóruns especiais para ajudá-los a se comunicar on-line. As equipes não se encontravam pessoalmente, o que tinha seus prós e contras. Pelo lado negativo, é mais fácil desconsiderar pessoas que nunca vimos. Isso poderia até fomentar o conflito. Basta observar com que rapidez uma discussão na internet pode degenerar em acerbas trocas de insultos. Pelo lado positivo, a distância poderia tornar mais fácil administrar as disputas e manter uma perspectiva crítica.

Juntando-se a uma equipe pela primeira vez, superprevisores como Elaine Rich tinham preocupações mais imediatas. "Fiquei muito intimidada com minha equipe", contou-me. Elaine mora em Washington, DC, e trabalha como farmacêutica no Walter Reed Medical Center. Algumas pessoas em sua equipe "apresentaram credenciais enormes, impressionantes", recordou ela. "E eu não tinha credencial nenhuma." No início, ela ficou em silêncio, fazendo previsões mas raramente se aventurando a dar opiniões. Não era apenas o fato de seus colegas de equipe terem credenciais e confiança. Ela achava difícil questionar a visão de colegas que eram, afinal de contas, estranhos. Cada um é de um jeito. O que uma pessoa consideraria uma indagação prestativa, outra poderia tomar como crítica agressiva.

E algumas perguntas tocavam em assuntos que eram tema de debate acalorado para muita gente, de modo que discuti-los era como andar num campo minado. A questão Arafat-polônio foi a pior. "Havia muita tensão em torno disso", disse Elaine. "Era quase um tabu."

"Houve muito do que eu chamaria de falar em rodeios", recordou Marty Rosenthal de seu primeiro ano em uma equipe. As pessoas discordavam da avaliação de alguém e queriam pô-la à prova, mas ficavam receosas demais de ofender ao simplesmente chegar e dizer o que pensavam. Então "se expressavam com todas essas palavras cuidadosas", rodeando o assunto, na esperança de terem razão sem precisar mostrar por quê.

Experiência ajudava. Vendo esses "rodeios", as pessoas se davam conta de que a polidez excessiva estava estorvando o exame crítico das opiniões; assim, faziam esforços especiais para assegurar aos outros que a crítica era bem-vinda. "Todo mundo dizia: 'Quero um empurrãozinho seu se perceber alguma coisa que eu não percebi'", disse Rosenthal. Isso fez diferença. Assim como dizer obrigado por uma crítica construtiva. Pouco a pouco, a conversa evasiva diminuiu.

A pesquisa em equipes muitas vezes pressupõe que elas têm líderes e normas e estão focadas em garantir que isso não estorve o desempenho. As soluções usuais são as que o governo Kennedy implementou após a invasão da baía dos Porcos — trazer gente de fora, suspender a hierarquia e manter a opinião do líder em sigilo. Há também a "pré-autópsia", em que a equipe é orientada a presumir que determinado curso de ação fracassou e explicar por quê — o que deixa os membros da equipe a salvo para expressar eventuais dúvidas que possam ter sobre o plano do líder. Mas as superequipes não começaram com líderes e normas, o que criou outros desafios.

Marty Rosenthal está parcialmente aposentado hoje, mas durante décadas foi um consultor de administração especializado em formar equipes. Fazer isso sem nenhuma estrutura organizacional é um desafio, ele sabia, e fazer isso sem estar frente a frente é ainda mais difícil. Alguém poderia se apresentar e começar a passar instruções, mas entre estranhos isso talvez saísse pela culatra. "Eu via as lacunas em como estávamos nos formando enquanto equipe, queria tratar de parte disso, mas também não queria que achassem que eu estava assumindo a responsabilidade", disse ele. "E assim grande parte do que eu fiz foi o que considero ser liderar dos bastidores. Eu apenas tentava liderar pelo exemplo." Quando Marty sentia que as pessoas não estavam esmiuçando suas previsões o suficiente para dar andamento a boas discussões, explicava isso em maiores detalhes e as convidava a comentar. Também organizou uma teleconferência para discutir a divisão do trabalho, cuidando pessoalmente dos detalhes — e a maior parte da equipe assinou embaixo. "O feedback depois disso foi que as pessoas adoraram", disse Marty. "Acho que sentiram um comprometimento um pouco mais forte com a equipe, graças a isso."

Houve também duas oportunidades para os superprevisores se encontrarem pessoalmente com os colegas de equipe, ao fim do segundo e do terceiro anos, quando o gerente de projeto do GJP, Terry Murray, deu uma série de palestras na Wharton School e na Universidade da Califórnia, em Berkeley. O objetivo oficial das reuniões era compartilhar conhecimento: os pesquisadores apresentavam dados e os superprevisores ofereciam suas opiniões. O objetivo extraoficial era acrescentar uma dimensão humana às equipes. Muitos superprevisores extraíram o máximo proveito disso. Marty mora a um quilômetro do campus de Berkeley, então convidou os colegas de equipe — a maioria compareceu à conferência — a sua casa para um churrasco com cerveja. Por mais modestos que fossem esse e outros esforços, Marty acha que fez diferença. "Definitivamente, ajudou em nossa capacidade de dar um empurrãozinho recíproco e sentir um comprometimento de que realmente precisávamos dar um passo à frente e compartilhar informação quando a tínhamos."[5]

Essa sensação de pertencimento a um grupo se desenvolveu em Elaine Rich. Ela se saiu bem, aumentando sua confiança, e seu senso de responsabilidade cresceu com isso. "Percebi que tinha que ser bem cuidadosa com o que estava compartilhando, carregando minha parte do encargo, em vez de ficar na boca-livre, só lendo o que as outras pessoas escreviam", sem contribuir com ideias e pesquisa, "o que é sempre uma tentação".

A maioria das equipes tem um núcleo de cinco ou seis membros que realizam a maior parte do trabalho. Dentro desse núcleo, podemos esperar uma divisão de trabalho que reduza a quantidade de esforço que qualquer outra pessoa precisa investir na tarefa, pelo menos se ele ou ela abordarem as previsões como trabalho, não como passatempo. Mas nas melhores equipes vimos o oposto: a carga de trabalho era dividida, porém, à medida que o comprometimento crescia, o mesmo se dava com a quantidade de esforço que os previsores investiam. Estar na equipe representava "toneladas a mais de trabalho", disse Elaine. Mas ela não se importava. Achou bem mais estimulante que trabalhar sozinha. "Dava para apoiar uns aos outros, ou ajudar, ou trabalhar juntos numa ideia", disse ela. "Era um barato."[6]

Superequipes comprometidas fizeram pesquisas impressionantes. Numa questão sobre quem venceria a eleição presidencial hondurenha de 2013, Paul Theron, um superprevisor sul-africano — e um gerente de investimento que apresenta o programa *Hot Stoxx* na CNBC Africa —, localizou um cientista político especializado no cenário hondurenho e foi informado, entre outras dicas, de que, embora as pesquisas mostrassem o candidato chamado Castro com ligeira vantagem, as pesquisas não eram confiáveis. Theron encontrou também uma análise sobre políticos hondurenhos em um site obscuro e ficou tão impressionado com o nível de detalhamento e as credenciais do autor que lhe enviou um e-mail e travou uma discussão informativa. Paul mudou sua previsão, dando ao oponente de Castro, Hernández, a vantagem. Hernández venceu — e o esforço considerável de Paul valeu a pena. E uma vez que Paul partilhava tudo que descobria com seus colegas, eles também se beneficiaram. "A equipe é muito mais eficaz em reunir informação do que uma pessoa sozinha poderia ser", disse-me Paul. "Simplesmente não tem como um indivíduo cobrir tanto terreno quanto uma boa equipe. Mesmo que você tivesse horas ilimitadas, seria menos frutífero, dados os diferentes estilos de pesquisa. Cada membro de equipe contribui com algo diferente."[7]

Os resultados falam por si. Em média, quando um previsor se saiu bastante bem no ano 1 para se tornar superprevisor, e foi colocado em uma equipe de superprevisores no ano 2, se tornou 50% mais preciso. Uma análise no ano 3 obteve o mesmo resultado. Haja vista que esses eram grupos de estranhos ligados apenas pelo ciberespaço, achamos o resultado surpreendente.

Ainda mais espantoso foi como as superequipes se saíram bem contra os mercados preditivos.

A maioria dos economistas diria que os mercados são o mecanismo mais eficaz para reunir a informação amplamente dispersa e resumi-la num juízo único. Os mercados fazem isso com a compra e venda. Se eu acho que uma ação está num bom valor a um certo preço, posso sugerir comprar a sua. Se você concorda com meu parecer, não vai vender. Se acha que estou errado, vai. Claro, na realidade, as negociações acontecem por outros motivos — você e eu talvez tenhamos diferentes necessidades financeiras nos levando a direções diferentes —, mas, em geral, os mercados criam incentivos para as pessoas se anteciparem incessantemente umas às outras. A agregação de todos esses juízos — e a informação em que estão baseados — é expressa no preço. Se muita gente concorda comigo que uma ação vale mais do que o preço pelo qual está sendo vendida, todos tentarão comprá-la. O aumento da demanda empurra o preço para cima. Desse modo, todos os juízos individuais dos compradores, e toda a informação que orienta esses juízos, já vêm "embutidos no preço".

Nada disso significa que os mercados são perfeitos, ou que são agregadores de informação tão eficientes que nenhum mortal deveria ser tão tolo a ponto de sonhar em superá-los. Essa é a versão forte do que os economistas chamam de hipótese do mercado eficiente, e é difícil acomodá-la com o que aprendemos da psicologia e da experiência. Mercados cometem erros. Às vezes, enlouquecem coletivamente. Mas mesmo que sejam muito menos eficazes do que os proponentes entusiasmados da hipótese do mercado eficiente supõem, ainda assim é muito difícil superá-lo consistentemente, motivo pelo qual tão poucos podem alegar plausivelmente tê-lo feito.

Mercados preditivos são simplesmente mercados que negociam em previsões, ou seja, os investidores compram e vendem contratos sobre resultados especificados — tal como "Hillary Clinton vai ser eleita presidente dos Estados Unidos em 2016". Quando a eleição de 2016 ocorrer, esse contrato estará firmado. Se ela perder, o contrato não pagará nada. Se vencer, pagará um dólar. Se o contrato está atualmente à venda a quarenta centavos e eu acho que Clinton tem 60% ou 70% de chance de vencer, devo comprar. Se bandos de investidores concordarem comigo, a demanda pelo contrato será forte e o preço vai subir — até chegar a um nível em que mais investidores achem que é mais ou menos por aí e as compras afrouxam. Se um novo evento sugere que Clinton não vai vencer, haverá uma corrida para vender e o preço vai cair. Agregando todos esses juízos, o preço de contrato deve, na teoria, seguir de perto a verdadeira probabilidade de Hillary Clinton vencer.

Mercados preditivos como os famosos Iowa Electronic Markets exibem um histórico impressionante. E têm uma teoria, respaldada por um batalhão de laureados com o Nobel, a seu favor. Então quem venceria uma batalha entre superequipes e mercados preditivos? A maioria dos economistas diria: sem chance. Os mercados preditivos poriam as superequipes para correr.

Pusemos essa proposição à prova designando aleatoriamente previsores regulares a uma de três condições experimentais. Uns trabalharam sozinhos. Outros, em equipes. E alguns eram investidores em mercados preditivos dirigidos por empresas como Inkling e Lumenogic. Claro, depois do ano 1 — quando o valor das equipes ficou demonstrado de forma contundente —, ninguém esperava que previsores trabalhando sozinhos competissem no nível de equipes ou mercados preditivos, então combinamos todas as suas previsões e calculamos a média não ponderada para obter a "sabedoria da multidão". E claro que tínhamos mais um competidor: as superequipes.

Os resultados foram indiscutíveis a cada ano. Equipes de previsores comuns venciam a sabedoria da multidão em cerca de 10%. Mercados preditivos venciam as equipes comuns em cerca de 20%. E superequipes venciam mercados preditivos em 15% a 30%.

Já posso escutar os protestos de meus colegas das finanças, de que o único motivo para as superequipes terem vencido os mercados preditivos foi que nossos mercados careciam de liquidez: não havia dinheiro real em jogo e não tínhamos uma massa crítica de investidores. Eles podem ter razão. É uma ideia testável, e que vale a pena ser testada. Também é importante reconhecer que, embora as superequipes tenham vencido os mercados preditivos, os mercados preditivos fizeram um ótimo trabalho em prever eventos globais complexos.

Como as superequipes se saíram tão bem? Evitando os extremos do pensamento de grupo e as guerras de ofensas da internet. E fomentando miniculturas que encorajam as pessoas a se desafiar respeitosamente, admitir ignorância e procurar ajuda. De maneiras cruciais, as superequipes se pareciam com as melhores equipes médicas identificadas por Amy Edmondson, de Harvard, em que a enfermeira não hesita em dizer ao cirurgião que ele esqueceu uma esponja cirúrgica atrás do pâncreas porque ela sabe que é "psicologicamente seguro" corrigir superiores na hierarquia. As melhores equipes de Edmondson tinham um propósito compartilhado. Assim como nossas superequipes. Um sinal disso estava na linguagem: usavam mais "nosso" do que "meu".

SUPERPREVISÕES

Uma equipe como essa deve promover o tipo de pensamento ativamente receptivo, ou de "mente aberta", que é tão crítico para previsões precisas, como vimos no capítulo 5. De modo que assim como examinamos indivíduos para testar sua receptividade ativa, ou AOM, examinamos equipes para investigar suas atitudes em relação ao grupo e padrões de interação dentro do grupo — ou melhor, testamos a AOM *da equipe*. Como esperado, descobrimos uma correlação entre a AOM de uma equipe e seu grau de precisão. Pouca surpresa aqui. Mas o que faz uma equipe ser mais ou menos receptivamente ativa? Você pode achar que são os indivíduos que a compõem. Ponha pessoas de elevada AOM numa equipe e você obterá uma equipe de AOM elevada; ponha pessoas de baixa AOM numa equipe e obterá uma equipe de AOM baixa. Não é bem assim, como vimos. As equipes não eram meramente a soma de suas partes. Como o grupo pensa coletivamente é uma propriedade que emerge do próprio grupo, uma propriedade de padrões de comunicação entre membros do grupo, não apenas os processos mentais inerentes a cada membro.[8] Um grupo de pessoas receptivas que não se importam umas com as outras será menos do que a soma de suas partes receptivas. Um grupo de pessoas dogmáticas que se envolvam umas com as outras na busca da verdade será mais do que a soma de suas partes dogmáticas.

Tudo isso nos traz à característica final das equipes vencedoras: a fomentação de uma cultura de compartilhamento. Meu colega de Wharton, Adam Grant, categoriza as pessoas como "doadores", "compensadores" e "tomadores". Doadores são pessoas que mais dão do que recebem; compensadores dão tanto quanto recebem; tomadores dão menos do que recebem. Um cínico poderia dizer que *doador* é só um jeito educado de dizer "otário". Afinal, qualquer um inclinado a uma boca-livre vai de muito bom grado pegar tudo que puder sem retribuir, deixando o doador numa situação pior do que a anterior à sua generosidade. Mas a pesquisa de Grant mostra que o exemplo pró-social do doador pode melhorar o comportamento de outros, o que ajuda todo mundo, inclusive o doador — isso explica por que Grant descobriu que doadores tendem a vencer na vida.

Marty Rosenthal é um doador. Ele não foi indiscriminadamente generoso com seu tempo e esforço. Foi generoso em um esforço deliberado de mudar o comportamento de outros em prol de todos. Embora não conhecesse o trabalho de Grant, quando o descrevi para ele, Marty disse: "É isso aí". Há muito mais doadores nas superequipes. Doug Lorch distribuía ferramentas de programação, o que levava os outros a pensar em criar e partilhar as suas. Tim Minto contribuiu com uma análise que mostrava como fazer ajustes automáticos valiosos para previsões com o passar do tempo. Todos são doadores. Nenhum deles é um otário. Na verdade, a pontuação individual de Doug Lorch foi melhor no ano 2, enquanto Tim Minto galgou o topo da tabela no ano 3. E a equipe de cada um venceu a competição de equipe.[9]

Mas não vamos levar isso longe demais. Um executivo ocupado talvez pense: "Quero alguns desses", e imagine que a receita é simples: vá às compras dos melhores previsores, ponha-os para marinar em equipes colaborativas, elimine o gosto pelo pensamento de grupo, polvilhe com um pouco de doadores e espere que decisões inteligentes e o dinheiro comecem a fluir. Infelizmente, não é bem assim. Reproduzir isso numa empresa já existente, com empregados reais, seria um desafio. Selecionar pessoas por seu status de "super" pode causar divisão, e transferir pessoas para equipes multidisciplinares pode ser prejudicial. E não existe garantia de resultados. Ocorreram exceções incomuns às tendências delineadas acima, como as poucas equipes em que não houve apoio mútuo mas mesmo assim se saíram bem. Um dos melhores superprevisores até se recusou a deixar comentários para seus colegas de equipe, dizendo que não queria se arriscar ao pensamento de grupo.

Esse é o mundo confuso da pesquisa psicológica. Conclusões sólidas demandam tempo, e este trabalho, particularmente sobre superequipes, ainda está na infância. Há muitas questões que mal começamos a explorar.

Uma delas envolve a expressão provocativa "a diversidade supera a habilidade", cunhada por meu colega (e antigo competidor no torneio da IARPA) Scott Page.[10] Como vimos, a agregação de perspectivas diferentes é um modo poderoso de aprimorar o juízo, mas a palavra-chave é *diferente*. A combinação de perspectivas uniformes apenas produz mais do mesmo, ao passo que a variação ligeira produzirá uma ligeira melhora. É a diversidade das perspectivas que faz a mágica funcionar. As superequipes eram razoavelmente diversas — porque os superprevisores são razoavelmente diversos —, mas não as projetamos com isso em mente. Pusemos a capacidade em primeiro lugar. Se Page está com a razão, poderíamos ter obtido resultados ainda melhores caso tivéssemos feito da diversidade o principal fator determinante na participação em equipe e deixássemos a capacidade se impor por si mesma. Mais uma vez, porém, assinalemos a falsa dicotomia. A escolha não é capacidade ou diversidade; é fazer o ajuste fino das misturas de capacidade e diversidade e aferir o que funciona melhor em determinadas situações.

Para apreciar esse malabarismo — e quão promissor ele é —, lembre-se do presidente Obama perguntando a cada membro de sua equipe de conselheiros qual a probabilidade de que o homem alto na casa misteriosa do Paquistão fosse Osama bin Laden. As respostas foram de 30% a 96%, uma variação muito maior do que 50%. Some tudo e divida pelo número de conselheiros e, com base nos relatos incompletos disponíveis, temos uma média de mais ou menos 70%. Essa é a sabedoria da multidão. É um número difícil de bater e que deveria ter recebido mais respeito do que recebeu na reunião. Mas o presidente Obama poderia ter conseguido algo ainda melhor do que isso?

Nossa pesquisa sugere que sim — dependendo da diversidade de sua equipe. Quanto mais diversa ela for, maior a chance de que alguns conselheiros disponham de pequenas informações de que os outros não dispõem. E uma vez que esses fragmentos de informação na maior parte apontam para "é Bin Laden", se todos os conselheiros recebessem todos os fragmentos que não têm, elevariam sua estimativa individualmente. E isso aumentaria o número da "sabedoria da multidão" — talvez para 80% ou 85%.

Esse é o pensamento por trás do algoritmo extremante que mencionei no capítulo 4. Ele funciona soberbamente, mas sua eficácia depende da diversidade.[11] Uma equipe com diversidade zero — seus membros são clones e cada um sabe tudo que os demais também sabem — não deve ser extremada de modo algum. Claro que nenhuma equipe cumpre essa descrição. Mas algumas são boas em compartilhar informação e isso reduz ligeiramente a diversidade. Equipes de superprevisores eram assim, e é por isso que extremar não as ajudava muito. Mas equipes de previsão regulares não eram tão boas em compartilhar informação. Como resultado, obtivemos grandes ganhos quando as extremamos. De fato, extremar propiciou às equipes de previsores regulares um impulso grande o suficiente para ultrapassar algumas superequipes, e extremar uma grande reserva de previsores regulares produziu, como já vimos, resultados capazes de vencer o torneio.

Essas ferramentas não vão substituir os analistas de inteligência ou os funcionários que sintetizam suas conclusões. E nem devem. Até onde posso enxergar, sempre haverá necessidade de que o executivo chefe esteja cercado de uma equipe de conselheiros inteligentes, como foi com John F. Kennedy durante a crise de mísseis cubana. Mas as ferramentas são boas o bastante para que as previsões notavelmente baratas que geram estejam na mesa de quem toma as decisões, inclusive o presidente dos Estados Unidos.

O dilema do líder 10

Líderes devem decidir e, para fazer isso, devem realizar e usar previsões. Quanto mais acertadas essas previsões, melhor, de modo que as lições de superprevisão devem ser de algum interesse para eles. Mas líderes devem também agir e atingir seus objetivos. Numa palavra, liderar. E qualquer um que já liderou pode ter dúvidas sobre até que ponto as lições de superprevisão são realmente úteis para líderes.

Peça às pessoas para fazer uma lista das qualidades que um líder eficaz deve ter, ou consultar a indústria nacional dedicada ao treinamento em liderança, ou então examinar a pesquisa rigorosa sobre o assunto, e você encontrará um consenso quase universal sobre três pontos básicos. A autoconfiança vai estar na lista de todo mundo. Líderes devem ser razoavelmente confiantes e instilar confiança naqueles que lideram, pois nada pode ser realizado sem a convicção de que é possível. Firmeza é outro atributo decisivo. Líderes não podem ruminar indefinidamente. Precisam avaliar a situação, tomar uma decisão e seguir em frente. E líderes devem passar uma visão — a meta que todos lutam juntos para atingir.

Mas vejamos o estilo de pensamento que gera a superprevisão e consideremos como ele se ajusta ao que os líderes devem transmitir. Como previsores podem ser confiantes, e inspirar confiança, se não veem nada como certo? Como podem ser decisivos e evitar a "paralisia da análise" se seu raciocínio é tão lento, complexo e autocrítico? Como podem agir com determinação incansável se prontamente ajustam seu pensamento à luz de nova informação ou até mesmo chegam à conclusão de que estavam errados? E subjacente à superprevisão há um espírito de humildade — uma sensação de que a complexidade da realidade é assombrosa, nossa capacidade de compreensão é limitada e os erros são inevitáveis. Ninguém nunca descreveu Winston Churchill, Steve Jobs ou qualquer outro grande líder como "humilde". Bem, talvez Gandhi. Mas tente apontar um segundo e um terceiro.

E considere como operavam as superequipes. Elas recebiam orientação sobre como formar uma equipe eficaz, mas nada era imposto. Nenhuma hierarquia, nenhuma direção, nenhuma liderança formal. Essas pequenas células anarquistas podem funcionar como fóruns para as considerações e reconsiderações nas quais os superprevisores adoram se envolver, mas dificilmente são organizações capazes de juntar forças e fazer algo funcionar. Isso necessita de estrutura — e de um líder no comando.

Esse parece um dilema sério. Líderes devem ser previsores *e* líderes, mas pelo jeito o que é exigido para ser bem-sucedido em um papel pode minar o outro.

Felizmente, a contradição entre ser um superprevisor e um superlíder é mais aparente do que real. Na verdade, o modelo do superprevisor pode ajudar a tornar bons líderes esplêndidos e as organizações que eles lideram inteligentes, adaptáveis e eficientes. A chave é uma abordagem à liderança e organização que foi articulada pela primeira vez por um general prussiano do século XIX, aperfeiçoada pelo exército alemão na Segunda Guerra Mundial, transformada em doutrina fundamental pelo exército americano moderno e empregada por muitas empresas de sucesso atuais. Você pode encontrá-la até no Walmart da esquina.

O LEGADO DE MOLTKE

"Na guerra, tudo é incerto", escreveu Helmuth von Moltke.[1] No fim do século XIX, Moltke ficou famoso no mundo todo após liderar as forças prussianas à vitória contra a Dinamarca em 1864, a Áustria em 1866 e a França em 1871 — vitórias que culminaram na unificação da Alemanha.

Seus escritos sobre a guerra — que por sua vez foram influenciados pelo grande teórico Carl von Clausewitz — moldaram profundamente o exército alemão que lutou nas duas guerras mundiais. Mas Moltke não era nenhum Napoleão. Ele nunca viu a si mesmo como um líder visionário dirigindo seu exército como se fossem peças de xadrez. Sua abordagem para liderança e organização era completamente diferente.

O exército prussiano valorizava a incerteza havia muito tempo — eles inventaram jogos de tabuleiro com dados, para introduzir o elemento do acaso, inexistente em jogos como o xadrez —, mas "tudo é incerto" era para Moltke um axioma cujas implicações precisavam ser exploradas. A mais premente é nunca confiar inteiramente em seu plano. "Nenhum plano de operações se estende com certeza além do primeiro encontro com a principal força do inimigo", escreveu. Essa declaração foi refinada e repetida ao longo das décadas e hoje os soldados a conhecem como "nenhum plano sobrevive ao contato com o inimigo". Isso é bem mais fácil. Mas note que o original de Moltke tinha mais nuances, o que é típico de seu modo de pensar. "É impossível elaborar regras obrigatórias" que se apliquem a todas as circunstâncias, escreveu ele. Na guerra, "dois casos nunca vão ser exatamente iguais". Improvisar é essencial.[2]

Moltke acreditava que seus oficiais estavam à altura da tarefa. Além do treinamento militar, eles recebiam o que hoje consideraríamos uma educação liberal em artes com ênfase no pensamento crítico. Mesmo quando o currículo focava em questões puramente militares, esperava-se que os alunos queimassem as pestanas. Em outras nações dessa era — incluindo os Estados Unidos —, os instrutores apresentavam os problemas, diziam aos alunos a resposta certa e esperavam que estes balançassem a cabeça e memorizassem. Nas academias de guerra alemãs, o cenário era apresentado e os alunos convidados a sugerir soluções e discuti-las coletivamente. O desacordo não só era permitido como também esperado, e mesmo as opiniões do instrutor podiam ser questionadas, pois ele "se via como um camarada entre iguais", notou o historiador Jörg Muth. Até mesmo as opiniões dos generais estavam sujeitas ao escrutínio. "Pedia-se a opinião dos suboficiais alemães e eles criticavam o resultado de uma grande manobra com várias divisões antes que o general presente tivesse a palavra."[3]

A aceitação da crítica ia além da sala de aula e sob circunstâncias extraordinárias mais crítica era tolerada. Em 1758, quando confrontou as forças russas em Zorndorf, o rei prussiano Frederico, o Grande, enviou um mensageiro a seu mais jovem general, Friedrich Wilhelm von Seydlitz, que comandava uma unidade de cavalaria. "Ataque", era a mensagem. Seydlitz se recusou. Ele achava que o momento não era adequado e que suas tropas seriam dizimadas. O mensageiro foi embora, mas voltou mais tarde. Mais uma vez, disse a Seydlitz que o rei queria que ele atacasse. Mais uma vez, Seydlitz se recusou. Uma terceira vez o mensageiro voltou e advertiu Seydlitz de que, se não atacasse imediatamente, o rei mandaria decapitá-lo. "Diga ao rei que depois da batalha minha cabeça estará à sua disposição", respondeu Seydlitz, "mas, por enquanto, tenho intenção de usá-la." Finalmente, quando Seydlitz achou que o momento era oportuno, atacou e virou a guerra em favor da Prússia. Frederico, o Grande, congratulou o general e deixou que ficasse com sua cabeça. Essa história, e outras como ela, observa Muth, "eram de conhecimento cultural coletivo entre os oficiais prussianos, recontadas e repetidas incontáveis vezes com uma abundância de variações nas preleções, à mesa dos oficiais ou na correspondência entre os camaradas". A mensagem fundamental: pense. Se necessário, discuta suas ordens. Critique-as, até. E se não houver outro jeito — e é bom ter um bom motivo —, desobedeça a elas.[4]

Tudo isso talvez soe como a receita certa para uma organização indomável que não consegue realizar nada, mas esse perigo foi evitado equilibrando esses elementos que promoviam o pensamento independente com os que exigiam ação.

O tempo devotado a uma decisão era restringido pelas circunstâncias, assim a tomada de decisão podia ser vagarosa e complexa ou — quando as balas voavam — abrupta e simples. Se isso significasse que uma decisão não fora tão bem informada quanto poderia ter sido, tudo bem. Uma decisão imperfeita tomada a tempo era melhor do que uma perfeita tomada tarde demais. "O esclarecimento da situação inimiga é uma necessidade óbvia, mas esperar por informação em uma situação tensa dificilmente é sinal de liderança forte — com mais frequência, é de fraqueza", declarava o manual de comando da Wehrmacht (o exército alemão), publicado em 1935 e vigente durante toda a Segunda Guerra Mundial. "O primeiro critério na guerra continua a ser a ação decisiva."[5]

A Wehrmacht também traçou uma linha clara entre a deliberação e a implementação: assim que uma decisão foi tomada, a atitude mental muda. Esqueça a incerteza e a complexidade. Aja! "Se a intenção é atacar, isso deve ser feito com resolução. Não cabem meias medidas", escreveu Moltke. Os oficiais devem se conduzir com "calma e segurança" para "ganhar a confiança do soldado". Não existe lugar para a dúvida. "Só a força e a confiança levam as unidades consigo e produzem sucesso." O oficial sábio sabe que o campo de batalha está envolto por uma "névoa de incerteza", mas "ao menos uma coisa deve ser certa: a própria decisão. Deve-se aderir a ela e não se deixar dissuadir pelas ações do inimigo até que isso tenha se tornado inevitavelmente necessário".[6]

Assim um líder deve possuir determinação inabalável para superar os obstáculos e conquistar seus objetivos — ao mesmo tempo se mantendo aberto à possibilidade de que talvez precise até abrir mão do plano e tentar alguma outra estratégia. Isso é muito para se exigir de quem quer que seja, mas o exército alemão via como a essência do papel do líder. "Uma vez que um curso de ação foi iniciado, não deve ser abandonado sem a razão preponderante", afirmava o manual da Wehrmacht. "Nas situações inconstantes do combate, porém, prender-se inflexivelmente a um curso de ação pode levar ao fracasso. A arte da liderança consiste no reconhecimento oportuno das circunstâncias e do momento em que uma nova decisão é exigida."[7]

O que amarra tudo isso — de "nada é certo" a "determinação inabalável" — é o princípio de comando do *Auftragstaktik*. A ideia básica é simples. "A guerra não pode ser conduzida da mesa verde", escreveu Moltke, usando uma expressão que se referia aos comandantes no quartel-general. "Decisões frequentes e rápidas podem tomar forma apenas no local, segundo estimativas de condições locais."[8] A capacidade de tomar decisões deve ser imposta à parte de baixo da hierarquia, de modo que aqueles na ação — os primeiros a se deparar com surpresas no campo de batalha — possam reagir rapidamente. Claro que os envolvidos na ação não enxergam o quadro mais amplo. Se tomassem decisões estratégicas, o exército perderia a coerência e se tornaria uma coleção de minúsculas unidades, cada uma buscando seus próprios fins. O *Auftragstaktik* misturava coerência estratégica e tomada de decisão descentralizada com um princípio simples: os comandantes deviam dizer aos subordinados qual era o objetivo deles, mas não como atingi-lo.

Imagine uma unidade militar de cima para baixo, comando e controle, aproximando-se de uma cidade. O capitão recebe ordens de tomar a cidade. Como? Aproxime-se pelo sudoeste, cerque a fábrica na periferia, tome a ponte do canal, depois ocupe a prefeitura. Por quê? Não é da sua conta. O trabalho do capitão é bater continência e fazer o que lhe ordenam. E se a situação na cidade se mostrar diferente do que espera o quartel-general? Isso não vai acontecer. Mas e se acontecer? Não há resposta. O capitão vai ficar em dúvida quanto ao que fazer, exceto chamar o quartel-general para pedir novas ordens. Pior, ele e seus homens ficarão nervosos. Como observou Moltke, "Isso abala a confiança dos subordinados e deixa as unidades com uma sensação de insegurança caso as coisas aconteçam de forma inteiramente diferente do que haviam presumido as ordens vindas de cima do quartel-general".[9]

Na Wehrmacht, por outro lado, um capitão receberia ordens de tomar a cidade. Como? Depende de você. Por quê? Porque seu superior recebeu ordens de impedir os reforços do inimigo de chegar à região do outro lado da cidade e tomar a cidade vai cortar uma estrada crucial. Graças ao *Auftragstaktik*, o capitão consegue divisar um plano para capturar a cidade que leva em consideração as circunstâncias que ele encontra, não o que o quartel-general espera que ele encontre. E ele pode improvisar. Se chega a uma ponte em outra estrada que o QG achou que fora destruída mas não foi, vai perceber que poderia ser usada para deslocar reforços do inimigo. Desse modo, deve destruí-la. Não é preciso perguntar ao QG. Aja agora.

As ordens na Wehrmacht eram com frequência curtas e simples — mesmo quando o curso da história estava por um fio. "Senhores, ordeno que suas divisões atravessem completamente as fronteiras alemãs, atravessem completamente as fronteiras belgas e atravessem completamente o rio Meuse", disse um oficial sênior aos comandantes que lançariam o grande ataque à Bélgica e à França em 10 de maio de 1940. "Não me interessa como vão fazer isso, depende inteiramente dos senhores."[10] E o *Auftragstaktik* não se limitava aos oficiais de alta patente, nem mesmo aos oficiais. Até para os oficiais de baixa patente, os suboficiais e o soldado raso mais baixo era informado que o comandante queria ver suas ordens cumpridas, mas esperava que usassem sua capacidade de avaliação sobre o melhor jeito de conseguir isso conforme o que presenciassem. O campo de batalha "requer soldados que podem pensar e agir de forma independente, que podem fazer uso calculado, decisivo e ousado de toda situação, e que compreendem que a vitória depende de cada homem", dizia o manual de comando.[11]

Isso é o oposto da imagem que a maioria das pessoas tem do exército alemão na Segunda Guerra Mundial. A Wehrmacht serviu um regime nazista que pregava total obediência aos ditames do Führer e todo mundo se lembra de antigos cinejornais com soldados alemães marchando em sincronia: nem sequer parecem indivíduos. Parece que foram montados, como partes de motor e placas blindadas de um tanque, em uma máquina de guerra estúpida, obediente, brutalmente eficaz. Mas o que esquecemos com frequência é que os nazistas não criaram a Wehrmacht. Eles a herdaram. E ela não poderia ser mais diferente da máquina pouco pensante que imaginamos — como mostrou o espetacular ataque contra a fortaleza belga de Eben Emael.

Na escuridão antes do alvorecer de 10 de maio de 1940, dezenas de planadores voaram silenciosamente em direção a Eben Emael, uma fortaleza maciça, em grande parte subterrânea, que representava a peça central do amplo esforço belga de assegurar que o país nunca mais fosse usado pela Alemanha como porta de entrada para a França. A maioria dos planadores aterrissou nos campos. Os soldados se espalharam e atacaram as tropas belgas que guardavam as pontes. Nove planadores desceram no teto do forte. Os soldados saíram rapidamente e destruíram as armas pesadas. A operação Fall Gelb — a invasão da Bélgica e da França — começara. As forças que defendiam Eben Emael se renderam.

É assim que a história geralmente é contada. O que é deixado de fora é que os alemães deram as ordens dessa operação crítica a um jovem tenente, Rudolf Witzig, cujo aeroplano teve de fazer um pouso de emergência na Alemanha, a cem quilômetros do alvo. Voando com o rádio em silêncio para evitar alertar os belgas, os demais soldados só descobriram ao aterrissar que haviam perdido seu comandante e grande parte dos homens. Entrementes, outro aeroplano que fazia parte do ataque contra as pontes aterrissara a sessenta quilômetros de seu alvo. Nesse ponto, a operação poderia facilmente ter fracassado. Mas, no telhado de Eben Emael, um sargento se encarregou das tropas remanescentes e inutilizou os canhões belgas. Então outro aeroplano chegou e pousou no forte. De dentro dele saiu Rudolf Witzig, que conseguira um novo avião com aeroplano e chegava em Eben Emael apenas um pouco atrasado. Quanto ao outro aeroplano errante, o sargento encarregado tomou dois veículos, foi para a Bélgica e improvisou um ataque por terra que fez 121 prisioneiros.[12]

"Grande sucesso exige ousadia e coragem, mas uma boa capacidade de avaliação deve ter a precedência", afirmava o manual da Wehrmacht. "O comando de um exército e suas unidades subordinadas exige líderes capazes de emitir um juízo com visão e antevisão claras, e com competência para tomar decisões independentes e decisivas e executá-las sem titubear, de forma confiante."[13] Em nossos termos, exige indivíduos que sejam tanto superprevisores como superlíderes. Nem todos os oficiais da Wehrmacht eram desse jeito, claro, mas havia o suficiente deles, sobretudo nos níveis operacional e tático, tanto que o exército alemão foi capaz de conquistar a maior parte da Europa e mantê-la sob controle por anos, ainda que, durante grande parte da guerra, estivesse pesadamente inferiorizado em termos de homens e armamentos. "A despeito da natureza maligna do regime que serviu", notou o historiador James Corum, "temos de admitir que o exército alemão na Segunda Guerra Mundial foi, homem por homem, uma das forças de combate mais eficazes jamais vistas."[14]

No fim, a Wehrmacht fracassou. Em parte, foi esmagada pelos recursos superiores de seus inimigos. Mas ela também meteu os pés pelas mãos — em geral porque seu comandante em chefe, Adolf Hitler, assumiu o controle direto das operações, violando os princípios de Helmuth von Moltke, em nenhum outro lugar com efeitos mais desastrosos do que durante a invasão da Normandia. Os Aliados temiam que, após o desembarque de suas tropas, os tanques alemães os empurrassem de volta para as praias e o mar, mas Hitler ordenara que as reservas só se movessem sob seu comando pessoal. O Führer costumava dormir até tarde. Horas depois de os Aliados terem desembarcado, os assistentes do ditador se recusaram a acordá-lo para perguntar se queria ordenar que os tanques entrassem na batalha.

Ironicamente, um general alemão do século XIX foi vingado com a derrota alemã na Normandia — pelas mãos de Dwight Eisenhower, um general americano de ascendência alemã que teve uma compreensão mais perspicaz da filosofia de Moltke do que o supremo comandante da Alemanha.

I LIKE IKE

Ao contrário da autoritária Wehrmacht alemã, o exército da livre e democrática América tinha pouco uso para o pensamento independente.

Logo após a Primeira Guerra Mundial, Eisenhower, na época um oficial de baixa patente dotado de alguma experiência com as novas armas chamadas de tanques, publicou um artigo no *Infantry Journal* do exército americano apresentando o modesto argumento de que "o avanço desajeitado, inepto, de lesma dos antigos tanques deve ser esquecido e, em seu lugar, devemos imaginar essa veloz, confiável e eficiente máquina de destruição". Eisenhower foi repreendido. "Disseram que minhas ideias não só estavam erradas como também eram perigosas e que dali em diante era melhor guardá-las para mim mesmo", recordou. "Particularmente, que não publicasse nada incompatível com a sólida doutrina da infantaria. Se fizesse isso, seria levado perante a corte marcial."[15]

No exército, os subordinados deviam bater continência e obedecer aos superiores sem questionar. As ordens eram longas e detalhadas — "as ordens para o desembarque das forças americanas no norte da África eram do tamanho de um catálogo da Sears", escreveu Jörg Muth — e deixavam pouca margem para a iniciativa individual.[16] Havia oficiais americanos inteligentes e criativos, mas eles valorizavam a iniciativa individual *a despeito* de seu treinamento, não por causa dele. George Patton era um caso desses. "Nunca diga às pessoas como fazer as coisas", escreveu, capturando sucintamente o espírito do *Auftragstaktik*: "Diga-lhes o que fazer, e você ficará surpreso com a engenhosidade delas".[17]

O amigo de longa data de Patton, Dwight Eisenhower, era outro. Como Moltke, Eisenhower sabia que nada era certo. Seu primeiro ato após dar a ordem irrevogável para prosseguir com a invasão do Dia D foi escrever um bilhete assumindo responsabilidade pessoal, a ser encaminhado na eventualidade de um fracasso. Como Moltke, cuja personalidade calada, quase serena, era famosa, Eisenhower compreendia que uma postura tranquila e segura podia ser mais efetiva em disseminar a confiança e levantar o moral do que fazer falsas alegações de certeza. Na privacidade, Eisenhower podia ser um sujeito mal-humorado e taciturno que fumava um cigarro atrás do outro. Com as tropas, sempre tinha um sorriso e uma palavra de tranquilização.

Eisenhower esperava também que seus oficiais se engajassem em um debate franco. Ele respeitava críticas bem fundamentadas e erros prontamente admitidos. Em 1954, quando era presidente, o chefe de estado-maior das forças armadas, Matthew Ridgway, aconselhou contra a intervenção no Vietnã, dizendo que exigiria um esforço gigantesco de mais de meio milhão de soldados. Eisenhower respeitava a avaliação de Ridgway, porque em 1943 o general de divisão resistira a sua ordem de lançar um ataque aéreo contra Roma e Eisenhower mais tarde concluiu que Ridgway estava com a razão.[18]

Após a Segunda Guerra Mundial, o exército americano demorou para aprender as lições da Wehrmacht. Foi o novo exército israelense que apreciou o valor da iniciativa individual. "Planos são meramente uma plataforma para a mudança" era um slogan popular das Forças de Defesa de Israel da época. Um oficial israelense, ao comentar sobre o desempenho de uma divisão na guerra de 1956 com o Egito, observou orgulhoso que "quase todos os planos foram frustrados durante o combate, mas todos os objetivos foram plenamente atingidos — e mais rápido do que o esperado". O sistema israelense, porém, não era explicitamente calcado em nenhum modelo estrangeiro, "quando mais não fosse, simplesmente porque o *Auftragstaktik* alemão jamais poderia ser admitido".[19]

O momento do *Auftragstaktik* finalmente chegou no início dos anos 1980. As tensões da Guerra Fria estavam crescendo e os soviéticos contavam com imensa superioridade numérica de homens e tanques, forçando a Otan a conseguir mais com menos. Os generais nos Estados Unidos pesquisaram os escritos de historiadores e teóricos e examinaram a experiência israelense. Alguns até consultaram antigos generais da Wehrmacht. Em 1983, o *Auftragstaktik* se tornou parte da doutrina americana oficial.

Se o exército é tão descentralizado quanto deveria é algo discutível, mas a iniciativa dos comandantes no local sem dúvida produziu grandes sucessos na era moderna. Durante a invasão do Iraque em 2003, conforme as tropas iraquianas se esfacelavam no vasto deserto e as forças americanas se aproximavam de Bagdá, e havia temores de que uma opressiva guerra urbana se seguiria, uma incursão posteriormente chamada de "Thunder Run" (corrida trovejante) consistiu de uma coluna pesadamente blindada avançando pelas ruas principais para o aeroporto recém-capturado. As forças iraquianas foram pegas com a guarda totalmente baixa e a coluna triunfou com a perda de um único veículo. Dois dias mais tarde, uma brigada inteira conduziu uma corrida trovejante ao longo da mesma rota, mas fazendo um desvio pelo principal bairro do governo — que foi capturado e dominado, assegurando o rápido colapso das defesas do Iraque. Fundamental para a vitória foi a delegação de poderes aos comandantes em solo, que tomaram as decisões críticas — inclusive a corajosa escolha de permanecer no distrito do governamental, a despeito de estarem quase sem munição.

A insurgência que floresceu após a queda de Bagdá não foi prevista pela liderança militar, e por meses, até anos, eles fizeram pouca ideia de como reagir. Os comandantes no local se empenharam em lidar com a questão da melhor forma possível. Na cidade de Mossul, no norte do Iraque, o general David Petraeus, comandante da 101ª Divisão Aerotransportada, baseou-se em seu extenso conhecimento de história militar para improvisar estratégias que, assim esperava, iriam "salvaguardar e servir" o povo da cidade e desse modo negar o apoio popular aos insurgentes. Tudo por iniciativa própria. "Petraeus informou o que estava planejando a seus superiores em Bagdá", escreveu o jornalista Fred Kaplan, "mas nunca pediu permissão e certamente não aguardou instruções, sabendo que não haveria nenhuma."[20] Os esforços de Petraeus valeram a pena. A insurgência que incendiou outros lugares ficou sem oxigênio em Mossul enquanto ele esteve no comando.

Em 2007, quando a insurgência estava consumindo o país e para muitos parecia invencível, Petraeus recebeu o comando global no Iraque. Ele chamou oficiais que pensavam como ele, "comandantes flexíveis capazes de pensar de forma independente", e as estratégias de contrainsurgência que testara em Mossul foram implementadas com vigor por todo o país.[21] A violência despencou. Nunca está claro quanto crédito uma pessoa merece, mas a maioria dos observadores concorda que Petraeus merece algum, talvez bastante.

Conversei com David Petraeus sobre sua filosofia de liderança e foi fácil captar ecos de Moltke. Ele até invocou os mantras "nenhum plano sobrevive ao contato com o inimigo" e "nada é certo". Mas soltar um chavão atrás do outro é fácil, observou Petraeus. O que importa, disse ele, é: "Além da frase de para-choque, o que você faz para se preparar para isso?".

Para desenvolver um raciocínio flexível, Petraeus força as pessoas para fora de sua "zona de conforto intelectual". Quando era comandante de brigada na 82ª Divisão Aerotransportada, ele ficou insatisfeito com os exercícios de treinamento tático com fogo real, tão coreografados que nada surpreendente acontecia. "Você basicamente entrega ao comandante da companhia quase um roteiro", disse, e "o comandante da companhia anda cem metros, atravessa uma estrada tal e sabe que é ali que deve pedir determinado tipo de fogo indireto ou empregar helicópteros de ataque, ou seja lá o que for." Na ação de verdade, os comandantes enfrentam surpresas e têm de improvisar. Então, para que o roteiro? Segurança. Esse treinamento usa armas e explosivos de verdade. Segundo Petraeus, foi um imenso desafio desenvolver exercícios que fossem razoavelmente seguros e ao mesmo tempo forçassem os oficiais a lidar com surpresas. Mas eles acharam um jeito porque "é assim que você desenvolve líderes flexíveis capazes de lidar com a incerteza".

Petraeus também apoia o envio de oficiais para estudar em universidades de ponta, não para absorver um corpus de conhecimento, embora esse seja um benefício colateral, mas para se deparar com surpresas de outro tipo. "Você aprende que há pessoas inteligentíssimas pelo mundo afora com pressupostos básicos muito diferentes sobre uma variedade de assuntos diferentes e que desse modo chegam a conclusões a respeito de certos temas muito, mas muito diferentes das nossas, e muito diferentes do tipo de pensamento em voga, particularmente entre os militares", disse Petraeus. Como confrontos no campo de batalha, lidar com outras formas de pensar treina os oficiais para serem mentalmente flexíveis. Petraeus fala por experiência. Treze anos após se formar em West Point, ele obteve um doutorado em relações internacionais na Universidade de Princeton, experiência que considera "inestimável".

A insistência de Petraeus na flexibilidade intelectual — "a ferramenta mais poderosa que um soldado carrega não é sua arma, mas sua mente", diz ele — ainda é motivo de controvérsia no exército. "Hamlet pensa demais", escreveu Ralph Peters, um coronel aposentado, em um artigo de 2007 publicado na mesma revista em que Petraeus defendia o envio de oficiais para universidades. "Ruminando sobre cada lado do argumento até virar uma papa, ele fica sem coragem de engolir a dura realidade e matar um assassino que está orando — um 'crime de guerra' filosófico. Um acadêmico arquetípico, envenenado pela teoria e indeciso, Hamlet deveria ter ficado na universidade em Wittenberg, onde sua capacidade de tagarelar sem chegar a uma conclusão certamente teria lhe conferido uma posição entre o corpo docente." O exército precisa de gente que age, não de pensadores, escreveu Peters — Henrique v, não Hamlet. "O rei Harry poderia tomar uma decisão."[22]

Mas Petraeus vê a divisão entre fazer e pensar como uma falsa dicotomia. Líderes devem ser ambas as coisas. "A ação ousada é a ação correta, a não ser quando é errada", diz. Um líder "precisa perceber qual é a ação correta e executá-la corajosamente".[23] Essa é a tensão entre deliberação e implementação que Moltke enfatizou e que Petraeus soube equilibrar no Iraque.

O grau de habilidade com que os líderes realizam esse malabarismo determina o grau de sucesso com que suas organizações podem cultivar superequipes capazes de reproduzir o malabarismo pela hierarquia abaixo. E isso não é algo que um líder isolado pode fazer por conta própria. Exige uma predisposição mais ampla de escutar palavras indesejáveis de outros — e a criação de uma cultura em que as pessoas sintam-se à vontade para falar tais coisas. O que fizeram com o jovem Dwight Eisenhower foi um sério equívoco, diz Petraeus. "Você precisa preservar e promover quem pensa fora da caixa, os iconoclastas."[24]

O *AUFTRAGSTAKTIK* NOS NEGÓCIOS

Os exércitos são organizações incomuns, mas chefes em qualquer lugar sentem a tensão entre controle e inovação, e é por isso que o espírito de Moltke pode ser encontrado em organizações sem relação com armas ou bombas.

"Deixamos nosso pessoal perceber o que queremos que realizem. Mas — e esse é um tremendo 'mas' — não dizemos a eles como conquistar essas metas."[25] Esse é um resumo quase perfeito do *Auftragstaktik*. O conferencista é William Coyne, que foi vice-presidente sênior de pesquisa e desenvolvimento na 3M, um conglomerado famoso por sua inovação na fabricação de produtos.

"Tenha determinação; discorde e execute" é um dos catorze princípios de liderança de Jeff Bezos incutidos em cada novo empregado da Amazon. O texto prossegue: "Líderes têm a obrigação de desafiar respeitosamente as decisões quando não estiverem de acordo, mesmo que isso seja desconfortável ou cansativo. Líderes têm convicção e são tenazes. Eles não cedem em nome da coesão social. Uma vez tomada uma decisão, eles agem".[26] O linguajar é um pouco direto para Moltke, mas não pareceria fora de lugar no manual de comando da Wehrmacht ou em minha conversa com David Petraeus.

Quando o Walmart descobriu que estava construindo lojas com mais rapidez do que podia formar gerentes, criou uma "academia de liderança" para acelerar o preparo de candidatos a uma promoção. A academia foi concebida pela firma de consultoria britânica McKinney Rogers, que é chefiada por Damian McKinney, antigo fuzileiro naval britânico. Ela segue os moldes das academias militares, com a filosofia do *Auftragstaktik* em sua base.[27]

E McKinney está longe de ser um caso isolado de alguém que leva sua experiência militar para o mundo corporativo. Muitos ex-oficiais, incluindo David Petraeus, foram por esse mesmo caminho. É comum eles se depararem com a ideia de que exércitos são organizações estritamente hierárquicas em que os subordinados batem continência para superiores e obedecem mecanicamente. Essa imagem está ridiculamente ultrapassada. Na verdade, ex-oficiais do exército prestando consultoria para corporações com frequência se veem dizendo aos executivos para se preocuparem menos com status e mais com delegar poderes para seu pessoal e equipes a fim de escolher as melhores maneiras de conquistar objetivos compartilhados. "Ironicamente", declarou Damian McKinney ao *Financial Times*, "as empresas estão muito mais focadas no que eu chamo de 'comando e controle' do que suas contrapartidas militares."[28]

UM TIPO PECULIAR DE HUMILDADE

Mas ainda há a questão incômoda da humildade.

Como já dissemos, ninguém nunca chamou Winston Churchill ou Steve Jobs de humilde. O mesmo pode ser dito de David Petraeus. Desde que era um cadete em West Point, Petraeus sempre acreditou que tinha o estofo necessário para se tornar um general importante.

A mesma autoconfiança pode ser vista em muitos líderes e pensadores cujo juízo destaquei neste livro: Helmuth von Moltke, Sherman Kent e até Archie Cochrane, que tiveram o atrevimento de desafiar as autoridades mais eminentes. John Maynard Keynes sempre se achou o mais esperto da sala. E George Soros foi um gerente de *hedge fund* em Wall Street que trabalhou sob extrema pressão em um ritmo que teria deixado muitos executivos com as pernas bambas. A aposta mais famosa de Soros, especulando com a libra inglesa em 1992, e que lhe garantiu um lucro estimado de 1,1 bilhão de dólares, o levou a vender quase 10 bilhões de dólares em libra esterlina. "Nada como o perigo para fazer a mente se concentrar", disse Soros certa vez. Isso não soa como alguém preocupado em não estar à altura da tarefa.

Até Dwight Eisenhower, o sujeito franco e direto de Abilene, Kansas, tinha um ego considerável. Após a Segunda Guerra Mundial, Eisenhower tornou-se imensamente popular e ambos os partidos praticamente imploraram que aceitasse uma nomeação para concorrer à presidência. Truman se ofereceu até para deixar o cargo. Eisenhower sempre recusava. Ele sinceramente não queria a função. Mas, à medida que a corrida eleitoral para a eleição de 1952 tomava forma, ficou claro que a nomeação republicana, e provavelmente a presidência, seria vencida por um isolacionista que prometia trazer todas as tropas americanas de volta para o "Gibraltar da liberdade". Eisenhower achou que isso seria uma catástrofe que ele — e mais ninguém — poderia impedir. "Ele queria o melhor para seu país", escreveu um biógrafo, "e no fim decidiu que era o melhor candidato e que teria de servir."[29] Claramente, ele não carecia de autoestima.

Então como ajustar tudo isso com a necessidade aparentemente crítica de que o previsor seja humilde? A resposta reside em algo que Annie Duke me contou.

Já encontramos Duke antes. Ela acredita ser uma das melhores jogadoras de pôquer do mundo, afirmação nada modesta, mas seu histórico de conquistas é longo — inclui um campeonato World Series of Poker —, sugerindo que sua confiança tem razão de ser. Mas Duke sabe também que a confiança carrega um risco. Quando vai tomar uma decisão, uma pessoa inteligente como ela sempre fica tentada a pegar um atalho cognitivo simples: "Eu sei a resposta. Não preciso me matar de pensar a respeito. Sou uma pessoa muito bem-sucedida, com ótimo julgamento. O fato de que *eu* acredito que meu julgamento está correto prova isso". Decida as coisas desse modo e você estará apenas encarando a realidade da perspectiva da ponta-do-seu-nariz. É um jeito arriscado de tomar decisões, quem quer que você seja. Para evitar a armadilha, Duke discrimina cuidadosamente o que a deixa confiante — e o que tem o efeito oposto.

"Você precisa ter uma tremenda humildade em relação ao jogo, pois o jogo é extremamente complexo, você não vai achar uma solução, não é como no jogo da velha ou de damas", diz ela. "É muito difícil dominá-lo, e se você não estiver aprendendo o tempo todo vai fracassar. Isso posto, a humildade em relação ao jogo é extremamente diferente da humildade em relação aos seus adversários." Duke sente confiança de que pode competir com a maioria das pessoas que sentam diante dela numa mesa de pôquer. "Mas isso não quer dizer que eu acho que dominei o jogo."[30]

A humildade exigida para um juízo qualificado não significa duvidar de si mesmo — a sensação de que você carece de talento, inteligência ou valor. É humildade *intelectual*. É um reconhecimento de que a realidade é profundamente complexa, que ver as coisas claramente, quando é possível fazê-lo, é uma luta constante e que o juízo humano deve portanto ser crivado de equívocos. Isso é verdade tanto para os tolos como para os gênios. Assim, é bem possível a pessoa se ter em alta conta e ser modesta. Na verdade, essa combinação pode ser maravilhosamente frutífera. A humildade intelectual obriga à reflexão cuidadosa necessária para um juízo qualificado; a confiança nas próprias capacidades inspira a ação decidida.

"Com firmeza na retidão, na medida em que Deus nos permite enxergar a retidão, tratemos de lutar para terminar o trabalho em que estamos empenhados", declarou Abraham Lincoln em seu segundo discurso de posse. É uma declaração de feroz convicção e determinação. Mas é também uma admissão humilde — "na medida em que Deus nos permite enxergar a retidão" — de que nossa visão é limitada, nosso juízo, falho, e de que até nossa convicção mais firme pode estar errada.

PÓS-ESCRITO

Uma questão paira no ar: eu tinha mesmo de escolher a Wehrmacht? Existem outras organizações para ilustrar de que maneira pensar como um superprevisor pode melhorar o desempenho do líder. Então por que argumentar usando um exército que serviu à causa mais vil da história moderna?

Compreender o que funcionou na Wehrmacht exige se empenhar na mais difícil escolha de perspectiva que existe: admitir que algo que desprezamos possui qualidades notáveis. Previsores incapazes de lidar com a dissonância correm o risco de cometer o mais grave erro de previsão possível em um conflito: subestimar seu oponente.

Não existe nenhuma ligação divinamente determinada entre a moralidade e a competência. Se o poeta puritano John Milton pôde retratar Satã como malévolo e engenhoso em *Paraíso perdido*, é demais admitir que o mesmo poderia ser verdadeiro para a Wehrmacht? Previsores que enxergam correlações ilusórias e presumem que a fraqueza moral e cognitiva caminham juntas fracassam quando mais precisamos deles. Não queremos que os analistas de inteligência pressuponham que grupos jihadistas devem ser ineptos ou que regimes cruéis não possam ser criativamente cruéis.

Lidar com a dissonância é difícil. "O teste de uma inteligência superior é a capacidade de ter duas ideias opostas em mente ao mesmo tempo e ainda assim conservar a capacidade de funcionar", observou F. Scott Fitzgerald em *A derrocada*. Exige que separemos nossos sentimentos sobre o regime nazista de nossos juízos factuais sobre a resiliência organizacional da Wehrmacht — e vejamos a Wehrmacht tanto como uma organização horrível que mereceu ser destruída *como* uma organização eficaz com lições a nos ensinar. Não existe contradição lógica aqui, apenas uma tensão psico-lógica. Se você aspira a se tornar um superprevisor, deve superá-la.

É um desafio. Mesmo superprevisores que se destacam na autocrítica agressiva às vezes confundem fatos e valores. No início da guerra civil síria, Doug Lorch foi mal numa questão sobre a possível tomada da cidade de Aleppo pelos rebeldes. Quando considerou por quê, ele se deu conta de que deixara seu ódio pelo regime de Assad levá-lo à conclusão desejada de que os rebeldes venceriam, a despeito da evidência de que estavam inferiorizados em armas. Joshua Frankel não conseguia decidir se a Coreia do Norte iria detonar uma arma nuclear porque "estava influenciado pelo otimismo e esperança de progresso", recordou. Na época, ele não se tocou. Mas, "duas semanas antes da data de encerramento, uma conversa com um bom amigo que por acaso tem familiares que escaparam da Coreia do Norte na época da Guerra da Coreia me fez perceber isso", e ele mudou sua previsão.[31]

Então por que usar a Wehrmacht como ilustração, ainda que nos deixe desconfortáveis? Precisamente porque nos deixa desconfortáveis.

Eles são mesmo tão super assim? 11

DESDE QUE COMECEI A promover torneios de previsão — desde Ronald Reagan e as paradas do Exército Vermelho até hoje — tenho conversado com Daniel Kahneman sobre meu trabalho. Considero isso uma sorte extraordinária. Kahneman é um prêmio Nobel acidental, o psicólogo cognitivo sem treinamento em economia, mas cujo trabalho abalou as bases do campo. É também um conversador espetacular, que se move fluidamente do bate-papo casual para a dissecação incisiva do bate-papo casual. Conversar com Kahneman pode ser uma experiência socrática: energizante, contanto que você não se esconda atrás de uma posição defensiva. Assim, no verão de 2014, quando ficou claro que os superprevisores não eram apenas supersortudos, Kahneman foi direto ao ponto: "Você os vê como diferentes tipos de pessoa ou como pessoas que fazem diferentes tipos de coisas?".

Minha resposta foi: "Um pouco de cada". Eles obtêm pontuação mais elevada do que a média em aferições de inteligência e receptividade, embora não estejam fora da curva. O que os torna tão bons é menos o que são do que o que fazem — o trabalho duro de pesquisa, o raciocínio e a autocrítica cuidadosos, a coleta e síntese de outras perspectivas, os juízos granulares e a atualização incansável.

Mas por quanto tempo conseguem sustentar isso? Como vimos, as pessoas podem, em princípio, usar a reflexão do consciente Sistema 2 para pegar os erros que surgem das operações do rápido e inconsciente Sistema 1. Superprevisores empregam um esforço enorme em fazer exatamente isso. Mas o autoescrutínio contínuo é exaustivo e a *sensação* de saber é sedutora. Sem dúvida até os melhores dentre nós inevitavelmente recairão em modos de pensar mais fáceis, intuitivos.

Considere uma entrevista de 2014 com o general Michael Flynn, que resumiu sua visão de mundo pouco antes de se aposentar como diretor da Agência de Inteligência da Defesa (DIA, na sigla em inglês), o equivalente no Pentágono à CIA, com 7 mil empregados. "Eu venho para esse escritório toda manhã e, além de uma corrida rápida para clarear as ideias, passo de duas a três horas lendo relatórios de inteligência", contou ele. "Devo lhe dizer com toda franqueza que o que eu vejo todo dia é o ambiente internacional mais incerto, caótico e confuso que já testemunhei em toda minha carreira. Provavelmente houve uma época mais perigosa, quando os nazistas e imperialistas [japoneses] tentavam dominar o mundo, mas vivemos em outra época perigosa [...]. Acho que estamos em um período de conflito social prolongado que é completamente sem precedentes."[1]

Grande parte do que Flynn disse é vago demais para ser julgado, mas essa última frase, não. No contexto da entrevista — o repórter mencionara conflitos na Ucrânia, Coreia e Oriente Médio —, essa afirmação deixa clara a crença de Flynn de que o "conflito social" está em um nível "completamente sem precedentes". Essa é uma alegação empírica que pode ser verificada com a revisão dos inúmeros relatórios quantificando a violência global desde a Segunda Guerra Mundial. E o que todos eles mostram, amplamente, é que as guerras entre nações vêm declinando desde a década de 1950 e que as guerras civis têm declinado desde o fim da Guerra Fria, no início da década de 1990. Isso se reflete no número de mortos em batalha por ano, que, com alguns percalços, declinou ao longo do período.[2]

Você não precisa ser diretor da DIA para encontrar esses relatórios. Pesquisar "tendências de conflitos globais" no Google bastará. Mas Flynn não viu necessidade de fazer isso antes de tirar sua conclusão indiscriminada e compartilhá-la. Por que não? Pelo mesmo motivo que Peggy Noonan não viu necessidade de consultar os dados sobre taxas de aprovação de outros ex-presidentes quando avaliou o significado do apelo crescente do presidente Bush. Operando tanto num caso como no outro havia o WYSIATI (What You See Is All There Is, "O que você vê é tudo que há") de Kahneman, a maior de todas as ilusões cognitivas, a visão de mundo egocêntrica que nos impede de enxergar qualquer mundo além do que está visível a partir da ponta dos nossos narizes. Flynn via montanhas de más notícias sobre sua mesa todo dia e sua conclusão parecia correta — assim, Isso Era Tudo que Havia. Como oficial de inteligência durante toda sua vida, Flynn sabia a importância de verificar pressuposições, por mais verdadeiras que parecessem, mas ele não fez isso porque não achou que se tratasse de uma pressuposição. Achou que fosse verdade. É a pegadinha psicológica mais velha do mundo e Flynn caiu direitinho.

Não estou denegrindo Michael Flynn. Muito pelo contrário: o fato de que um homem tão capacitado cometa um erro tão óbvio é precisamente o que torna o erro notável. Somos *todos* vulneráveis. E não há maneira de nos tornarmos à prova de bala, como ilustra a famosa ilusão ótica de Müller-Lyer:

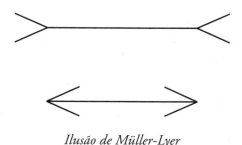

Ilusão de Müller-Lyer

A linha horizontal de cima parece maior do que a linha de baixo, mas não é. Se não tem certeza, pegue uma régua e meça. Quando estiver plenamente convencido de que as linhas são idênticas, olhe outra vez, mas agora tente ver os comprimentos das duas linhas corretamente. Sem sorte? Você sabe que as linhas são iguais. Quer vê-las desse jeito. Mas não consegue. Nem o fato de *saber* que é uma ilusão consegue desligar a ilusão. As ilusões cognitivas que a perspectiva ponta-do-seu-nariz às vezes gera são igualmente impossíveis de controlar. Não conseguimos desligá-la. Só podemos monitorar as respostas que afloram à consciência — e, quando dispomos de tempo e capacidade cognitiva, usar uma régua para verificar.

Vistos sob esse prisma, os superprevisores estão sempre a um deslize-Sistema-2 de distância de uma previsão furada e uma feia queda na classificação. Kahneman e eu concordamos sobre isso. Só que eu sou mais otimista de que pessoas inteligentes, dedicadas, podem se inocular em algum grau contra certas ilusões cognitivas. Isso talvez soe como fazer tempestade em um copo d'água acadêmico, mas guarda suas implicações para o mundo real. Se estou correto, as organizações terão mais a ganhar em recrutar e treinar pessoas talentosas para resistir a vieses.

Embora Kahneman tenha se aposentado oficialmente há muito tempo, continua a praticar a colaboração adversarial, seu comprometimento, enquanto cientista, de encontrar um terreno comum entre pessoas de visões diferentes. De modo que assim como Kahneman trabalhou com Gary Klein para resolver suas disputas sobre a intuição do especialista, trabalhou com Barbara Mellers para explorar a capacidade dos superprevisores de resistir a um viés de relevância particularmente profunda para a prática da previsão: a insensibilidade ao escopo.

Kahneman documentou a insensibilidade ao escopo pela primeira vez há trinta anos, quando perguntou a um grupo aleatoriamente selecionado em Toronto, capital de Ontário, no Canadá, quanto estariam dispostos a pagar para limpar os lagos numa pequena região da província. Em média, as pessoas disseram cerca de dez dólares.[3] Kahneman perguntou a outro grupo aleatoriamente selecionado quanto estariam dispostos a pagar para limpar cada um dos 250 mil lagos de Ontário. Eles também disseram cerca de dez dólares. Pesquisa posterior rendeu resultados semelhantes. Um estudo dizia às pessoas que todo ano 2 mil pássaros migratórios se afogam em petróleo. Quanto você estaria disposto a desembolsar para impedir isso? Outros participantes foram informados de que 20 mil pássaros morriam todo ano. Um terceiro grupo, de que eram 200 mil pássaros. E, no entanto, em cada caso, a quantia média que as pessoas diziam que estariam dispostas a pagar girou em torno de oitenta dólares. As pessoas estavam reagindo, escreveu Kahneman mais tarde, à imagem prototípica que lhes ocorria — um lago poluído ou um pato afogado, encharcado de petróleo. "O protótipo automaticamente evoca uma resposta afetiva, e a intensidade dessa emoção é então projetada na escala do dólar." É o clássico engano. Em vez de responder à pergunta feita — uma questão difícil, que exige atribuir valor monetário a coisas que nunca monetizamos —, as pessoas respondiam "Quão mal isso me faz sentir?". Se a pergunta é sobre 2 mil ou 200 mil pássaros morrendo, a resposta é mais ou menos a mesma: mal. O escopo recua para segundo plano — e longe dos olhos, longe do coração.

ELES SÃO MESMO TÃO SUPER ASSIM?

O que lagos poluídos têm a ver com a guerra civil na Síria ou com qualquer outro problema geopolítico proposto no torneio da IARPA? Se você for tão criativo quanto Daniel Kahneman, a resposta é "muita coisa".

Retrocedamos ao início de 2012. Qual a probabilidade de Assad ser derrubado? Argumentos contra uma queda incluem: (1) o regime tem um núcleo de apoio bem armado; (2) conta com aliados regionais poderosos. Argumentos a favor de uma queda incluem: (1) o exército sírio está sofrendo derrotas terríveis; (2) os rebeldes têm algum ímpeto, com a luta chegando à capital. Suponha que você pese a força desses argumentos, eles pareçam mais ou menos iguais e você se decida por uma probabilidade de aproximadamente 50%.

Notou o que está faltando? O período de tempo. Ele faz diferença, obviamente. Para usar um exemplo extremo, a probabilidade de o regime cair nas próximas 24 horas deve ser menor — possivelmente, muito menor — do que a probabilidade de que venha a cair nos próximos 24 meses. Pondo isso nos termos de Kahneman, o prazo é o "escopo" da previsão.

Assim, perguntamos a um grupo aleatoriamente selecionado de superprevisores: "Qual a probabilidade de que o regime de Assad venha a cair nos próximos três meses?". A outro grupo foi perguntado da probabilidade para os seis meses seguintes. Fizemos o mesmo experimento com previsores regulares.

Kahneman previu "insensibilidade ao escopo" disseminada. Inconscientemente, eles se enganariam, desviando das questões difíceis que exigem calibrar a probabilidade com o prazo e se debruçando sobre questões mais fáceis quanto ao peso relativo dos argumentos pró e contra a queda do regime. O prazo não faria diferença para as respostas finais, assim como não fez diferença se 2 mil, 20 mil ou 200 mil pássaros migratórios haviam morrido. Mellers realizou diversos estudos e descobriu que, exatamente como Kahneman esperava, a vasta maioria dos previsores manifestara insensibilidade ao escopo. Previsores regulares disseram que havia uma chance de 40% de que o regime de Assad caísse em três meses e uma chance de 41% de que caísse em seis.

Mas os superprevisores se saíram bem melhor. Eles puseram a probabilidade de Assad cair em 15% para três meses e em 24% para seis meses. Isso não é uma sensibilidade ao escopo perfeita (algo complicado de definir), mas foi bom o bastante para deixar Kahneman surpreso. Se tivermos em mente que não foi feita a ninguém a pergunta tanto da versão de três como de seis meses, é um feito e tanto. Sugere que os superprevisores não só prestaram atenção ao prazo da questão, como também pensaram em outros prazos possíveis — e desse modo evitaram um viés difícil de ser evitado.

Quem dera eu pudesse levar o crédito por isso. Nossas diretrizes de treinamento avançado estimulam os previsores a trabalhar mentalmente "a questão perguntada" e explorar de que maneira suas respostas a uma pergunta envolvendo prazo poderia mudar se a data-limite fosse dali a seis meses em vez de doze ou se o preço-alvo do petróleo fosse 10% mais baixo, ou alguma outra variação relevante. Realizar esse tipo de "experimento mental" é uma boa maneira de testar ao máximo a adequação de seu modelo mental do problema e se certificar de sua sensibilidade ao escopo. Mas a verdade é que os superprevisores estavam falando sobre problemas de insensibilidade ao escopo — embora sem usar o termo — antes que começássemos a estudá-lo, e seu raciocínio ajudou a informar nossas diretrizes de treinamento tanto quanto nossas diretrizes de treinamento informaram seu raciocínio.

Minha sensação é de que alguns superprevisores são tão calejados em correções do Sistema 2 — tal como recuar para obter a visão de fora — que essas técnicas se tornaram habituais. Com efeito, passaram agora a integrar o Sistema 1. Isso pode soar bizarro, mas não é um processo incomum. Qualquer golfista consegue se lembrar da primeira vez que ficou diante de um *tee* e foi instruído a arquear os joelhos, inclinar a cabeça só um pouquinho, elevar um ombro, abaixar o outro, erguer o cotovelo... Foi desajeitado e exigiu monitoramento autoconsciente. Na segunda vez que se ajeitou diante do *tee*, ele teve de laboriosamente repassar essa lista mental ("arquear os joelhos, inclinar a cabeça, elevar o ombro...") e mesmo com grande esforço mental ainda esqueceu algo e teve de ser corrigido. Na terceira vez, foi a mesma coisa. Mas, pouco a pouco, foi ficando mais fácil. Um golfista que insiste acabará enterrando essas instruções no Sistema 1 e executando-as de um modo gracioso. Por mais exigente que a tarefa possa ser em termos físicos ou cognitivos — cozinhar, velejar, realizar uma cirurgia, cantar ópera, pilotar um jato —, a prática deliberada pode criar uma segunda natureza. Quem nunca viu uma criança lutando para pronunciar palavras e captar o significado de uma frase? Você já foi desse jeito, um dia. Felizmente, ler esta frase hoje não exige mais o menor esforço.

Assim, por quanto tempo os superprevisores desafiam as leis da gravidade psicológica? A resposta para isso depende de quão pesados são seus fardos cognitivos. Transformar uma correção do Sistema 2 autoconsciente em uma operação do Sistema 1 inconsciente pode aliviar o ônus consideravelmente. Assim como podem fazê-lo as ferramentas de software desenvolvidas por alguns superprevisores — como o programa de seleção de nova fonte de Doug Lorch, concebido para corrigir o viés do Sistema 1 em prol de pessoas de mesma opinião.

Mas, mesmo assim, a superprevisão continua sendo um trabalho duro. Aqueles que a fazem sabem muito bem da fragilidade de seu sucesso. Já esperam pelos tropeços. E quando isso acontece, levantam-se, tentam extrair as lições corretas e continuam fazendo previsões.

Mas um outro amigo e colega não ficou tão impressionado com os superprevisores como eu. Na realidade, ele desconfia que todo o programa de pesquisa está mal direcionado.

ENTRA O CISNE NEGRO

Nassim Taleb é um ex-investidor de Wall Street cujo pensamento sobre incerteza e probabilidade resultou em três livros de enorme influência e transformou a expressão "cisne negro" em uma frase de uso corrente no inglês.

Para quem não está familiarizado com o conceito, imagine que você é um europeu vivendo quatro séculos atrás. Você já viu muitos cisnes na vida. Todos eles brancos. Se lhe pedissem para imaginar todos os cisnes possíveis que poderia um dia encontrar, provavelmente lhe viriam à mente bandos de cisnes variando em tamanho e forma, mas todos seriam brancos, porque sua experiência lhe diz que todos os cisnes são brancos. Mas então um navio volta da Austrália. A bordo há um cisne — um cisne *negro*. Você fica perplexo. O "cisne negro" desse modo é uma metáfora brilhante para um evento tão fora da experiência que não podemos sequer imaginá-lo, até que ele aconteça.

Mas Taleb não está interessado apenas na surpresa. Um cisne negro deve ser impactante. Na verdade, Taleb insiste que cisnes negros, eles e mais nada, determinam o curso da história. "A história e as sociedades não rastejam", escreveu. "Dão saltos."[4] As implicações disso para meus esforços de melhorar a antevisão são devastadoras: a IARPA se dedicou a uma tarefa vã. O que tem importância não pode ser previsto e o que pode ser previsto não tem importância. Acreditar que seja de outra forma nos conforta com uma falsa sensação de segurança. Com essa visão, dei um passo para trás, cientificamente falando. Em minha pesquisa do EPJ, cheguei próximo da verdade com a piada sobre especialistas e o chimpanzé que joga dardos. Mas meu Good Judgment Project está baseado em concepções equivocadas, entrega-se ao desespero e encoraja uma tola complacência.

Respeito Taleb. Ele e eu até já escrevemos juntos um artigo em uma área-chave em que concordamos. Acho que sua crítica toca em questões profundas que futuros torneios terão de se esforçar por abordar. Mas vejo mais uma falsa dicotomia dando o ar de sua graça: "fazer previsão é exequível se você segue minha fórmula" versus "fazer previsão é um despautério".

Repelir essa dicotomia exige que ponhamos a sedutora metáfora do cisne negro sob o microscópio analítico. O que exatamente é um cisne negro? A definição estrita é algo literalmente inconcebível até que ocorra. Taleb já deu isso a entender em mais de uma ocasião. Nesse caso, muitos eventos classificados como cisne negro são na verdade cinza.

Considere os ataques terroristas do Onze de Setembro, o cisne negro prototípico em que, numa deslumbrante manhã ensolarada de setembro, um raio caído do nada mudou a história. Mas o Onze de Setembro não era inimaginável. Em 1994, o plano de sequestrar um avião e atirá-lo contra a Torre Eiffel foi frustrado. Em 1998, a US Federal Aviation Administration [Administração Federal de Aviação] avaliou um cenário em que terroristas sequestravam aviões de carga da FedEx e os jogavam contra o World Trade Center. O perigo era tão conhecido nos círculos de segurança que em agosto de 2001 um funcionário do governo perguntou a Louise Richardson, especialista em terrorismo de Harvard, por que nenhum grupo terrorista ainda utilizara um avião como bomba voadora. "Minha resposta estava longe de ser de alguma ajuda", ela escreveu mais tarde. "Eu disse que a tática era seriamente considerada e que eu desconfiava que alguns grupos terroristas a usariam em breve."[5]

Outros eventos que foram chamados de cisnes negros — como a irrupção da Primeira Guerra Mundial, que foi precedida por mais de uma década de nervosismo sobre o perigo de uma guerra entre as grandes potências — também fracassam no teste de coisas inimagináveis. Se cisnes negros devem ser inconcebíveis antes de acontecer, uma rara espécie de evento de repente se torna bem mais rara.

Mas Taleb também oferece uma definição mais modesta de um cisne negro como um "evento significativo altamente improvável".[6] Não é difícil encontrar exemplos na história. E como eu e Taleb exploramos em nosso artigo conjunto, é aí que a verdade em sua crítica pode ser encontrada.

Se previsores fizerem centenas de previsões que antecipem apenas alguns meses, em breve teremos dados suficientes para julgar até que ponto elas estão bem calibradas. Mas, por definição, um evento "altamente improvável" quase nunca acontece. Se definirmos "altamente improvável" como significando uma chance de 1%, 0,1% ou 0,0001% de um evento, pode levar décadas, séculos ou milênios para juntar dados suficientes. E se esses eventos têm de ser não apenas altamente improváveis como também impactantes, a dificuldade é multiplicada. Assim a primeira geração de torneio da IARPA nada nos informa sobre até que ponto os superprevisores são bons em identificar cisnes pretos ou cinza. Eles podem estar tão no escuro quanto qualquer um — ou serem de uma competência ímpar. Não sabemos, e não deveríamos nos iludir do contrário.

Agora, se você acredita que a longo prazo apenas cisnes negros importam, o Good Judgment Project deveria interessar apenas aos pensadores de curto prazo. Mas a história não é feita apenas de cisnes negros. Veja o avanço vagaroso na expectativa de vida. Ou considere que uma média de 1% de crescimento econômico global anual no século XIX e de 2% no século XX transformaram a sordidez do século XVIII e de todos os séculos que o precederam na riqueza sem precedentes do século XXI.[7] A história de fato dá saltos, às vezes. Mas também rasteja, e a mudança lenta e incremental pode ser profundamente importante.

Uma analogia útil reside no mundo do investimento. Vinod Khosla é o cofundador da Sun Microsystems e um investidor de capital de risco no Vale do Silício. É também um grande fã de Nassim Taleb. Investindo no mundo notoriamente volátil da tecnologia, Khosla observou incontáveis previsões fracassarem e sabe que não se pode especificar o próximo grande acontecimento com exatidão. Então ele espalha seus investimentos, já imaginando que a maioria vai fracassar, mas na esperança de, ocasionalmente, encontrar uma ou duas *start-ups* que, contra todas as probabilidades, farão uma fortuna padrão Google. A maioria não tem estômago para isso porque encara a coisa do jeito errado, ele me contou em 2013: "É engraçado que uma chance de 90% de fracassar, as pessoas não gostam, mas uma chance de 10% de mudar o mundo, elas adoram". Isso é investimento ao estilo cisne negro, e é similar ao modo como o próprio Taleb investia — com muito sucesso — antes de se tornar escritor. Mas não é o único modo de fazê-lo. Um jeito muito diferente é vencer os competidores fazendo previsões mais precisas — por exemplo, decidindo corretamente que há uma chance de 68% de algo acontecer quando outros preveem uma chance de apenas 60%. Essa é a abordagem dos melhores jogadores de pôquer. Compensa com mais frequência, mas os retornos são mais modestos, e fortunas são feitas lentamente. Não é superior nem inferior ao investimento de cisne negro. É diferente.

Há uma outra razão importante para não descartar os torneios de previsão. O que eleva uma mera surpresa ao status de cisne negro são as consequências do evento. Mas consequências levam tempo para se desenvolver. Em 14 de julho de 1789, uma turba assumiu o controle de uma prisão em Paris conhecida como Bastilha, mas queremos dizer algo muito mais importante do que o que aconteceu naquele dia quando nos referimos hoje à "tomada da Bastilha". Queremos dizer o evento em si mais os eventos que isso desencadeou e que desembocaram na Revolução Francesa. É por isso que, séculos depois, 14 de julho é um feriado nacional na França. "Quanto mais você quer explicar um evento cisne negro como a tomada da Bastilha", escreveu o sociólogo Duncan Watts, "mais amplos são os contornos que deve traçar em torno do que considera ser o evento propriamente dito."[8]

Sob essa luz, cisnes negros não são tão loucamente imprevisíveis quanto se supunha.

Três dias após os terroristas atingirem o World Trade Center e o Pentágono com aviões, o governo dos Estados Unidos exigiu que os governantes talibãs do Afeganistão entregassem Osama bin Laden e outros terroristas da Al-Qaeda. O Talibã disse que obedeceria se o governo americano apresentasse evidência satisfatória de culpa da Al-Qaeda. Os Estados Unidos se prepararam para a invasão. Mesmo assim, o Talibã se recusou a entregar Bin Laden. Finalmente, quase um mês após o Onze de Setembro, os Estados Unidos atacaram. Hoje, quando nos referimos ao cisne negro do Onze de Setembro, queremos dizer os ataques mais as consequências, que incluem a invasão do Afeganistão. Mas a sequência de eventos talvez tivesse sido diferente, alguém poderia afirmar. Bin Laden e a Al-Qaeda eram estrangeiros falantes de árabe no Afeganistão, e o Talibã poderia ter decidido que protegê-

-los simplesmente não valeria o risco de incorrer na ira da única superpotência do mundo bem quando estavam prestes a finalmente destruir a Aliança do Norte, seus odiados rivais. Ou, percebendo a extradição iminente, Bin Laden e seus seguidores poderiam ter fugido para o Paquistão, a Somália ou o Iêmen. Poderíamos imaginar um cenário em que não houvesse invasão do Afeganistão nem nenhuma caçada a Osama bin Laden. E então veríamos o Onze de Setembro com um olhar diferente — uma tragédia, decerto, mas não o primeiro tiro numa série de guerras que dominou a década.

Talvez não tenhamos evidência de que superprevisores podem antever eventos como o de 11 de setembro de 2001, mas temos com efeito um caminhão de evidência de que eles são capazes de prever questões como: Os Estados Unidos vão ameaçar com ação militar caso o Talibã não entregue Osama bin Laden? O Talibã vai aquiescer? Bin Laden vai fugir do Afeganistão antes da invasão? Na medida em que tais previsões podem antecipar as consequências de eventos como o Onze de Setembro, e essas consequências tornam um cisne negro naquilo que ele é, nós *podemos* prever cisnes negros.

TUDO ISSO POSTO...

Vejo as críticas de Kahneman e Taleb como os desafios mais poderosos à ideia da superprevisão. Estamos empiricamente longe o bastante e filosoficamente próximos o bastante para tornar a comunicação, até a colaboração, possível.

Para ver como estamos próximos, considere um memorando burocrático que nunca teria entrado para as notas de rodapé da história não fosse o acidente de seu *timing*. Em 11 de abril de 2001, o secretário de defesa Donald Rumsfeld enviou um memorando ao presidente George W. Bush e ao vice-presidente Dick Cheney. "Encontrei este texto sobre a dificuldade de prever o futuro", escreveu Rumsfeld. "Achei que o senhor podia achar interessante."[9] O "texto" olha para a situação estratégica no início de cada década entre 1900 e 2000 e mostra que, caso a caso, a realidade era espantosamente diferente de dez anos antes. "Tudo isso para dizer que não tenho certeza de como vai ser 2010", concluía seu autor, Linton Wells, "mas tenho certeza de que será muito pouco parecido com o que esperamos, então é melhor planejar de acordo."

Thoughts for the 2001 Quadrennial Defense Review

- If you had been a security policy-maker in the world's greatest power in 1900, you would have been a Brit, looking warily at your age-old enemy, France.

- By 1910, you would be allied with France and your enemy would be Germany.

- By 1920, World War I would have been fought and won, and you'd be engaged in a naval arms race with your erstwhile allies, the U.S. and Japan.

- By 1930, naval arms limitation treaties were in effect, the Great Depression was underway, and the defense planning standard said "no war for ten years."

- Nine years later World War II had begun.

- By 1950, Britain no longer was the world's greatest power, the Atomic Age had dawned, and a "police action" was underway in Korea.

- Ten years later the political focus was on the "missile gap," the strategic paradigm was shifting from massive retaliation to flexible response, and few people had heard of Vietnam.

- By 1970, the peak of our involvement in Vietnam had come and gone, we were beginning détente with the Soviets, and we were anointing the Shah as our protégé in the Gulf region.

- By 1980, the Soviets were in Afghanistan, Iran was in the throes of revolution, there was talk of our "hollow forces" and a "window of vulnerability," and the U.S. was the greatest creditor nation the world had ever seen.

- By 1990, the Soviet Union was within a year of dissolution, American forces in the Desert were on the verge of showing they were anything but hollow, the U.S. had become the greatest debtor nation the world had ever known, and almost no one had heard of the internet.

- Ten years later, Warsaw was the capital of a NATO nation, asymmetric threats transcended geography, and the parallel revolutions of information, biotechnology, robotics, nanotechnology, and high density energy sources foreshadowed changes almost beyond forecasting.

- All of which is to say that I'm not sure what 2010 will look like, but I'm sure that it will be very little like we expect, so we should plan accordingly.

```
Certified As Unclassified
January 9 2009
IAW EO 12958, as amended
Chief, RDD, ESD, WHS
```

Lin Wells

Pensamentos para a revisão de defesa quadrienal de 2001

- Se você fosse responsável por políticas de defesa na maior potência mundial em 1900, teria sido um britânico, olhando cautelosamente para seu inimigo de longa data, a França.
- Em 1910, você seria um aliado da França e seu inimigo seria a Alemanha.
- Em 1920, a Primeira Guerra Mundial teria sido travada e vencida, e você estaria envolvido em uma corrida armamentista naval com seus antigos aliados, os Estados Unidos e o Japão.
- Em 1930, os tratados de limitação de armas navais eram levados a efeito, a Grande Depressão estava a caminho e o planejamento-padrão de defesa dizia "sem guerras por dez anos".
- Nove anos depois começou a Segunda Guerra Mundial.
- Em 1950 a Grã-Bretanha não era mais a maior potência mundial, a Era Atômica nascera e uma "ação policial" estava em curso na Coreia.
- Dez anos depois o foco político estava na "lacuna de mísseis", o paradigma estratégico mudava da retaliação maciça para a resposta flexível e poucos tinham ouvido falar do Vietnã.
- Em 1970, o pico de nosso envolvimento no Vietnã chegara e passara, estávamos no início de uma détente com os soviéticos e ungíamos o xá como nosso protegido na região do Golfo.
- Em 1980, os soviéticos estavam no Afeganistão, o Irã estava prenhe de uma revolução, havia conversas sobre nossas "forças ocas" e uma "janela de vulnerabilidade" e os Estados Unidos eram a maior nação credora que o mundo já vira.
- Em 1990, a União Soviética estava a um ano da dissolução, as forças americanas no deserto estavam prestes a mostrar que eram tudo menos ocas, os Estados Unidos haviam se tornado a maior nação devedora que o mundo já vira e quase ninguém ouvira falar da internet.
- Dez anos mais tarde, Varsóvia era a capital de uma nação da Otan, as ameaças assimétricas transcendiam a geografia e as revoluções paralelas da informação, biotecnologia, robótica, nanotecnologia e fontes energéticas de alta densidade prefiguravam mudanças quase além da previsão.
- Tudo isso para dizer que não tenho certeza de como vai ser 2010, mas tenho certeza de que será muito pouco parecido com o que esperamos, então é melhor planejar de acordo.

Lin Wells

Precisamente cinco meses depois que Rumsfeld escreveu seu memorando, uma célula terrorista lançou aviões contra as Torres Gêmeas e o Pentágono. A década que se seguiu foi mais uma que guardou pouca semelhança com o que os experts e sabichões esperavam em seu começo.

Taleb, Kahneman e eu concordamos não existir evidência de que previsores geopolíticos ou econômicos possam ver alguma coisa com dez anos de antecedência além do óbvio ululante — "haverá conflitos" — e os ocasionais acertos na base da sorte que são inevitáveis sempre que montes de previsores fazem montes de previsões. Esses limites na previsibilidade são os resultados previsíveis da dinâmica de borboleta dos sistemas não lineares. Em minha pesquisa do EPJ, o grau de acerto das previsões dos especialistas declinou em direção ao acaso a partir de cinco anos. E, contudo, essas previsões de longo prazo são comuns, mesmo dentro de instituições que não deveriam cair nessa. De quatro em quatro anos, o Congresso exige que o Departamento de Defesa forneça uma previsão de vinte anos do ambiente de segurança nacional. "Enorme esforço é despendido na Revisão de Defesa Quadrienal", observou Richard Danzig, antigo secretário da Marinha.[10] Foi esse exercício ritualístico que motivou Lin Wells a cometer um modesto ato de rebeldia intelectual e escrever seu artigo.

Wells aludiu a um jeito melhor em seu comentário de encerramento. Se você tem de fazer planos para um futuro além do horizonte de previsão, planeje para ter surpresas. Isso quer dizer, como aconselha Danzig, planejar para a adaptabilidade e a resiliência. Imagine um cenário em que a realidade lhe dá uma bofetada na orelha e considere como você reagiria. Depois, suponha que a realidade vai dar um pontapé em seu queixo e pense em como lidar com isso. "Planos são inúteis", disse Eisenhower sobre os preparativos para a batalha, "mas planejar é indispensável."[11]

Taleb levou esse argumento mais longe e pediu que sistemas críticos — como a rede bancária internacional e as armas nucleares — se tornassem "antifrágeis", ou seja, não só adquirissem resiliência a choques como também ficassem fortalecidos com eles. Em princípio, concordo. Mas um ponto muitas vezes negligenciado é que se preparar para surpresas — seja ao buscar a resiliência, seja a antifragilidade — é dispendioso. Temos de estabelecer prioridades, o que nos leva de volta ao negócio da previsão. Considere normas de construção. Em Tóquio, prédios grandes e novos têm de ser construídos com engenharia avançada para suportar megaterremotos. Isso é caro. Faz sentido incorrer nesse custo? O momento dos terremotos não pode ser previsto com precisão, mas os sismólogos sabem onde tendem a ocorrer e a probabilidade de sua magnitude. Tóquio é um centro de terremotos, de modo que padrões de engenharia caros fazem sentido. Mas em regiões menos suscetíveis a grandes tremores, particularmente nos países mais pobres, os mesmos padrões não fazem tanto sentido.

Estimativas de probabilidade desse tipo estão no cerne de todo planejamento de longo prazo, mas raramente são tão explícitas quanto as de preparativos para terremotos. Por décadas, os Estados Unidos seguiram a diretriz de manter a capacidade para travar duas guerras simultaneamente. Mas por que não três? Ou quatro? Por que não se preparar para uma invasão alienígena, já que estamos nisso? As respostas dependem das probabilidades. A doutrina das duas guerras estava baseada em uma avaliação de que a probabilidade de o exército ter de lutar uma guerra dupla simultaneamente era alta o bastante para justificar o imenso gasto — mas o mesmo não era verdade para uma guerra tripla, uma guerra quádrupla ou uma futura invasão alienígena. Avaliações como essas são inevitáveis, e se às vezes parece que as evitamos no planejamento de longo prazo, é apenas porque as varremos para baixo do tapete. Isso é preocupante. Avaliações de probabilidade devem ser explícitas, de modo que possamos considerar se são tão precisas quanto podem ser. E se nada forem além de uma conjectura, porque é o melhor que podemos fazer, deveríamos dizê-lo. Saber o que não sabemos é melhor do que achar que sabemos o que não sabemos.

Isso ganha foco se pensarmos cuidadosamente na prática de previsões. Mas muitas vezes não o fazemos — o que leva a disparates como as previsões geopolíticas para vinte anos e os best-sellers sobre o próximo século. Acho que tanto Taleb como Kahneman ajudam a explicar por que continuamos a cometer esse tipo de equívoco.

Kahneman e outros pioneiros da psicologia moderna revelaram que nossas mentes anseiam por certeza e, quando não a encontram, a impõem. Para a prática de previsões, o viés retrospectivo é um pecado capital. Lembre como os especialistas perplexos com a surpresa que foi Gorbachóv ficaram rapidamente convencidos de que isso era perfeitamente explicável, mesmo previsível, embora não o tivessem previsto.

Ignorar as surpresas faz o passado parecer mais previsível do que foi — e isso encoraja a crença de que o futuro é muito mais previsível do que é. A China vai se tornar a principal potência econômica em meados do século XXI? Muitos têm certeza de que sim. E pode ser. Mas na década de 1980 e no início da década de 1990, houve uma crença ainda mais prevalecente de que o Japão iria em breve dominar a economia global, e o subsequente declínio do país deveria ao menos fazer pensar duas vezes aqueles que vaticinam a supremacia chinesa.[12] Mas é comum que não seja assim, porque ao olhar para trás parece estranho que alguém tenha pensado um dia que o Japão assumiria a ponta. Claro que o Japão iria vacilar! É óbvio — em retrospecto —, assim como a predição de que a China não vai vacilar parece óbvia hoje.

Agora considere o que acontece quando essa psicologia vai de encontro à realidade que Nassim Taleb descreve tão bem.

Em grande parte da vida diária, encontramos eventos recorrentes que se encaixam na clássica curva normal quando representados graficamente. Por exemplo, a maioria dos homens tem entre 1,5 metro e 1,8 metro de altura, muito menos estão por volta de 1,2 metro e 2,1 metro e há uma quantidade ínfima perto de 1 metro (o menor homem que já viveu tinha pouco menos de 1 metro) e 2,4 metros (o mais alto tinha 2,72 metros). Mas a curva normal não serve para qualquer coisa, como a desigualdade de riqueza nos Estados Unidos demonstra. Suponha que a renda anual da família média americana esteja em torno de 100 mil dólares anuais e que 95% das famílias fiquem entre 10 mil e 1 milhão. Se a riqueza fosse distribuída ao longo de uma curva normal clássica, como a da página 239, nós praticamente nunca encontraríamos uma família correspondendo a mais de 10 milhões. E encontrar uma família com patrimônio líquido de 1 bilhão seria uma ocorrência de uma em trilhões. Mas a riqueza não é distribuída normalmente. Há quase quinhentos indivíduos com patrimônio líquido de mais de 1 bilhão e um punhado que vale mais do que 10 bilhões. A verdadeira distribuição da riqueza é uma distribuição de cauda gorda que permite resultados muito mais extremos. A verdadeira probabilidade de alguém nos Estados Unidos ser um bilionário sobe abruptamente de uma em trilhões para mais ou menos uma em 700 mil.

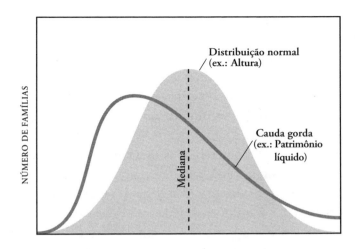

Agora vem a parte difícil de captar na visão de mundo de Taleb. Ele postula que as probabilidades históricas — todos os modos possíveis pelos quais o futuro poderia se desenrolar — estão distribuídas como riqueza, não altura. Isso significa que nosso mundo é vastamente mais volátil do que a maioria de nós se dá conta, e que corremos o risco de cometer graves erros de cálculo.

Vamos entrar na máquina do tempo e voltar ao verão de 1914. A Primeira Guerra Mundial está prestes a estourar. Imagine que um político importante no Ministério das Relações Exteriores britânico presumiu (incorretamente) que as taxas de mortalidade das guerras até aquele ponto na história estão normalmente distribuídas em torno de uma média de 100 mil.[13] Para ele, na pior das hipóteses, uma guerra reclamará cerca de 1 milhão de vidas. Então ele encontra um previsor que alega que a Europa está prestes a mergulhar numa guerra mundial que vai matar 10 milhões — seguida de outra guerra mundial que matará 60 milhões. O político vê essa combinação de catástrofes como altamente improvável — digamos, uma em vários milhões —, de modo que repudia o previsor como um maluco.

O que teria acontecido se o político tivesse confiado em uma distribuição de cauda gorda mais realista para as baixas de guerra? Ele continuaria a ver a previsão como improvável, mas ela seria agora milhares de vezes mais provável do que antes.[14] O impacto seria análogo a você descobrir que suas chances pessoais de ganhar na loteria com a compra de um bilhete qualquer subiram de uma em 5 milhões para uma em quinhentos. Você não iria correndo comprar bilhetes? Um político em 1914 que soubesse dos verdadeiros riscos cauda gorda de uma guerra com megabaixas poderia perfeitamente ter se esforçado bem mais para evitar a catástrofe iminente.

Ou então veja dessa forma. Se a altura tivesse uma distribuição de cauda gorda, ainda assim seria bem incomum andar pela rua e encontrar um sujeito de 3,5 metros — seguido de um outro de 4,5 metros —, mas não é inconcebível que tais eventos ocorressem durante a vida de alguém. Sob essa mesma luz, agora que sabemos que baixas de guerra de fato têm uma distribuição de cauda gorda, não deveríamos ficar espantados quando historiadores militares nos dizem que a Segunda Guerra Mundial poderia ter reclamado mais de 60 milhões de vidas se Hitler tivesse iniciado a invasão da União Soviética um pouco antes em 1941 ou tivesse percebido o poder destrutivo da bomba atômica. As possibilidades foram outrora reais — e numerosas.

Alguns acham difícil entender a ideia de Taleb sobre as distribuições estatísticas de mundos possíveis. Soa como um despropósito de intelectual. Há apenas uma realidade: o que aconteceu no passado, o que estamos vivendo hoje e o que vai acontecer no futuro. Mas se você tiver o mesmo tipo de inclinação matemática de Taleb, vai se acostumar à ideia de que o mundo em que vivemos é apenas um que emergiu, quase aleatoriamente, de uma vasta população de mundos outrora possíveis. O passado não tinha de se desenrolar tal como foi, o presente não tinha de ser o que é e o futuro está amplamente aberto. A história é uma série praticamente infinita de possibilidades. Líderes prudentes têm essa intuição, como aconteceu com John F. Kennedy quando percebeu que a crise de mísseis cubana tinha uma variedade de resultados possíveis, indo da paz à aniquilação nuclear, que poderia ter elevado a taxa de mortalidade em uma Terceira Guerra Mundial às centenas de milhões. De fato, caudas gordas![15]

Daniel Kahneman demonstra o argumento com um experimento mental tipicamente elegante. Ele nos convida a considerar três líderes cujo impacto no século XX foi imenso — Hitler, Stálin e Mao. Todos alçados ao poder com o respaldo de um movimento político que jamais teria aceitado uma líder do sexo feminino, mas a origem de todos os três pode ser remontada a um óvulo não fertilizado que tinha 50% de chance de ser fertilizado por diferentes espermatozoides e produzir um zigoto feminino que se tornaria um feto feminino e por fim uma bebê. Isso significa que havia apenas

12,5% de chance de que todos os três líderes nascessem homens e uma chance de 87,5% de que pelo menos um deles nascesse mulher. O efeito cascata de diferentes resultados é incognoscível, mas potencialmente enorme. Se Anna Hitler tivesse nascido a 20 de abril de 1889, em Braunau am Inn, Áustria, a Segunda Guerra Mundial talvez nunca tivesse acontecido — ou um ditador nazista mais inteligente talvez houvesse lançado horrores ainda maiores sobre todos nós ao tomar decisões mais acertadas.

Nós três vemos a história dessa maneira. Ideias contrafactuais realçam quão radicalmente abertas as possibilidades outrora foram e quão facilmente nossos planos mais bem concebidos podem ser baldados pelo adejar de asas de uma borboleta. A imersão na história "e se" pode nos fornecer uma percepção visceral da visão de indeterminação radical de Taleb. Saborear como a história poderia ter gerado uma série infinita de resultados alternativos e poderia hoje gerar uma série similar de futuros alternativos é como contemplar os 100 bilhões de estrelas conhecidas em nossa galáxia e os 100 bilhões de galáxias conhecidas. É algo que instila profunda humildade.[16]

Kahneman, Taleb e eu estamos de acordo quanto a isso. Mas acredito também que a humildade não deve obscurecer o fato de que as pessoas podem, com esforço considerável, fazer previsões precisas sobre pelo menos alguns acontecimentos que são realmente importantes. De fato, no grande esquema das coisas, a antevisão do ser humano é insignificante, mas não é algo a ser desdenhado quando se vive nessa insignificante escala humana.

E agora? 12

POR MESES, NÃO HOUVE dúvida sobre o resultado. Excluindo os indecisos, cerca de 43% dos escoceses disseram que votariam sim no plebiscito de 18 de setembro de 2014 sobre a Escócia deixar o Reino Unido; 57% foram a favor do não. Mas duas semanas antes do plebiscito, as pesquisas mudaram rapidamente, pondo o sim na frente. As últimas pesquisas antes da votação revelaram mais uma pequena mudança, deixando o não à frente por um nariz de vantagem — com pelo menos 9% dos eleitores ainda indecisos. O Reino Unido e seus 307 anos de existência sobreviveriam?

A resposta hoje parece óbvia, como geralmente acontece depois do fato. Na época, não era. A campanha do sim apelara ao sentimento nacionalista, a campanha do não contra-atacara dizendo que a economia escocesa ficaria incapacitada pela separação. Alguns especialistas argumentaram que a política de identidade nacionalista superaria os cálculos econômicos; outros esperavam o contrário. O único desfecho altamente provável era que, acontecesse o que acontecesse, os especialistas imediatamente explicariam o porquê.

Como se viu, o não venceu pela margem surpreendentemente ampla de 55,3% a 44,7%. (Os superprevisores por acaso foram muito bem nessa, batendo até os mercados de aposta britânicos, com dinheiro valendo na mesa.)[1]

Mas um especialista foi voz discordante. "Eu estava preparado para me divertir hoje escrevendo um post que teria sido uma especulação 'Escolha Sua Própria Análise' na esteira do plebiscito escocês", escreveu o cientista político e blogueiro do *Washington Post*, Daniel Drezner, um dia depois que a Escócia votou pelo não. Teria havido "frases como: 'O plebiscito de ontem é uma clara demonstração [do poder duradouro do nacionalismo no século XXI / da resiliência da economia na cabeça dos eleitores no Ocidente], e quem sabe os especialistas que prediseram um resultado [Não / Sim] se apressariam a desconsiderar [o apelo insípido da economia / os bens que o nacionalismo não pode fornecer]". Quem dera Drezner tivesse continuado nessa veia. Teria sido uma deliciosa cutucada na insta-análise dos comentaristas superseguros de si. Mas Drezner fez outra coisa. Ele confessou ter ficado pessoalmente inseguro quanto ao resultado e mostrou-se surpreso com a ampla margem da vitória do não. Foi "um momento educador para a comunidade dos sabe-tudo", escreveu Drezner. "O que equivale a dizer: o que a pessoa faz com dados como esses para ajustar sua visão de mundo?"[2]

Que pergunta fabulosa! Por um lado, as análises de tipo retrospectivo que dominam o comentário após importantes acontecimentos são um beco sem saída. Muitos fatores estavam em operação no referendo escocês, assim "a economia superou o nacionalismo" deixa coisas demais de fora. É ainda mais inadequado concluir alegremente que, como "a economia superou o nacionalismo" nesse caso, vai fazê-lo em qualquer situação. Por outro lado, nossas expectativas do futuro são derivadas de nossos modelos mentais sobre como o mundo funciona, e todo evento é uma oportunidade de aprender e melhorar esses modelos.

Mas como observou Drezner, o efetivo aprendizado com a experiência não pode ocorrer sem um claro feedback, e não dá para ter feedback claro a menos que suas previsões sejam livres de ambiguidade e passíveis de pontuação. Soa familiar? Deve. Drezner citou um artigo sobre o torneio da IARPA. "Sou sem dúvida culpado dos caprichos da previsão", escreveu. Antes do plebiscito escocês, ele achara que o não venceria, mas, por outro lado, escreveu um post sobre por que o sim talvez vencesse. Então, qual foi sua previsão? Não ficou claro. Como ele poderia mudar seu pensamento à luz do resultado? Isso também não ficou claro. "Assim, no futuro, ao escrever sobre um evento isolado como o plebiscito escocês, tentarei duas coisas:

fazer uma previsão clara e oferecer um intervalo de confiança sobre essa previsão. Em outras palavras, quero ficar de olho no placar."[3]

Essa era precisamente a reação que eu esperava.

Com pontuações e tabelas de líderes, os torneios de previsão podem parecer apenas um jogo, mas o que está em jogo é concreto e substancial. No mundo dos negócios, uma boa capacidade de previsão pode ser a diferença entre a prosperidade e a falência; no governo, a diferença entre as políticas que impulsionam as comunidades e aquelas que lhes infligem consequências involuntárias e desperdiçam dólares dos impostos; na segurança nacional, a diferença entre a paz e a guerra. Se a comunidade de inteligência norte-americana não tivesse afirmado ao Congresso que sem dúvida Saddam Hussein tinha armas de destruição em massa, uma invasão desastrosa poderia ter sido evitada. A IARPA compreende o enorme potencial que há em ficar de olho no placar. É por isso que ela financiou o projeto.

Os torneios ajudam os pesquisadores a descobrir o que melhora a previsão e ajuda os previsores a afiar suas habilidades com prática e feedback. Os torneios poderiam ajudar também a sociedade, fornecendo ferramentas para estruturar o pensamento sobre o que é provável acontecer se nos aventurarmos por essa ou aquela política pública. Expectativas vagas sobre futuros indefinidos não ajudam. É impossível provar que uma opinião vaga está errada. E só quando a comprovação de nosso equívoco é tão clara que não podemos mais negar o fato para nós mesmos que ajustamos nossos modelos mentais do mundo — produzindo uma imagem mais clara da realidade. Prever, medir, revisar: é o caminho mais seguro para ver melhor.

Dan Drezner percebeu isso. Bem como, nos meus sonhos, todo mundo que vier a ler este livro, e assim uma mudança séria terá início. Os consumidores de previsão vão parar de ser tapeados por bambambãs bons de lábia e começar a perguntar aos especialistas como foram suas previsões anteriores — e rejeitar respostas que não consistam de outra coisa além de anedotas e credenciais. Assim como hoje em dia esperamos que um comprimido tenha sido testado em experimentos revistos por pares antes de o enfiarmos na boca, esperamos que os previsores estabeleçam a precisão de seus prognósticos com testes rigorosos antes de seguirmos seus conselhos. E os próprios previsores vão se dar conta, como fez Dan Drezner, de que essas expectativas mais elevadas acabarão por beneficiá-los, pois é apenas com o feedback claro que vem com o teste rigoroso que eles podem aperfeiçoar suas previsões. Poderia ser uma mudança e tanto — uma revolução da "previsão baseada em evidências" semelhante à revolução da "medicina baseada em evidências", com consequências igualmente significativas.

Ou talvez nada mude. Não se espera de revolucionários que digam que o fracasso é uma possibilidade, mas vamos pensar como superprevisores aqui e admitir que as coisas possam caminhar em sentido contrário.

Neste último capítulo, avalio a força mais poderosa resistindo à mudança, e por que, a despeito dela, o status quo pode sofrer um choque. Então vou olhar para algo que posso controlar — minha futura pesquisa. Se ela será conduzida em meio a uma mudança turbulenta, como espero, ou um status quo estagnado, como receio, será decidido pelas pessoas que os cientistas políticos chamam de "público atento". Estou modestamente otimista. Mas os leitores podem fazer a previsão final.

O STATUS QUO *KTO-KOGO*

Nos meses anteriores à eleição presidencial de 2012, as previsões de Nate Silver constantemente punham Obama à frente de Mitt Romney. Mesmo quando as pesquisas mostraram Romney fungando no cangote de Obama, e as expressões "cinquenta-cinquenta" e "perto demais para arriscar um palpite" ecoaram pela mídia, a previsão de Silver nunca apresentou Obama abaixo de uma chance de 61% de vitória. Os republicanos insultaram Silver e o acusaram de tendencioso. Os democratas defenderam sua integridade e elogiaram sua perspicácia como previsor — e o cobriram de louros quando Obama ganhou. Mas em março de 2014, quando as previsões de Silver sugeriam que os republicanos tomariam controle do Senado nas eleições de meio de mandato em novembro, muitos democratas mudaram de ideia. Alguns membros do partido até fizeram circular antigas previsões de Silver que haviam fracassado.[4] O mesmo previsor, o mesmo histórico — mas quando suas previsões deixaram de se alinhar com os interesses partidários, ele foi rebaixado de profeta a incompetente.

Isso foi uma ilustração extrema de um problema que varri para debaixo do tapete no capítulo 1, quando disse que o objetivo exclusivo da previsão deveria ser a precisão e que essa seria a única preocupação deste livro. Na realidade, a precisão muitas vezes é apenas um de seus muitos objetivos. Às vezes, ela é irrelevante.

Tal verdade desagradável fica em geral disfarçada, mas, ocasionalmente, a máscara cai, como foi o caso quando uma analista do Banco Santander Brasil advertiu seus clientes mais ricos de que a bolsa e a moeda no país provavelmente cairiam se a candidata de esquerda continuasse a subir nas pesquisas. A candidata e o partido ficaram furiosos e exigiram que a mulher fosse demitida. E isso aconteceu, imediatamente, porque no Brasil não é bom para um banco estar em maus termos com potenciais futuros presidentes. Se a previsão da analista era precisa não fazia a menor diferença.[5]

Como todos os líderes inescrupulosos e manipuladores antes e depois dele, Vladimir Lenin insistia que a política, definida de maneira ampla, nada mais era que uma luta pelo poder ou, em suas memoráveis palavras, "*kto, kogo?*". Isso significa literalmente "quem, para quem", e era a forma sintetizada de Lenin dizer "Quem faz o que para quem?". Os argumentos e evidências são adornos encantadores, mas o que importa é a disputa incessante para ser o *kto*, não o *kogo*.[6] Segue-se que o objetivo de fazer previsões *não* é enxergar o que está por vir. É promover os interesses do previsor e sua turma. Prognósticos precisos talvez ajudem nisso às vezes, e, quando o fazem, a precisão é bem-vinda, mas ela é jogada de escanteio quando a luta pelo poder assim o exige. Falei anteriormente sobre a advertência de Jonathan Schell em 1982 de que um holocausto sem dúvida ocorreria num futuro próximo "a menos que nos livremos de nossos arsenais nucleares", o que claramente não foi uma previsão precisa. Schell queria instigar os leitores a se unir ao crescente movimento pelo desarmamento nuclear. Ele conseguiu. Então seu prognóstico não foi preciso, mas falhou? Lenin diria que conseguiu exatamente o que esperava conseguir.

Dick Morris — um republicano, perito em opinião pública e ex-conselheiro do presidente Bill Clinton — salientou esse ponto dias após a eleição presidencial de 2012. Pouco antes da votação, Morris previra uma vitória esmagadora de Romney. Depois, foi alvo de zombaria. Então ele se defendeu. "A campanha de Romney estava indo para o buraco, as pessoas não estavam otimistas, ninguém achava que houvesse uma chance de vitória e eu senti que era meu dever naquele momento me pronunciar e dizer o que eu disse", explicou Morris.[7] Claro que Morris pode ter mentido sobre ter mentido, mas o fato de achar essa defesa plausível revela muita coisa sobre o mundo *kto-kogo* em que ele vive.

Não precisamos ser marxistas-leninistas para admitir que Lenin tinha certa razão. Você e sua turma são importantes. Se as previsões puderem ser cooptadas para favorecer seu interesse próprio, elas serão. Dessa perspectiva, não há necessidade de corrigir e aperfeiçoar a prática da previsão, e ela não vai mudar, porque já está servindo bem a seu propósito primordial.

Mas, antes de desistir, lembremos que Lenin era um pouco pragmático. As pessoas querem o poder, sem dúvida. Mas também valorizam outras coisas. E isso pode fazer toda a diferença.

MUDANÇA

Há um século, quando os médicos pouco a pouco se profissionalizavam e a medicina estava prestes a se tornar científica, um cirurgião de Boston chamado Ernest Amory Codman teve uma ideia semelhante em espírito à contagem de pontuação de previsores. Ele a chamou de Sistema de Resultado Final. Os hospitais deviam registrar qual era a enfermidade do paciente ao chegar, como ele era tratado e — o mais importante — o resultado final de cada caso. Esses registros seriam compilados e a estatística, liberada, assim os consumidores poderiam escolher hospitais com base em evidências sólidas. Os hospitais deveriam responder à pressão dos consumidores contratando e promovendo médicos com base nesses mesmos dados. A medicina iria melhorar, em benefício de todos. "O plano de Codman negligenciava a reputação clínica do médico ou sua posição social, bem como sua conduta junto ao leito ou habilidades técnicas", comentou o historiador Ira Rutkow. "Só o que contava eram as consequências clínicas do esforço médico."[8]

Atualmente, os hospitais fazem muita coisa do que Codman pediu, e mais, e os médicos ficariam espantados se alguém sugerisse que parassem. Mas o establishment médico enxergou de maneira diferente quando Codman propôs a ideia pela primeira vez.

Os hospitais odiaram. Teriam de pagar funcionários para manter os registros. E os médicos encarregados não viam vantagem nenhuma. Eles já eram respeitados. Registrar resultados só serviria para prejudicar suas reputações. Previsivelmente, Codman não chegou a lugar algum. Assim, ele insistiu com mais veemência — e se indispôs de tal forma com os colegas que foi demitido do Massachusetts General Hospital. Codman abriu seu próprio hospital modesto, onde pagou pessoalmente pela compilação de estatísticas e sua publicação, e continuou a divulgar suas ideias, usando meios cada vez mais extremos. Em uma reunião de uma sociedade médica local, em 1915, ele desenrolou um enorme cartum que ironizava várias pessoas importantes, entre elas o presidente da Universidade Harvard. Codman foi suspenso da sociedade médica e perdeu sua posição de professor em Harvard. O status quo parecia inatacável.

Mas "o clamor público com o cartum de Codman criou um burburinho nacional", escreveu Rutkow. "A eficiência médica e o sistema de resultado final tornaram-se de repente o assunto do dia. À medida que a profissão e o público ouviam falar das ideias de Codman, um número cada vez maior de hospitais por todo o país implementava seu plano. Codman se tornou um conferencista requisitado, e quando o incipiente Colégio Americano de Cirurgiões formou uma comissão sobre padrões hospitalares, ele foi nomeado seu primeiro presidente."[9] Grande parte do que Codman defendia nunca foi adotada — ele era um idealista incansável —, mas, no fim, a essência de sua ideia saiu vitoriosa.

Se o *kto-kogo* fosse a força determinante nos assuntos humanos que Lenin e outros achavam que era, a medicina baseada em evidências — que era uma ameaça para todo mundo com alguma posição na hierarquia médica — teria sido uma natimorta. Mas Ernest Codman, Archie Cochrane e muitos outros superaram os interesses entranhados. Fizeram isso não dinamitando as muralhas. Fizeram isso apresentando razões e com um foco incansável no objetivo singular de curar os enfermos.

O sucesso deles inspirou outros. As políticas públicas baseadas em evidências são um movimento criado nos moldes da medicina baseada em evidências, com o objetivo de submeter as políticas do governo a análises rigorosas de modo que os legisladores realmente saibam — e não meramente achem que sabem — se as políticas fazem o que deveriam fazer. Como resultado, nos Estados Unidos, no Reino Unido e em outros lugares, há provavelmente mais análise de políticas públicas de alta qualidade sendo realizadas do que nunca antes. Claro que políticos sempre vão ser políticos e desse modo sempre têm em mente suas vantagens partidárias e convicções ideológicas, mas há evidência de sobra de que a análise rigorosa provocou uma diferença real na administração pública.[10]

O mesmo modo de pensar está transformando as instituições de caridade, que cada vez mais vinculam seus fundos a rigorosos programas de avaliação. As que os cumprem são expandidas, as que fracassam são fechadas. Alinhada com a insistência de Bill Gates em ter objetivos e medidas claros, a Gates Foundation, uma das maiores fundações do mundo, é renomada pelo rigor de suas avaliações.

Os esportes fornecem exemplos surpreendentes do crescimento e poder do pensamento baseado em evidências. Como James Surowiecki comentou na *New Yorker*, tanto os atletas como as equipes tiveram uma melhora dramática nos últimos trinta ou quarenta anos. Em parte, isso é porque há mais coisas em jogo. Mas aconteceu também porque o que eles fazem tem se tornado cada vez mais baseado em evidências. "Quando John Madden era técnico do Oakland Raiders, ele forçava os jogadores a treinar ao meio-dia em agosto, em pleno verão, com equipamento completo", observou Surowiecki. "Don Shula, quando foi técnico do Baltimore Colts, insistia que seus jogadores treinassem sem beber água." Graças à pesquisa científica sobre desempenho humano, essas técnicas baseadas apenas no instinto estão indo pelo mesmo caminho da sangria na medicina. O treinamento está "muito mais racional e orientado por dados", escreveu Surowiecki. O mesmo vale para a montagem de uma equipe, graças aos rápidos avanços na análise ao estilo *Moneyball*. "Uma parte crucial da 'revolução do desempenho' nos esportes, então, é a história de como as organizações, de um modo sistemático, começam a tornar os empregados mais eficazes e produtivos."[11]

Todas essas mudanças foram catalisadas por rápidos avanços na tecnologia da informação. Podemos realizar contagens e testes como nunca antes. E é o que estamos fazendo. Visto dessa perspectiva mais ampla, um movimento de previsões baseadas em evidências não seria uma mudança surpreendente surgida do nada. Seria mais uma manifestação de uma mudança ampla e profunda da tomada de decisão baseada em experiência, intuição e autoridade — "Faça isso porque eu acho que vai funcionar e sou um especialista" — em direção à quantificação e análise. Longe de ser surpreendente, poderíamos até pensar: "Por que demorou tanto tempo?".

Talvez o melhor motivo para ter esperança de mudança seja o próprio torneio da IARPA. Se alguém tivesse me pedido há uma década para listar as organizações com maior necessidade de levar previsões a sério, mas com menor probabilidade de fazê-lo, a comunidade de inteligência teria figurado no topo. Por quê? *Kto-kogo*. A ciência de fazer previsões baseadas em evidências aperfeiçoará o funcionamento dela a longo prazo, mas a curto prazo é perigosa.

Lembre da falácia do lado-errado-do-talvez que leva as pessoas a concluir que a previsão de que "Há uma chance de 70% de que tal evento acontecerá" está errada se o evento não ocorre. Esse foi um dos grandes motivos para que a modesta proposta de Sherman Kent de designar variações numéricas a previsões não desse em nada. Use o número e você corre o risco de ser injustamente acusado. Atenha-se a frases tão nebulosas quanto uma baforada de charuto e você estará em segurança.

Esse pensamento é tentador em muitas organizações, mas é irresistível na comunidade de inteligência, que tantas vezes fica acuada pela responsabilização. Após o Onze de Setembro, a IC foi acusada de não perceber os sinais e superestimar o risco das armas de destruição em massa. Toda vez que isso acontece, a IC reage empenhando-se ao máximo para evitar o tipo de equívoco que acabou de cometer. Se falhou em dar o alarme quando uma ameaça era real, dá o alarme ao menor sinal de problema. Se deu um falso alarme, fica pisando em ovos. Esse pingue-pongue da culpa em nada ajuda a fazer com que a comunidade de inteligência se aprimore. Até mesmo impede o investimento de longo prazo necessário para aperfeiçoar a prática de previsões.[12]

O que *de fato* ajudaria é um amplo compromisso de avaliação: Fique de olho. Analise os resultados. Descubra o que funciona e o que não funciona. Mas isso exige números, e números deixariam a comunidade de inteligência vulnerável à falácia do lado-errado-do-talvez, sem nenhuma cobertura na próxima oportunidade em que pisarem na bola ao arriscar um palpite importante. Imagine um diretor da Inteligência Nacional numa audiência do Congresso explicando por que os analistas de inteligência não perceberam a ocorrência de algum evento momentoso — uma revolução ou um ataque terrorista — antes que fosse tarde demais. "Bom, em geral somos muito bons nesse tipo de coisa, e estamos melhorando", diz ele, pegando uma tabela. "Estão vendo? Nossas avaliações mostram que os índices de Brier de nossos analistas são sólidos e tem havido significativa melhora com o tempo. Alcançamos até mesmo aqueles chatos dos superprevisores. Então, embora seja verdade que perdemos esse importante acontecimento de terríveis consequências, convém ter essas estatísticas em mente."

E no entanto, a despeito disso tudo, a comunidade de inteligência *custeou* o torneio da IARPA. Também tenho visto forte interesse do diretor de Inteligência Nacional em tornar o cômputo da pontuação uma parte integrante da análise de inteligência. Claro que tudo poderia ser desfeito num piscar de olhos. Mas, mesmo assim, essa é uma mudança fantástica e bem-vinda. A história talvez esteja do nosso lado — a longo prazo.

A OBJEÇÃO DOS HUMANISTAS

Fazendo um balanço geral, considero-me cautelosamente otimista de que meu trabalho pode contribuir para um movimento de previsões baseadas em evidências. Mas nem todo mundo partilha desse ponto de vista. Só preciso imaginar como minha vida poderia ter sido diferente para saber como a objeção poderia ser formulada.

Em 1976, eu era apenas um canadense ingênuo de 22 anos que, como tantos outros jovens, estava prestes a fazer as escolhas que moldariam o resto da minha vida. Acabara de me formar na Universidade da Colúmbia Britânica. Pensava em aceitar uma bolsa da Commonwealth para estudar humanidades em Oxford. Meu orientador achou uma péssima ideia. Vá para os Estados Unidos e se dedique ao método científico, disse ele. Aceitei seu conselho, mas não sem hesitar. Minha decisão poderia ter sido outra. E se tivesse ido a Oxford para uma carreira em humanidades, não é difícil imaginar o que eu teria dito sobre a pesquisa esboçada neste livro, bem como os próximos passos que ela vai seguir.

Os números são muito belos e úteis, eu diria nesse universo alternativo, mas temos de tomar cuidado para não ficar entusiasmados com eles. "Nem tudo que conta pode ser contado", diz uma famosa máxima, "e nem tudo que pode ser contado, conta."[13] Nesta era de computadores e algoritmos, alguns cientistas sociais esqueceram isso. Como o crítico cultural Leon Wieseltier escreveu no *New York Times*, "Há 'métricas' para fenômenos que não podem ser medidos metricamente. Valores numéricos são atribuídos a coisas que não podem ser captadas pelos números".[14] Esse positivismo ingênuo corre solto, invadindo domínios onde não tem nada que meter o bedelho. Como Wieseltier poeticamente se expressou: "Onde antes havia sabedoria, hoje há quantificação".

Eu na verdade acho que há um bocado de verdade nesse ponto de vista. Muita gente trata os números como totens sagrados que oferecem percepções divinas. Os verdadeiramente proficientes com números sabem que eles são ferramentas, nada mais que isso, e sua qualidade vai de deplorável a excelente. Uma versão grosseira do Sistema de Resultado Final de Codman que simplesmente acompanhasse a sobrevivência dos pacientes poderia resultar em um hospital se vangloriando de que 100% de seus pacientes estão bem — sem mencionar que o hospital conquistou esse direito de se gabar recusando os casos graves. Os números devem ser constantemente examinados e melhorados, o que pode ser um processo enervante, porque não tem fim. O aperfeiçoamento progressivo é alcançável. A perfeição, não.[15]

É assim que vejo o índice de Brier no acerto das previsões. Um trabalho em andamento. Um problema é que os índices de Brier tratam falsos alarmes da mesma maneira que errar o alvo. Mas quando se trata de assuntos como ataques terroristas, as pessoas estão muito mais preocupadas com os erros do que com os falsos alarmes. Felizmente, ajustar o índice para capturar essa preocupação é fácil. Os previsores só precisam ser informados com antecedência sobre quais são as regras básicas — "Falsos positivos lhe custarão um décimo de falsos negativos" —, de modo que possam ajustar seus pareceres de acordo com elas.

Mas não vamos supor que só porque um sistema de pontuação precisa de ajustes finos isso não seja um grande avanço. Considere as classificações de crédito do consumidor, cujas falhas são tantas vezes criticadas. Décadas atrás, antes das pontuações de crédito, os corretores de empréstimo podiam tomar decisões quase ao sabor do capricho, e seu destino talvez dependesse de irem com a sua cara, terem dormido bem na noite anterior ou alimentarem estereótipos sociais como "negros desinteressados" ou "mulheres frívolas". Pontuações de crédito podem estar longe de perfeitas, mas são um grande avanço em relação a isso. De modo similar, embora eu não possa alegar que meu sistema de pontuação seja perfeito, é uma grande melhora em relação aos critérios usados para se julgar um previsor hoje em dia — títulos, autoconfiança, habilidade em desfiar uma história, quantidade de livros vendidos, aparições na CNN e tempo passado em Davos.

Mas suspeito que até mesmo o mais cético professor de humanidades admitiria esses pontos. O desafio é mais embaixo e nos traz de volta àquela frase de que nem sempre vale a pena contar o contável.

A QUESTÃO QUE CONTA

Na primavera de 2013, reuni-me com Paul Saffo, um futurólogo e consultor de cenários do Vale do Silício. Outra preocupante crise estava fermentando na península coreana. Assim, quando delineei o torneio de previsão para ele, mencionei uma pergunta feita pela IARPA: A Coreia do Norte vai "tentar lançar um foguete multiestágio entre 7 de janeiro de 2013 e 1º de setembro de 2013?". Saffo a achou trivial. Alguns coronéis no Pentágono talvez estivessem interessados, disse, mas não é o tipo de pergunta que a maioria faria. "A questão mais fundamental é 'Como tudo isso vai terminar?'", disse ele. "Essa é uma questão muito mais desafiadora." Ele então ofereceu uma longa resposta que passava habilmente de país em país e de líder em líder, o tipo de desempenho virtuosístico que qualquer um que frequenta conferências em *think tanks* ou assiste a mesas-redondas de peritos na tevê reconheceria. Mas Saffo estava com a razão? Mesmo hoje, não sei. O que ele disse era vago demais para julgar. Algo típico de respostas para perguntas importantes, cruciais, do tipo "Como tudo isso vai terminar?".

Assim, vimo-nos diante de um dilema. O que importa são as grandes questões, mas a grande questão não é passível de pontuação. A pequena questão não tem importância, mas *pode* receber pontuação, de modo que o torneio da IARPA optou por ela. Você poderia dizer que estávamos tão determinados em parecer científicos que contamos o que não conta.

Isso é injusto. As questões do torneio haviam sido selecionadas pelos especialistas para ser tanto difíceis quanto relevantes para problemas ativos na mesa dos analistas de inteligência. Mas *é* justo dizer que essas perguntas têm um foco mais estreito do que as grandes questões que todos adoraríamos responder, tipo "Como tudo isso vai terminar?". Temos realmente de escolher entre propor questões grandes e importantes que não podem receber uma pontuação e questões menos importantes que podemos computar? Isso é insatisfatório. Mas existe uma saída da caixa.

Implícitos na questão "Como tudo isso vai terminar?" de Paul Saffo estavam os eventos recentes que haviam agravado o conflito na península coreana. A Coreia do Norte lançou um foguete, violando uma resolução do Conselho de Segurança da ONU. Conduziu um teste nuclear. Renunciou ao armistício de 1953 com a Coreia do Sul. Lançou um ciberataque contra a Coreia do Sul, interrompeu a linha direta de comunicação entre os dois governos e ameaçou os Estados Unidos de um ataque nuclear. Vista sob esse prisma, é óbvio que a grande questão é composta de muitas questões pequenas. Uma delas é "A Coreia do Norte vai testar um foguete?". Se o fizer, será uma pequena escalada no conflito. Se não, pode esfriar as coisas um pouquinho. Essa minúscula questão não responde à grande, mas contribui com um modesto insight. E se fizermos *inúmeras* questões minúsculas mas pertinentes, poderemos nos concentrar numa resposta para a grande questão. A Coreia do Norte vai conduzir outro teste nuclear? Vai rejeitar as conversações diplomáticas sobre o seu programa nuclear? Vai disparar sua artilharia contra a Coreia do Sul? Algum navio norte-coreano vai disparar contra um navio sul-coreano? As respostas são cumulativas. Quanto mais "sim" houver, maior a probabilidade de que a resposta para a grande questão seja "Isso vai terminar mal".

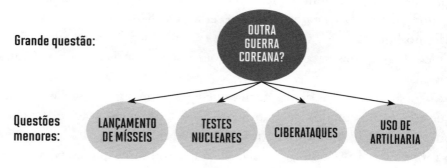

Aglomerado de questões para acelerar o aprendizado

Chamo isso de aglomerado de questões bayesianas devido a sua semelhança familiar com a atualização bayesiana discutida no capítulo 7. Outra forma de pensar nisso é imaginar um pintor usando a técnica chamada pontilhismo, que consiste simplesmente em pincelar pequenos pontos na tela. Cada ponto isolado pouco acrescenta. Mas à medida que os pontos se acumulam, padrões emergem. Com pontos suficientes, um artista pode produzir qualquer coisa, de um retrato vívido a uma extensa paisagem.

E AGORA?

Houve aglomerados de questões no torneio da IARPA, mas eles surgiram mais como consequência dos eventos do que como uma estratégia diagnóstica. Em futura pesquisa, quero desenvolver o conceito e ver quão eficazmente podemos responder "grandes questões" não computáveis com aglomerados de questões pequenas.

Mas os Leon Wieseltiers da vida continuam pouco propensos a se deixarem convencer. Para começar, chamei meu programa de pesquisa de Good Judgment Project, o que parece sugerir que uma previsão acertada e um juízo qualificado são a mesma coisa. Mas não é essa minha intenção. A antevisão é um elemento do juízo qualificado, mas há outros, incluindo alguns que não podem ser computados e incorporados ao algoritmo de um cientista — o juízo moral, por exemplo.

Outra dimensão crítica de um juízo qualificado é fazer boas perguntas. De fato, uma previsão perspicaz sinalizando desastre ou oportunidade não pode ocorrer até que alguém pense antes de perguntar. O que define uma boa pergunta? É aquela que nos faz pensar sobre algo em que vale a pena pensar. Assim, um bom modo de identificar uma boa pergunta é o que chamo de prova do tapa-na-testa: quando lê a pergunta depois de algum tempo, você dá um tapa na testa e diz: "Por que não pensei nisso antes?".

Eis aqui uma feita por Tom Friedman em setembro de 2002: "Quando penso nos planos do presidente Bush de derrubar Saddam Hussein e reconstruir o Iraque como uma democracia, uma questão fica me remoendo: o Iraque está como está hoje porque Saddam Hussein é como é? Ou Saddam Hussein é do jeito que é porque o Iraque está como está? Quer dizer, o Iraque é uma ditadura totalitária sob um homem cruel com mão de ferro porque o país é na verdade uma Iugoslávia árabe — um estado amplamente tribal, artificial...? Ou o Iraque, a essa altura, se cristalizou numa nação real? E uma vez que o punho cruel de Saddam tenha sido substituído por uma liderança mais esclarecida, o povo instruído e talentoso do Iraque será capaz de produzir pouco a pouco uma democracia federativa".[16] O questionamento de Friedman chamou atenção para o que hoje sabemos terem sido motivadores cruciais de eventos posteriores, incluindo o sectarismo selvagem que devasta o país desde a invasão norte-americana de 2003. Assim, a pergunta passa na prova do tapa-na-testa. Isso é particularmente notável porque Friedman se tornou um forte defensor da invasão em parte porque suas expectativas de como as coisas se desenrolariam eram presumivelmente muito diferentes do que de fato aconteceu.

Embora possamos presumir que um superprevisor seria também um superperguntador, e vice-versa, não temos de fato essa certeza. Na verdade, meu principal palpite científico é que muitas vezes não são. A receita psicológica para o superprevisor ideal talvez se prove bem diferente da receita para o superperguntador ideal, na medida em que a formulação de uma questão excelente em geral parece se fazer acompanhar de um caráter incisivo e autoconfiante ao estilo porco-espinho em que a pessoa esteja de posse de alguma Grande Ideia sobre as motivações profundas por trás de um acontecimento. Essa é uma atitude mental bem diferente dos vulpinos ecletismo e sensibilidade à incerteza que caracterizam a superprevisão excelente.

Isso sugere um modo diferente de olhar para uma análise como a de Friedman. Considere a coluna que ele escreveu em dezembro de 2014 sobre os desdobramentos da queda repentina no preço do petróleo. "A última vez que o mundo presenciou uma queda tão abrupta e continuada nos preços do petróleo — de 1986 a 1999 —, o fato teve profundas consequências para os estados dependentes de petróleo e aqueles que dependiam de sua liberalidade", escreveu Friedman. "O império soviético entrou em colapso; o Irã elegeu um presidente reformista; o Iraque invadiu o Kuwait; e Yasser Arafat, tendo perdido seu respaldo soviético e seus banqueiros árabes, reconheceu Israel — para enumerar só alguns." A conclusão de Friedman? "Se a atual queda nos preços do petróleo continuar, também devemos nos preparar para uma série de surpresas" — particularmente nos petro-Estados da Venezuela, do Irã e da Rússia.[17]

Aí estava uma advertência vaga sobre surpresas não especificadas em períodos de tempo não especificados. Enquanto previsão, não é de grande ajuda. É por esse tipo de coisa que algumas pessoas veem Friedman como um expert particularmente bem-sucedido e evasivo que dominou a arte de aparentemente arriscar uma opinião sem na verdade jamais fazê-lo. Mas a mesma coluna pode ser interpretada menos como uma previsão do que como uma tentativa de chamar a atenção dos previsores para algo em que deveriam estar pensando. Em outras palavras, é uma pergunta, não uma resposta.

Se os superprevisores podem superar Friedman é tanto uma incógnita como, para o presente propósito, algo que não vem ao caso. Superprevisores e superperguntadores precisam admitir as forças complementares uns dos outros, não se debruçar sobre as alegadas fraquezas mútuas. Friedman oferece perguntas provocativas que os superprevisores deviam usar para afiar sua antevisão; superprevisores produzem respostas bem calibradas que superperguntadores deviam usar para fazer o ajuste fino e ocasionalmente revisar seus modelos mentais da realidade. O cenário "Tom versus Bill" com que começamos este livro é nossa falsa dicotomia final. Precisamos de uma simbiose Tom-Bill.

Essa é uma tarefa formidável. Mas há uma colaboração muito maior que eu gostaria de ver. Seria o Santo Graal do meu programa de pesquisa: usar torneios de previsão para despolarizar polêmicas desnecessariamente polarizadas e nos tornar coletivamente mais sagazes.

UMA ÚLTIMA IDEIA

Em outubro de 2014, repórteres da Bloomberg me fizeram um grande favor contatando os signatários de uma carta que mencionei no capítulo 3 — a que foi enviada para o diretor do Fed, Ben Bernanke, em novembro de 2010, advertindo que o plano de comprar ativos de Bernanke "cria o risco de aviltamento da moeda e inflação". Bernanke ignorou esse aviso e foi em frente. Nos anos que se seguiram, o dólar americano não enfraqueceu e a inflação não subiu. Muitos críticos disseram que isso era uma prova de que os signatários da carta estavam errados, mas, como discuti no capítulo 3, o verdadeiro fraseado da carta era tão vago que era impossível dizê-lo em caráter definitivo.

Meses depois que escrevi o capítulo, os repórteres da Bloomberg perguntaram aos signatários como eles se sentiam sobre a carta, vendo em retrospecto. Os que responderam foram unânimes em dizer que tinham razão. Não mudariam uma vírgula.

Seus motivos recaíam em duas categorias. Uma, a previsão só parecia ter fracassado porque as pessoas estavam olhando para a medida errada. "Acho que há um bocado de inflação", o comentarista financeiro James Grant afirmou à Bloomberg, "não no caixa do supermercado, necessariamente, mas em Wall Street." Outra, se você prestar atenção cuidadosamente no linguajar da carta, ela claramente não se revelou errada. "Observe a palavra 'risco'. E observe a ausência de uma data", disse Niall Ferguson à Bloomberg. "Ainda há de fato um risco de aviltamento da moeda e inflação."[18]

Isso captura perfeitamente o que está errado com tantos debates públicos atuais.

Lembre que a grave agitação econômica de 2008 e 2009 gerou uma feroz polêmica. Dois campos se amalgamaram: os keynesianos e os austerianos.* Os keynesianos pediram o improviso heroico dos bancos centrais e um déficit público agressivo por parte dos governos. Os austerianos pediram austeridade — cortes orçamentários por parte do governo — e advertiram que as políticas keynesianas deflagrariam a inflação e afundariam as moedas. No fim, os governos firmaram vários compromissos. Em alguns países, os keynesianos foram favorecidos; em outros, os austerianos. O tempo passou. E depois? O que devia ter acontecido é uma comparação do que as pessoas previram e do que de fato aconteceu, e na medida em que as pessoas tivessem se equivocado, elas o dissessem, e ajustassem seu pensamento de acordo com isso. Nada mais razoável. Como J. M. Keynes teria dito, mas não disse: "Quando os fatos mudam, eu mudo de opinião. E o senhor, o que faz?".

Como se veria, não muita coisa, senhor. As pessoas tão raramente ajustam seu pensamento que, quando o presidente do Federal Reserve Bank of Minneapolis, um austeriano, anunciou publicamente que os acontecimentos haviam mostrado que os keynesianos estavam mais próximos da verdade, o fato ganhou as manchetes — elas poderiam ter sido "Homem muda de opinião diante das evidências". A avaliação de 2014 da Bloomberg sobre a carta de 2010 ilustra o fracasso. Não estou dizendo que os autores da carta estivessem errados em substância. Sou agnóstico em questões fora da minha alçada. O fracasso é de processo: em 2010, um grupo expôs suas convicções por escrito e advertiu Bernanke de que, se ele adotasse sua política, certos resultados sobreviriam. Outro grupo discordou com veemência. Quatro anos se passaram e ninguém cedeu. Isso deveria ser insatisfatório para todos, independentemente de seus pontos de vista sobre os méritos da questão.

Houve tentativas de extrair lições dos eventos durante aqueles anos, mas elas na maior parte envolveram a força bruta. Malhar os oponentes

---

* Defensores da Escola Austríaca da economia. (N. T.)

tanto por seu fracasso nas previsões como por não admiti-lo foi um tema-padrão nas colunas de Paul Krugman, que, com seu prêmio Nobel em economia e púlpito privilegiado no *New York Times*, veio a se tornar o keynesiano mais proeminente de todos. Os adversários de Krugman devolveram na mesma moeda. Niall Ferguson escreveu um catálogo em três partes dos supostos fracassos de Krugman. O bate-rebate continuou, com os dois lados se debruçando sobre as previsões alheias, procurando erros, desviando de ataques e dirigindo acusações. Para os fãs de um lado ou do outro, deve ter parecido emocionante. Para quem espera que possamos nos tornar coletivamente mais sábios, foi um quebra-pau caótico parecendo menos uma polêmica entre grandes mentes do que uma guerra de comida entre fraternidades rivais. Aquelas eram pessoas capacitadas debatendo questões prementes, mas ninguém pareceu ter aprendido coisa alguma além de como defender sua posição original.

Podemos nos sair melhor do que isso. Lembra da "colaboração adversarial" envolvendo Daniel Kahneman e Gary Klein? Esses dois psicólogos foram aclamados por desenvolver escolas de pensamento aparentemente contraditórias, tornando cada homem uma ameaça ao legado do outro. Mas eles se comprometeram a jogar pelas regras básicas da ciência e, assim, se reuniram para discutir por que tinham visões tão diferentes e como poderiam chegar a um acordo. Algo similar poderia, em princípio, ser feito com a elaboração de previsões.

Quando um debate como "keynesianos versus austerianos" vem à tona, figuras centrais poderiam trabalhar juntas — com a ajuda de terceiras partes confiáveis — para identificar no que discordam e quais previsões testariam de forma significativa essas discordâncias. A chave é a precisão. Uma coisa é os austerianos dizerem que tal política vai causar inflação e os keynesianos dizerem que não. Mas quanta inflação? Medida por qual parâmetro? Durante que período de tempo? O resultado deve ser uma questão de previsão que reduza a ambiguidade a um mínimo absoluto.

Um único ponto numa tela não é uma pintura e uma única aposta não pode resolver uma complexa disputa teórica. Isso vai exigir muitas perguntas e aglomerados de perguntas. Claro que é possível que, caso um grande número de perguntas sejam feitas, ambos os lados estejam corretos em algumas previsões, mas errados em outras, e o resultado final não gere a manchete espetacular que apostas célebres às vezes geram. Mas, como dizem os engenheiros de software, isso é um recurso, não um bug. Um ponto de vista importante raramente tem mérito nulo, e se uma disputa de previsões produz uma decisão dividida, teremos aprendido que a realidade é mais variada do que os dois lados pensavam. Se o objetivo for aprender, e não se regozijar, isso é um progresso.

O porém é que a colaboração Kahneman-Klein presumia boa-fé. Os dois lados queriam estar com a razão, mas queriam, mais do que isso, a verdade. Infelizmente, em ruidosas arenas públicas, as vozes estridentes dominam os debates, e o interesse delas na colaboração adversarial é zero. Mas não vamos cometer o equívoco cínico de pensar que os que dominam os debates são os únicos debatedores. Suas vozes se fazem ouvir na maior parte do tempo porque falam mais alto e a mídia premia pessoas que gritam em megafones. Mas existem vozes menos volúveis e mais razoáveis. Com seus adversários e um moderador, deixemos que projetem testes claros de suas convicções. Quando os resultados forem contra elas, alguns vão tentar racionalizar os fatos, mas sua reputação pagará um preço. Outros farão a coisa honrada e dirão: "Eu estava enganado". Mas, mais importante, podemos todos assistir, observar as evidências e ficar um pouco mais sábios.[19]

Tudo que temos a fazer é ficar seriamente de olho nos resultados.

Epílogo

Quando finalizava este original, mostrei o primeiro capítulo a Bill Flack, que confessou não ser bem um *"cornhusker* da gema", como eu o identifiquei. Bill nasceu em Kansas City, Missouri, e sua família se mudou para Nebraska quando ele tinha sete anos. Se podemos ou não nos referir a ele como sendo natural do lugar, depende do dicionário consultado.

Alguns podem desdenhar disso como sendo procurar pelo em ovo. Mas eu enxergo precisão — um dos motivos para Bill Flack ser um superprevisor.

Eis mais um: Bill acha que não deveria ter sido convidado a Davos. "Eu teria de procurar no Google só para descobrir quem é o primeiro-ministro do Fanatistão", escreveu ele. "Os assentos em Davos devem ser reservados para pessoas capazes de dar uma palestra sobre a política, a economia e a demografia do Fanatistão sem recorrer a anotações, e alguém que saiba que o primeiro-ministro e o general de exército se odeiam desde que o cunhado do primeiro-ministro ficou bêbado e deu a maior baixaria no casamento da filha do general." Reconhece isso? É humildade intelectual. Bill sabe que não sabe, e respeita quem sabe. "Os Tom Friedmans da vida possuem esse tipo de conhecimento aprofundado, e é isso que os torna valiosos."

Mesmo assim, Bill Flack exibe um currículo impressionante em difíceis questões de previsão sobre o mundo real e tem o índice de Brier para prová-lo. Os "Tom Friedmans da vida", não. Algumas pessoas na posição de Bill talvez ficassem cheias de si, mas não Bill. Ele não descarta os especialistas. Ele os usa: "Claro que existem bons e maus especialistas para meus propósitos. Os maus fornecem suas predições sem nenhum argumento para sustentá-las, esperando que os leitores tratem suas declarações como a palavra do monte Sinai; ou respaldam suas previsões com anedotas, não fatos úteis. Os bons previsores defendem suas previsões com argumentos; na verdade, vejo-os operando mais ou menos como advogados em um sistema acusatório: eles apresentam o melhor argumento que podem para explicar por que X vai acontecer e eu considero os argumentos de todo mundo, cavo o mais fundo no histórico que for necessário e obtenho minha própria previsão como uma soma ponderada das deles".

Partilho dessa perspectiva olho-de-libélula de como Bill e Tom Friedman se complementam. E acrescentaria uma metáfora de beisebol a sua metáfora de tribunal. Grandes pensadores estratégicos como Friedman provavelmente nunca vão dar a cara a tapa de pegar o taco e deixar que comparemos suas médias de rebatidas com a de superprevisores como Bill. Mas podem aquiescer em arremessar questões de previsão para aspirantes a rebatedor. Friedman lançou algumas grandes questões sobre o Iraque em 2002, e algumas de suas perguntas de 2014 sobre petro-Estados se revelaram difíceis de acertar.

Bill sabe que nada garante que vá continuar a ser um bom rebatedor. Sabe também que seu sucesso depende de mais coisas do que a qualidade do arremesso. Quedas no rendimento são inevitáveis, porque frequentemente passamos por fases da história crivadas de incertezas irredutíveis — fases em que a sorte supera a habilidade. Esses são momentos em que as leis da estatística nos dizem para mudar a estratégia de apostas e empatar nosso dinheiro pesadamente na regressão à média.

Como ele reagiria quando isso acontecesse? "Essa possibilidade é uma realidade bem palpável", escreveu. "Sei bem que a sorte desempenhou um papel no sucesso que tenho tido." Essa sorte pode virar. "Uma previsão superconfiante que dê errado pode ser um duro golpe no índice de Brier e algumas delas poderiam ser a diferença entre uma temporada excelente e uma terrível. Provavelmente, não jogaria por terra a imagem que tenho de mim mesmo como um superprevisor razoavelmente competente, mas provavelmente me deixaria mais cauteloso e menos propenso a previsões extremas. [...] Isso seria uma coisa saudável, é claro: o índice de Brier me fornece o feedback quanto a se estou carecendo de confiança ou sendo superconfiante, e modifico meu comportamento para as previsões em resposta a isso."[1]

Não posso imaginar uma descrição melhor do ciclo "tentar, fracassar, analisar, ajustar e tentar outra vez" — e da fibra para permanecer nisso e continuar melhorando. Bill Flack é um beta perpétuo.

E por isso, também, ele é um superprevisor.

Um convite

SE VOCÊ GOSTOU DO que está lendo sobre superprevisores e do Good Judgment Project, pense por favor na possibilidade de se juntar a nós. Vai estar ao mesmo tempo aperfeiçoando suas habilidades de previsão e ajudando a ciência. Para saber mais, visite www.goodjudgment.com.

Apêndice

Os dez mandamentos dos aspirantes a superprevisor

As DIRETRIZES ESBOÇADAS AQUI sumarizam temas-chave neste livro e em sistemas de treinamento que demonstraram por meio da experimentação impulsionar o grau de acerto em disputas de previsão no mundo real. Para mais detalhes, visite www.goodjudgment.com.

(1) Faça triagem

Foque em questões onde seu trabalho duro provavelmente vai valer a pena. Não perca tempo com questões fáceis "sistemáticas como um relógio" (em que simples regras gerais podem aproximá-lo da resposta correta) ou em questões impenetráveis "nebulosas como nuvens" (em que nem mesmo modelos estatísticos mirabolantes são capazes de superar o chimpanzé jogando dardos). Concentre-se em questões na zona habitável de dificuldade, onde o esforço é mais recompensado.

Por exemplo, "Quem vai vencer a eleição presidencial daqui a doze anos, em 2028?" é impossível de prever hoje. Nem tente. Você teria sido capaz de adivinhar em 1940 o vencedor da eleição doze anos depois, em 1952? Se acha que poderia saber que seria o na época desconhecido coronel do exército americano Dwight Eisenhower, deve sofrer de um dos piores casos de viés retrospectivo jamais documentado pelos psicólogos.

Claro, fazer a triagem dos pareceres apresentados fica cada vez mais difícil com a proximidade do evento. Quanta confiança justificável podemos depositar em março de 2015 sobre quem vai vencer a eleição de 2016? A resposta breve é não muita, mas ainda assim bem mais do que podemos fazer para a eleição em 2028. Podemos pelo menos estreitar o campo de 2016 a uma pequena série de competidores plausíveis, o que é muito melhor do que o vasto conjunto de possibilidades incógnitas (à la Eisenhower) espreitando em 2028.

Certas classes de resultados têm reputação muito merecida de serem radicalmente imprevisíveis (por exemplo, preços do petróleo, mercados de câmbio). Mas em geral não descobrimos até que ponto os resultados são imprevisíveis senão depois de ter desperdiçado nosso tempo com o esforço inútil de obter base para a análise. Tenha em mente os dois erros fundamentais passíveis de serem cometidos aqui. Poderíamos falhar em tentar prever o potencialmente previsível ou perder nosso tempo tentando prever o imprevisível. Que erro seria pior na situação que você enfrenta?

(2) Decomponha problemas aparentemente intratáveis em subproblemas tratáveis

Deixe baixar em você o espírito lúdico mas disciplinado de Enrico Fermi, que — quando não estava ocupado projetando o primeiro reator atômico do mundo — adorava fazer aproximações para perguntas que nos levam a coçar a cabeça, como: "Quantas civilizações extraterrestres existem no universo?". Decomponha o problema em partes cognoscíveis e incognoscíveis. Force a ignorância a se mostrar. Exponha e examine seus pressupostos. Ouse estar errado fazendo suas melhores conjecturas. Melhor descobrir rapidamente os erros do que escondê-los atrás de uma vaga verborragia.

Os superprevisores veem a fermização como parte do trabalho. De que outro modo poderiam gerar respostas quantitativas para questões aparentemente impossíveis de quantificar sobre a autópsia de Arafat, a epidemia da gripe aviária, os preços do petróleo, o Boko Haram, a Batalha de Aleppo e títulos de rendimento?

Encontramos esse espírito de fermização até na busca por amor, o inquantificável por excelência. Considere Peter Backus, um sujeito solitário em Londres, que estimou no escuro o número de potenciais parceiras em sua vizinhança, começando pela população londrina (aproximadamente 6 milhões de pessoas) e peneirando esse número segundo a proporção de mulheres na população (cerca de 50%), a proporção de solteiras (cerca de 60%), a proporção na faixa etária adequada (cerca de 20%), a proporção de alunas universitárias (cerca de 26%), a proporção que ele acha atraente (apenas 5%), a proporção que possivelmente o ache atraente (apenas 5%) e a proporção que talvez seja compatível com ele (cerca de 10%). Conclusão: aproximadamente 26 mulheres no total, uma busca desafiadora, mas não impossível.[1]

Não há respostas objetivamente corretas para questões de amor verdadeiro, mas podemos registrar a precisão das estimativas Fermi que os superprevisores produzem no torneio da IARPA. A surpresa é com que frequência estimativas de probabilidade notavelmente boas surgem de uma série notavelmente grosseira de pressuposições e estimativas no escuro.

(3) Encontre o equilíbrio justo entre as visões de dentro e de fora

Superprevisores sabem que não há nada de novo sob o sol. Nada é 100% "único". Às favas com os puristas da língua: essa singularidade é questão de grau. Assim, os superprevisores conduzem buscas criativas para classes de comparação mesmo entre eventos aparentemente únicos, como o resultado da caçada a um criminoso de guerra muito procurado (Joseph Kony) ou o impasse entre um novo governo socialista em Atenas e os credores da Grécia. Superprevisores têm o hábito de fazer a pergunta do-lado-de-fora: Com que frequência coisas desse tipo acontecem em situações desse tipo?

Assim como, também, pelo jeito, Larry Summers, professor de Harvard e ex-secretário do Tesouro. Ele tem consciência da falácia de planejamento: quando os chefes perguntam aos funcionários quanto tempo levará para terminar um projeto, estes tendem a subestimar o tempo necessário, muitas vezes por um fator de dois ou três. Summers desconfia que seus subalternos não sejam diferentes. Um antigo funcionário, Greg Mankiw, hoje também um famoso economista, lembra a estratégia de Summers: ele dobrava a estimativa do funcionário, depois passava à unidade de tempo mais elevada seguinte. "Assim, se o assistente de pesquisa diz que a tarefa vai levar uma hora, ela vai levar dois dias. Se ele diz dois dias, pode pôr quatro semanas."[2] É uma piada nerd: Summers corrigiu a incapacidade dos funcionários de assumir a visão de fora ao fazer suas estimativas assumindo a visão de fora em relação às estimativas dos funcionários, e depois inventando um fator de correção engraçadinho.

Claro que Summers ajustaria seu fator de correção se um funcionário o surpreendesse terminando algo no prazo. Ele iria contrabalançar sua expectativa de atraso visão de fora com a nova evidência visão de dentro de que um funcionário em particular é uma exceção à regra. Porque cada um de nós é, até certo ponto, único.

(4) Atinja o equilíbrio justo entre a reação aquém e a reação além à evidência

A atualização da crença representa para a prática da previsão o que a escovação e o fio dental representam para a higiene bucal. Pode ser tedioso, ocasionalmente desconfortável, mas, a longo prazo, compensa. Isso posto, não presuma que a atualização da crença sempre seja fácil só porque de vez em quando é. A atualização hábil exige extrair sinais sutis de ruidosos fluxos de notícias — o tempo todo resistindo à sedução da autoilusão.

Previsores tarimbados aprendem a achar indícios reveladores antes do restante de nós. Eles farejam os indicadores não óbvios que irão orientá-los quanto ao que teria de acontecer antes que X pudesse acontecer, onde X pode ser qualquer coisa, da expansão do gelo no oceano Ártico a uma guerra nuclear na península coreana. Observe a linha tênue aqui entre captar pistas sutis antes de todo mundo e se deixar tapear por indícios desorientadores. Será que a publicação de um artigo criticando a Coreia do Norte na imprensa oficial chinesa sinaliza que a China está prestes a pressionar Pyongyang com dureza — ou não passou de um erro peculiar de avaliação editorial? Os melhores previsores tendem a ser atualizadores de crença incrementais, com frequência passando de probabilidades de, digamos, 0,4 a 0,35 ou de 0,6 a 0,65, distinções sutis demais para captar com palavreado vago, como "pode" ou "talvez", mas distinções que, a longo prazo, definem a diferença entre previsores bons e ótimos.

E contudo superprevisores também são conhecidos por darem saltos, por moverem rápido suas estimativas de probabilidade em resposta a sinais diagnósticos. Superprevisores não são atualizadores bayesianos perfeitos, mas são melhores do que a maioria de nós. E isso em grande parte porque valorizam essa habilidade e dão duro em cultivá-la.

(5) Procure pelo choque de forças causais operando em cada problema

Para cada bom argumento sobre um programa de ação, há normalmente um contra-argumento que no mínimo vale ser considerado. Por exemplo, se você é um pacifista convicto que acredita que ameaças de ação militar nunca trazem a paz, permaneça aberto à possibilidade de que pode estar errado sobre o Irã. E o mesmo conselho se aplica se você for um militarista convicto que acredita que moderadas políticas de "apaziguamento" nunca valem a pena. Ambos os lados devem listar, de antemão, os sinais que poderiam conduzi-los em direção ao ponto de vista oposto.

Agora eis aqui a parte realmente difícil. Na dialética clássica, a tese vai de encontro à antítese, produzindo a síntese. No olho de libélula, uma perspectiva vai de encontro à outra e outra e outra — todas as quais devem ser sintetizadas numa imagem única. Não existem aqui regras de pintar segundo a numeração. A síntese é uma arte que exige conciliar pareceres irredutivelmente subjetivos. Se você fizer isso bem, o engajamento no processo de síntese deve transformá-lo de um pacifista ou militarista prototípico numa estranha criatura híbrida,* um pombo-falcão, com uma visão nuançada de quando políticas mais duras ou mais suaves tendem a funcionar.

(6) Empenhe-se em distinguir o maior número de graus de dúvida que o problema permite, mas não além disso

Poucas coisas são certas ou impossíveis. E "talvez" não é tão informativo assim. Então seu seletor de incerteza precisa de mais do que três ajustes. Nuances importam. Quanto maior a quantidade de graus de incerteza que puder distinguir, melhor previsor você tende a ser. Como no pôquer, você tem uma vantagem se for melhor do que seu competidor em separar as apostas 60/40 das 40/60 — ou as 55/45 das 45/55. Traduzir palpites de palavreado vago em probabilidades numéricas parece antinatural no começo, mas pode ser feito. Exige apenas paciência e prática. Os superprevisores mostraram que é possível.

A maioria de nós poderia aprender, bem rápido, a pensar de forma mais granular sobre a incerteza. Lembre o episódio em que o presidente Obama estava tentando descobrir se Osama bin Laden era o misterioso ocupante do complexo murado em Abbottabad. E lembre as estimativas de probabilidade de seus funcionários de inteligência e a reação do presidente a essas estimativas: "Então é cinquenta-cinquenta [...] isso é decidir na

---

* Em inglês, um pacifista é *dove*, "pombo", e um militarista é *hawk*, "falcão". (N. T.)

moeda". Agora suponha que o presidente Obama esteja papeando com amigos de basquete e todos eles ofereçam estimativas de probabilidade sobre o resultado de um jogo universitário — e que essas estimativas correspondam exatamente às sugeridas pelos funcionários de inteligência sobre o paradeiro de Osama bin Laden. Será que o presidente teria encolhido os ombros e dito: "Então é cinquenta-cinquenta", ou afirmado: "Parece que as probabilidades estão entre três para um e quatro para um"? Aposto nesta última. O presidente está acostumado ao pensamento granular quando o assunto é esportes. Todo ano, ele faz questão de tentar prever os vencedores do torneio de basquete universitário March Madness, um quebra-cabeça probabilístico que galvaniza as atenções de estatísticos sérios. Mas, como seus predecessores democratas e republicanos, ele não aplica o mesmo rigor às decisões de segurança nacional. Por quê? Porque normas diferentes governam diferentes processos mentais. Reduzir palpites complexos a probabilidades computáveis é o costume em esportes, mas não na segurança nacional.[3]

Assim, não reserve o raciocínio rigoroso para objetivos triviais. George Tenet não teria ousado dizer "uma certeza" na questão das armas de destruição em massa no Iraque se a Casa Branca sob Bush filho tivesse feito respeitar padrões de evidência e prova que são uma segunda natureza de apostadores calejados em eventos esportivos. A certeza implica que a pessoa está disposta a oferecer probabilidades infinitas — e a perder tudo se estiver enganada.

(7) Encontre o equilíbrio certo entre carecer de confiança e estar superconfiante, entre a prudência e a firmeza de decisão

Os superprevisores compreendem os riscos tanto de fazer um julgamento apressado como de se demorar por tempo demasiado rodeando o "talvez". Estão acostumados a lidar com a escolha conflitante entre a necessidade de assumir posições firmes (quem vai dar ouvidos a um sujeito enchendo linguiça?) e a necessidade de qualificar suas posições (quem vai dar ouvidos a um falastrão convencido?). Eles se dão conta de que a precisão a longo prazo exige obter boas pontuações tanto na calibração como na resolução — o que por sua vez exige ir além do pingue-pongue da culpa. Não basta apenas evitar o equívoco mais recente. Eles precisam encontrar formas criativas de comprimir ambos os tipos de erros de previsão — bolas fora e falsos alarmes — ao grau em que um mundo caprichoso permite tais melhorias incontroversas na precisão.

(8) Procure os erros por trás de seus equívocos, mas cuidado com vieses retrospectivos no espelho retrovisor

Não tente justificar ou achar desculpas para seus fracassos. Leve a melhor sobre eles! Conduza autópsias inflexíveis: Onde errei, exatamente? E lembre que, embora o equívoco mais comum seja aprender muito pouco com o fracasso e negligenciar as falhas em suas suposições básicas, também é possível aprender muito (você pode ter andado no caminho certo, basicamente, mas ter cometido um ínfimo erro técnico que teve grandes ramificações). Além disso, não se esqueça de fazer autópsias também em seus sucessos. Nem todo sucesso significa que seu raciocínio estava correto. Você pode simplesmente ter dado sorte cometendo erros que se cancelaram reciprocamente. E se continuar a raciocinar confiantemente nessas mesmas linhas, pode ir se preparando para uma surpresa bem desagradável.

(9) Extraia o melhor dos outros e deixe que os outros extraiam o melhor de você

Domine as belas-artes da gestão de equipe, sobretudo a tomada de perspectiva (compreendendo os argumentos do outro lado tão bem que você possa reproduzi-los para satisfazer o outro), o questionamento da precisão (ajudando os outros a esclarecer seus argumentos de modo que não sejam mal compreendidos) e o confronto construtivo (aprendendo a discordar sem ser desagradável). Líderes sábios sabem quão fina pode ser a linha entre uma sugestão útil e a intromissão da microgerência, entre um grupo rígido e um decidido, entre um grupo desleixado e um receptivo. Tommy Lasorda, ex-técnico dos Los Angeles Dodgers, foi mais ou menos ao ponto: "Gerenciar é como segurar um pombo na mão. Se você segura com força demais, você o mata, mas se segura muito de leve, deixa escapar".[4]

(10) Aprenda a andar na bicicleta dos erros contrabalançados

A implementação de cada mandamento exige equilibrar erros opostos. Assim como não se pode aprender a andar de bicicleta com a leitura de um livro de física, não é possível se tornar um superprevisor lendo manuais de treinamento. Aprender exige fazer, com um bom feedback que não deixe qualquer ambiguidade quanto a se você está se saindo bem — "Já sei pedalar!" — ou fracassando — "crash!". Lembre ainda que a prática não se resume a fazer previsões de qualquer jeito ou ler casualmente as notícias e tirar probabilidades da manga. Como todas as outras formas de perícia conhecidas, a superprevisão é produto da prática profunda e deliberada.

(11) Não trate os mandamentos como mandamentos

"É impossível elaborar regras obrigatórias", advertiu Helmuth von Moltke, porque "dois casos nunca vão ser exatamente iguais".[5] Na guerra, como em todas as coisas. Diretrizes são o melhor que podemos fazer num mundo onde nada é certo nem exatamente passível de ser repetido. A prática da superprevisão exige atenção constante, mesmo quando — talvez sobretudo quando — você está obedientemente tentando seguir estes mandamentos.

Agradecimentos

PHIL TETLOCK

Embora eu tenha escrito este livro na primeira pessoa do singular, isso não deve obscurecer a natureza profundamente colaborativa do Good Judgment Project. Minha parceira de pesquisa, Barbara Mellers, por acaso é também minha parceira na vida. Lançamos esse projeto juntos em meio a uma tragédia pessoal, o falecimento de nossa adorada filha, Jenny, a quem este livro é dedicado. O projeto preencheu nossas vidas vazias com alguma dose de significado. Acreditamos que a mensagem deste livro, se levada a sério, tem potencial para tornar um mundo maluco um pouco mais são.

A lista de contribuições fundamentais é longa. Sem Terry Murray e David Wayrynen, o projeto teria naufragado incontáveis vezes. Sem Steve Rieber e Jason Matheny, este Golias burocrático, a comunidade de inteligência jamais teria custeado um bando de pretensos Davis com fundos financeiros. Sem o conhecimento estatístico e o talento para programação de Lyle Ungar, Angela Minster, David Scott, Jon Baron, Eric Stone, Sam Swift, Phillip Rescober e Ville Satopää, não poderíamos ter vencido o torneio de previsão. Sem a perícia em ciência política de Mike Horowitz e sua equipe produtora de perguntas (Katie Cochran, Jay Ulfelder, Allison Balls, Janna Rappoport e Regina Joseph), o torneio não teria sido suprido de tantos desafios estimuladores de sinapses, e nós não teríamos nem chegado perto de enxergar tão claramente como enxergamos hoje o modo de tornar a próxima geração de torneios de previsão ainda mais empolgante e útil. Sem Terry Murray, Eva Chen, Tom Hoffman, Michael Bishop e Catherine Wright, o projeto teria se desmanchado em um caos administrativo.

Entre os colegas de pós-doutorado e alunos de graduação, Eva Chen merece menção especial por sua dedicação abnegada e disposição em fazer o que fosse necessário para pôr as coisas em funcionamento. Pavel Atanasov e Phillip Rescober desempenharam papel crucial em destrinchar as operações do mercado preditivo. Eva e Pavel — além de Katrina Fincher e Welton Chang — mostraram ser possível ensinar habilidades de previsão no mundo real, uma grande descoberta.

E aqui vai minha gratidão para muitos amigos e colegas que comentaram os rascunhos deste livro, incluindo Daniel Kahneman, Paul Schoemaker, Terry Murray, Welton Chang, Jason Matheny, Angela Duckworth, Aaron Brown, Michael Mauboussin, Katrina Fincher, Eva Chen, Michael Horowitz, Don Moore, John Katz, John Brockman, Greg Mitchell e, é claro, Barbara Mellers.

Finalmente, três notas de encerramento. Primeiro, quero agradecer pelo longo sofrimento a meu coautor, Dan Gardner, e a minha editora, Amanda Cook, que me ajudaram a contar minha história muito melhor do que eu poderia ter feito — e que tiveram de lutar durante dois anos contra minha propensão professoral de complicar questões fundamentalmente simples. Felizmente para os leitores, eles venceram na maior parte das vezes. As raposas terão de esmiuçar as notas de fim. Segundo, não fosse a corajosa decisão burocrática da IARPA de bancar um torneio de previsão estilo Davi contra Golias, nunca teríamos descoberto os superprevisores. Não conheço outra agência de inteligência no planeta que teria permitido uma competição totalmente não sigilosa como essa e depois apresentado aos pesquisadores zero restrições às condições de publicação dos resultados. E por fim há também, é claro, os próprios superprevisores, numerosos demais para mencionar pelo nome, sem os quais não haveria história para ser contada. Eles mostraram o que é possível fazer quando pessoas inteligentes se comprometem a forçar seus próprios limites. Eles surpreenderam a todos nós. Agora espero que inspirem os leitores a aperfeiçoar suas próprias capacidades de previsão.

AGRADECIMENTOS

DAN GARDNER

Faço coro aos agradecimentos de Phil e o adiciono à lista com uma explicação que vem da inscrição na cripta da Catedral de São Paulo, do arquiteto Christopher Wren: "Olhe em volta".

Vou também acrescentar os nomes de quatro mulheres extraordinárias: Amanda Cook, minha esposa, minha mãe e a rainha Elizabeth. Amanda editou este livro, e sem sua paciência e perseverança por vezes espantosas ele não existiria. Idem para minha esposa, Sandra, porque sou imprestável sem ela, e minha mãe, June, que me fez, o que era indiscutivelmente um antecedente necessário para minha participação na elaboração deste livro. E a rainha é a rainha, diabos. Longo seja seu reinado.

Notas

1. UM CÉTICO OTIMISTA

1. Por que escolher Tom Friedman quando tantos outros especialistas que se tornaram celebridades teriam servido ao propósito? A escolha foi motivada por uma simples fórmula: (status do especialista) x (dificuldade de obter uma previsão clara) x (relevância do trabalho do especialista para a política mundial). A pontuação mais alta vence. Friedman tem status elevado; suas alegações sobre futuros possíveis são muito difíceis de especificar — e seu trabalho é altamente relevante para as previsões geopolíticas. A escolha de Friedman não foi de modo algum motivada por uma aversão a suas opiniões editoriais. Na verdade, eu revelo no último capítulo uma furtiva admiração por alguns aspectos de seu trabalho. Por mais exasperantemente evasivo que Friedman possa ser como previsor, ele se provou uma fonte fabulosa de questões de previsão.

2. Mais uma vez, isso não significa sugerir que Friedman seja incomum nesse aspecto. Praticamente todo especialista político do planeta opera sob as mesmas regras básicas tácitas. Eles fazem incontáveis alegações sobre o que vai acontecer, mas expressam seus pontos de vista com um palavreado tão vago que é impossível testá-las. Como devemos interpretar afirmações obscuras como "a expansão da Otan *pode* desencadear uma feroz reação do urso russo e *talvez* até levar a uma nova Guerra Fria" ou "a Primavera Árabe *deve* sinalizar que os dias de autocracia totalitarista no mundo árabe estão contados" ou...? Os termos-chave nessas danças semânticas, *deve*, *talvez* ou *pode*, não se fazem acompanhar de uma orientação sobre como interpretá-los. *Pode* pode significar qualquer coisa, desde uma chance de 0,0000001 de "um grande asteroide atingir nosso planeta nos próximos cem anos" a uma chance de 0,7 de "Hillary

Clinton ganhar a presidência em 2016". Tudo isso torna impossível acompanhar a precisão com o passar do tempo e de uma questão para outra. Também proporciona aos comentaristas uma flexibilidade infinita para reivindicar o crédito quando algo ocorre (eu disse que podia acontecer) e se desviar da culpa em caso contrário (eu só disse que podia acontecer). É fácil encontrar inúmeros exemplos dessa irresponsabilidade linguística.

3. É como se tivéssemos concluído coletivamente que adivinhar a escalação dos Yankees merece maior atenção do que calcular o risco de genocídio no Sudão do Sul. Claro que a analogia entre o beisebol e a política é imperfeita. O beisebol é jogado vezes sem conta sob condições padronizadas. A política é um jogo peculiar em que as regras são continuamente distorcidas e contestadas. Assim, pontuar em previsão política é muito mais difícil do que compilar estatísticas de beisebol. Mas "mais difícil" não quer dizer impossível. Acontece que é bem possível.

Há também mais uma objeção à analogia. Os especialistas fazem mais do que previsões. Eles põem os eventos numa perspectiva histórica, oferecem explicações, envolvem-se na defesa de determinadas políticas e fazem perguntas provocativas. Tudo isso é verdade, mas os especialistas também fazem um monte de previsões implícitas ou explícitas. Por exemplo, as analogias históricas que invocam contêm previsões implícitas: a analogia do acordo de Munique é apresentada para justificar a previsão condicional "se você apazigua o país X, aumenta suas demandas"; e a analogia da Primeira Guerra Mundial é apresentada para justificar a previsão condicional "se você se valer de ameaças, vai provocar uma escalada no conflito". Concordo que é logicamente impossível se envolver na defesa de políticas (coisa que os especialistas vivem fazendo) sem assumir pressupostos quanto a se estaríamos melhor ou pior caso seguíssemos por este ou aquele caminho. Mostre-me um especialista que não faz previsões ao menos implícitas e eu lhe mostro um que desapareceu na irrelevância zen.

4. Ver James Gleick, *Chaos: Making a New Science* (Nova York: Viking, 1987); Donald N. McCloskey, "History, Differential Equations, and the Problem of Narration", *History and Theory* 30 (1991), pp. 21-36.

5. Pierre-Simon Laplace, *A Philosophical Essay on Probabilities*, trad. Frederick Wilson Truscott e Frederick Lincoln Emory (Nova York: Dover Publications, 1951), p. 4.

6. No entanto, até mesmo historiadores que não deveriam cair nessa continuam a dar declarações retumbantes como a seguinte, de Margaret MacMillan, professora de Oxford, citada na coluna de Maureen Dowd no *New York Times* em 7 de setembro de 2014: "o século XXI assistirá a uma série de guerras vis e horríveis que prosseguirão sem resultados claros, causando coisas pavorosas a todos os civis que estiverem em seu caminho" — um bom resumo do passado recente, mas um guia duvidoso para o mundo em 2083. Livros como *Os próximos 100 anos: uma previsão para o século XXI*, continuam a virar best-sellers. Seu autor por acaso é George Friedman, o CEO da Stratfor, firma que fornece previsões geopolíticas para clientes abonados nos setores público e privado. Apenas dois anos depois que ele foi publicado, a Primavera Árabe

virou o Oriente Médio de cabeça para baixo, mas não encontro referência a ela no livro de Friedman, o que lança alguma dúvida sobre suas previsões para os 98 anos restantes. Friedman também é autor do livro *The Coming War with Japan* [A guerra iminente com o Japão, publicado no Brasil como *EUA x Japão: guerra à vista*], de 1991 — quer dizer, a guerra *americana* com o Japão —, que ainda está por provar sua presciência.

7. Para ilhas de profissionalismo num oceano de negligência, ver os conceitos de previsão e as ferramentas examinadas em Nate Silver, *The Signal and the Noise: Why So Many Predictions Fail — but Some Don't* (Nova York: Penguin Press, 2012); J. Scott Armstrong (org.), *Principles of Forecasting: A Handbook for Researchers and Practitioners* (Boston: Kluwer, 2001); e Bruce Bueno de Mesquita, *The Predictioneer's Game* (Nova York: Random House, 2009). Expandir essas ilhas tem se revelado difícil. Há normalmente pouca transferência de conceitos estatísticos de sala de aula, como regressão à média, para problemas que os alunos encontram mais tarde na vida. Ver D. Kahneman e A. Tversky, "On the Study of Statistical Intuitions", *Cognition* 11 (1982), pp. 123-41. Isso representa um grande desafio para os esforços do Good Judgment Project em treinar pessoas a pensar como superprevisores.
8. "Bill Gates: My Plan to Fix the World's Biggest Problems", *Wall Street Journal*, 25 jan. 2013, <www.wsj.com/articles/SB10001424127887323539804578261780648285770>.
9. B. Fischhoff e C. Chauvin (orgs.), *Intelligence Analysis: Behavioral and Social Scientific Foundations* (Washington, DC: National Academies Press, 2011); Committee on Behavioral and Social Science Research to Improve Intelligence Analysis for National Security, Board on Behavioral, Cognitive, and Sensory Sciences, Division of Behavioral and Social Sciences and Education, National Research Council, *Intelligence Analysis for Tomorrow: Advances from the Behavioral and Social Sciences* (Washington, DC: National Academies Press, 2011).
10. P. E. Tetlock, B. Mellers, N. Rohrbaugh e E. Chen, "Forecasting Tournaments: Tools for Increasing Transparency and Improving the Quality of Debate", *Current Directions in Psychological Science* (2014), pp. 290-5.
11. Aaron Brown, em conversa com o autor, 30 abr. 2013.
12. Paul Meehl, *Clinical Versus Statistical Prediction* (Minneapolis: University of Minnesota Press, 1954).
13. Stephen Baker, *Final Jeopardy* (Boston: Houghton Mifflin Harcourt, 2011), p. 35.
14. David Ferrucci, em conversa com o autor, 8 jul. 2014.

2. ILUSÕES DE CONHECIMENTO

1. Archibald L. Cochrane com Max Blythe, *One Man's Medicine: An Autobiography of Professor Archie Cochrane* (Londres: British Medical Journal, 1989).

2. Ibid., p. 171.
3. Ibid.
4. Druin Burch, *Taking the Medicine: A Short History of Medicine's Beautiful Idea, and Our Difficulty Swallowing It* (Londres: Vintage, 2010), p. 4.
5. Ibid., p. 37.
6. Ira Rutkow, *Seeking the Cure: A History of Medicine in America* (Nova York: Scribner, 2010), p. 98.
7. Ibid., p. 94.
8. Burch, *Taking the Medicine*, p. 158.
9. Richard Feynman, aula inaugural no California Institute of Technology, Pasadena, 1974.
10. Richard Feynman, *The Meaning of It All: Thoughts of a Citizen-Scientist* (Nova York: Basic Books, 2005), p. 28.
11. Ibid., p. 27.
12. Cochrane com Blythe, *One Man's Medicine*, pp. 46, 157, 211, 190.
13. Daniel Kahneman, *Thinking, Fast and Slow* (Nova York: Farrar, Straus and Giroux, 2011), p. 209.
14. Se você conhece psicologia cognitiva, sabe que existe certa oposição à escola de pensamento de heurísticas e vieses. Os céticos ficam impressionados com a precisão impressionante que o Sistema 1 pode mostrar. As pessoas sintetizam de forma automática e aparentemente com ótimo aproveitamento fótons e ondas sonoras sem significado em linguagem que infundimos de significado (Steven Pinker, *How the Mind Works*, Nova York: Norton, 1997). Há uma discussão sobre a frequência com que a heurística do Sistema 1 nos tira do caminho (Gerd Gigerenzer e Peter Todd, *Simple Heuristics that Make Us Smart*, Nova York: Oxford University Press, 1999) e como é difícil superar a ilusão de WYSIATI por meio do treinamento de incentivos (Philip Tetlock e Barbara Mellers, "The Great Rationality Debate: The Impact of the Kahneman and Tversky Research Program, *Psychological Science* 13, n. 5 [2002], pp. 94-9). A psicologia ainda está por juntar as peças desse mosaico. Porém, sou da opinião de que a perspectiva de heurísticas e vieses ainda fornece a melhor aproximação de primeira ordem dos erros que os previsores no mundo real cometem e a orientação mais útil de como ajudar os previsores a baixar suas taxas de erro.
15. Michael Gazzaniga, *The Mind's Past* (Berkeley: University of California Press, 1998), pp. 24-5.
16. Ziva Kunda, *Social Cognition: Making Sense of People* (Cambridge, MA: MIT Press, 1999).
17. Kahneman, *Thinking, Fast and Slow*, p. 212.
18. Podemos ver isso em funcionamento durante as eleições. Quando um presidente em exercício quer ser reeleito, a questão que muitos eleitores querem ver respondida é: "Ele fez um bom trabalho no primeiro mandato?". A um exame mais detido, essa é uma pergunta difícil. Exige examinar o que o presidente fez e deixou de fazer ao

NOTAS

longo dos quatro anos anteriores e, ainda mais difícil, considerar como as coisas teriam sido diferentes sob uma outra liderança. Seria uma tonelada de trabalho até para um jornalista cobrindo a Casa Branca e impossível para alguém que não acompanha a política de perto. Não surpreende que os eleitores se enganarem. O modo como eles se sentem sobre as condições econômicas locais, bem como do país, nos seis meses anteriores à eleição influencia o modo como julgam o trabalho que o presidente fez ao longo dos quatro anos precedentes. Assim, "Eu acho que o país tem andado mais ou menos no trilho certo nos últimos seis meses?" substitui "O presidente fez um bom trabalho durante os últimos quatro anos?". Poucos eleitores dizem explicitamente a si mesmos: "É difícil demais julgar o histórico do presidente, então em vez disso vou usar uma pergunta substituta". Mas muitos de nós fazem isso implicitamente. Ver, por exemplo, Christopher Achen e Larry Bartels, "Musical Chairs: Pocketbook Voting and the Limits of Democratic Accountability", artigo apresentado na reunião anual da American Political Science Association, Chicago, em 2004.

19. Daniel Kahneman e Gary Klein, "Conditions for Intuitive Expertise: A Failure to Disagree", *American Psychologist* 64, n. 6 (set. 2009), pp. 515-26.
20. W. G. Chase e H. A. Simon, "The Mind's Eye in Chess", in W. G. Chase (org.), *Visual Information Processing* (Nova York: Academic Press, 1973).
21. Kahneman e Klein, "Conditions for Intuitive Expertise", p. 520.
22. Ibid.
23. Nigel Farndale, "Magnus Carlsen: Grandmaster Flash", *Observer*, 19 out. 2013.
24. Peggy Noonan, "Monday Morning", *Wall Street Journal*, 5 nov. 2012, <blogs.wsj.com/peggynoonan/2012/11/05/monday-morning>.

3. DE OLHO NOS NÚMEROS

1. Mark Spoonauer, "The Ten Worst Tech Predictions of All Time", *Laptop*, 7 ago. 2013, <blog.laptopmag.com/10-worst-tech-predictions-of-all-time>.
2. Bryan Glick, "Timing Is Everything in Steve Ballmer's Departure — Why Microsoft Needs a New Vision", *Computer Weekly Editor's Blog*, 27 ago. 2013, <www.computerweekly.com/blogs/editors-blog/2013/08/timing-is-everything-in-steve.html>.
3. "Starr Report: Narrative." Natureza da relação do presidente Clinton com Monica Lewinsky (Washington, DC: US Government Printing Office, 2004), nota de rodapé 1128.
4. Sameer Singh, *Tech-Thoughts*, 18 nov. 2013, <www.tech-thoughts.net/2013/11/smartphone-market-share-by-country-q3-2013.html#.VQMOQEJYW-Q>.
5. Barry Ritholtz, "2010 Reminder: QE = Currency Debasement and Inflation", *The Big Picture*, 15 nov. 2013, <www.ritholtz.com/blog/2013/11/qe-debasement-inflation/print>.

6. Problema semelhante atrapalha a previsão de Steve Ballmer sobre o iPhone. Os números da fatia de mercado do iPhone que apresentei são de seis anos após seu lançamento e eram mais elevados após sete anos. Assim, em princípio, Ballmer poderia ter argumentado que sua previsão tinha um prazo implícito de dois, três ou cinco anos. Isso é basicamente o oposto da defesa "espere só um pouco, está vindo". Pode ser tendencioso e egoísta, mas é um argumento que poderia ser feito — o que levaria precisamente ao tipo de bate-boca que queremos evitar quando julgamos o acerto de previsões.
7. Jonathan Schell, *The Fate of the Earth and The Abolition* (Stanford, CA: Stanford University Press, 2000), p. 183.
8. Brian Till, "Mikhail Gorbachev: The West Could Have Saved the Russian Economy", *Atlantic*, 16 jun. 2001, <www.theatlantic.com/international/archive/2011/06/mikhail-gorbachev-the-west-could-have-saved-the-russian-economy/240466>.
9. Sherman Kent, "Estimates and Influence", *Studies in Intelligence* (verão de 1968), p. 35.
10. Sherman Kent, "Words of Estimative Probability", in Donald P. Steury (org.), *Sherman Kent and the Board of National Estimates* (Washington, DC: History Staff, Center for the Study of Intelligence, CIA, 1994), pp. 134-5.
11. Ibid., p. 135.
12. Richard E. Neustadt e Ernest R. May, *Thinking in Time* (Nova York: Free Press, 1988).
13. *Sherman Kent and the Profession of Intelligence Analysis*, Center for the Study of Intelligence, Central Intelligence Agency, nov. 2002, p. 55.
14. Ibid.
15. David Leonhardt, "When the Crowd Isn't Wise", *New York Times*, 7 jul. 2012.
16. Henry Blodget, "Niall Ferguson: Okay, I Admit It — Paul Krugman Was Right", *Business Insider*, 30 jan. 2012, <www.businessinsider.com/niall-ferguson-paul-krugman-was-right-2012-1>.
17. O índice de Brier é "apropriado" porque incentiva os previsores a informar suas verdadeiras convicções e resistir a submetê-las a pressões políticas. Um previsor que só se importe com seu índice de Brier vai informar sua crença real de, digamos, uma chance de 4% de um teste nuclear iraniano em 2015, mas um previsor preocupado com o pingue-pongue da culpa talvez aumente essa probabilidade para prevenir possíveis recriminações posteriores — "você disse que tinha uma chance de apenas 4%!". O índice de Brier impõe às reputações penalidades por superconfiança que estão ligadas às penalidades financeiras em que apostadores incorreriam a partir dos mesmos erros. Se você não está disposto a apostar nas chances sugeridas por sua estimativa de probabilidade, repense sua estimativa. Glenn W. Brier, "Verification of Forecasts Expressed in Terms of Probability", *Monthly Weather Review* 78, n. 1 (1950), pp. 1-3; Robert L. Winkler, "Evaluating Probabilities: Asymmetric Scoring Rules", *Management Science* 40, n. 11 (1994), pp. 1395-405.

NOTAS

18. Larry Kudlow se encaixa no perfil do porco-espinho no EPJ, mas ele não foi um dos previsores anônimos no EPJ. E eu certamente não o escolhi porque ele é conservador. O EPJ oferece muitos exemplos de porcos-espinhos de esquerda. Na verdade, como mostrei no EPJ, muitos porcos-espinhos, à esquerda e à direita, veem "porco-espinho" como um elogio, não um insulto. Eles são mais incisivos e decididos do que aquelas raposas equívocas. Lembra da batalha midiática entre os partidos na eleição presidencial de 2004? John Kerry foi um estrategista flexível ou um vira-casaca oportunista? George W. Bush foi um líder com princípios ou um palerma dogmático? "Raposa" e "porco-espinho" são rótulos frágeis.
19. Larry Kudlow, "Bush Boom Continues", *National Review*, 10 dez. 2007, <nationalreview.com/article/223061/bush-boom-continues/larry-kudlow>.
20. Larry Kudlow, "Bush's 'R' is for 'Right'", Creators.com, 2 maio 2008, <www.creators.com/opinion/lawrence-kudlow-bush-s-r-is-for-right.html>.
21. Larry Kudlow, "If Things Are So Bad...", *National Review*, 25 jul. 2008.
22. Annie Duke, em conversa com o autor, 30 abr. 2013. Isso não é nenhuma idiossincrasia de jogadores de pôquer. Imagine que você sofre de insônia, não tem dormido bem há vários dias e perde a calma e grita com um colega. Depois se desculpa. O que o incidente diz a seu respeito? Que você precisa dormir. Fora isso, não diz mais nada. Mas imagine que você vê alguém que perde o controle, grita, depois pede desculpa e explica que tem insônia e não dorme bem há vários dias. O que esse incidente diz sobre a pessoa? Logicamente, deveria dizer sobre ela o que disse sobre você, mas décadas de pesquisa sugerem que não é essa a lição que você vai extrair. Você vai achar que essa pessoa é uma babaca. Os psicólogos chamam isso de erro de atribuição fundamental. Temos plena consciência de que fatores circunstanciais podem afetar nosso comportamento e atribuímos corretamente nosso comportamento a esses fatores, mas costumamos não fazer a mesma concessão para os outros e em vez disso presumimos que seu comportamento é um reflexo de quem eles são. Por que aquele sujeito agiu como um babaca? Porque ele é um babaca. Esse é um viés poderoso. Se mandamos um aluno falar a favor de um candidato republicano, um observador tenderá a ver o aluno como pró-republicano mesmo se o aluno apenas tiver obedecido a uma ordem — e mesmo se foi *o observador* que passou a ordem! Distanciar-se de si mesmo e enxergar as coisas como os outros apresenta esse grau de dificuldade. Ver Lee Ross, "The Intuitive Psychologist and His Shortcomings: Distortions in the Attribution Process", in Leonard Berkowitz (org.), *Advances in Experimental Social Psychology*, vol. 10 (Nova York: Academic Press, 1977), pp. 173-220; Daniel T. Gilbert, "Ordinary Personology", in Daniel T. Gilbert, Susan T. Fiske e Gardner Lindzey (orgs.), *The Handbook of Social Psychology*, vol. 2 (Nova York: Oxford University Press, 1998), pp. 89-150.
23. Pode ser uma boa jogada na carreira acadêmica defender abertamente uma opinião provocativa e extrema sobre temas em que a verdade reside em um meio-termo obscuro. No caso em questão: nossos estilos de pensar são fixados pela personalidade ou

podemos mudar de estilos de pensamento tão prontamente quanto assumimos um papel ou outro? Resposta obscura mas no meio-termo: depende da flexibilidade da pessoa — e do poder da situação. No caso em questão: observamos marcadamente menos superconfiança entre previsores nos torneios da IARPA com competição aberta e tabelas de líderes divulgadas em público do que na pesquisa EPJ anterior, que garantia anonimato a todos os previsores. Um resultado: a distinção porco-espinho/raposa importou muito menos nos torneios da IARPA.

4. SUPERPREVISORES

1. Relatório da National Intelligence Estimate à Casa Branca sobre a situação das armas de destruição em massa no Iraque, out. 2001, <fas.org/irp/cia/product/iraq-wmd.html>.
2. Condoleezza Rice, entrevista com Wolf Blitzer, CNN, 8 set. 2002.
3. Committee on Behavioral and Social Science Research to Improve Intelligence Analysis for National Security, Board on Behavioral, Cognitive, and Sensory Sciences, Division of Behavioral and Social Sciences and Education, National Research Council, *Intelligence Analysis for Tomorrow: Advances from the Behavioral and Social Sciences* (Washington, DC: National Academies Press, 2011).
4. Em termos de análise de custo-benefício, a questão é quanto os Estados Unidos devem estar dispostos a pagar por um sistema de estimativa de probabilidade aperfeiçoado que baixe o risco de um "equívoco" de certeza de 2 trilhões de dólares em, digamos, 20% ou 30%? A teoria do valor esperado sugere uma resposta na casa de centenas de bilhões de dólares. Por esse padrão, o Good Judgment Project é a pechincha do século. Mas note as aspas precavidas em torno de "equívoco". A invasão do Iraque em 2003 é amplamente vista como um equívoco, mas ninguém sabe até que ponto as coisas estariam piores hoje se Saddam Hussein tivesse permanecido no poder — ou quanto teríamos gasto em segurança nacional nesse cenário. Minha estimativa no escuro pessoal é de que o torneio continuaria sendo uma pechincha, mesmo se pintássemos um sombrio cenário de "e se" como linha-base comparativa.
5. The Commission on the Intelligence Capabilities of the United States Regarding Weapons of Mass Destruction, *Report to the President of the United States* (Washington, DC: 31 mar. 2005), p. 155.
6. Robert Jervis, em conversa com o autor, 27 mar. 2013.
7. Committee on Behavioral and Social Science Research to Improve Intelligence Analysis for National Security, *Intelligence Analysis for Tomorrow*, National Academies Press, 2011.
8. Produzir questões na zona habitável foi difícil. Exigiu peneirar questões que fossem fáceis demais (que tivessem chance menor do que 10% ou maior do que 90% de ocorrência) ou impossivelmente difíceis (questões para as quais seria ilógico esperar

que alguém pudesse ter a resposta). A equipe produtora de questões de Michael Horowitz merece o crédito aqui.
9. O crédito por este insight vai para dois colegas da Universidade da Pensilvânia, Lyle Ungar e Jonathan Baron. Lyle é responsável por todos os algoritmos empregados em nosso projeto, com exceção do "L2E", desenvolvido por David Scott na Universidade Rice.
10. David Ignatius, "More Chatter Than Needed", *Washington Post*, 1º nov. 2013. Ignatius deve ter conversado com alguém com acesso a fontes confidenciais dentro do governo americano.
11. Ibid. A IC nunca questionou a história de Ignatius. E acredito que é verdade. De fato, estou disposto a apostar minha reputação na afirmação de que os superprevisores superaram os analistas de inteligência em todos os anos em que essas comparações foram possíveis.

A verdadeira explicação para os superprevisores superarem os analistas de inteligência é ignorada. Mas duvido que seja porque os superprevisores são mais inteligentes ou receptivos. Desconfio que se saíram melhor porque tratam a previsão como uma habilidade cultivável, ao passo que os analistas trabalham dentro de uma organização que trata a predição como algo secundário, não como parte do verdadeiro trabalho do analista. Considere as opiniões de Thomas Fingar, ex-diretor do Conselho de Inteligência Nacional: "A previsão não é — e não deve ser — a meta da análise estratégica. [...] O objetivo é identificar os fluxos de acontecimentos mais importantes, como eles interagem, para onde parecem apontar, o que impulsiona o processo e que sinais podem indicar uma mudança de trajetória": ver Thomas Fingar, *Reducing Uncertainty: Intelligence Analysis and National Security* (Stanford, CA: Stanford University Press, 2011), pp. 53, 74.

Tom Fingar e eu colaboramos juntos no comitê do Conselho Nacional de Pesquisa de 2010 que instou a IC a conduzir experimentos ao estilo da IARPA do que funciona. Ele é um servidor público sofisticado e dedicado. E sua frase captura o porquê da improbabilidade de que a IC invista em cultivar seus próprios superprevisores em algum futuro próximo. Como é possível "identificar para onde os fluxos de acontecimentos parecem apontar" sem fazer previsões implícitas?

Os analistas não são os únicos profissionais que se recusam a admitir como seu trabalho é cheio de previsões implícitas. Considere o jornalista Joe Klein: "Um professor na Wharton School, da Universidade da Pensilvânia, quer me conectar com um computador e testar até que ponto sou bom em fazer predições", escreveu o jornalista da revista *Time* depois que o convidei, junto com outros especialistas, a participar de um torneio de previsão. "Vou lhe poupar o aborrecimento. Jornalistas são ótimos quando se trata de analisar o passado, muito bons quanto ao que está acontecendo agora e constrangedoramente horríveis sobre o dia depois de amanhã. Parei de fazer prognósticos logo depois de assegurar a Jake Tapper, da CNN, que George W. Bush jamais ganharia a nomeação presidencial republicana após ter perdido a primária de New Hampshire em 2000": ver <swampland.time.com/2013/04/11/congress-may-finally-do-a-budget-deal>.

Com o devido respeito a Klein — e de fato tenho respeito por quem admite seus fiascos em previsão —, ele está enganado. Ele não parou de fazer previsões. Apenas não reconhece que as previsões que faz sejam previsões. "Não é interessante que as ameaças militares cada vez mais extravagantes da Coreia do Norte não estejam atraindo muita atenção da mídia nos Estados Unidos?", escreveu Klein pouco após alegar que abrira mão dos prognósticos. "Ninguém espera de fato que uma guerra estoure. Mas e se acontecer? E se Kim for tão longe — com suas ameaças de atacar tanto a Coreia do Sul como os Estados Unidos — que não poderá recuar? É improvável, mas não impossível": ver <swampland.time.com/2013/03/29/the-kim-who-cried-wolf>.

Bem, "improvável, mas não impossível" é uma previsão. E há muito mais como isso nos textos de Klein, ou de qualquer outro comentarista. Ou nos pensamentos de qualquer um. Todo mundo faz previsões o tempo todo.

Resumo da ópera: é difícil aprender a fazer algo melhor se você nem ao menos sabe o que está fazendo.

12. Ellen Langer, "The Illusion of Control", *Journal of Personality and Social Psychology* 32, n. 2 (ago. de 1975), pp. 311-28.
13. Alguns exemplos desse gênero começam a cheirar mal em pouco tempo — como *Radical E*, um livro que instava as empresas a seguir modelos como Nortel e Enron e foi publicado oito meses antes que esta última abrisse falência. Mas outros exemplos são mais difíceis de detectar. Sua falta de capacidade preditiva passa em brancas nuvens por décadas, mesmo nas salas de aula das principais faculdades de administração. Em 1994, Jim Collins e Jerry Porras publicaram *Built to Last: Succesful Habits of Visionary Companies* [Feitas para durar: práticas bem-sucedidas de empresas visionárias], que examinava dezoito empresas exemplares e a partir destas criava "uma planta mestra para construir organizações que irão prosperar por muito tempo no futuro". O livro foi um grande sucesso e recebeu muitos elogios. Mas como observou o professor de administração Phil Rosenzweig, se Collins e Porras estavam com a razão, deveríamos, no mínimo, esperar que as dezoito empresas exemplares continuassem a prosperar. Collins e Porras encerraram seu estudo em 1990, então Rosenzweig verificou como as empresas se saíram ao longo dos dez anos seguintes: "Você teria ganhado mais investindo em um fundo de índice do que pondo seu dinheiro nas empresas visionárias de Collins e Porras". Ver Phil Rosenzweig, *The Halo Effect... and the Eight Other Business Delusions That Deceive Managers* (Nova York: Free Press, 2014), p. 98. O chimpanzé dos dardos ataca outra vez.
14. O tamanho da correlação pai-filho determina até que ponto você deve mover sua previsão da altura do filho em direção à média da população de 1,73 metro. Se a correlação pai-filho for perfeita, 1,0, baseie seu julgamento inteiramente na altura do pai (nenhum efeito de regressão à média). Se a correlação for 0, desloque-se completamente em direção à média e não dê peso algum à altura do pai. Em nosso exemplo

de caso especial, a correlação é 0,5 e a resposta correta é se deslocar a meio caminho em direção à média.
15. Michael J. Mauboussin, *The Success Equation: Untangling Skill and Luck in Business, Sports, and Investing* (Boston: Harvard Business Review Press, 2012), p. 73.
16. Ver <fivethirtyeight.com/features/the-conventional-wisdom-on-oil-is-always-wrong>.
17. E aproximadamente 90% de todos os superprevisores "ativos", os que respondem no mínimo cinquenta perguntas por ano, ficaram na categoria de desempenho de 20% — assim, quando caíram, raramente caíram muito. Isso sugere que a proporção habilidade/sorte para superprevisores pode muito bem ser maior do que a de previsores regulares. Estimar exatamente proporções de habilidade/sorte porém é complicado. Os valores mudam conforme as amostragens de previsores, períodos da história e tipos de perguntas. Se eu tivesse de arriscar um palpite apenas para os superprevisores ativos em todos os quatro anos, seria um mínimo de 60/40 e possivelmente até 90/10.

5. SUPERINTELIGENTES?

1. Sanford Sillman, em conversa com o autor, 15 fev. 2013 e 19 maio 2014.
2. B. A. Mellers, L. Ungar, K. Fincher, M. Horowitz, P. Atanasov, S. Swift, T. Murray e P. Tetlock, "The Psychology of Intelligence Analysis: Drivers of Prediction Accuracy in World Politics", *Journal of Experimental Psychology: Applied* 21, n. 1 (mar. 2015), pp. 1-14; B. A. Mellers, E. Stone, T. Murray, A. Minster, N. Rohrbaugh, M. Bishop, E. Chen, J. Baker, Y. Hou, M. Horowitz, L. Ungar e P. E. Tetlock, "Identifying and Cultivating 'Superforecasters' as a Method of Improving Probabilistic Predictions", *Perspectives in Psychological Science* (no prelo).
3. O item vem do Forecasting Aptitude Inventory desenvolvido por Greg Mitchell e Fred Oswald.
4. A análise foi determinada pelo diretor da CIA. Ela concluiu que haveria um custo em perder o Vietnã, mas nada como as consequências horríveis em que acreditavam os responsáveis pelas políticas — uma previsão que se revelou presciente. O diretor entregou o relatório pessoalmente ao presidente Johnson, mas, com meio milhão de soldados já afundados até o pescoço naquele atoleiro, não foi bem recebido pelo chefe. Ele nunca mostrou o relatório para ninguém. McNamara só ficou sabendo de sua existência décadas depois.
5. Robert McNamara, *In Retrospect* (Nova York: Vintage, 1996), p. 33.
6. Daniel J. Levitin, *The Organized Mind: Thinking Straight in the Age of Information Overload* (Nova York: Durton, 2014).
7. Os superprevisores veem a fermização — ousar estar errado — como essencial para o que fazem. Considere o superprevisor que atende pelo nome artístico de Cobbler [sapateiro]. Ele é um engenheiro de software na Virgínia que pouco sabia sobre a

Nigéria quando lhe perguntaram em 2012 se o seu governo entraria em negociações formais com o grupo jihadista Boko Haram. Ele começou pela visão de fora e estimou as taxas de sucesso de esforços passados em negociar com grupos terroristas em geral, bem como com o Boko Haram em particular. Calculou a média de suas duas estimativas (0% de taxa de sucesso em negociar com o Boko Haram e um palpite de 40% para negociações com movimentos de insurgência de modo geral). Ele então passou à visão de dentro e estimou as opções de lado a lado. O governo quer ficar em bons termos com os islâmicos moderados que querem ser intermediários do poder entre o governo e os terroristas. O Boko Haram pode também ter interesse em dar ao menos a aparência de que quer negociar. Ele também observou vários rumores de diálogos iminentes. Mas pesou tudo isso na balança contra a ferocidade do Boko Haram — e estimou no escuro 30%. Então tirou a média das visões de fora e de dentro, obtendo uma estimativa de 25%, e programou esse número para diminuir à medida que o prazo final se aproximasse. O resultado líquido de todas essas estimativas no escuro que ousavam-estar-erradas: um índice de Brier de no máximo 10% em uma questão que desencadeou um bocado de agitação falso-positiva em resposta a rumores de conversas iminentes.

Ou considere a superprevisora Regina Joseph, que lidou com uma questão sobre os riscos de nova irrupção letal de gripe aviária na China, um esforço para uma analista de risco político cuja carreira pouco convencional inclui passagens pela mídia digital e treinamento da equipe de esgrima feminina olímpica norte-americana, mas nenhum histórico com epidemiologia. Ela também começou pela visão de fora: com que frequência a taxa de vítimas da gripe aviária excedeu o valor-limite (cerca de 80%)? Mas a temporada da gripe já avançara um quarto — então ela cortou isso para 60%. Depois assumiu a visão de dentro, observando políticas de saúde pública melhoradas e melhores indicadores de advertência. Tudo isso a fez baixar para 40%, número que ela diminuiu com o tempo. Resultado líquido: não um índice espetacular, mas melhor do que 85% dos previsores.

Ou considere Welton Chang, um ex-oficial do exército com experiência em combate no Iraque, que estimou a probabilidade de Aleppo cair para o Exército Sírio Livre em 2013 primeiro assumindo a visão de fora: quanto tempo demora para até um agressor militarmente superior tomar áreas urbanas grandes como Aleppo? Resposta curta: chance de sucesso na taxa-base de 10% a 20%. Welton então assumiu a visão de dentro e descobriu que o Exército Sírio Livre não passava nem perto de ser uma força superior, assim ele diminuiu um pouco mais a probabilidade. Resultado líquido: um dos 5% melhores índices de Brier nessa questão.

É espantoso quantas pressuposições arbitrárias estão na base de previsões excelentes. Nossa escolha não é se vamos nos empenhar em conjecturas grosseiras; é se vamos fazer isso de forma aberta ou disfarçada.

8. Bill Flack, em conversa com o autor, 5 ago. 2014.
9. Peggy Noonan, "The Presidential Wheel Turns", *Wall Street Journal*, 26 abr. 2013.

NOTAS

10. Amos Tversky e Daniel Kahneman, "Judgment Under Uncertainty: Heuristics and Biases", *Science* 185 (4157), pp. 1124-31.
11. Bruce Bueno de Mesquita, em *The Predictioneer's Game* (Nova York: Random House, 2009), oferece uma elegante abordagem baseada na teoria dos jogos para reunir estimativas de probabilidade da visão de dentro. Pergunte questões visadas como "Quem são os jogadores-chave?", "Quanto cada um é poderoso?", "O que quer cada um?" e "Quanto eles querem?". Depois teste combinações de coalizão possíveis. Bueno de Mesquita também utiliza ajuizadamente a sabedoria da multidão. Ele costuma ter múltiplos especialistas para gerar respostas para cada questão com visão de dentro. Como sua técnica bate com a dos superprevisores é ignorado, mas, em princípio, absolutamente cognoscível.
12. A questão se resolveu como sim — então David poderia ter obtido um índice de Brier melhor se tivesse usado a perspectiva ponta-do-seu-nariz. A facilidade em imaginar outro ataque terrorista na Europa logo após o incidente do *Charlie Hebdo* seria convertida em uma alta probabilidade que se mostraria correta. Mas a razão pela qual os superprevisores se saem tão bem em tantas questões é porque sujeitam suas intuições de Sistema 1 ao escrutínio do Sistema 2. Alertado por um leitor atento, David apresentou a seguinte correção: se a probabilidade diária de um ataque é de 1,8/365, a probabilidade de um ataque nos próximos 69 dias será de $1,0 - (1,0 - 1,8/365)^{69}$, que é 0,29 (em vez de 0,34).
13. Stefan Herzog e Ralph Hertwig, "The Wisdom of Many in One Mind", *Psychological Science* 20, n. 2 (fev. 2009), pp. 231-7.
14. George Soros, *Soros on Soros: Staying Ahead of the Curve* (Nova York: Wiley, 1995).
15. Os pesquisadores muitas vezes usam o sistema integrativo de codificação de complexidade para medir esse padrão de raciocínio de tese-antítese-síntese (sistema desenvolvido por Peter Suedfeld, meu primeiro mentor). Uma descoberta comum é a de que pensadores integrativamente complexos tendem a ser mais resistentes aos vieses do Sistema 1. Ver P. E. Tetlock e J. I. Kim, "Accountability and Judgment in a Personality Prediction Task", *Journal of Personality and Social Psychology* 52 (1987), pp. 700-9; P. E. Tetlock, L. Skitka e R. Boettger, "Social and Cognitive Strategies of Coping with Accountability: Conformity, Complexity, and Bolstering", *Journal of Personality and Social Psychology* 57 (1989), pp. 632-41. Mas há situações em que pensadores complexos estão em desvantagem. Ver P. E. Tetlock e R. Boettger, "Accountability: A Social Magnifier of the Dilution Effect", *Journal of Personality and Social Psychology* 57 (1989), pp. 388-98; P. E. Tetlock e R. Boettger, "Accountability Amplifies the Status Quo Effect When Change Creates Victims", *Journal of Behavioral Decision Making* 7 (1994), pp. 1-23; P. E. Tetlock e A. Tyler, "Churchill's Cognitive and Rhetorical Style: The Debates Over Nazi Intentions and Self-Government for India", *Political Psychology* 17 (1996), pp. 149-70.
16. Para uma introdução aos traços Big Five e o fator de abertura, ver Oliver P. John e Sanjay Srivastava, "The Big Five Trait Taxonomy: History, Measurement, and Theo-

retical Perspectives", in Lawrence A. Pervin e Oliver P. John (orgs.), *Handbook of Personality: Theory and Research*, 2. ed. (Nova York: Guilford Press, 1999), pp. 102--38; Robert R. McCrae, "Social Consequences of Experiential Openness", *Psychological Bulletin* 120, n. 3 (1996), pp. 323-37. Necessidade-de-cognição e escalas de receptividade ativa se correlacionam com abertura genérica.

6. SUPERQUANTS?

1. Lionel Levine, em conversa com o autor, 14 fev. 2013.
2. Leon Panetta, em conversa com o autor, 6 jan. 2014.
3. A Maya da vida real talvez também pense como uma superprevisora. Nas memórias de Panetta, *Worthy Fights* (Nova York: Penguin, 2014), ele observa que quando pediu à funcionária que serviu de modelo para a personagem de Maya dizer qual achava ser a probabilidade de Osama bin Laden estar no complexo, ela não respondeu "cem por cento", mas, de modo rápido e firme, "noventa e cinco por cento".
4. Mark Bowden, *The Finish: The Killing of Osama Bin Laden* (Nova York: Atlantic Monthly Press, 2012), pp. 158-62.
5. Baruch Fischhoff e Wändi Bruine de Bruin, "Fifty-Fifty = 50%?", *Journal of Behavioural Decision Making* 12 (1999), pp. 149-63.
6. Essa discussão levanta questões mais profundas sobre como as pessoas usam estimativas de probabilidade na tomada de decisão. O clássico modelo da utilidade esperada sugere que qualquer mudança na probabilidade importa, pois as pessoas multiplicam a probabilidade de cada consequência possível de uma ação pela utilidade de cada consequência e depois somam os produtos cruzados para computar a atratividade líquida dessa opção. Se assumimos a hipótese simplificadora de uma única consequência da opção de ataque, então a mudança de uma probabilidade inicial de 50% a 75% da presença de Osama deve elevar a atratividade líquida da opção de ataque para 50%. Um modelo qualitativo e psicologicamente mais realista é conhecido como escolha baseada-na-razão. Uma mudança na probabilidade só interessa quando leva um fator a se tornar um bom motivo para fazer algo ou deixar de ser um bom motivo. Se Obama estivesse indeciso antes de entrar na reunião, sua afirmação "cinquenta-cinquenta" após a reunião sinalizaria que ele ainda tinha de escutar qualquer coisa que o levasse a ajustar seu seletor de probabilidade longe o bastante para escolher; ver Eldar Shafir, Itamar Simonson e Amos Tversky, "Reason-based Choice", *Cognition* 49 (1993), pp. 11-36. É aqui que a aplicação do método "extremante" descrito anteriormente de agregar juízos de probabilidade poderia fazer uma grande diferença. Dependendo da diversidade de perspectiva entre os conselheiros, ele pode transformar o juízo de um conselheiro médio de 75% em, digamos, 90%, o que pode ter sido suficiente para levar o presidente a dizer: "O.k., acho que tenho motivo suficiente para agir". Sob esse ponto de vista, as mudanças de probabilidade só fazem diferença quando cruzam liminares de ação baseados-na-razão.

NOTAS

7. Para uma amplificação persuasiva desse ponto, ver Richard Zeckhauser e Jeffrey Friedman, "Handling and Mishandling Estimative Probability: Likelihood, Confidence, and the Search for Bin Laden", *Intelligence and National Security* 30, n. 1 (jan. 2015), pp. 77-99.
8. Para um resumo da pesquisa, ver Daniel Kahneman, *Thinking, Fast and Slow* (Nova York: Farrar, Straus and Giroux, 2011).
9. Essa aversão à incerteza subjaz ao paradoxo de Ellsberg, assim chamado em homenagem a Daniel Ellsberg, que o descobriu quando ainda era aluno de graduação, em sua *honor's thesis*, muito antes de se tornar famoso por vazar os Documentos do Pentágono. Na versão mais simples do problema, há dois vasos. Dentro do primeiro há cinquenta bolas de gude brancas e cinquenta pretas. Dentro do segundo vaso há uma mistura de bolas de gude brancas e pretas numa proporção ignorada. Pode haver 99 bolinhas brancas e uma preta, 98 brancas e duas pretas e assim por diante, até uma mistura possível de uma bola de gude branca e 99 pretas. Agora, você precisa tirar uma bolinha de gude de um dos vasos. Se tirar uma bolinha preta, ganha dinheiro. Então qual vaso escolhe? Não é preciso pensar muito para imaginar que as chances de tirar uma bolinha preta são as mesmas em todos os vasos, mas, como Ellsberg mostrou, as pessoas têm forte preferência pelo primeiro. O que faz diferença é a incerteza. Com ambos os vasos, é incerto se você vai tirar uma bola de gude preta ou branca, mas com o primeiro vaso, ao contrário do segundo, não existe incerteza quanto ao conteúdo, o que é suficiente para torná-lo de longe a escolha preferida. Nossa aversão à incerteza pode até fazer as pessoas preferirem a certeza de uma coisa ruim à mera possibilidade de uma. Os pesquisadores demonstraram, por exemplo, que pessoas que recebiam uma colostomia que sabiam ser permanente estavam mais felizes seis meses depois do que as que recebiam uma que podia ou não ser permanente. Ver Daniel Gilbert, "What You Don't Know Makes You Nervous", *New York Times*, 20 maio 2009, <opinionator.blogs.nytimes.com/2009/05/20/what-you-dont-know-makes-you-nervous>.
10. J. F. Yates, P. C. Price, J. Lee e J. Ramirez, "Good Probabilistic Forecasters: The 'Consumer's' Perspective", *International Journal of Forecasting* 12 (1996), pp. 41-56.
11. Em *Risk Savvy* (Nova York: Viking, 2014), o psicólogo Gerd Gigerenzer mostrou como os berlinenses muitas vezes interpretam erroneamente as previsões do tempo. As interpretações equivocadas de "possibilidade de 30% de chuva amanhã" incluem (a) vai chover 30% do tempo no dia seguinte; (b) vai chover em 30% da massa terrestre de Berlim; (c) 30% dos meteorologistas previram chuva. A interpretação correta é bem mais difícil de entrar em nossas cabeças: quando os meteorologistas quantificam as condições do tempo perto de Berlim no presente momento e acionam seus melhores modelos, as equações designam uma probabilidade de 30% de chover no dia seguinte. Ou outra maneira de ver a questão, usando simulações de computador lorenzianas: se pudéssemos repassar o clima em Berlim milhares de vezes, com ínfimos ajustes de efeito borboleta para erros de medição em condições anteriores como ventos e pressões barométricas, choveria em 30%

dos mundos simulados em computador. Não admira que os berlinenses recorram a simplificações mais concretas.
12. David Leonhardt, "How Not to Be Fooled by Odds", *New York Times*, 15 out. 2014.
13. Robert Rubin, em conversa com o autor, 28 jun. 2012.
14. William Byers, *The Blind Spot: Science and the Crisis of Uncertainty* (Princeton, NJ: Princeton University Press, 2011), p. vii.
15. Ibid., p. 56.
16. Ver, por exemplo, Samuel Arbesman, *The Half-Life of Facts: Why Everything We Know Has an Expiration Date* (Nova York: Current, 2012).
17. Jacob Weisberg, "Keeping the Boom from Busting", *New York Times*, 19 jul. 1998.
18. Rubin, em conversa com o autor.
19. Previsores ou algoritmos teriam uma imensa vantagem se pudessem prever a imprevisibilidade (em termos financeiros, volatilidade). Por exemplo, um algoritmo de agregação extremado que "soubesse" quando regular para menos e moderar suas previsões poderia evitar as grandes penalizações no índice de Brier que aguardam os algoritmos extremantes que cegamente transformam todo 75% em, digamos, 90%. Não estou dando a entender que os superprevisores dominaram essa misteriosa arte/ciência. Embora superem os previsores regulares em períodos de turbulência histórica, bem como de tranquilidade, sua margem de vitória encolhe nos de turbulência. Volto a essa questão no capítulo 11, que explora a crítica dos torneios feita por Nassim Taleb.
20. Previsores novatos com frequência perguntam por que não dizer apenas 0,5, decidir na moeda, sempre que "não sabem nada" sobre um problema. Há vários motivos para não fazer isso. Um é o risco de se ver enredado em contradições pessoais. Imagine que lhe perguntaram se o índice Nikkei da bolsa de Tóquio vai fechar acima de 20 mil em 30 de junho de 2015. Sem saber de nada, você diz que as chances são de 0,5. Agora suponha que lhe perguntem se vai fechar acima de 22 mil — e você diz mais uma vez 0,5 — ou entre 20 mil e 22 mil, e você novamente diz 0,5. Quanto mais possibilidades oferece aquele que faz as perguntas, mais óbvio fica que o usuário casual de 0,5 está designando probabilidades incoerentes que excedem em muito 1,0. Ver Amos Tversky e Derek Koehler, "Support Theory: A Nonextensional Representation of Subjective Probability", *Psychological Review* 101, n. 4 (1994), pp. 547-67.

Além disso, mesmo quando as pessoas sentem que não sabem nada, é comum saberem um pouco, e esse pouco deve afastá-las da incerteza máxima, pelo menos um pouco. O astrofísico J. Richard Gott nos mostra o que os previsores devem fazer quando tudo que sabem é quanto tempo alguma coisa — uma guerra civil, uma recessão ou uma epidemia — durou até então. A coisa certa é adotar uma atitude de "humildade copernicana" e presumir que não há nada especial sobre o ponto no tempo em que acontece de você estar observando o fenômeno. Por exemplo, se a guerra civil síria já está transcorrendo há dois anos quando a IARPA faz uma pergunta sobre ela, presuma que é igualmente provável que você esteja perto do início — digamos, estamos em apenas 5% da guerra começada — ou do fim — digamos, a guerra já completou 95%

NOTAS

de seu curso. Agora você pode construir uma grosseira faixa de possibilidades de confiança de 95%: a guerra pode durar pouco, como 1/39 de dois anos (ou menos de ainda mais um mês), ou muito, como 39 x 2 anos, ou 78 anos. Isso pode não parecer uma grande realização, mas é melhor do que dizer "de zero a infinito". E se 78 anos lhe parece um tempo ridiculamente grande, isso é porque você trapaceou, violando a regra básica de que não deve saber "nada". Você apenas introduziu o conhecimento de taxa-base da visão de fora sobre guerras em geral (por exemplo, você sabe que pouquíssimas guerras duraram tanto tempo assim). Você está agora na longa estrada para se tornar um previsor melhor. Ver Richard Gott, "Implications of the Copernican Principle for Our Future Prospects", *Nature* 363 (27 maio 1993), pp. 315-20.

21. Brian Labatte, em conversa com o autor, 30 set. 2014.
22. B. A. Mellers, E. Stone, T. Murray, A. Minster, N. Rohrbaugh, M. Bishop, E. Chen, J. Baker, Y. Hou, M. Horowitz, L. Ungar e P. E. Tetlock, "Identifying and Cultivating 'Superforecasters' as a Method of Improving Probabilistic Predictions", *Perspectives in Psychological Science* (no prelo).
23. Charlie Munger, "A Lesson on Elementary Worldly Wisdom", discurso à University of Southern California Marshall School of Business, 14 abr. 1994, <www.farnamstreetblog.com/a-lesson-on-worldly-wisdom>.
24. A infeliz expressão "bom demais para ser coisa do governo" vem à mente. Os analistas financeiros lutam para fazer distinções de ajuste fino quanto a se as opções estão sendo precificadas adequadamente em distinções entre probabilidades tão finamente ajustadas quanto uma chance de 1/1000 de uma convulsão do mercado contra uma chance de 1/100 000. O bom senso sugere que se a tarefa é exequível e suficientemente lucrativa, as pessoas acabarão por dar um jeito. Sob essa luz, porém, é preocupante que haja mais interesse em sondar os limites da granularidade no setor privado do que no setor público. Não deveríamos exigir das estimativas de ameaças terroristas da Homeland Security [o Departamento de Segurança Interna] o mesmo rigor que exigimos da Goldman Sachs nas estimativas de tendências do mercado? Claro, não existe garantia de que os esforços de impulsionar a granularidade impulsionarão a precisão. Uma granularidade ótima para muitos problemas em nível do Conselho de Inteligência Nacional podem se revelar escalas de cinco ou sete pontos que foram institucionalizadas. Mas a falta de curiosidade entre analistas *antiquant* torna difícil descobrir esses aperfeiçoamentos possíveis.
25. Kurt Vonnegut, *Slaughterhouse-Five* (Nova York: Dell Publishing, 1969), pp. 116, 76-7.
26. Oprah Winfrey, aula inaugural, Universidade Harvard, 30 maio 2013, <news.harvard.edu/gazette/story/2013/05/winfreys-commencement-address>.
27. Konika Banerjee e Paul Bloom, "Does Everything Happen for a Reason?", *New York Times*, 17 out. 2014.
28. J. A. Updegraff, R. Cohen Silver e E. A. Holman, "Searching for and Finding Meaning in Collective Trauma: Results from a National Longitudinal Study of the 9/11 Terrorist Attacks", *Journal of Personality and Social Psychology* 95, n. 3 (2008), pp. 709-22.

29. Laura Kray, Linda George, Katie Liljenquist, Adam Galinsky, Neal Roese e Philip Tetlock, "From What Might Have Been to What Must Have Been: Counterfactual Thinking Creates Meaning", *Journal of Personality and Social Psychology* 98, n. 1 (2010), pp. 106-18.
30. Robert Shiller, conversa com o autor, 13 nov. 2013.

7. SUPERVICIADOS-EM-NOTÍCIAS?

1. David Budescu e Eva Chen inventaram um método ponderado por contribuição de pontuar previsores que dá peso especial aos que enxergam as coisas antes dos outros; ver D. V. Budescu e E. Chen, "Identifying Expertise to Extract the Wisdom of Crowds", *Management Science* 61, n. 2 (2015), pp. 267-80.
2. Doug Lorch, em conversa com o autor, 30 set. 2014. A questão do oceano Ártico, como a questão Arafat-polônio (e outras), apertou os botões ideológicos acalorados de muitos previsores. Eles viram questões maiores por trás das menores. E as maiores provocaram reações inflamadas: O aquecimento global é real? Israel matou Arafat? Eles então executaram a velha prática da propaganda enganosa. Substituíam a questão técnica difícil e estreita por uma questão com carga emocional que, na opinião deles, pedia uma resposta enfática. Esses previsores pagaram um preço alto no índice de Brier.
3. Bill Flack, em conversa com o autor, 5 ago. 2014.
4. G. Edward White, *Earl Warren: A Public Life* (Nova York: Oxford University Press, 1987), p. 69.
5. Os defensores de Warren poderiam argumentar que os riscos de subestimar a ameaça superaram o peso de superestimá-la, assim Warren errou pelo lado da cautela. Robert Gates sugeriu algo similar ao defender seu ceticismo como analista da CIA sobre as intenções de Gorbachóv. No EPJ, chamei essa manobra de defesa de "cometi o erro certo" — e observei que é às vezes defensável. Mas a recusa de Warren em mudar de opinião até o fim da guerra lança dúvida sobre uma defesa dessas. Mesmo anos após o término da guerra, Warren insistiu que tinha razão. Só em suas memórias, escritas em 1971, ele expressou arrependimento. Ver G. Edward White, "The Unacknowledged Lesson: Earl Warren and the Japanese Relocation Controversy", *Virginia Quarterly Review* 55 (outono de 1979), pp. 613-29.
6. John DeWitt, *Final Report: Japanese Evacuation from the West Coast, 1942*, <https://archive.org/details/japaneseevacuati00dewi>.
7. Jason Zweig, "Keynes: He Didn't Say Half of What He Said. Or Did He?", *Wall Street Journal*, 11 fev. 2011, <blogs.wsj.com/marketbeat/2011/02/11/keynes-he-didnt-say-half-of-what-he-said-or-did-he>.
8. Charles A. Kiesler, *The Psychology of Commitment: Experiments Linking Behavior to Belief* (Nova York: Academic Press, 1971).
9. Jean-Pierre Beugoms, em conversa com o autor, 4 mar. 2013.

NOTAS

10. P. E. Tetlock e Richard Boettger, "Accountability: A Social Magnifier of the Dilution Effect", *Journal of Personality and Social Psychology* 57 (1989), pp. 388-98.
11. Para uma das primeiras manifestações de volatilidade excessiva nos preços do mercado de ativos, ver Robert Shiller, "Do Stock Prices Move Too Much to Be Justified by Subsequent Changes in Dividends?", National Bureau of Economic Research Working Paper n. 456, 1980; Terrance Odean, "Do Investors Trade Too Much?", *American Economic Review* 89, n. 5 (1999), pp. 1279-98.
12. John Maynard Keynes, *The General Theory of Employment, Interest, and Money* (CreateSpace Independent Publishing Platform, 2011), p. 63.
13. Burton Malkiel, *A Random Walk Down Wall Street*, ed. rev. e atualizada (Nova York: W. W. Norton, 2012), p. 240.
14. Ibid., p. 241. Observe que essa comparação da frequência de investimento envolve pessoas tomando decisões de investir. O assim chamado investimento de alta frequência é conduzido com computadores e algoritmos e é uma história completamente diferente.
15. Tim Minto, em conversa com o autor, 15 fev. 2013.
16. Sharon Bertsch McGrayne, *The Theory that Would Not Die*, Yale University Press, 2011, p. 7.
17. Jay Ulfelder, "Will Chuck Hagel Be the Next SecDef? A Case Study in How (Not) to Forecast", *Dart-Throwing Chimp*, 9 fev. 2013, <dartthrowingchimp.wordpress.com/2013/02/09/will-chuck-hagel-win-senate-approval-a-case-study-in-how-not--to-forecast>. O equívoco de Rick é bastante comum. Em um artigo de 16 de março de 2015 no *New York Times*, David Leonhardt adverte sobre a tendência dos especialistas em se exceder na reação a gafes de candidatos — como Barack Obama atribuindo o interesse da classe trabalhadora americana por armas e religião ao mal-estar econômico ou George W. Bush usando um palavrão para descrever um jornalista quando a gravação continuava rodando. Leonhardt lembra os previsores acertadamente de que os fundamentos políticos, como a economia e a demografia, determinam em grande parte as eleições ("From the Upshot's Editor: Political Mysteries").
18. Na minha opinião, Ulfelder se saiu melhor na discussão. Mas isso é uma *opinião, não um fato matemático*. Poderíamos usar Bayes para defender Ricks. Como? Encontrando uma taxa-base alternativa defensável para determinar a probabilidade inicial de alguém. Em vez de 96% (porcentagem de nomeações para secretário de Defesa que passam no Senado), poderíamos alicerçar a taxa-base no seguinte: quando uma nomeação chega ao noticiário por ser problemática, com que frequência ela é aceita? Meu palpite é 60% a 70% das vezes. Se misturamos as duas taxas-base, obtemos uma probabilidade prévia de aproximadamente 80%. Resultado líquido: Ricks parece menos errado do que antes. Não esqueça: prever eventos do mundo real é tanto uma arte como uma ciência. Ulfelder, "Will Chuck Hagel Be the Next SecDef?".
19. Os psicólogos conduziram centenas de estudos em laboratório que testam o grau de proficiência das pessoas como atualizadores bayesianos. Ao contrário dos confusos pro-

blemas da IARPA no mundo real, há soluções bayesianas claramente certas ou erradas para esses problemas de laboratório. Imagine que você esteja aleatoriamente tirando bolinhas (com substituição) de um vaso — e haja uma chance de 50/50 de que o vaso contenha setenta bolas vermelhas e trinta bolas azuis ou setenta bolas azuis e trinta vermelhas. Você tira oito vermelhas e cinco azuis. Até que ponto deve mudar de ideia de que não está tirando do vaso com 50/50? A resposta bayesiana correta é 0,92, mas a maioria das pessoas tem uma reação aquém à evidência e fornece estimativas mais próximas de 70%. Usando tais tarefas, Barbara Mellers mostrou que superprevisores são marcadamente bayesianos melhores do que os previsores regulares; ver B. A. Mellers, E. Stone, T. Murray, A. Minster, N. Rohrbaugh, M. Bishop, E. Chen, J. Baker, Y. Hou, M. Horowitz, L. Ungar e P. E. Tetlock, "Identifying and Cultivating 'Superforecasters' as a Method of Improving Probabilistic Predictions", *Perspectives in Psychological Science* (no prelo).

8. BETA PERPÉTUO

1. Mary Simpson, em conversa com o autor, 26 abr. 2013.
2. Para um resumo popular da pesquisa de Dweck, ver Carol Dweck, *Mindset: The New Psychology of Success* (Nova York: Ballantine Books, 2006), pp. 23, 18.
3. Poderíamos admitir que as pessoas com atitude mental fixa estão em desvantagem na vida porque (1) perdem oportunidades que aquelas com uma atitude mental de crescimento aproveitam e (2) é pior nunca tentar do que tentar e fracassar. Mas ainda poderíamos nos perguntar qual visão, a fixa ou de crescimento, está mais próxima da realidade objetiva. Essa questão nos leva ao velho debate da "natureza-cultura", uma areia movediça da qual vou me esquivar, a não ser para advertir outra vez contra as dicotomias um-ou-outro. Como a genética comportamental hoje tem revelado, natureza *ou* cultura é uma realidade menos comum do que natureza *e* cultura: o DNA dentro de cada célula do nosso corpo e o mundo no qual nascemos interagem de maneiras complexas. Pelo lado da natureza dessa contabilidade, nem todo bebê tem potencial para se tornar Einstein, Beethoven, um jogador profissional de basquete — ou um superprevisor. Mas dentro desses limites, um vasto leque de resultados é possível. Quem vamos nos tornar e o que conquistamos dependem das oportunidades em nosso mundo e nossa prontidão para aproveitá-las.
4. John F. Wasik, "John Maynard Keynes's Own Portfolio Not Too Dismal", *New York Times*, 11 fev. 2014, <www.nytimes.com/2014/02/11/your-money/john-maynard-keyness-own-portfolio-not-too-dismal.html>. Ver também David Chambers e Elroy Dimson, "Retrospectives: John Maynard Keynes, Investment Innovator", *Journal of Economic Perspectives* 27, n. 3 (verão de 2013), pp. 213-28.
5. Wasik, "John Maynard Keynes's Own Portfolio Not Too Dismal".
6. John Maynard Keynes, *Essays in Biography* (Eastford, CT: Martino Fine Books, 2012), p. 175.

NOTAS

7. Noel F. Busch, "Lord Keynes", *Life*, 17 set. 1945, p. 122.
8. Michael Polanyi, *Personal Knowledge* (Chicago: University of Chicago Press, 1958), p. 238.
9. Se esta análise estiver correta, todos os previsores que entraram no torneio da IARPA e permaneceram nele — não apenas os superprevisores — devem melhorar com a prática. Isso é verdade? Em um mundo ideal, seria fácil descobrir: ponha os índices de Brier dos previsores em um gráfico e veja se aumentam com o tempo. Mas não vivemos nesse mundo e descobrir isso é complicado. Os voluntários do GJP não estão tentando resolver problemas em um laboratório em que a dificuldade pode ser mantida numa constante. Desse modo, se o índice aumenta com o tempo, você sabe que o solucionador do problema está ficando melhor. Os eventos do mundo real sendo previstos se comportam mal. A história está continuamente mudando — e a dificuldade das tarefas de previsão vem por todos os lados. Assim, se observamos o acerto de um previsor ao longo do tempo, e notarmos uma melhora, isso pode significar que o previsor melhorou — ou que as questões ficaram mais fáceis. Uma solução parcial é olhar para a correlação entre inteligência e acerto ao longo do tempo. Se ela permanece mais ou menos igual, isso sugeriria que o papel da habilidade adquirida no torneio não está aumentando. Mas se a correlação declina com o tempo, isso sugeriria um papel mais reduzido da inteligência bruta e um papel ampliado da habilidade. Está longe de ser uma medição ideal, mas se minha intenção fosse a perfeição platônica eu teria ficado no laboratório. Resultado? A correlação com a inteligência de fato declinou. De modo que essa aferição está nos dizendo que a prática realmente faz previsores melhores.
10. Ler esta nota de rodapé poderia lhe poupar exponencialmente mais dinheiro do que o custo deste livro. A superconfiança pode ser dispendiosa. Imagine duas pessoas decidindo se investem 100 mil dólares de poupança para aposentadoria em um fundo de índice da bolsa que rende o retorno de taxa-base (a média S&P 500) ou em um Firm Alpha, um fundo de investimento com gerenciamento ativo orientado por experts e que alega superar as médias de mercado. A começar pelos fatos estilizados de que não há conformidade quanto a fundos ativos superarem fundos passivos todo ano e de que o Firm Alpha cobra uma taxa de 1% ao ano para gerenciar os fundos e o fundo passivo cobra 0,1%, podemos calcular o custo cumulativo, ao longo de trinta anos, de se superestimar a habilidade de uma pessoa em escolher vitoriosos. Presumindo um retorno anual pré-comissão de 10% para ambos os fundos (sugerindo um retorno líquido de 9,9% para o fundo passivo e um retorno de 9% para o fundo ativo), após o reinvestimento dos retornos, o investidor mais modesto obterá 1 698 973 dólares, ao passo que o investidor superconfiante obterá 1 327 000 dólares — uma diferença de 371 973 dólares, custo exorbitante para uma ilusão cognitiva. Claro, os pressupostos iniciais foram fatos estilizados e alterá-los poderia render cenários que favorecem a procura de gerentes de ativos superiores. O peso corrente da evidência, porém, efetivamente favorece a estratégia mais humilde e preguiçosa. Ver Jeff Sommer, "How Many Mutual Funds Routinely Rout the Market? Zero", *New York Times*, 15 mar.

2015. Essa linha de pesquisa sugere que nem mesmo superprevisores serão capazes de superar mercados de profunda liquidez em que inúmeros investidores muito inteligentes e bem capitalizados passam a perna incessantemente uns nos outros. Essa proposição nunca foi testada, mas os superprevisores podem superar mercados mais rasos e de menor liquidez (ver capítulo 9).

11. B. R. Forer, "The Fallacy of Personal Validation: A Classroom Demonstration of Gullibility", *Journal of Abnormal and Social Psychology* 44, n. 1 (1949), pp. 118-23.
12. Jean-Pierre Beugoms, em conversa com o autor, 4 mar. 2013.
13. Vaclav Smil, especialista em energia, recordou como, em 1975, ele previu perfeitamente o consumo de energia da China em 1985 e 1990 e também como, em 1983, cravou na mosca a demanda de energia global em 2000; ver Vaclav Smil, *Energy at the Crossroads* (Cambridge, MA: MIT Press, 2005), p. 138. Impressionante? Smil explicou suas previsões e mostrou que estavam baseadas em juízos individualmente errados, mas que, quando combinados, produziam um valor final preciso, por acaso. Muitos previsores na posição de Smil teriam declarado "acertei!" e feito mais previsões usando os mesmos métodos.
14. Devyn Duffy, em conversa com o autor, 18 fev. 2013. Meu trabalho com o EPJ mais antigo revelou que especialistas com pensamento ao estilo raposa eram mais abertos à possibilidade de que suas melhores previsões tivessem sido apenas um golpe de sorte. P. E. Tetlock, "Close-Call Counterfactuals and Belief-System Defenses: I Was Not Almost Wrong But I Was Almost Right", *Journal of Personality and Social Psychology* 75 (1998), pp. 639-52.
15. Quanto maior o papel do acaso nos torneios, maior o risco de que os previsores abram mão de afiar suas habilidades. Mas o acaso também pode ser empolgante e deve haver uma dose ideal de acaso para motivar os previsores a investir esforço na solução de problemas e atingir o nível de desempenho seguinte. O pôquer parece próximo desse ideal. Ao contrário do pôquer, porém, a mistura relativa de habilidade e sorte pode mudar de repente nos torneios geopolíticos, de 90/10 favorecendo a habilidade para 10/90 favorecendo a sorte. Os previsores precisam ter determinação num nível de Marco Aurélio para devotar anos ao cultivo das habilidades necessárias para lidar com um mundo que subitamente se transmuda num mundo diferente — e isso pode acontecer algumas vezes numa carreira. Imagine um pianista clássico que ocasionalmente tivesse de se apresentar com pianos de teclas misturadas. Seria desmoralizante.
16. Ver a análise do PolitiFact.com em <www.politifact.com/truth-o-meter/article/2008/sep/09/e-mail-heard-round-world>.
17. Anne Kilkenny, em correspondência por e-mail com o autor, 5 jan. 2014.

9. SUPEREQUIPES

1. Schlesinger é citado em Irving L. Janis, *Victims of Groupthink: A Psychological Study of Foreign-Policy Decisions and Fiascoes* (Boston: Houghton Mifflin, 1972), p. 20.

NOTAS

2. Ibid.
3. Ibid.
4. Ibid., p. 26.
5. Marty Rosenthal, em conversa com o autor, 13 nov. 2014.
6. Elaine Rich, em conversa com o autor, 20 nov. 2014.
7. Paul Theron, em conversa com o autor, 16 nov. 2014.
8. A pesquisa de Christopher Chabris e colegas sobre inteligência coletiva frisa esse ponto acerca das propriedades emergentes do funcionamento cognitivo no nível do grupo. Ver A. W. Wooley, C. Chabris, S. Pentland, N. Hashmi e T. Malone, "Evidence for a Collective Intelligence Factor in the Performance of Human Groups", *Science* 330 (out. 2010), pp. 686-8, <www.sciencemag.org/content/330/6004/686.full>.
9. A atitude mental dada muitas vezes se estende além das superequipes. A superprevisora e cientista política Karen Adams juntou-se ao projeto para fazer uma contribuição mais ampla à sociedade. Ela partilha lições aprendidas no torneio da IARPA com seus alunos da Model United Nations em Missoula, Montana. Vai saber. Talvez esteja desenvolvendo a próxima geração de superprevisores.
10. Scott Page, *The Difference: How the Power of Diversity Creates Better Groups, Firms, Schools, and Societies* (Princeton, NJ: Princeton University Press, 2008).
11. Para detalhes dessas estratégias de vencer torneios, ver P. E. Tetlock, B. Mellers, N. Rohrbaugh e E. Chen, "Forecasting Tournaments: Tools for Increasing Transparency and Improving the Quality of Debate", *Current Directions in Psychological Science* 23, n. 4 (2014), pp. 290-5; B. A. Mellers, L. Ungar, J. Baron, J. Ramos, B. Gurcay, K. Fincher, S. Scott, D. Moore, P. Atanasov, S. Swift, T. Murray, E. Stone e P. Tetlock, "Psychological Strategies for Winning a Geopolitical Tournament", *Psychological Science* 25, n. 5 (2014), pp. 1106-15; V. A. Satopää, J. Baron, D. P. Foster, B. A. Mellers, P. E. Tetlock e L. H. Ungar, "Combining Multiple Probability Predictions Using a Simple Logit Model", *International Journal of Forecasting* 30, n. 2 (2014), pp. 344-56; J. Baron, L. Ungar, B. Mellers e P. E. Tetlock, "Two Reasons to Make Aggregated Probability Forecasts More Extreme", *Decision Analysis* 11, n. 2 (2014), pp. 133-45; V. Satopää, S. Jensen, B. A. Mellers, P. E. Tetlock e L. Ungar, "Probability Aggregation in the Time-Series: Dynamic Hierarchical Modeling of Sparse Expert Beliefs", *Annals of Applied Statistics* 8, n. 2 (2014), pp. 1256-80.

10. O DILEMA DO LÍDER

1. Helmuth von Moltke, in Daniel J. Hughes (org.), *Moltke on the Art of War: Selected Writings*, trad. Daniel J. Hughes e Harry Bell (Nova York: Ballantine Books, 1993), p. 175.
2. Ibid., p. 228.

3. Jörg Muth, *Command Culture: Officer Education in the U.S. Army and the German Armed Forces, 1901-1940, and the Consequences for World War II* (Denton, TX: University of North Texas Press, 2011), p. 167.
4. Ibid., p. 169.
5. Bruce Condell e David T. Zabecki (orgs.), *On the German Art of War: Truppenführung. German Army Manual for Unit Command in World War II* (Mechanicsburg, PA: Stackpole Books, 2009), p. 19.
6. Moltke, *Moltke on the Art of War*, p. 173.
7. Condell e Zabecki, *On the German Art of War*, p. 23.
8. Moltke, *Moltke on the Art of War*, p. 77.
9. Ibid., p. 230.
10. Muth, *Command Culture*, p. 174.
11. Condell e Zabecki, *On the German Art of War*, p. 18.
12. Werner Widder, "Battle Command: Auftragstaktik and Innere Führung: Trademarks of German Leadership", *Military Review* 82, n. 5 (set.-out. 2002), p. 3.
13. Condell e Zabecki, *On the German Art of War*, p. 22.
14. Ibid., p. ix.
15. Citado em Jean Edward Smith, *Eisenhower in War and Peace* (Nova York: Random House, 2012), p. 55.
16. Muth, *Command Culture*, p. 174. Esse foi na maior parte um problema do exército. A Marinha e os fuzileiros tinham uma cultura e tradição diferentes.
17. George S. Patton, *War as I Knew It* (Nova York: Houghton Mifflin Harcourt, 1995), p. 357.
18. Jean Edward Smith, *Eisenhower in War and Peace*, p. 612.
19. Eitan Shamir, *Transforming Command: The Pursuit of Mission Command in the U.S., British, and Israeli Armies* (Stanford, CA: Stanford University Press, 2011), p. 90.
20. Fred Kaplan, *The Insurgents* (Nova York: Simon and Schuster, 2013), p. 74.
21. Thomas Ricks, *The Generals* (Nova York: Penguin, 2012), p. 433.
22. Ralph Peters, "Learning to Lose", *American Interest* 2, n. 6 (jul.-ago. 2007), <www.the-american-interest.com/2007/07/01/learning-to-lose>.
23. David Petraeus, em conversa com o autor, 16 ago. 2013.
24. O general Petraeus é uma figura controversa. E os leitores podem estar se fazendo as mesmas perguntas sobre ele que são com frequência feitas sobre outros exemplos de pareceres bons ou ruins neste livro: Larry Kudlow, Peggy Noonan, Robert Rubin, Helmuth von Moltke, Larry Summers. Lembre-se do foco de laser que este livro devota à precisão. Não se deixe levar pela propaganda enganosa. Não confunda seus juízos sobre a previsão com aqueles sobre o personagem. Não deve fazer diferença se você vê o previsor como um adúltero, um afável apresentador de tevê, um habilidoso redator de discursos, um investidor privilegiado de Wall Street, um imperialista prussiano, um sexista da Ivy League etc. Não deveria importar sequer se o previsor for Adolf Hitler, que nos primeiros anos do Terceiro Reich enxergou mais claramente do que outros lí-

deres alemães até que ponto o Ocidente iria longe para apaziguá-lo. A tenacidade com que as pessoas levantam essas questões irrelevantes nos informa como é difícil tratar a prática de previsões como um jogo puramente de precisão. Em outra linha de minha pesquisa, chamei essa tendência de "embaralhamento funcionalista". P. E. Tetlock, "Social Functionalist Frameworks for Judgment and Choice: Intuitive Politicians, Theologians, and Prosecutors", *Psychological Review* 109, n. 3 (2002), pp. 451-71.

25. 3M Company, *A Century of Innovation: The 3M Story* (St. Paul, MN: 3M Company, 2002), p. 156.
26. Drake Baer, "5 Brilliant Strategies Jeff Bezos Used to Build the Amazon Empire", *Business Insider*, 17 mar. 2014.
27. Andrew Hill, "Business Lessons from the Front Line", *Financial Times*, 8 out. 2012.
28. Maxine Boersma, "Interview: 'Company Leaders Need Battlefield Values'", *Financial Times*, 10 abr. 2013.
29. Stephen Ambrose, *Eisenhower: Soldier and President* (Nova York: Simon and Schuster, 1990), p. 267.
30. Annie Duke, em conversa com o autor, 30 abr. 2013.
31. Joshua Frankel, em conversa com o autor, 13 fev. 2013.

11. ELES SÃO MESMO TÃO SUPER ASSIM?

1. James Kitfield, "Flynn's Last Interview: Iconoclast Departs DIA with a Warning", *Breaking Defense*, 7 ago. 2014, <breakingdefense.com/2014/08/flynns-last-interview-intel-iconoclast-departs-dia-with-a-warning>.
2. Ver relatórios do Stockholm International Peace Research Institute e do Human Security Report Project: *Human Security Report 2013: The Decline in Global Violence* (Vancouver, BC: Human Security Press, Simon Fraser University, 2013).
3. Daniel Kahneman e Shane Frederick, "Representativeness Revisited: Attribute Substitution in Intuitive Judgment", in Thomas Gilovich, Dale Griffin e Daniel Kahneman (orgs.), *Heuristics and Biases: The Psychology of Intuitive Judgment* (Cambridge: Cambridge University Press, 2002), pp. 49-81.
4. Nassim Taleb, *The Black Swan: The Impact of the Highly Improbable* (Nova York: Random House, 2010), p. 10.
5. Louise Richardson, *What Terrorists Want* (Nova York: Random House, 2007), pp. xviii-xix.
6. Taleb, *The Black Swan*, p. 50.
7. J. Bradford DeLong, "Cornucopia: The Pace of Economic Growth in the Twentieth Century", National Bureau of Economic Research Working Paper Series, Working Paper 7602, National Bureau of Economic Research, mar. 2000.
8. Duncan Watts, *Everything Is Obvious: *Once You Know the Answer* (Nova York: Crown Business, 2011), p. 153.

9. Donald Rumsfeld, memorando ao presidente George Bush, 12 abr. 2001, <library.rumsfeld.com/doclib/sp/2382/2001-04-12%20To%20George%20W%20Bush%20et%20al%20re%20Predicting%20the%20Future.pdf>.
10. Richard Danzig, *Driving in the Dark: Ten Propositions About Prediction and National Security* (Washington, DC: Center for a New American Security, out. 2011), p. 8.
11. *Oxford Essential Quotations* (Nova York: Oxford University Press, 2014).
12. Para pegar apenas um exemplo, um best-seller de 1993 que teve muita repercussão, *Head to Head*, de Lester Thurow, ex-reitor da Sloan School do MIT, esboçou um retrato da economia global no início do século XXI que era vívido, convincente e errado. Mostrava o Japão e a Alemanha como principais desafiantes dos Estados Unidos e mal mencionava a China. *Head to Head* está tão esquecido hoje como foi celebrado em 1993.
13. Estimativas de fatalidade para guerras às vezes variam amplamente. Também há espaço para infindáveis discussões sobre o que pode ser definido como "guerra".
14. Haja vista o rápido aperfeiçoamento da tecnologia de assassinato em massa, um administrador público prudente poderia ter empurrado sua avaliação de risco de uma guerra com baixas na casa dos milhões para 20%, 40% ou 80%. É mais um parecer que exige contrabalançar as taxas-base históricas na visão de fora com a informação mais recente na visão de dentro sobre o problema apresentado.
15. Nassim Taleb certa vez me fez uma pergunta difícil: como é possível aferir o acerto dos previsores em resultados que só ocorrem uma vez de tantas em tantas décadas? A resposta curta é: não dá. A longa, que há maneiras sub-reptícias de nos aproximarmos do problema que ao menos superam tábuas de Ouija. Uma abordagem se apoia nos estudos de sensibilidade ao escopo do capítulo 11 e avalia quão logicamente coerentes são os previsores em estimar a probabilidade de eventos raros, como ferir-se em um acidente automobilístico em um contra dez anos. Se os previsores fornecem grosso modo as mesmas respostas, eles falharam em um teste de coerência lógica básico. Ensiná-los a passar no teste vai melhorar a coerência lógica de suas previsões, uma condição necessária, ainda que não suficiente, para a precisão. Outra abordagem é desenvolver indicadores de advertência precoces de megaeventos raros, aferir a precisão dos previsores nesses indicadores e depois tratar os melhores previsores como os melhores guias para a trajetória histórica em que estamos. Nenhuma dessas abordagens resolve o problema de Taleb, mas cada uma delas é melhor do que nada — e melhor do que abraçar uma forma extrema de princípio da precaução que nos obriga a rejeitar qualquer mudança para a qual qualquer um pode gerar uma projeção super-pessimista "plausível".
16. O experimento mental de Kahneman toca a superfície espumante de um oceano de possibilidades "e se". As histórias alternativas mais incisivas nos convencem de que pequenos ajustes produzem grandes mudanças, como o ensaio de Winston Churchill que investiga as consequências de uma vitória confederada em Gettysburg, batalha muitas vezes vista como dependente das ações de uns poucos homens corajosos, le-

vando a uma vitória alemã na Primeira Guerra Mundial. Aprecio muito essas excursões imaginativas pela história contrafactual — e escrevi com o historiador Geoffrey Parker sobre os desafios de julgar a plausibilidade de histórias alternativas; ver P. E. Tetlock, R. N. Lebow e N. G. Parker (orgs.), *Unmaking the West: "What-If?" Scenarios That Rewrite World History* (Ann Arbor: University of Michigan Press, 2006). Ver também P. E. Tetlock e A. Belkin, "Counterfactual Thought Experiments in World Politics: Logical, Methodological, and Psychological Perspectives", in P. E. Tetlock e A. Belkin (orgs.), *Counterfactual Thought Experiments in World Politics* (Princeton, NJ: Princeton University Press, 1996); P. E. Tetlock e R. N. Lebow, "Poking Counterfactual Holes in Covering Laws: Cognitive Styles and Historical Reasoning", *American Political Science Review* 95 (2001), pp. 829-43.

12. E AGORA?

1. Como os superprevisores conseguiram isso? Eles juntaram um modelo de causa-efeito sólido que lhes permitiu se concentrarem rapidamente em evidências relevantes ao mesmo tempo que ficaram apenas moderadamente distraídos pelas evidências irrelevantes. Eles sabiam, mediante padrões de votação em outros países, que a opção de permanência da situação tende a se sair melhor do que o previsto nas pesquisas, porque alguns eleitores ficam constrangidos de dizer aos pesquisadores que apoiam o lado "sem graça". Esse efeito viera à tona no plebiscito de 1995 sobre separar o Québec do Canadá. Os super também conheciam o poder da agregação: quase todas as pesquisas favoreciam o não por estreita margem. Combine esses fatos e você obtém um não muito confiante desde o começo. E os super se mantiveram em grande medida nesse curso, mesmo quando uma pesquisa YouGov pôs o voto no sim à frente em 7%. Eles brevemente mudaram para 30%, mas quando pesquisas posteriores não confirmaram o resultado YouGov, baixaram rápido de volta a sua posição inicial de 10%. Por outro lado, na véspera da eleição, os mercados de apostas no Reino Unido puseram as chances em aproximadamente 3:1 contra o sucesso do plebiscito — no lado certo do "talvez", mas longe das confiantes chances contra de 9:1 que os superprevisores estavam dando naquele momento. Ver Simon Neville, "Scottish Independence: Late Surge at the Bookies as Punters Catch Referendum Fever", *The Independent*, 18 set. 2014, <www.independent.co.uk/news/business/news/scottish-independence-late-surge-at-the-bookies-as-punters-catch-referendum-fever-9739753.html>.
2. Daniel W. Drezner, "What Scotland's Referendum Teaches Me About Punditry", *Washington Post*, 19 set. 2014, <www.washingtonpost.com/posteverything/wp/2014/09/19/what-scotlands-referendum-teaches-me-about-punditry>.
3. Ibid.
4. "Silver Speaks. Democrats Despair", *Slate*, 24 mar. 2014.

5. Mac Margolis, "Brazil Threatens Banks for Honesty", *Bloomberg View*, 1º ago. 2014, <www.bloombergview.com/articles/2014-08-01/brazil-threatens-banks-for-honesty>.
6. Essa é a transliteração para o inglês mais comum da máxima de Lenin. A pronúncia é algo como "kto kvo".
7. Ver <www.nydailynews.com/news/election-2012/dick-morris-offers-explanation-predicting-romney-landslide-article-1.1201635>.
8. Ira Rutkow, *Seeking the Cure: A History of Medicine in America* (Nova York: Scribner, 2010), p. 143.
9. Ibid., p. 145.
10. Ver o site da Coalition for Evidence-Based Policy — coalition4evidence.org — ou Ron Haskins e Greg Margolis, *Show Me the Evidence: Obama's Fight for Rigor and Results in Social Policy* (Washington, DC: Brookings Press, 2014).
11. James Surowiecki, "Better All the Time", *New Yorker*, 10 nov. 2014, <www.newyorker.com/magazine/2014/11/10/better-time>.
12. O pingue-pongue da culpa lança luz sobre o motivo de até o Federal Reserve se agarrar ao fraseado vago. Digo "até" porque o Federal Reserve, ao contrário da IC, sempre se baseia extensamente em modelos quantitativos (macroeconômicos) em suas deliberações internas. Se eles quisessem, poderiam ser bem mais explícitos sobre suas intenções. Mas não são — ainda que o ex-diretor Ben Bernanke tenha recorrido a seus tempos de professor, para pôr um fim à verborragia obscura do Fed. Aqui topamos com os limites do que é politicamente possível fazer, não do que é cientificamente possível saber. O Federal Reserve tem muitos motivos para se esconder atrás de um palavrório vago. Eles não querem ser detonados por estarem "do lado-errado-do-talvez", que é onde até mesmo os previsores mais bem calibrados muitas vezes acabam. E não querem que o público veja com que frequência mudam de opinião, pois o público costuma ver atualização de crença como sinal de que a pessoa é confusa, não racional.

O Federal Reserve parece desse modo ter concluído que, embora o público possa clamar pela verdade, não está pronto para ela. Tente imaginar o afável Ben Bernanke incorporando a fúria de Jack Nicholson em *Questão de honra*: "Você não é capaz de lidar com a verdade". Sob esse ponto de vista, simplesmente não somos maduros o bastante para lidar com os números. Assim, devemos continuar a decodificar declarações como esta de Janet Yellen, em fevereiro de 2015: "É importante enfatizar que uma modificação da orientação futura [*forward guidance*] não deve ser interpretada como indicativo de que o comitê necessariamente vai aumentar o escopo visado em duas reuniões". Ver James Stewart, "Wondering What the Fed's Statements Mean? Be Patient", *New York Times*, 13 mar. 2015, C1.

As implicações para a IC são claras. Mesmo se no fim das contas ela fosse tão longe quanto o Fed no sentido de quantificar aferições de incerteza em suas deliberações internas, deveria se ater às mensagens externas esfíngicas.

NOTAS

13. Muitas vezes atribuída a Einstein, seu verdadeiro autor parece ser o sociólogo William Bruce Cameron, segundo o Quote Investigator: <quoteinvestigator.com/2010/05/26/everything-counts-einstein>.
14. Leon Wieseltier, "Among the Disrupted", *New York Times*, 18 jan. 2015.
15. Elisabeth Rosenthal, "The Hype over Hospital Rankings", *New York Times*, 27 jul. 2013. Esforços de identificar um "super" — super-hospitais, superprofessores, analistas superinteligentes — são fáceis de repudiar por dois motivos: (1) a excelência é multidimensional e só podemos captar, imperfeitamente, algumas dimensões (longevidade do paciente, resultados de teste ou índices de Brier); (2) assim que consagramos um sistema de medição de desempenho oficial, criamos incentivos para usar o novo sistema em nosso benefício, rejeitando pacientes muito doentes ou expulsando alunos problemáticos. Mas a solução não é abandonar o sistema de medição. É resistir a interpretá-lo exageradamente.
16. Thomas Friedman, "Iraq Without Saddam", *New York Times*, 1º set. 2002.
17. Thomas Friedman, "Is Vacation Over?", *New York Times*, 23 dez. 2014.
18. Caleb Melby, Laura Marcinek e Danielle Burger, "Fed Critics Say '10 Letter Warning Inflation Still Right", Bloomberg, 2 out. 2014, <www.bloomberg.com/news/articles/2014-10-02/fed-critics-say-10-letter-warning-inflation-still-right>.
19. Alguns dizem que o projeto Santo Graal tem um nome apropriado porque é muito ingênuo. Há excessiva má vontade em juntar campos conflitantes. Jonathan Haidt lançou a base para o pessimismo em seu perspicaz livro de 2012, *The Righteous Mind*. Mas mesmo uns poucos triunfos determinariam precedentes maravilhosos. Há bons motivos para supor que uma vez que começam a fazer previsões em torneios com a divulgação dos vencedores, as pessoas ficam mais receptivas. É bastante notável como os previsores nos torneios públicos da IARPA estão mais bem calibrados do que estavam em meus torneios de EPJ anteriores, de anonimato garantido. E a evidência de experimentos laboratoriais é ainda mais determinante. Torneios públicos criam uma forma de prestar contas que nos deixa sintonizados com a possibilidade de talvez estarmos errados. Os torneios têm o efeito que Samuel Johnson atribuía ao patíbulo: concentrar a mente (no caso dos torneios, evitando a morte da reputação). Ver P. E. Tetlock e B. A. Mellers, "Structuring Accountability Systems in Organizations", in B. Fischhoff e C. Chauvin (orgs.), *Intelligence Analysis: Behavioral and Social Scientific Foundations* (Washington, DC: National Academies Press, 2011), pp. 249-70; J. Lerner e P. E. Tetlock, "Accounting for the Effects of Accountability", *Psychological Bulletin* 125 (1999), pp. 255-75.

EPÍLOGO

1. Bill Flack, em conversa com o autor, 5 ago. 2014.

APÊNDICE: OS DEZ MANDAMENTOS DOS ASPIRANTES A SUPERPREVISOR

1. Jo Graven McGinty, "To Find a Romantic Match, Try Some Love Math", *Wall Street Journal*, 14 fev. 2015.
2. Greg Mankiw, "The Overoptimism of Research Assistants", <gregmankiw.blogspot.com/2013/11/the-excessive-optimism-of-research.html>.
3. Existe uma hipótese alternativa. Poderíamos defender um tratamento diferenciado para as estimativas de probabilidade dos conselheiros de basquetebol e dos conselheiros de terrorismo com base em que os esportes são repetitivos, ao passo que a busca por Bin Laden foi uma coisa única na vida. Obama pode ter ficado justificadamente mais confiante porque os pareceres de basquete eram motivados por dados físicos sobre desempenho passado, enquanto os pareceres de terrorismo pareciam ter sido tirados do nada. Os seguintes tipos de evidência poderiam resolver essa questão: (1) Obama é tão preciso em conversar sobre eventos claramente repetitivos na segurança nacional (por exemplo, ataques com drones) quanto é sobre esportes? (2) Os responsáveis pelas políticas em geral abririam mão de seu "preconceito" contra juízos de probabilidade em domínios menos passíveis de serem repetidos se soubessem que esses juízos são tão confiáveis quanto os de domínios passíveis de serem repetidos? Infelizmente, testar esta última hipótese será impossível, na medida em que os responsáveis por políticas não enxergam valor em coletar juízos de probabilidade de eventos aparentemente únicos, muito menos em aferir sua precisão.
4. Tommy Lasorda e David Fisher, *The Artful Dodger* (Nova York: HarperCollins, 1986), p. 213.
5. O contraditório décimo primeiro "mandamento" nos lembra do papel indispensável da criatividade. Por exemplo, preparar-se para o "sem precedentes" — cisnes negros como a invenção de armas nucleares, supercomputadores, engenharia genética — exige pegar leve com os mandamentos-chave: confiar menos em taxas-base históricas e correr mais riscos de dar alarmes falsos sobre cenários "absurdos".

   Claro que almoços grátis são coisa rara. Em geral, é impossível para os autores de cenários alternativos designar probabilidades mais elevadas a eventos raros de alto impacto que de fato ocorrem (acertos) sem também designar probabilidades mais elevadas àqueles que jamais ocorrem (falsos positivos). Considerar alto demais o preço da taxa de acerto melhorada depende de quão baixo podemos manter nossos erros de falso positivo e até que ponto podemos minimizar o risco de eventos que outros deixaram de imaginar. Mais uma vez, a prática da superprevisão é um número de malabarismo incessante.

ÍNDICE REMISSIVO

Os números de páginas em itálico indicam ilustrações.

3M, 218

Abe, Shinzo, 155, 157, 180
abertura à experiência, 126
Adams, Karen, 301
agregação, 68, 76, 78, 80, 82, 123, 193, 203, 292, 305; concurso do *Financial Times* e, 78-9; *poll aggregators*, 69, 77-8; *ver também* Silver, Nate
aleatoriedade, 98-9; experimento de Langer, 99
Alemanha: ataque à Bélgica/França, 212; ataque a Eben Emael, 212; *Auftragstaktik*, 210-1, 215; Moltke e, 207-11; Wehrmacht, 209, 213, 221-2
ancoragem, 121
Apple Inc., 51-3, 57, 284
aprendizagem, 174; experiência prática, 174-5, 274; feedback e, 179-80, 243, 273; fracasso e, 173-4, 177; prática informada, 175; profunda, prática deliberada, 228, 274
Arábia Saudita, cortes de produção petrolífera, 125
Armstrong, J. Scott, 281
Arquíloco, 73

Arrow, Kenneth, 54
Atanasov, Pavel, 289, 301
atitude mental de crescimento, 171-4, 182, 298
atitude mental fixa, 171-2, 181, 298
atualização, 151-69, 296; Bayes e, 167-8, 270, 297; carta aberta a Ben Bernanke e, 259; Cila e Caríbdis da, 163; encontrando a passagem do meio, 163-4; Minto e, 163-5; reações aquém e além do normal, 154-63, 270, 296; superprevisores e, 166, 168

Backus, Peter, 268
Baker, J., 289, 295, 298
Ballmer, Steve, 51-3, 57, 177, 284
Baron, Jonathan, 126-7, 287
Baum, L. Frank, 75
Bayes, Thomas, 166; aglomerado de questões bayesianas, 254; teorema (atualização), 167-8, 270, 297
beisebol *ver* esportes
Ben Ali, Zine el-Abidine, 15
Berlin, Isaiah, 73
Bernanke, Ben, 53, 57, 257-8, 306

309

Bernouilli, Jakob, 136
Beugoms, Jean-Pierre, 159-60, 181
Bezos, Jeff, 218
"Big Five", características, 126, 291
bin Laden, Osama, 84, 232-3; localização de (complexo paquistanês), 63, 130, 132, 134, 271, 292, 308
Bloom, Paul, 295
Bouazizi, Mohamed, 16
Bowden, Mark, 133-5
Box, George, 83
Brasil, 246
Breivik, Anders, 44
Brier, Glenn W., 68, 284
Brown, Aaron, 25
Budescu, David, 296
Bueno de Mesquita, Bruce, 281, 291
Buffett, Warren, 174
Built to Last (Collins e Porras), 288
Burch, Druin, 33, 35
Bush, George H. W., 178
Bush, George W., 74, 224, 285, 287, 297; fracasso da inteligência na questão das ADM, 84-5, 272; memorando de Rumsfeld, 233, 236
Byers, William, 139

Caçada, A (Bowden), 133-5
calibração, 64, *66-7*, 73, 176
Cameron, William Bruce, 307
Carlsen, Magnus, 49
Central Intelligence Agency (CIA), 58; ADM e, 63, 85-7, 272; análise da Guerra do Vietnã, 289; análise de inteligência, 58; analistas da, 89, 160; Baía dos Porcos, 60, 188-90; crise dos mísseis cubanos, 190-2; defesa dos números em previsões, 63, 134; Kent e, 58-60, 62-3; localização de Bin Laden, 63, 130, 132-5, 271, 292, 308; National Intelligence Estimates e, 59, 85, 144; *ver também* comunidade de inteligência
Chabris, Christopher, 301
Chang, Welton, 290
Chen, Eva, 281, 289, 295-6, 298, 301

Cheney, Dick, 233
China: previsão de consumo de energia, 300; previsão de domínio global, 238; questão da gripe aviária, 290
Churchill, Winston, 173, 207, 219, 304
cisnes negros, 229-33; planejamento para, 236, 308
Clarke, Arthur C., 128
classificações de crédito ao consumidor, 252
Clausewitz, Carl von, 208
Clinton, Bill, 52, 178-9, 246
Clinton, Hillary, 200, 279-80
Cochrane, Archie, 32, 37-9, 45-7, 70, 89, 91, 109, 193, 219, 248
Codman, Ernest Amory, 247, 252
Collins, Jim, 288
Coming War with Japan, The (G. Friedman), 281
Como a mente funciona (Pinker), 282
comparabilidade, 69
comunidade de inteligência (IC), 85, 88; analistas na, 24, 287; analistas versus superprevisores, 97, 287; falácia do lado-errado-do-talvez, 250; fracasso na revolução iraniana, 86, 88; fracasso nas ADM, 63, 85-8, 90, 133-4, 244, 250; fracasso nos ataques do Onze de Setembro, 250; granularidade na, 144, 295; história de Ignatius, 97, 287; orçamento anual, 92; pensamento baseado em evidências na, 250; pesquisa sobre o juízo qualificado e, 88; pingue-pongue da culpa, 250, 306; precisão das previsões, 89, 251; sistema de estimativa de probabilidade melhorado, a importância de, 286
Conselho de Inteligência Nacional, 144, 287, 295
Conselho Nacional de Pesquisa, 54, 88, 90, 135
Coreia do Norte: Frankel e, 222; previsão de Klein, 288; questão da detonação nuclear, 222, 254; questão do conflito com a Coreia do Sul, 254; questões ínfimas mas pertinentes sobre, 254

ÍNDICE REMISSIVO

Coyne, William, 218
Cramer, Jim, 22
criatividade, 308
Cuba: baía dos Porcos e, 60, 188-90; crise dos mísseis cubanos, 190-2; mísseis soviéticos e, 59

Danzig, Richard, 236, 304
Defence Advanced Research Projects Agency (DARPA), 88, 90
Defense Intelligence Agency, 85, 224
derrocada, A (Fitzgerald), 222
determinação, 182-4, 186
DeWitt, John, 158
Dez mandamentos para aspirantes a superprevisores, Os, 267-74, 308
Digital Equipment Corporation, 51
dissonância, 222
doença do CEO, 196
Drezner, Daniel, 243-4
Duckworth, Angela, 182
Duffy, Devyn, 152, 181-2
Duke, Annie, 81-2, 220, 285
dúvida, 34, 36, 44, 50, 56, 165, 271
Dweck, Carol, 171-2, 181

Edison, Thomas, 186
Edmondson, Amy, 201
efeito borboleta, 16-7, 21, 241
efeito de diluição, 161
Eisenhower, Dwight D., 213-5, 218, 220, 236
eleições presidenciais, 50, 66, 69, 77, 178, 200, 245-6, 267-8, 280, 282, 285, 287, 297
Ellsberg, Daniel, 293
Ellsberg, paradoxo de, 293
"embaralhamento funcionalista", 303
Energy at the Crossroads (Smil), 300
erro de atribuição fundamental, 285
Escócia, plebiscito na, 242-3, 305
esportes: estatísticas de desempenho e, 11; política versus beisebol, 280, 308; previsões de March Madness, 272
Expert Political Judgment (EPJ), projeto de pesquisa, 70-3; anonimato dos previsores, 71, 285-6, 307; conclusões, 72-3, 83, 91; defesa do "cometi o erro certo", 296; fator crítico na precisão, 72, 83; híbridos, 82; parâmetros de pesquisa, 94; pensamento contrafactual, 182; prazo e declínio em direção ao acaso, 236; raposas contra porcos-espinhos, 73, 75, 78, 256, 285, 300; resultado do chimpanzé jogando dardos, 12-4, 230; torneio, 91, 94, 286, 307
Expert Political Judgment (Tetlock), 89
extremar e algoritmos extremantes, 93, 95, 204, 292, 294

falácia do lado-errado-do-talvez, 62, 250
Fate of the Earth, The (Schell), 54
Federal Reserve, 306
feedback, 176-7, 197, 243-4; autópsias e, 181, 273; efeito Forer, 177, 179; lapso de tempo e (viés retrospectivo), 178-9
Ferguson, Niall, 53, 63, 258-9
Fermi, Enrico, 112, 114-5
fermização, 152, 268-9, 289; estabelecimento de uma taxa-base e, 119-21; número de afinadores de piano em Chicago, 112-3, 115; questão Arafat-polônio, 118, 120; questão do bicho de estimação da família Renzetti, 118-21; visão de dentro e, 121-2; visão de fora e, 120-1
Ferrucci, David, 28-9
Feynman, Richard, 36
Financial Times, 78-9
Fingar, Thomas, 287-8
Fischhoff, Baruch, 88, 179
Fitzgerald, F. Scott, 222
Flack, Bill, 9, 11-2, 23, 25-6, 96; índices de Brier, 155, 262; metodologia de, 120; partilhando o pensamento com companheiros de equipe, 123; qualidades de, 129, 261, 263; questão Arafat-polônio, 117; questão da visita de Abe ao santuário Yasukuni, 155, 157; sobre experts, 262

Flynn, Michael, 224-5
Forças de Defesa de Israel, 215
Ford, Henry, 148
Forer, Bertram (efeito Forer), 177
Frankel, Joshua, 109, 128, 156-7, 222
Frederick, Shane, 303
Frederico, o Grande, rei da Prússia, 209
Friedman, George, 280
Friedman, Jeffrey, 293
Friedman, Tom, 9, 15, 85, 255-6, 262, 279; como superperguntador, 255-6, 262; previsão de, não testada, 11, 25, 51, 279

Galeno, 34, 45
Galton, Sir Francis, 76, 78
Gartner, grupo de consultoria de TI, 52
Gates, Bill, e Fundação, 22, 249
Gates, Robert, 296
Gazzaniga, Michael, 42
Gigerenzer, Gerd, 282, 293
Gilbert, Daniel T., 285, 293
Gleick, James, 280
Good Judgment Project (GJP), 230-1, 281; algoritmos para, 287; como uma pechincha para a IC, 286; conferências para, 198; desempenho do, 24, 93; dimensões críticas do juízo qualificado, 255; diretrizes de treinamento avançado, 228; elemento do acaso e, 105-6; encontro na Wharton, 108, 198; entrando para o, 265; equipe multidisciplinar para, 23; extremar e, 93, 95, 204, 292; formação dos superprevisores, 281, *ver também* superprevisores; lançamento do, 23; melhor previsão, 95; metodologia, 93; número de participantes, 23, 92, 110-1; "pontuação de destino", 149; possíveis revelações, 92-3; prática e previsão, 299; recompensa dos participantes, 96; recrutamento de participantes, 92; Santo Graal do, 257, 307; seleção aleatória e, 110; síntese de visões, 123; superequipes criadas, 195-205; superprevisores no, 96; usando decisão de equipes, 192-5; website, 265, 267

Google, 19, 152
Gorbatchóv, Mikhail, 55-6, 71, 237
Gott, J. Richard, 294
gráficos de Snellen, 91; mudança de 20/100 para 20/40 e, 96, *97*
Graham, Benjamin, 173
Grande Depressão, 172
Grande Recessão de 2007-9, 74, 170; debate de políticas na, 258, 260
Grant, Asam, 202
Grant, James, 257
granularidade, 140, 142-4, 151, 165, 271, 295
"Great Rationality Debate, The" (Tetlock e Mellers), 282
Grécia, finanças, 63, 269
Grove, Andy, 194
Guerra do Iraque, 85, 215-6, 286; ADM e, 63, 85-8, 90, 133-4, 244, 250; insurgência e, 216; Petraeus no comando, 216; questões tapa-na-testa, 255; "Thunder Run", 215
Guerra do Vietnã, 112, 215, 289
Guerra no Afeganistão, 232-3; questão das tropas EUA-Afeganistão, 164
Guiné, eleições na, 181

Hagel, Chuck, 167, 297
Haidt, Jonathan, 307
Head to Head (Thurow), 304
Hertwig, Ralph, 291
Herzog, Stefan, 291
Heuer, Richards, 89
heurísticas, 41, 282; "heurística de disponibilidade", 41, 46
Hill, Austin Bradford, 35
hipótese plausível, 44
Hitler, Adolf, 213, 240, 302
Honduras, questão da eleição em, 199
Hora mais escura, A (filme), 130-3
Horowitz, Michael, 275, 287
humildade, 219-21; "humildade copernicana", 294; humildade intelectual, 221, 261

ÍNDICE REMISSIVO

Ignatius, David, 97, 287
ilusão de controle, 99-101
ilusão de percepção, 38
ilusões cognitivas, 226, 228, 299
In an Uncertain World (Rubin), 140
incerteza, 19-20, 76, 136, 139, 293; Eisenhower e, 214; "epistêmica" e "aleatória", 142; granularidade e, 271; irredutível, 141-2; mandamentos e, 274; Moltke e, 208, 210, 274; paradoxo de Ellsberg, 293; pensamento probabilístico e, 140-5; Petraeus e, 217; planejamento além do horizonte de previsão, 236; previsão de 0,5 e, 294; sobre o futuro, 237-8; superprevisores e, 141-5; *ver também* probabilidade
índices de Brier, 68-70, 95, *104*, 144, 150, 155, 250, 252, 262, 284, 290, 294, 299; de superprevisores, 95-6, 108, 155, 163, 165, 180, 185, 262, 290-1, 296
insensibilidade ao escopo, 226-8
Intelligence Advanced Research Projects Activity (IARPA), 23, 88, 90; experimentos e equipes no estilo Cochrane, 91; mercado preditivo no torneio, 155; missão da, 88; primeiro lugar, 163; questões do torneio de previsão, 253; questões na zona habitável, 91, 286; regras do torneio de previsão, 94; torneio de previsão, 24, 26, 91-2, 97-8, 244, 249, 251; *ver também* Good Judgment Project
internet, operações de previsão na, 19

Janis, Irving, 190-1
Japão: normas de construção e terremotos, 236-7; previsão de dominação global, 238
Jenga (jogo infantil), 159
Jennings, Ken, 163
Jeopardy! (programa de tevê), 163
Jervis, Robert, 86-8
Jobs, Steve, 219
jogadores de bridge, 177, 180
Johnson, Lyndon B., 289
Johnson, Samuel, 307
Jornada nas Estrelas (série de tevê), 80

Joseph, Regina, 290
juízo: calibração e resolução, 64, *65-7*, 68, 272; escolha de carreira do autor, 251; feedback e precisão, 176; propaganda enganosa e, 87, 117, 157; informações irrelevantes e, 161; perseverança na crença e, 158-60; quebrando as regras, 169; questões tapa-na-testa, 255; raposas versus porcos-espinhos, 73-5, 78, 80, 82; sobre ADM, como errado, mas razoável, 86-8; sobre os riscos, 160; triagem, 267-8; verdade básica sobre probabilidades e, 135
julgamentos num estalo, 48

Kahan, Dan, 160
Kahneman, Daniel, 41, 48, 57, 111, 121, 223, 225, 233, 236; autor e, 223; colaboração de Klein, 48-9, 259-60; desejo humano de certeza e, 237; estudo de Mellers com, 226-7; experimento mental, 240, 304; ilusões WYSIATI, 224-5; "visão de fora" de, 119, 149
Kansas City Life Insurance Company, 18-9
Kaplan, Fred, 216
Kasparov, Garry, 28-9
Kennedy, John F., 60; baía dos Porcos e, 189-90, 195; crise dos mísseis cubanos e a mudança na cultura da tomada de decisão, 190-3, 195, 197, 205, 240
Kennedy, Robert F. "Bobby", 191
Kent, Sherman, 58-61, 63, 219, 250; gráfico de termos, 60
Kerry, John, 285
Keynes, John Maynard, 153, 158-9, 162, 172-4, 219, 258
Khosla, Vinod, 231
Kilkenny, Anne, 183-4
Klein, Gary, 48-9, 226, 259-60
Klein, Joe, 287
Kony, Joseph, 269
Kray, Laura, 146
Krugman, Paul, 259
Kudlow, Larry, 73-5, 302
Kunda, Ziva, 282

Labatte, Brian, 142-4
Laffer, Art, 73
Langer, Ellen, 99
Laplace, Pierre-Simon, 16, 167
LaSorda, Tommy, 273
Lenin, Vladimir, 246-7, 306
Leonhardt, David, 62, 138, 297
Lerner, J., 307
Levine, Lionel, 128
Levitin, Daniel, 115, 289
liderança, 27; academia de liderança do Walmart, 219; atalhos na tomada de decisão, 220; *Auftragstaktik*, 210-1, 215, 218-9; de Eisenhower, 214; de Hitler, 213; de Petraeus, 216-9; estilo de pensamento necessário, 206-7; ferramentas de superequipe para, 205; gestão de equipe, 273; humildade e, 220-1; legado de Moltke, 207-213; moralidade da, 222; qualidades dos líderes eficazes, 206; superprevisão e, 206-7; *ver também* Obama, Barack
Lincoln, Abraham, 221
Lind, James, 35
Litvinenko, Alexander, 116
Lorch, Doug, 93, 95-6, 101, 104, 106, 126, 203; dissonância e, 222; ferramenta de software desenvolvida, 229; índices de Brier, 95, 203; questão do gelo no oceano Ártico, 155-6, 163, 168
Lorenz, Edward, 16-7, 105

MacMillan, Margaret, 280
Madden, John, 249
Malkiel, Burton, 162
Mankiw, Greg, 269, 308
Maravilhoso mágico de Oz, O (Baum), 75
Massachusetts Institute of Technology (MIT), 24
Matadouro 5 (Vonnegut), 145
Matheny, Jason, 90
Matthies, Dennis, 194
Mauboussin, Michael, 101, 103
McCloskey, Donald N., 280
McKinney, Damian, 219

McLaughlin, John, 22
McNamara, Robert, 111, 289
média; média ponderada, 131
medicina: "complexo de Deus", 37, 46; ciência do culto à carga, 36; diagnóstico de Cochrane, 31-2, 39, 45-7; estudos randômicos controlados, 36-7, 39, 51; história e testes científicos, 33-6, 50; necessidade de dúvida, 34, 36, 51; Sistema de Resultado Final, 247-8, 252, 307; status quo *kto-kogo* em, 248; testes científicos, 26, 36, 70, 92, 247; thomsonianismo, 34; tratamento de escorbuto, 35
Medvedev, Dmitri, 29
Meehl, Paul, 27
megadados, 27, 128
Mellers, Barbara, 23, 90, 109, 143, 298; estudo da insensibilidade ao escopo, 226-8
mercados preditivos, 62, 95, 138, 151, 155, 199-200; superequipes versus, 199, 201; superprevisores versus, 201
metacognição (pensando sobre o pensamento), 39-50; circunstâncias e, 82, 286; desejo de explicação, 42-3; ensaio de Berlin sobre grandes autores, 73; hipótese plausível, 44; ilusões WYSIATI, 42, 224-5, 282; intuição versus análise, 47-50; modelo do sistema dual (Sistema 1 e Sistema 2), 40-1, 43-8, 100-2, 117, 132, 224-5, 228-9, 291; modelos e, 83; pensamento contrafactual, 146, 241, 271, 305; perguntas substitutivas, 46-7, 283; perspectiva de heurísticas e vieses, 41, 282; perspectiva ponta-do-seu-nariz, 47, 49, 56, 74, 81, 99, 102, 116, 136, 225; previsão e como os especialistas pensavam, 72-3, 82; reconhecimento de padrões, 48, 109, *110*, 111; terrorismo em Oslo e, 43-4; Teste de Reflexão Cognitiva, 41, 117
Microsoft, 51
mídia e previsão, 11, 75; "ilusão de predição" e, 100

ÍNDICE REMISSIVO

Milton, John, 222
Minto, Tim, 163-5, 168, 203; índices de Brier, 163, 180; metodologia, 163, 166, 168; questão da visita de Abe ao santuário Yasukuni, 180; questão das tropas EUA-Afeganistão, 164; questão dos refugiados sírios, 164-5, 168, 203
Moltke, Helmuth von, 207-10, 213-4, 216, 218-9, 274, 302
Moore, Don, 176
Morris, Dick, 246
Mubarak, Hosni, 15
Müller-Lyer, ilusão de ótica, 225
multidão interna, conceito, 124
Munger, Charlie, 144
Murray, Terry, 183, 198
Muth, Jörg, 208-9, 214

não linearidade, 21
Nash, solução de equilíbrio de, 79
National Intelligence Estimates, 59, 85, 87, 144
National Security Agency, 85
"necessidade de cognição", 125, 186
necessidades de produção de eletricidade, 19
negócios e previsão financeira, 23, 25; agregação e, 200; comportamento do investidor, 162, 297; desempenho do mercado de ações, 162; hipótese do mercado eficiente, 200; prevendo volatilidade, 294, 297; superconfiança e, 299
Nisbett, Richard, 161
Noonan, Peggy, 50, 119, 224, 302

Obama, Barack, 63, 245, 271, 292, 297; localização de Bin Laden e, 133-5, 204, 271; pensamento granular e, 272; pronunciamento de 10 de setembro de 2014, 154, 157
Orwell, George, 169

padrão de raciocínio da tese-antítese-síntese, 122-4, 291; sistema integrativo de codificação de complexidade, 291

Page, Scott, 203
Palin, Sarah, 183-4
palpites, 116, 119, 138, 272
Panetta, Leon, 130-1, 133, 139, 292
paradoxos de processo-resultado, 133
parâmetros, 69
Parker, Geoffrey, 305
Patton, George, 214
pensamento baseado em evidências, 249; a questão que conta, 253-7; objeção de humanista, 251-3; tecnologia da informação e, 249
pensamento contrafactual, 240-1, 271, 305
pensamento de grupo, 191, 194, 203
perseverança na crença, 158-60, 296
perspectiva ponta-do-seu-nariz (visão de mundo egocêntrica), 47, 49, 56, 74, 81, 99, 102, 116, 136, 225
Peters, Ralph, 217
Petraeus, David, 216-9, 302
Pinker, Steven, 282
Polanyi, Michael, 175
"Política e a língua inglesa, A" (Orwell), 169
PollyVote, 77-8
pôquer, 81, 86, 220, 232, 271, 285, 300
Porras, Jerry, 288
Pratt, Edwin Hartley, 34
predição *ver* previsão
Predictioneer's Game, The (Bueno de Mesquita), 281, 291
prevendo formação de nuvens, 17
previsão, 11-2, 23, 70; além do horizonte de previsão, 236; algoritmos para, 27, 72, 93, 287; atualização em, 151-69, 258-9, 296; atuarial, 19; baseada em computador, 21, 28-9; baseada em evidências, 245, 251; cisnes negros e, 229-33; como as pessoas pensam e precisão, 72-3, 82; como um puro jogo de precisão, 303; como uma habilidade, 12, 14, 25, 106, 287, 299; correlação confiança-precisão, 137; de curto alcance versus de longo alcance, 13, 267, 304; detratores contra defensores, 14; diferenciais de desempenho, 96; dissonância e, 222; especialistas e, 97,

117, 262, 280, *ver também* Friedman, Tom; especialistas versus leitores da *Times*, 57, 91, 111; "estimativa" e, 58; estimativas de probabilidade e números, 61-2; estudos do autor *ver* Expert Political Judgement; Good Judgement Project; falácia da "ilusão de predição", 99; falácia do lado-errado-do-talvez, 62, 250; falsas dicotomias em, 20, 47, 101, 204; falta de medição, 21, 25, 89; fama de previsão e precisão, 75; fatores na previsibilidade, 20; fatores previsíveis versus fatores imprevisíveis, 18-9, 238, 268; feedback e precisão, 177-80; fraqueza atual de, 50; importância da, 244; jogo de cara ou coroa, 98-9; juízo subjetivo e, 27, 29; laplaceana versus lorenziana, 17, 20; memorando Rumsfeld, 233, 236; metas da, 23, 246; metodologia, 294-5; mídia e, 11, 75, 100; modelo do guru, 29; no dia a dia, 19; palavreado vago e, 57, 60-1, 63, 177, 179, 306; parâmetros de previsão, 52-3; pensamento probabilístico e, 146-8, 186; perfeição, 66; prazos e, 20, 23-4, 53-4, 57, 227, 236, 284; precisão de medição, 54, 57-68, 70-3, 90; precisão do especialista médio, 12-3, 23, 26, 72; previsão de Ballmer, 51-3, 57, 284; sistema de pontuação para, 68; sobre a prática de fazer previsões, 27-9; sorte e, 100-1, 103-4, 106, 153, 262, 300; status quo *kto-kogo* na, 245-7, 250; torneios, contribuições de, 244; triagem em questões de escolha, 267-8
previsão de libélula; perspectiva, 125-6, 131, 151, 186, 193, 262, 271, 292
previsão do tempo, 21, 293; calibração da, 63-4, *65-6*; campo de jogo nivelado e, 70; efeito borboleta, 16-7; estimativas de probabilidade e números, 64; feedback e precisão, 177
previsão econômica, 23; bancos e, 22; carta aberta a Bernanke e, 53, 57, 257-8; economia pelo lado da oferta e, 74; eleição no Brasil e, 246; Grande Recessão de 2007-9 e, 170; Grécia, finanças, 63, 269; IARPA e, 24; livros de negócios encalhados, previsões dos, 100, 288, 304; palavreado vago e, 306; precisão de Lorch em, 95; preço do petróleo, 105; previsões de Kudlow, 74-6
previsão política ou geopolítica, 23, 95, 280-1; de Noonan, para a eleição de 2012, 50; doutrina das duas guerras, 237; especialistas e, 167-8, 280, 297; exemplos de questões sobre, 10, 23, 29; IARPA e, 24; metodologia e teste do autor para, 26; na Rússia, 10, 29, 55-6, 59; precisão da, 57; prevendo a Primavera Árabe, 15, 280; previsões de longo alcance como sem sentido, 281; questão da queda de Aleppo, 290; questão Nigéria-Boko Haram, 290; sobre a constitucionalidade do Obamacare, 62; sobre a crise da dívida europeia, 63; sobre a produção de petróleo da Arábia Saudita, 125; sobre catástrofe nuclear, 54-5, 58, 246; sobre eleições de meio do mandato no Senado, 165-6; sobre fatalidades da guerra, 239-40, 304; verificação das "tendências de conflito global", 224; Watson da IBM e, 28; *ver também* eleições presidenciais; terrorismo
previsão tecnológica, 23; trapalhadas em, 51, 57, 284
"Previsibilidade: pode o bater de asas de uma borboleta no Brasil provocar um tornado no Texas?" (Lorenz), 16
Price, Richard, 166
Primavera Árabe, 15-6, 280
Primeira Guerra Mundial, 239, 280
Principles of Forecasting (org. Armstrong), 281
probabilidade: abordagem fundamentada na teoria dos jogos, 291; agregação, 292; altura dos homens, 238, *239*; cinquenta-cinquenta, 68, 134, 142, 245, 271, 292; de encontrar Bin Laden no Paquistão, 134-5; distribuição da riqueza nos EUA, 238, *239*; distribuição de cauda gorda, 238-40; doutrina das duas guerras,

ÍNDICE REMISSIVO

237; experimento mental, 166; fermização e, 268-9; granularidade e, 140, 142-4, 151, 165, 271; juízos explícitos e, 237; na tomada de decisões, 292, 308; para a Era da Informação, 139-41; para a Idade da Pedra, 136-9; pensamento probabilístico versus ordem divina, 146, 148, 185; planejamento de longo prazo e, 237; sistema de estimativa de probabilidade norte-americano, 286; teorema de Bayes, 167
probabilidade no cara ou coroa, 98-9, 103
propaganda enganosa, 45-7, 86, 117, 157, 227, 283, 296, 302
Próximos 100 anos, Os (G. Friedman), 280
Putin, Vladimir, 29

quants, 129
questão Arafat-polônio, 116-8, 152, 154-5, 181, 197, 268, 296
Questão de honra (filme), 306
questão do gelo no oceano Ártico, 155-6, 163, 168, 296
questão Nigéria-Boko Haram, 290

Reagan, Ronald, 55-6, 73
receptividade à experiência, 291
receptividade ativa (AOM), 126, 186, 202
reconhecimento de padrões, 48, 109, *110*, 111
reflexividade-paradoxo, piada da, 82
"regressão à média", 101-2; predição de altura, 101, *102*, 288; superprevisores e, 105; torneio da IARPA e, 103, *104*
Rescober, Phillip, 275-6
resolução, 66, *67*, 73
Revolução Francesa, 232
Rice, Condoleezza, 85
Rich, Elaine, 196, 198
Richardson, Louise, 230
Ricks, Tom, 167-8, 297
Ridgway, Matthew, 214
Rieber, Steve, 90
Righteous Mind, The (Haidt), 307
Risk Savvy (Gigerenzer), 293

Ritholtz, Barry, 53
Rogg, David, 122-3; metodologia, 123-4
Romney, Mitt, 245-7
Rosenthal, Marty, 197, 202
Rosenzweig, Phil, 288
Ross, Lee, 285
Rubin, Robert, 138, 140-1, 143, 302
Rumsfeld, Donald, 233, *235*, 236
Rússia (antiga União Soviética): crise dos mísseis cubana e a, 59, 190-2; invasão da Iugoslávia, 59; previsão sobre, 10, 29, 55-6, 179; surpresa Gorbatchóv, 55, 71, 237
Rutkow, Ira, 34, 247-8

sabedoria das multidões, 62, 76, 78, 91-3, 124, 201; localização de Bin Laden e, 131, 204; loucura coletiva versus, 193
Sabedoria das multidões, A (Surowiecki), 76, 192
Saddam Hussein, 63, 84-8
Saffo, Paul, 253
Satopää, V. A., 301
Saturday Night Live, esquete, 178
Schell, Jonathan, 54, 58, 246
Scott, David, 287
Segunda Guerra Mundial: ataque alemão em Eben Emael, 212; baixas, distribuição de cauda gorda, 240; campo de concentração de japoneses nos EUA, 158, 160; Eisenhower e, 214; invasão do Dia D, 213-4; política de apaziguamento de Munique, 280; Wehrmacht alemã, 209, 213
Seydlitz, Friedrich Wilhelm von, 209
Shiller, Robert, 148
Shlaes, Amity, 53
Shula, Don, 249
Sidi Bouzid, Tunísia, 14
significado, visão de mundo religiosa versus científica, 145-7, 149-50
Sillman, Sanford "Sandy", 107-8, 115
Silver, Nate, 21, 69, 77, 165, 245, 281
Simon, Herbert, 28, 54
Simpson, Mary, 170, 173

Síria: pronunciamento de Obama e, 157; questão da intervenção estrangeira, 157; questão da queda de Aleppo, 222, 290; questão da queda do regime de Assad, 227; questão do número de refugiados, 164-5, 180
Sistema de Resultado Final, 247-8, 252
Sloane, Elizabeth, 183
Smil, Vaclav, 300
Sorensen, Theodore, 191
Soros, George, 124, 219
sorte, 100-1; acaso versus destino, 146-7; habilidade e, 101, 289; mente preparada e, 176; na prática da previsão, 100-1, 103, *104*, 106, 153, 262, 300; papel do acaso em torneios, 300; regressão à média e, 103
Stratfor, 280
substituição de atributo *ver* propaganda enganosa
Success Equation, The (Mauboussin), 101
Suedfeld, Peter, 291
Summers, Larry, 138, 269, 302
Sun Microsystems, 231
superequipes, 188-205, 301; conferências e encontros em pessoa, 198; construção de, 197; crítica construtiva, 197; cultura de compartilhar, 202, 204; diversidade de, 203; "doadores" de Grant, 202-3; estrutura de, 207; fatores no sucesso de, 201-2; mercados preditivos versus, 199, 201; precisão de versus indivíduos, 195, 199; prós e contras de equipes, 192-5; questão Arafat-polônio, 197; questão da eleição em Honduras, 199; questionamento preciso e, 194; receptividade ativa (AOM) e, 202
superperguntadores, 255-7, 262
superprevisores, 11; analistas da comunidade de inteligência versus, 97, 287; atualização, 151-69, 186, 270, 297; autópsias feitas por, 181, 273; cisnes negros e, 233; "Cobbler", 289; como "beta perpétuo", 185-6, 263; como modelo para a liderança, 207; comprometimento com as previsões e,

160, 163; conceitos básicos, 25; descobrindo, 93; desempenho melhorado dos, 105, 299, 304; desempenho no mercado de ações, 299; dominando a bicicleta do equilíbrio de erros, 175-6, 273; em grupos, 187, *ver também* superequipes; facilidade com números e, 128-9, 168, 186; falsas dicotomias em, 230; fatores que melhoram a antevisão, 23, 105, 112-3, 115, 117-27, 129, 151-3, 268, 290; determinação e, 182-4, 186; granularidade entre, 143; habilidade versus sorte, 103-4, 153, 289, 300; ilusões cognitivas e, 226, 228; índices de Brier, 96; inteligência e conhecimento dos, 108-12, 129, 186, 299; lidando com a dissonância, 222; mercados preditivos *versus*, 201; "necessidade de cognição" e, 125, 186; no GJP, 96; pensamento do Sistema 2 e, 223, 225, 228; pergunta de Kahneman sobre, 223; prazo para os versus previsores regulares, 96; precisão dos, 142, 289; processo dos, 151, 291, 305; qualidades dos, 26, 115, 117, 126-9, 141-5, 149, 151-3, 172, 182-6, 206, 223-9, 261, 272, 286, 300, *ver também* Flack, Bill; Lorch, Doug; Minto, Tim; *indivíduos específicos*; raciocínio probabilístico, 141-5, 149, 186; realidade dos, 25, 185; receptividade ativa e, 126, 186; recompensas por uma antevisão melhor, 25; retrato composto dos, 185; sensibilidade ao escopo e, 228, 304; superperguntas e, 256-7; visão de fora e, 228, 290
Surowiecki, James, 76, 192, 249, 306

Taleb, Nassim, 229, 231, 233, 236-7, 294, 304; indeterminação radical de, 239-41; planejamento além do horizonte de previsão, 236
Tapper, Jake, 287
taxa-base *ver* visão de fora
tecnologia da informação, 28-9; pensamento baseado em evidências e, 249

ÍNDICE REMISSIVO

Tenet, George, 87, 272
teoria do big bang, 147
teoria do caos, 16, 21
teoria dos jogos, 291
terremotos, 236-7
terrorismo: ataque contra o *Charlie Hebdo*, 122, 291; ataques do Onze de Setembro, 230, 232, 236, 250; caça a Kony, 269; previsão de Rogg, 122-3; questão da probabilidade de um ataque na Europa, 122, 291; terrorismo em Oslo, 43-4
Teste de Reflexão Cognitiva, 41, 117, 125
testes científicos, 26, 35, 70, 92; estudos randômicos controlados, 36-7, 39, 51, 92
Thaler, Richard, 78
Theron, Paul, 199
Thurow, Lester, 304
Todd, Peter, 282
Townes, Charles, 54
Trípoli, Líbia, 18
Truman, Harry, 220
Tversky, Amos, 41, 48, 54, 121, 139; comentário casual, probabilidades, 135, 137

Ulfelder, Jay, 167, 297
Ungar, Lyle, 287
Universidade da Califórnia, Berkeley, 23, 55, 57, 90, 198
Universidade da Pensilvânia, 23, 127, 287; encontro na Wharton, 108, 198
Universidade de Michigan, 24

Victims of Groupthink (Janis), 190
viés de confirmação, 45, 124
viés psicológico: "embaralhamento funcionalista", 303; efeito de diluição, 161; erro fundamental de atribuição, 285; insensibilidade ao escopo, 226-8; perseverança na crença, 158-60; perspectiva de heurísticas e vieses, 41, 46, 282, *ver também* propaganda enganosa; viés de confirmação, 45, 124; viés retrospectivo, 237, 243, 267, 273; visão de mundo egocêntrica, 47, 49, 56, 74, 81, 99, 102, 117, 136, 225
viés retrospectivo, 179, 237, 267, 273
visão de fora (conhecimento da taxa-base), 119-21, 123, 149, 151, 167, 228, 269, 290, 295, 304; fermização e, 289; tese, antítese, síntese e, 122-4, 291
visão de mundo egocêntrica, 47, 50, 56, 74, 81, 99, 102, 117, 136, 225
Vonnegut, Kurt, 145, 149

Walmart, 219
Wang, Sam, 69, 77
Warren, Earl, 158, 160, 296
Washington, George, 33
Wasik, John F., 172
Wasilla, Alasca, 183
Watts, Duncan, 232
Weisberg, Jacob, 140
Wells, Linton, 233, 236
Why Intelligence Fails (Jervis), 86
Wieseltier, Leon, 251, 255
Winfrey, Oprah, 145-6
Witzig, Rudolf, 212
Worline, Monica, 194
Worthy Fights (Panetta), 292
WYSIATI (o que você vê é tudo que há), ilusões de, 42, 224, 282

Yellen, Janet, 306

Zeckhauser, Richard, 293
Zweig, Jason, 296

1ª EDIÇÃO [2016] 1 reimpressão

ESTA OBRA FOI COMPOSTA PELA ABREU'S SYSTEM EM ADOBE GARAMOND
E IMPRESSA EM OFSETE PELA LIS GRÁFICA SOBRE PAPEL PÓLEN SOFT DA
SUZANO S.A. PARA A EDITORA SCHWARCZ EM FEVEREIRO DE 2022

A marca FSC® é a garantia de que a madeira utilizada na fabricação do papel deste livro provém de florestas que foram gerenciadas de maneira ambientalmente correta, socialmente justa e economicamente viável, além de outras fontes de origem controlada.